哈佛百年经典

17、18世纪英国著名哲学家

[英]约翰·洛克 / [英]乔治·贝克莱 / [英]大卫·休谟◎著
[美]查尔斯·艾略特◎主编
韦　丽 / 王　欢　等◎译

北京理工大学出版社
BEIJING INSTITUTE OF TECHNOLOGY PRESS

图书在版编目（CIP）数据

17、18世纪英国著名哲学家/（英）洛克，（英）贝克莱，（英）休谟著；韦丽，王欢译. —北京：北京理工大学出版社，2013.12（2019.9重印）
（哈佛百年经典）
ISBN 978-7-5640-8076-1

Ⅰ. ①1… Ⅱ. ①洛… ②贝… ③休… ④韦… ⑤王… Ⅲ. ①近代哲学-英国-17世纪~18世纪 Ⅳ. ①B561.2

中国版本图书馆CIP数据核字（2013）第181382号

出版发行 / 北京理工大学出版社有限责任公司
社　　址 / 北京市海淀区中关村南大街5号
邮　　编 / 100081
电　　话 / (010)68914775（总编室）
82562903（教材售后服务热线）
68948351（其他图书服务热线）
网　　址 / http://www.bitpress.com.cn
经　　销 / 全国各地新华书店
印　　刷 / 三河市金元印装有限公司
开　　本 / 700毫米×1000毫米　1/16
印　　张 / 25
字　　数 / 360千字
版　　次 / 2013年12月第1版　2019年9月第3次印刷
定　　价 / 67.00元

责任编辑 / 张慧峰
文案编辑 / 张慧峰
责任校对 / 杨　露
责任印制 / 边心超

出版前言

人类对知识的追求是永无止境的，从苏格拉底到亚里士多德，从孔子到释迦摩尼，人类先哲的思想闪烁着智慧的光芒。将这些优秀的文明汇编成书奉献给大家，是一件多么功德无量、造福人类的事情！1901年，哈佛大学第二任校长查尔斯·艾略特，联合哈佛大学及美国其他名校一百多位享誉全球的教授，历时四年整理推出了一系列这样的书——《Harvard Classics》。这套丛书一经推出即引起了西方教育界、文化界的广泛关注和热烈赞扬，并因其庞大的规模，被文化界人士称为The Five-foot Shelf of Books——五尺丛书。

关于这套丛书的出版，我们不得不谈一下与哈佛的渊源。当然，《Harvard Classics》与哈佛的渊源并不仅仅限于主编是哈佛大学的校长，《Harvard Classics》其实是哈佛精神传承的载体，是哈佛学子之所以优秀的底层基因。

哈佛，早已成为一个璀璨夺目的文化名词。就像两千多年前的雅典学院，或者山东曲阜的“杏坛”，哈佛大学已经取得了人类文化史上的“经典”地位。哈佛人以“先有哈佛，后有美国”而自豪。在1775—1783年美国独立战争中，几乎所有著名的革命者都是哈佛大学的毕业生。从1636年建校至今，哈佛大学已培养出了7位美国总统、40位诺贝尔奖得主和30位普利策奖获奖者。这是一个高不可攀的记录。它还培养了数不清的社会精英，其中包括政治家、科学家、企业家、作家、学者和卓有成就的新闻记者。哈佛是美国精神的代表，同时也是世界人文的奇迹。

而将哈佛的魅力承载起来的，正是这套《Harvard Classics》。在本丛书里，你会看到精英文化的本质：崇尚真理。正如哈佛大学的校训："与柏拉图为友，与亚里士多德为友，更与真理为友。"这种求真、求实的精神，正代表了现代文明的本质和方向。

哈佛人相信以柏拉图、亚里士多德为代表的希腊人文传统，相信在伟大的传统中有永恒的智慧，所以哈佛人从来不全盘反传统、反历史。哈佛人强调，追求真理是最高的原则，无论是世俗的权贵，还是神圣的权威都不能代替真理，都不能阻碍人对真理的追求。

对于这套承载着哈佛精神的丛书，丛书主编查尔斯·艾略特说："我选编《Harvard Classics》，旨在为认真、执著的读者提供文学养分，他们将可以从中大致了解人类从古代直至19世纪末观察、记录、发明以及想象的进程。"

"在这50卷书、约22000页的篇幅内，我试图为一个20世纪的文化人提供获取古代和现代知识的手段。"

"作为一个20世纪的文化人，他不仅理所当然的要有开明的理念或思维方法，而且还必须拥有一座人类从蛮荒发展到文明的进程中所积累起来的、有文字记载的关于发现、经历以及思索的宝藏。"

可以说，50卷的《Harvard Classics》忠实记录了人类文明的发展历程，传承了人类探索和发现的精神和勇气。而对于这类书籍的阅读，是每一个时代的人都不可错过的。

这套丛书内容极其丰富。从学科领域来看，涵盖了历史、传记、哲学、宗教、游记、自然科学、政府与政治、教育、评论、戏剧、叙事和抒情诗、散文等各大学科领域。从文化的代表性来看，既展现了希腊、罗马、法国、意大利、西班牙、英国、德国、美国等西方国家古代和近代文明的最优秀成果，也撷取了中国、印度、希伯来、阿拉伯、斯堪的纳维亚、爱尔兰文明最有代表性的作品。从年代来看，从最古老的宗教经典和作为西方文明起源的古希腊和罗马文化，到东方、意大利、法国、斯堪的纳维亚、爱尔兰、英国、德国、拉丁美洲的中世纪文化，其中包括意大利、法国、德国、英国、西班牙等国文艺复兴时期的思想，再到意大利、法国三个世纪、德国两个世纪、英格兰三个世纪和美国两个多世纪的现代文明。从特色来看，纳入了17、18、19世纪科学发展的最权威文献，收集了近代以来最有影响的随笔、历史文献、前言、后记，可为读者进入某一学科领域起到引导的作用。

这套丛书自1901年开始推出至今，已经影响西方百余年。然而，遗憾的是中文版本却因为各种各样的原因，始终未能面市。

2006年，万卷出版公司推出了《Harvard Classics》全套英文版本，这套经典著作才得以和国人见面。但是能够阅读英文著作的中国读者毕竟有限，于是2010年，我社开始酝酿推出这套经典著作的中文版本。

在确定这套丛书的中文出版系列名时，我们考虑到这套丛书已经诞生并畅销百余年，故选用了“哈佛百年经典”这个系列名，以向国内读者传达这套丛书的不朽地位。

同时，根据国情以及国人的阅读习惯，本次出版的中文版做了如下变动：

第一，因这套丛书的工程浩大，考虑到翻译、制作、印刷等各种环节的不可掌控因素，中文版的序号没有按照英文原书的序号排列。

第二，这套丛书原有50卷，由于种种原因，以下几卷暂不能出版：

英文原书第4卷：《弥尔顿诗集》

英文原书第6卷：《彭斯诗集》

英文原书第7卷：《圣奥古斯丁忏悔录 效法基督》

英文原书第27卷：《英国名家随笔》

英文原书第40卷：《英文诗集1：从乔叟到格雷》

英文原书第41卷：《英文诗集2：从科林斯到费兹杰拉德》

英文原书第42卷：《英文诗集3：从丁尼生到惠特曼》

英文原书第44卷：《圣书（卷Ⅰ）：孔子；希伯来书；基督圣经（Ⅰ）》

英文原书第45卷：《圣书（卷Ⅱ）：基督圣经（Ⅱ）；佛陀；印度教；穆罕默德》

英文原书第48卷：《帕斯卡尔文集》

这套丛书的出版，耗费了我社众多工作人员的心血。首先，翻译的工作就非常困难。为了保证译文的质量，我们向全国各大院校的数百位教授发出翻译邀请，从中择优选出了最能体现原书风范的译文。之后，我们又对译文进行了大量的勘校，以确保译文的准确和精炼。

由于这套丛书所使用的英语年代相对比较早，丛书中收录的作品很多还是由其他文字翻译成英文的，翻译的难度非常大。所以，我们的译文还可能存在艰涩、不准确等问题。感谢读者的谅解，同时也欢迎各界人士批评和指正。

我们期待这套丛书能为读者提供一个相对完善的中文读本，也期待这套承载着哈佛精神、影响西方百年的经典图书，可以拨动中国读者的心灵，影响人们的情感、性格、精神与灵魂。

目
Contents
录

目
Contents
录

教育漫话

Some Thoughts Concerning Education

〔英〕 约翰·洛克

主编序言

约翰·洛克 1632 年 8 月 29 日出生于英格兰萨默塞特郡的威灵顿村，临近布里斯托尔（Bristol）。先后就读于西敏中学（Westminster School）（与约翰·德莱顿同代）和牛津大学基督教堂学院（Christ Church，Oxford）。从他的专著中可以看出，学习期间，洛克这位未来的教育理论家对学校当时流行的课程并不感兴趣。但是，1658 年获得硕士学位后，洛克留校任教，讲授希腊语和修辞学。1665 年，他到欧洲大陆访问，之后五年，洛克作为大使秘书任职欧洲大陆，回到牛津大学开始医学研究，并结识阿什利勋爵，即沙夫茨伯里伯爵，成为了伯爵的朋友和私人医生。在沙夫茨伯里伯爵被指派为英国大法官时，洛克担任大法官部举荐秘书。

1673 年，沙夫茨伯里伯爵下台。两年后，洛克因健康问题旅居法国，担任约翰·班克斯爵士儿子的家庭教师和英国驻法大使夫人的私人医生。1679 年，沙夫茨伯里伯爵再次掌权，洛克回到英国。虽有迟疑，但他仍效力于伯爵，协助其政务并负责教导伯爵孙子（后著有《论性格》）。直到伯爵政治生涯完全葬送，两人一同逃亡荷兰。

在荷兰的头两年里，洛克游览各地，与学者们结交。但是 1685 年，英国以叛国罪要求荷兰政府将他遣送回国。洛克不得不隐姓埋名躲避起来，直到1686年詹姆士二世下达赦免令。事实上，除了与沙夫茨伯里伯爵的交情，洛克自始至终并无其他任何罪证。

正是在荷兰期间，54岁的洛克才开始将他一生学习思考所得著书发表。其重要著作《人类理解论》的缩略版最初收录于勒克莱尔（Jean Leclerc）主编的百科全书《世界文库》；1690年终于完整发表了全文。他在荷兰建议朋友如何教导儿子的信件，后被整理出版为《教育漫话》。

逃亡荷兰期间，洛克结识了奥兰治亲王夫妇，即后来英国的君主威廉三世和玛丽二世。在“光荣革命”结束后，1689年，洛克跟随玛丽公主一同返回英国。虽然君王有意派他担任驻普鲁士大使，但是洛克鉴于健康状况谢绝了，认为自己作为大使不足以应付普鲁士国王宫廷的烈酒，于是待在家中，将书稿出版成书。

洛克在埃塞克斯郡奥茨庄园的朋友科德沃斯先生和玛莎姆女士家中度过余生。他担任过上诉专员，也曾担任了几年贸易种植委员会委员，以解决经济问题。在奥茨庄园，洛克有机会把自己的教育理论付诸实践，对主人家孙辈的教导成果使他更加确信自己的教育方法。1704年10月27日，洛克在奥茨去世。

在中学和大学期间，洛克就对当时的教育方法提出异议，他的一生都彰显着这种独立的判断力。在医学上，洛克继续谴责已被培根（Bacon）和霍布斯（Hobbes）多方面抨击却仍然残存的经院主义；并推崇他的朋友，名医西德纳姆（Sydenham）提倡的实验方法。在教育理论方法上，洛克秉持进步理念，强调习惯养成的重要性，认为教育的主要目的是学习智慧和培养美德，而不是获得信息。他的许多观点目前仍然是教育改革者们尚未实现的目标。读者会发现《教育漫话》中的思想有服务于洛克当时初衷的印记——针对绅士儿子的个人教育，不涉及学校体系的形成。

而洛克在哲学方面有着最负盛名的成就。他是英国经验学派的先驱，并对整个欧洲的哲学思想有深远影响。几乎所有英国18世纪思想潮流的主线，都要追溯到洛克。休谟的怀疑论也是基于《人类理解论》中所述原则的逻辑演绎和发展。

查尔斯·艾略特

致奇普利的爱德华·克拉克先生

先生：

我的《教育漫话》现在出版了，这些“漫话”本来应该是属于你的，因为这是数年前我为你写的。内容都是你在我的信件中已知道的。除了次序跟以前寄给你的时间不一致外，其余的我很少改动。读者看了我有些地方行文的随便和文体的风格，就会很容易发现，这与其说是在公众中发表的论文，还不如说是一段朋友间的私密谈话。

有些人出版书籍却不敢承认那是自己的意思，而借口说是朋友的强迫。可是你知道，我敢这样说，如果不是有人听说了我的这些文字，又迫切想要看到，看了以后又要出版的话，它们的确是会按照原意悄悄地躺在那里而不被发表出来的。不过那些我在见解上愿听从的朋友告诉我说，他们赞同我的看法，他们相信将这部草稿公开出版也许有些用处，这种说法触动了我一向不变的心思。因为我认为，全心全意为祖国服务是每个人必尽的义务，如果有谁没有这种想法，他就与家里的牲口没有两样。教育这个话题关系很大，且正确的教育方法是一件很有益的事情，如果我能力遂心愿，我便不需要别人的敦促或者怂恿。因此这些文字虽然低微，我自己并不看好它们，但我不能因它们贡献太小而羞于公诸于众。倘若还有与我的朋友怀着同样见解和估计的人，也都非常欣赏这些文字，认为值得印刷，劳动没有白费，那么，我就可以聊以自慰了。

近来，很多人都和我谈到说不知道怎样教养子女，年轻人的堕落引来大家普遍的抱怨。因此如果有人能针对这个问题提出一些见解，从而启发公众，或提供纠正办法，这可谓是适宜之举。因为教育上的错误比其他任何错误更不可姑息。教育上的错误就像配制东西一开始配错了，第二次、第三次补救根本改变不了什么，只会穿过人生隧道，留下不可磨灭的污迹。

我不会因为自己写了这点东西而自满，虽然得到过您的认可，我仍然乐于看到有比我更有能力、更适合这个工作的人，写出一篇适合我们英国绅士教育的文章，并指正我这篇文章的错误。我的意见被接受与否并不重要，只要年轻的绅士能得到最好的教育和指导就好（这应该得到每个人的热切关注）。然而你也要为我证明一下，证明我在这里提出的教育方法，在没有为其量身打造的情况下，曾在一位绅士的孩子身上发挥了非同寻常的作用。我承认达到这种效果与孩子本身的好性情不无关系，但我想你和一般做父母的都知道，如果使用与我的方法相反的一般儿童教育方法，这个孩子既不会有性情的完善，也不会爱上书籍并以学习为乐，以及不会像现在这样，除了接受他这个年纪应有的教育外还渴望更多的教诲。

我的目的不是向您推荐这本书，您对它的评价我已知晓；也不是借助您的评论和庇护将其推销给所有人。使孩子受到好的教育是父母的责任，为父母所关注；国家的幸福与繁荣更是依赖于良好的儿童教育。所以我希望每个人都认真对待这个问题，要把空想、习俗和理智在教育中的作用加以认真考察和辨别，然后伸出援手，提倡一种根据年轻人的不同境况进行针对性训练的方法，这是一种最容易、最简捷、最有效地为各种职业培养有德、有用、有能力的人才的方法；但最应该加以注意的却是绅士的职业，因为一旦这个阶层的人通过教育做好定位，其他人就会跟着迅速就位。

我不知道在简短的论述中，除表达了我对教育的良好祝愿外，是否还有其他贡献。书已呈现在世人面前，如果其中尚有可取之处，那人们应该感谢您。你我的情谊促使我写出这样一本书；我很高兴能把书留给后代，作为我们友谊的见证。因为能和一位正直、贤能、值得尊敬的爱国志士保持长久的友谊，是我这辈子最大的快事，也是我能留在身后的最好纪念。

您最谦卑、最忠诚的仆人约翰·洛克
1962 年 3 月 7 日

1. 在健康的身体之上加上健康的精神，这是对于人世的幸福简短而充分的描绘。凡是身体和精神都健康的人，就没有必要再有什么别的奢求了；身体和精神有一方不健康的人，即使得到了别的任何东西，也是徒然。人类的幸福或者苦难，大部分都是他们自己造成的。一个人的思想朝着错误的方向发展，那他做事也是上不了正途的。身体虚弱有病的人也不可能有所进展。我承认有些人的身体和心理素质生来就健康、结实，他们不需要太多外界的帮助，自幼就能凭借自己自然的天赋向着好的方向发展，凭着天生好的体格成就一番大事业。但是这样的人是少之又少的；我敢说，我们平常所见到的人，他们之所以会有好有坏、有用没用，十有八九都是由他们的教育所决定的。人类之所以存在很大的差异，也是由于这个缘故。我们幼年时所留下的哪怕极其渺小的印象（小到几乎察觉不出），都有非常重大恒久的影响。就如一些河流的源泉一样，只需一点点的人力就能把柔韧的河水引向别的途径，使河流的方向发生根本性的改变，只要从源头上加以引导，河流就会从不同的方向，最终到达很远的地方。

2. 我认为孩子的思想正如水性一般，容易被引导到这边或是那边。思想是人生的主要部分，但我们所关切的主要是内心，可是心以外的外表也是不可忽略的。所以我认为首先要谈的是身体的健康问题，大家都知道我自己对于这个问题已经做过特别的研究。我之所以要先谈这个问题，大概你也已经料到，是因为这个问题的范围很窄，也许很快就可以谈完。

3. 健康对我们的工作和幸福都是必需的，我们要能忍受劳苦，要能在世上立足，健康的身体也是必需的。这种道理很明显，不用任何证明。

4. 我在这里所考虑的健康问题，不是医生对有病的、身体脆弱的儿童应该怎么办，而是父母对于自己孩子的健康，对他们没有疾病的体格，在不借助医药的前提下应该怎样去维护它、改进它。这也许会在一个短期的原则下完成。绅士们对待自己的孩子就应该像诚实正直的农民对待他们的孩子的方法一样。不过，母亲们也许觉得这种方法有点过于严酷，父亲们会觉得过于简短，所以我要详细说明一下。只是我有一种普遍而准确的观察，希望妇女们好好考虑，那就是：大多数孩子的身体都由于父母亲的娇生惯养而被宠坏了，或者说受了损害。

5. 第一件应该加以重视的事情是：不管是冬天还是夏天，孩子都不该穿得太过温暖。我们刚出生的时候，面部并没有比身体的其他部分更娇嫩，但是这个部位由于长时间的暴露而变得更坚韧，和其他部分相比更能经得起寒冷了。从前雅典人看见塞西亚的哲学家在霜冻大雪中赤裸着身体，觉得很奇怪，对此，塞西亚的哲学家对于雅典人的疑惑给出了一个很好的答复。他说："你们的面部为什么受得了冬天的酷寒呢？"雅典人回答说："因为我的脸习惯了。""你把我的身体都看做我的脸吧。"塞西亚人答道，"我们的身体只要从小就养成习惯，就什么都受得了了。"

此外，有一个著名但相反的例子，可以说明习惯的力量可以战胜过度的炎热。这是我在最近出版的一篇见解独特的游记上看到的，在这里我把作者的原话摘抄在下面。他说："马耳他比欧洲任何地方都热，那种热度比罗马还要强烈，非常闷热；那里几乎没有凉风，所以更加让人难受，因此那里的人都黑得像吉卜赛人一样。但是农民们却不怕太阳晒，他们每天在最热的时候仍然照常工作，从不间断，也不去躲避灼热的阳光。这使我相信，我们的本性可以使我们适应很多看上去根本不可能的事，只要我们从小习惯了。马耳他人就是这样锻炼他们的孩子，使得他们不怕炎热。他们从出生开始一直到十岁，全都一丝不挂，既不穿衣服，也没有裤子，头上也没有任何遮盖物。”

所以我劝你，对于我们英国的气候，你是不必对严寒过于防范的。英国有些人冬天和夏天穿着同一件衣服，他们没觉得有什么不便，也没有觉得比别人更冷。有的母亲害怕孩子的身体受到霜冻的侵害，父亲又害怕因此而受人指责，那么，千万不能让孩子冬天的衣物过于温暖。除此以外还应记住：自然已经让孩子的脑袋被头发好好地遮住了，再让他经过一两年的锻炼，在白天是可以不用戴帽子的，晚上睡觉也应该不戴。如果脑袋一直保持温暖的状态，那他是最容易患上头痛、伤风、发炎、咳嗽等疾病的。

6. 我谈到孩子都用“他”来代表，是因为，我这篇论文的主要目的是谈论年轻的绅士从小到大应该遵从的教育方法。这种方法对于女孩子的教育不全都适用，不同的性别要不同对待，这也不是一件难以辨别的事情。

7. 我也建议孩子每天都用冷水洗脚；鞋子也要做得很薄，到有水的地方，水要能渗透得进去。说到这一点，我恐怕做主妇的和做女仆的都会反对我。前者会认为这样太脏，而后者会认为清洗孩子的袜子将很麻烦。但是真理是这样的：孩子的健康比这些顾虑都要重要，甚至要重要十倍。那些从小在好的环境下长大的人，对他们来说，如果不小心把脚沾湿，便是一件会造成严重损害的事情。那时，他们就会希望自己的孩子像穷人家的孩子一样，光着脚长大。那些孩子的脚习惯被水沾湿了，就像是把手打湿一样，不会得伤风或是受到其他伤害。所以我认为问题就在这儿，手和脚之间存在的巨大差别如果不是习惯问题，还有其他什么原因呢？我想，如果一个人从出生就习惯光着脚，同时用“手鞋”（荷兰人把手套叫做“手鞋”）把手暖暖地包起来，那么，我敢说，时间久了，他的手被打湿就像现在很多人脚沾湿了一样危险。要预防这种事，方法只有一个：把他的鞋子做得容易渗入水，并且坚持每天都用冷水洗脚。洗脚有清洁的作用，这点很重要；但是我所关注的是健康问题，所以，我对于每天洗脚的时间不做太多限定。我知道有人每天晚上洗脚，而且很有成效，即使是在冬天、在最冷的时候也从未间断。那时候水面都结了一层厚厚的冰，孩子还是在里面洗浴自己的脚和腿，即使那时候他还小得不能自己擦拭自己的脚。最开始养成这种习惯的时候他还很不情愿，还较微弱。我这样做最终是为了让孩子习惯用冷水洗浴脚和腿，以免他像其他娇生惯养的孩子一样，一旦脚上沾湿了，就会造成伤害。我想，选择白天洗脚或是晚上洗脚，应该以父母之便加以决定。只要有效地做好，至于洗脚的时间我认为关系不大。这样得来的健康，就算会有再多的困难，也比其他任何事情都划算、都值得。此外，如果我再告诉大家，用冷水洗脚可以防止鸡眼的话，那么，就会有更多的人会觉得这种方法值得考虑了。但是，最好是在春天开始练习，而且最初要用温水，然后每次都把水逐渐加冷，过不了几天你就可以完全用冷水了，此后，不管是在冬天还是夏天，都要一直坚持下去。因为从这件事情你还可以发现其他正常生活方式的改变，这些变化都只能是慢慢的、不知不觉的。这样，我们的身体才能适应一切，而不会感到任何痛苦和危险。

溺爱孩子的母亲们对于我这种说法是否会接受，是不难预料的。对她们来说，这样对待她们娇嫩的宝宝无疑是谋杀。什么？人家想尽办法才让孩子暖和起来，你现在却在这样的冰天雪地中把孩子的脚放进冷水里去？就让下面的例子来打消他们的疑虑吧，否则最明显的道理他们也未必能相信：塞内卡在他的《书信集》第五十三和第八十三篇中告诉我们，即使是在寒冷的冬天，他也习惯于用冰冷的泉水沐浴。假如不是认为冷水沐浴可以忍受且有益于健康的话，他完全可以不必那样做。因为他家境富裕，当然可以好好享受热水浴，在那个年纪（那时候他年纪已经很大了）贪点舒服也是应该的。如果我们认为是他信奉的社会准则导致他的生活严苛，那就算是吧，大概他能忍受冷水浴也是由于这个缘故吧。但是是什么使得冷水浴适于他的健康呢？因为他的健康并没有因为冷水浴而受到损害。而我们对于贺瑞斯的情形又怎么解释呢？他不属于任何宗教流派，也不受社会的禁欲主义的影响，但是他也告诉我们，说他在冬天习惯于冷水浴。但是大家也许会觉得意大利的气候比英国要暖和，河水在他们的冬天没有我们的冷。如果意大利的河水比我们的暖和，那么，德国和波兰比我们国家任何一条河流都要冷得多。但是在德国和波兰的犹太人，不管男女，一年四季都在河水里沐浴，他们的健康也没有受到任何损害。谁也不会认为这是一个奇迹，谁也不会相信圣威廉福勒井有什么特别之处，并由此使得它那著名的泉水不会对在其中沐浴的娇嫩的身体造成任何损害。每个人都对用冷水沐浴能帮助身体衰弱的人恢复健康的体格感到很惊讶，那么，身体本来就健康的人用以冷水沐浴的方法来增强和锻炼体格，更不是不切实际或不能忍受的事情。

如果大家认为这些成年人的例子在孩子身上不实用，认为孩子还太娇弱，承受不起这种锻炼，那么，让他们看看古时候的德国人和现在的爱尔兰人的孩子是怎样做的吧。他们会发现，大家认为最娇嫩的婴儿，也是洗冷水，不光是洗脚，而且是洗全身，也没有任何危险。就算到了现在，苏格兰高地的妇女也用这种方法来锻炼他们的孩子，就算在冬天水里结了冰，对身体也没有害处。

8. 孩子到了应该学习游泳的年纪，自然会有人教他学习，这一点我是不必在这里提及的。游泳可以挽救很多人的性命，所以罗马人把游泳看得非常重要，地位与文字并列。他们对一个人没有受到好的教育或者一无是处，有一个惯用的说法，即他既不知道读书，也不知道游泳。但是游泳除了使他获得一种技能，以应付他的急需以外，就是在炎热的夏天，也可以常常在冷水里洗浴，这对健康是非常有利的，这一点也不用我在这里多作提倡。但是有一点应该注意，就是在他运动之后，血脉亢奋的时候不宜下水。

9. 此外，还有一点对于人的健康、尤其是孩子的健康是非常有利的，就是要多待在户外，即使是在冬天，也要尽量少烤火。这样，不管寒冷还是炎热，不论天晴还是下雨，他都能够适应。如果一个人连晴雨冷热都不能忍受，那他对于这个世界也不会有其他用处了。若是等到他长大以后，才开始让他养成这种习惯，就太晚了。这种习惯的养成要早，要循序渐进。这样，对于所有的事情，身体差不多都能承受得了。假如我建议他不戴帽子到有风、有太阳的地方玩耍，我想他也许忍受不了。他一定会有千万种反对的理由来拒绝我，但事实是他只是怕被太阳灼伤罢了。如果我的少主人总是被放在阴凉的地方，不让他经历风吹日晒，以免伤了他的肤色，这也许是把他养成一个美男子的好办法，但是却不能使他成为一个有用之材。美貌对于女孩子来说非常重要，但是，我敢说，多在户外生活，不仅不会对面孔造成任何损害，而且还能使女孩子们更加健康强壮；如果能更多地接受她们的兄弟们在教育上所受的锻炼的话，她们会在以后的生活中受益更大。

10. 在户外游戏的危险之处，据我所知只有一个，那就是当他跑来跑去很热的时候，坐在或躺在寒冷或是潮湿的地上。这点是我所承认的，他们劳动或是锻炼得发热了以后，如果喝了冷饮料，是最容易受到寒热疾病侵扰的，而且很多人都会病得很厉害。当他还很小的时候，都有人照看，所以这种危险很容易防止。如果他们从儿童时代开始，就严格并一直遵守不能坐在地上，热的时候不能喝凉水，只要这种忍耐养成习惯，就算以后没有女仆或是导师的照顾，他也能自己保护自己了。对于这个问题，我想只能这样做了。因为，随着年龄的增长，他也会要求自由，很多的事情只有依靠他自己的行动去应付，不会永远都受人监护，只有让他一味地坚持原则和保持良好的习惯，才是最好、最有把握的，因而也是最值得注意的。因为，这些警戒和规范，无论你再怎么强调灌输，如果没有实行并成为一种习惯，也不会有任何用处，在这里是这样，在其他情况下也是这样。

11. 谈到女孩子，我在这里又想起一件事来，你们必须记住，就是女孩子的衣服不要做得过紧，尤其是胸部的地方，就让自然以其认为最好的方式来塑造她们的形体吧。自然对于女孩子体态的塑造，比我们所指导的要更好、更精确得多。假如母亲们在孩子还在她们子宫里时就开始塑造孩子的体态，就像在孩子出生后努力去修正他们的体态一样，那么，我们无疑就不能生出健康的孩子了。就像穿得过紧，或者是有太多束缚的孩子少有身材优美的一样。在我看来，考虑到这一点，会使得忙碌的人（我不会提到无知的菲佣和做紧身衣的人）去干涉自己并不知道的事情。他们也不会阻挡自然的力量对于孩子体态形成的作用了，因为她们对此一无所知。但是我知道许多例子，孩子就是因为衣着太紧而造成了极大的伤害。所以，我不得不说，世界上有许多和猴子一样的人，他们并不比猴子聪明多少，由于他们无意识的、过分的溺爱，而把他们的孩子给毁了。

12. 穿着紧身衣或是狭小的衣服，自然而且常常都会导致胸部狭窄、呼吸短促、肺病和畸形的后果。这种被认为可以使她们保持苗条或是优美身型方法，结果反而害了她们。身体各个部分发育所需要的营养如果不能按照自然设计好的去分配，那身体的发育自然不会成比例了。假如身体某些部分穿得过紧，而其他地方过于宽松，那么，结果就不难想到了：他的肩膀会比别人高，屁股会比别人大。大家都知道，中国的妇女（我不知道这是什么样的一种美）从婴孩时代就穿得很紧，双脚被缠裹得很小。我最近看见一双中国人穿的鞋子，别人告诉我说那是一双成年妇女的鞋：和我们同龄人穿的鞋子尺码相差太大，以至于让人认为那是我们的孩子的鞋。不仅如此，我们还发现，他们的妇女身材都很矮小，然而男人们的身材却和普通人一样，看上去和他们的年龄相称。女性的这些缺陷都要归咎于不合理地裹缠她们的脚，因此自由的血液循环受到阻碍，进而整个身体的成长和健康都蒙受损害。而且，我们不也经常看见，有些人脚上的一小部分被扭伤或是打伤，而后整个腿部都会失去力量与营养，以至于最后肌肉萎缩了吗？胸部是心脏的所在，也是我们生命的中心，一旦反自然地加以压迫，阻碍其正当得扩展，结果会有多么麻烦，不是可想而知吗？

13. 至于他的饮食，应该简单、清淡。我还建议，在他年纪还很小，至少是在两到三岁以前，应该避免肉食。但是不管这样对孩子现在和将来的健康有多大的益处，做父母的恐怕都不会赞同我这种方法。因为他们自己早已经养成多吃肉食的习惯，认为这对孩子也适用，以为每天至少要吃两次肉食，不然便会挨饿。我相信，如果孩子们不是被溺爱的母亲和无知的仆人把肚皮填得饱饱的，并且在三四岁以前完全禁止肉食，那么他们小时候出牙的危险就会大大减少，疾病也可以大大避免，而且还能为孩子健康的身体与强健的体格打下坚实的基础。

假若我的少主人每天一定要吃肉，那么每天只能吃一次，且只能吃一种。吃清淡的牛肉、羊肉、小牛肉是最好的，除了饥饿以外不要加任何调味品。此外还应特别注意，不管还有没有别的食物，都应该让他多吃面包；无论什么坚硬的食物都要让他好好嚼碎。我们英国人往往对这一点粗心大意，所以跟着就产生消化不良和其他更严重的疾病。

14. 对于早餐和晚餐，应喝牛奶、牛奶浓汤、稀饭、吃蛋奶甜点心，还有我们英国人习惯于吃的其他很多食品，这些对于孩子都是非常适用的。但是，有一点要注意，就是这些食物一定要清淡，不要多加作料，糖也要少加，或者不加；尤其是香料或其他会使血脉亢奋的东西，都应该极力避免。他所有食物的分量都应该适中，不要让他习惯于吃重口味的肉类。我们的味觉之所以嗜好美味，喜好调味品和烹饪术，都是我们的习惯导致的。如果盐放得太多，不仅容易使人经常感到口渴，需要喝过多的水，对身体还有其他的害处。我觉得我的少主人早餐应该吃一片调制适宜、烘烤适度的黑面包，可以加些黄油或奶酪，有时也可以不加。我确定，如果他这样做，定会成为一个体格强健的人；如果能养成这样的习惯，对于他来说也是一件令人愉快的事情。如果他在每餐之间还要吃东西，只能让他习惯于吃干面包。假如他比平常要饿，一块面包就足以止饿了；假如他不饿，那他根本就不应该吃。这样有两层好处：第一，如果他习惯于吃面包，那他就会爱吃了，因为，就像是我说的，我们的味觉和肠胃都爱吃我们习惯于吃的东西。第二，还有一个好处就是，你会因此而教会他不能超过自然的要求而吃得过多或过于频繁。我不认为每个人的胃口都是一样的，有人天生胃口就很好，而有人天生便不敏感。但是我想，很多人变得很贪食，都是习惯导致的，并不是天生就胃口好。我知道有些国家的人，每天只吃两顿饭，但是仍然很健壮；而有一些国家的人，每天不停地往肚子里灌东西，就像闹钟一样，每天要吃四五顿，身体也是一样强健。罗马人经常只有晚餐是固定的，即使他们每天只吃一顿。至于那些要吃早餐的人，时间是在八点，有的在十点，还有的甚至是在十二点或者更晚。他们既不吃肉，也没有预先准备好的食物。奥古斯塔斯是世界上最伟大的帝王，他告诉我们说，他在战车上只吃一点干面包。塞内卡在他的《书信集》第八十三章描述了他是怎样使自己做到这点的。虽然他年纪大了，且这个年纪是应该贪图点儿舒适的，但他还是习惯在正餐只吃一片干面包，也没有正式坐下就餐的仪式。假如因为健康的需要，要吃好一点的食物，就算是双倍，他也能买得起，因为他的财产不比英国任何人的少。这世界上的伟人们都是只吃一点点食物长大的，罗马的年轻绅士们，也从来不会因为每天只吃了一顿而感到身体不强壮，或者感到精神不饱满。如果真的有这种情况，有人在晚餐（他们唯一固定的一餐）之前感到饿了，也只是吃一点点干面包，最多再加点葡萄干之类的，或其他小东西，以此填饱肚子。这种节制的精神，在健康和事业方面都是非常必要的。这种每天只吃一顿的习惯仍然保存了下来，虽然后来他们因东征的胜利而导致了社会风气下降和奢靡的生活流行。有的人虽然放弃了以前饮食节俭的旧习惯，开始吃筵席，但都是要到了晚上才会举行的。如果每天吃上不止一顿饭的话，他会被认为是非常可怕的，一直到了恺撒时代，如果有人在日落之前举办宴席、宴请宾客，也会受人指责。假如大家不认为这种方法太严格的话，我认为，我的少主人每天早餐最好应该只吃面包。习惯的力量有多大你不能想象，而且我认为我们英国人大多数的疾病都是由吃了太多的肉食，而少吃了面包导致的。

15. 至于每餐的时间，我认为应该要尽量避免一成不变。因为如果他养成某种习惯，用餐都在一个固定的时间段，他的胃每天到了那个时候就会等待食物的到来，一旦超过了那个时间还没有吃饭，就会变得脾气暴躁，不是使自己吃得过饱，就是完全导致食欲下降。因此我觉得三餐的时间不应该固定，而应该每天都稍作改变。如果他在三餐之外还要吃东西，那就让他吃，但最好是干面包。假如有人认为这对孩子的饮食太刻薄、太单调，那就让他知道，因为午餐有肉食和肉汤吃，晚餐有好的面包和啤酒，或者还有其他的一些东西，孩子是绝对不会挨饿，也不会因为营养不足变得衰弱的。所以，对此我认为，这是对待孩子的最好的方法。早上的时间应该用来学习，所以吃得太饱是一种不良的准备。干面包的营养价值最高，但对于人的诱惑却最小，只要考虑到孩子的身心健康，不想让孩子变得呆滞或成为不健康的人，是不该让孩子的早餐吃得太饱的。大家不要认为这种方法不适合财产地位高的人，任何绅士，不论他的年龄大小，都应该这样养育，使他拿得起武器，能当一名士兵。但是如果一个人养育自己的孩子，只想让他挥霍青春混过一生，并打算把自己的所有财产都留给他，那他将会变得根本不知道学习榜样，也不会适应自己所在的时代。

16. 他的饮料只能是少量的啤酒，而且他不能在两餐之间，而是要在吃过面包之后去喝，我这样说的理由如下：

17. 第一，他们发热的时候喝饮料，容易使人积热，使他吃得过多，因此，如果他玩热了、渴了，面包就不容易吃下去。假若在这种情况下不能喝饮料的话，他就只能忍着了，因为，在他很热的时候，他是不能喝饮料的，至少是在吃了面包之后，这样就有时间把啤酒加热到和体温相等，这样喝了饮料才不会有害处。如果他非常口渴，那么把啤酒加热以后再喝，解渴的效果会更好；如果他不能等到加热以后再喝，那么不喝也不会有什么害处的。此外，还可以让他学会克制，这是对他身心健康都有极大好处的好习惯。

18. 第二，不先进食是不允许他喝饮料的，这可以防止他养成贪杯的习惯。贪杯是对良好、有益习惯的一种危险挑战。人们通常通过习惯让自己养成习惯性的饥渴。如果你乐意尝试，你可以让一个已经戒除这种习惯的孩子在晚上喝饮料，只要养成了这种习惯，那么，他不喝就睡不着。为了不让孩子在晚上哭啼，看护们都是采用这种方法给孩子催眠。我相信，大多数的母亲在刚把孩子接回家的时候，要让孩子晚上断饮是很困难的。你要相信，只要养成了习惯，白天和晚上都是一样的，如果你愿意，你可以使得一个人时时都感到口渴。

我以前住在别人家时，那家人只要孩子一哭就给他喝，那是个难以满足的孩子，所以他一天到晚总是喝个不停。他那时候还不会说话，但一天二十四小时喝得比我还多。你愿意的话可以试试，不论是淡啤酒还是烈性啤酒，你都会喝得口干舌燥。教育上应该注意的一件大事，就是看你养成什么样的习惯。所以，在这件事情还有其他任何事情上，如果你不打算把它继续下去，使它日益增长，你就不能让它成为任何习惯性的东西。饮料不宜喝太多，只需达到解渴的结果即可，这对于健康和节制的习惯都是非常有利的。一般不吃味重的肉食、不喝烈性饮料的人，除非养成了不合理的进饮习惯，否则他在两餐之间是不容易口渴的。

19. 最重要的是，不能让他喝酒或是烈性饮料，即使他曾经喝过，也要少喝。在英国，大人们最爱给孩子们的就是这种饮料，然而，这种饮料的害处也是最大的。任何的烈性酒他们都不能喝，除非是医生吩咐，必要时用作兴奋剂的。就算是医生嘱咐，你也要特别小心你的仆人，如果他们违反了规矩，就要严加惩戒。这种卑贱的人，把他们大部分的快乐都建立在烈性的饮料上面。他们总是把自己最爱的这种东西拿给我的少主人以取悦于他，他们自己从中得到了快乐，便愚蠢地以为这些对我的少主人也没有害处。这点你千万要小心，而且要用尽办法去约束。要是孩子们习惯了喝烈性饮料，尤其是私底下和仆人们喝，再也没有什么比这对孩子身心健康危害更大的了。

20. 水果是人的健康管理上最困难的一部分，尤其是对孩子的健康。我们的始祖就是因为水果才失去了乐园的，难怪我们的孩子就算以他们的健康为代价，也经不起水果的诱惑啊！关于水果的限制，是不属于任何管理条例之下的，因为我的想法和他们不同，他们也许根本不让孩子吃水果，认为水果对孩子是完全不卫生的。他们以这样严格的方法不让孩子吃水果，结果孩子们反而更加爱吃了，只要有水果吃，便不分好坏，不管是否成熟，随便乱吃。甜瓜、桃子、多数种类的李子，还有英国各种各样的葡萄。我认为孩子们应该完全杜绝这些水果，因为它们的味道虽然非常诱人，但是汁液极不卫生。因此，如果可能的话，压根儿不要让孩子看见这些，或根本不让他们知道有这些东西。但是草莓、樱桃、栗子或者是小葡萄干，只要是熟透了的，我想他们吃了是安全的。如果注意以下几点，这也是可以允许的。第一，不能在饭后，不能像我们往常一样，肚子吃得饱饱的再吃水果。我认为应该在餐前或是两餐之间吃，孩子们应该把它当做早餐来吃。第二，要和面包一起吃。第三，要完全成熟了才能吃。如果我们都这样吃水果，我想，这对于我们的健康是绝对无害的，而且还应该是有益的。夏季的水果，正和它们出产时的炎热季节相称。在炎热的环境下，我们的胃受尽折磨，都快要萎缩了，吃点水果正好可以使我们的胃恢复过来。所以，对于这一点，我不会像其他人对自己的孩子那样过于严格。正是因为他们没有获得适量的、精选的水果，而是非常缺乏，所以不能从中获得满足，一旦放松管束，或是仆人讨好般提供给他们，他们就会不管什么拙劣的水果都吃下，以满足自己的渴望，而且还会吃得过饱。

苹果和梨子，只要是完全成熟的，而且摘下后也有一段时间了，我想，随时吃都没有危险。尤其是苹果，还可以大量吃。我还听说，十月以后的苹果吃了是不会对人体造成任何伤害的。

除去糖分的干水果，我认为是非常卫生的。但是任何种类的糖果都应该避免不吃，糖果对于制作糖果的人和吃糖果的人的害处哪个更多，很难说得清楚。我相信，吃糖果是虚荣心作祟而产生的最不合理的消费方法。所以你还是把这个问题留给主妇们去考虑吧。

21. 对于所有看起来柔和的事情，没有什么比睡眠更让孩子觉得享受。也只有睡眠是允许孩子们得到充分满足的，因为没有什么能比睡眠更有益于孩子的成长和健康。唯一应该施以管理的是，一天二十四小时，哪一部分应该用作孩子的睡眠时间。这很容易解决，就是只需保证孩子能养成早起的习惯。早起对于健康是非常有利的。如果他从小就养成一个固定的习惯，使他习惯于及时起床，当他长大成人以后，就不会把他生命中最好、最有用的时间浪费在睡觉和温床上了。如果孩子们能够早起，那么，到了睡觉的时间，他自然会准时上床。因此，早睡可以避免他们那种不健康、不安全和放荡的夜生活。对时间把握得很好的人，都不会出现这种不规律的状况。我并不是要说，你的孩子长大以后，绝对不能在晚上八点钟以后跟别人交际，也不是说他绝对不能在午夜与人对饮谈心。你现在要做的就是要他在幼年的时候养成习惯，尽量使他避免这些对健康的妨害。这种锻炼会使得他不适应通宵不眠，便会极力去避免，继而很少沉溺于那些夜生活了。如果他到了二十岁以后，事情完成得还不是那么彻底，那从现在到他二十岁之间的这段时间，你一定要让他养成早睡早起的习惯，这对他改善目前的健康状况是适合且有利的，而且还有其他好处。

虽然我说过，当孩子们还小的时候，需要大量的睡眠，甚至他们愿意睡多久就睡多久；但我并不是说他们长大了，睡眠还要占总时间的大部分，还要整天在床上昏昏沉沉地懒睡着。但是，开始限制他们的睡眠时间是从七岁或十岁开始，还是其他的什么时间，是很难精确地规定的。他们的性情、健康和体格都应该要考虑到。如果他们到了七到十四岁之间还是很贪睡，我想最好把他们的睡眠时间逐渐减少到八个小时。八个小时对于健康的成年人来说都是足够休息的。如果你已经做了你应该做的，使他养成了早起的习惯，这种恋床的毛病就会很容易革除了。大多数的孩子为了晚上能和伙伴们一起玩，便会主动地减少自己的睡眠时间。如果没有人照顾，他们就会用早晨的时间来补足晚上的睡眠，这是绝对不能允许的。你应该每天早上把他叫醒，但是，千万要注意，叫醒他们的时候不能太急。也不能使用尖锐刺耳的声音，或其他任何急速强烈的响声。这些声音通常会吓到孩子，对孩子的伤害很大。睡得正香的时候，被这样尖锐的声音吵醒，无论是谁都会感到不安的。要叫醒孩子的时候，一定要轻声地呼唤，温柔地抚弄，然后慢慢地把他们叫醒，对他们只能用温和的言辞和温柔的抚弄。直到他们完全清醒，穿好衣服，他们才是彻底醒了。如果你总是强迫他们起床，那么不管你的动作是多么温柔，对他们来说，都是非常痛苦的。还应该注意的就是，叫醒不能添加任何使他们感到不自在的东西，尤其是会使他们受到惊吓一类的。

22. 他们的床应该要坚硬，而且被子要用棉絮，而不是羽绒。硬床可以锻炼身体，而每晚睡在羽绒被褥里会消融体魄，这是身体虚弱的原因，也是英年早逝的先兆。结石病就是由于腰部被温暖地包裹着导致的，许多其他的疾病，还有这些疾病的根源——身体娇嫩虚弱，大部分都是由于柔软的床褥。还有，只要他习惯了家里的硬床，当他外出旅游时，就不会因为床褥没家里的软和或是枕头没有铺好而失眠了。（睡眠是旅行中最重要的事。所以我认为，他的床铺的整理是可以有不同的方法的，有时可以让他的头高一些，有时可以低一些，因为，他不可能一直都在家里睡，在外面也是会遇到这些变动，所以，回到家也不应感觉到这些变化。女佣们都是刻板地把所有事情都准备好，以让他在温暖的床褥上睡个好觉。）自然赋予人的最基本的东西就是睡眠。因此，人一旦失眠便会非常痛苦。若一个人只能在母亲精致的金杯里感受到这种恩赐，而不是在木碗里，那他是非常不幸的。凡是睡得很香的人，都能得到这种享受，至于睡觉的地方是柔软的床褥，还是坚硬的木板，都不重要了，唯一必要的是睡眠。

23. 还有一件事情对健康非常重要，那就是大便要有规律。大便过于频繁的人中，很少有具有敏锐的思想和强壮的身体的。对于大便过频的治疗，应该从饮食和药物两个方面着手，但是大便过频要比大便不通容易治疗得多。对于这一点没什么可说的，因为：如果遇到这种情况，不管是来得太急还是为时过久，就要尽快请医生；如果情况不是很严重，或时间很短，那最好是让它顺其自然。相反，大便不通，有很多的坏处，也更难用药物治疗。泻药表面上可以缓解这种情况，但是实际上会使情况越来越严重。

24. 这种病症我认为很有必要进行深入的研究，我在书里也没有找到治疗的方法。所以我就从工作方面来思考，我相信，只要我们采取正确的途径和合理的步骤，就能在我们身体上引起比医治这种毛病更大的变化。

第一，我认为，大便是我们身体某些动作的结果，尤其是肠胃蠕动的结果。

第二，我认为，这些动作不是完全随意性的，而是通过练习和经常应用养成的习惯性动作，而且，到了一定的季节便会努力去做，并且从不间断。

第三，我还知道一些人晚餐后要吸一烟斗的烟，大便没有不规律的。我便自己开始怀疑起来，思考他们能够得到自然给予他们的好处，大部分是由于习惯，还是由于烟草。或者至少，如果真是由于烟草的缘故，那也是烟草促进了肠胃的蠕动，而不是烟草具有泻药的作用，如果真的是这样的话，烟草就还有其他的功能。

得到这样的结论后，我认为这是可以养成习惯的，接下来要考虑的事情就是要用什么方法和手段，才最有可能实现这个目的。

第四，所以我就猜想，如果一个人在早晨第一次吃过东西之后，就去乞求自然而然的效果，想尽办法勉强自己大便，那么时间久了，通过不断练习就可以养成习惯。

25. 我之所以选择这段时间的原因有如下几点：

第一，早晨胃里空空的，如果吃了任何愿意吃的东西（因为我认为人只应该在必要的时候、在他有胃口的时候吃他爱吃的东西），胃内的纤维会强烈地收缩，并把食物紧紧地包裹起来。我想这样的收缩也许会蔓延到肠道，可能促进肠道的蠕动。就像我们看到的肠梗阻，肠道下面的任何一部分做了颠倒的运动，它都会蔓延到整个肠道，甚至胃部都要受影响，做这种不规则的运动。

第二，因为人吃饭的时候，他们的思想通常会放松，那时他们的精神一般不会集中在其他的事情上。因而他们的精力会更集中到腹部之下，这样就可以达到相同的效果。

第三，因为人在闲暇的时候进食，他们一定会有充分的时间去求助于如厕女神，这是我们要达到现在的目的所必要的。人们有各种各样的事情要处理，所以要把大便的时间固定下来是不可能的，就算习惯了也会被打断的。因此，健康的人即使时间经常变动，至少也要吃一顿饭，而按时大便的习惯也会保持下去。

26. 有了这些理由，我们的实验就可以开始着手了，结果我发现任何一个人，只要是保持这种习惯，当他们第一次进食以后，不管自己是否想上厕所，都会去大便，并努力使自己养成习惯，过不了多久，他就会获得成功。养成了按时大便的习惯，除非是他们自己疏忽，不然，他们第一次进食后，是很少不大便的。因为，不管他们想不想大便，只要到了厕所，做了他们该做的，那么，自然就一定会服从他们的意愿。

27. 因此，我建议，对于孩子，在他们每天吃过早饭以后，也同样进行这样的程序。让他每天都去上厕所，大便应该像吃饭一样，要由他自己支配。他自己和他的女仆都应该相信这一点，而不应有相反的看法。如果每天迫使他努力大便，如果他没有大便就不允许他玩耍或是吃下一餐，或至少要尽他们的全力，我相信，过不了多久，他就会养成按时大便的习惯了。

因为我们有理由认为，孩子在玩耍的时候常常专注于他们的游戏，而对于其他的事情都不加注意，这样就很容易忽视这些自然的动作。当自然轻轻地提醒他们的时候，他们却忽略了这种合理的提议，对于大便他们忽略惯了，就养成了不解大便的习惯。这种方法可以防止大便不通，这并不是我的猜测，我知道的一个孩子经过一段时间的不断练习，每天早餐之后便有规律地大便了。

28. 对于成年人，是否觉得值得以这种方法适合做一些尝试，应该由他们自己去决定。但是我不得不说，大便不通对于健康有很多害处，我不知道还有其他什么事情比大便通畅对健康的益处更大。一天二十四小时，一次大便我认为就够了，也不会有人认为太多吧。通过这种方法，不需要凭借药物的作用，大便也会自然通畅，而药物对于顽固的、习惯性的大便不通的治疗效果也被证明是不明显的。

29. 关于他健康的一般过程的管理，我只有这么一个问题要讲述。也许大家对于我有一种期待，说我能给出一些药物的指导，以此来预防疾病。对于这点，我只有一点要建议，那就是千万不要用任何药物来给孩子预防疾病。我想，如果我所建议的能够得到遵守，要比妇女们的饮食、药剂师的药物起到更好的作用。千万要注意，不要违反了这种方法，要不然，不仅不会起到预防疾病的效果，反而会引发疾病。不要孩子一有点儿不舒服，就马上给他吃药或是请医生，尤其如果请来的医生是个爱多事的人，他就会很快地把孩子的窗台摆满药瓶，把他的胃里塞满药物。与其把孩子交到一个自作聪明的人的手里，或者认为孩子生病除了饮食以外任何东西都能治好，又或者是相信与此相近办法的人，还不如让孩子顺其自然更加安全。以我的理智和经验来看，还是少让孩子娇嫩的身体受到这些摆布的好，除非是到了绝对必要的时候。一点点的冷红罂粟水，便是可以真正治疗饮食过度的。要禁止肉食，通常在开始的时候就要抑制这些病症，如果用药太急，反会加重病情。如果这种温和的处理治不好这些小病，或者不能阻止它发展为大病，这时候，就可以去请一位头脑清醒、心思缜密的医生。关于这一部分，我希望，大家还是要相信，一个在医学上有所研究的人建议你不要滥用药物、滥请医生，那谁也没有理由去怀疑他的建议吧。

30. 这就是我对于有关身体和健康所要说的，总结起来，就是几条容易遵守的规则而已：多过户外生活，多运动，多睡觉；饮食要清淡，不能喝酒或烈性饮料；药物要用得极少，或根本不用；衣服不能穿得太温暖或是太紧，尤其是头部和脚部要保持凉爽；脚要习惯于冷水，要与水接触。

31. 得到应有的注意，就能保持身体的强壮和精力的充沛，就可以遵守并执行大脑的一系列命令。那么，接下来的主要问题是保持精神的正常，使得精神在任何场合，都符合一种理性生物的高贵与优秀的身份。

32. 如我在这篇文章开始的时候所说的，人的举止和能力之所以千差万别，大部分都是由他们所受的教育所决定的，假如这种说法——正如我自己所相信的——正确的话，我们有理由得出这样的结论：我们应该多加注意孩子精神的形成，而且应该及早形成，那是将影响他们以后的生活的。所以，假如他们长大成人后任何事情都做不好,那么别人也会认为那都是他们所受的教育造成的。

33. 身体是否健康主要在于他们是否能忍耐苦难，精神健康也是一样。一切美德和价值的主要原则和基础在于：一个人要能克制自己的欲望，不追从个人的意向，纯粹地跟随理智所认为的最好的指导，即使所指的是一个完全不同的方向。

34. 我发现，很多人在教育他们的孩子时都犯了一个很大的错误，就是对于这一点没有在必要的时候加以充分的注意，在他们的精神最娇嫩、最容易弯曲的时候，没有使他们养成服从原则、适应理智的习惯。自然很明智地使父母去爱护自己的孩子，但是如果理智对这种自然的爱没有做到谨慎的看管，这种爱就很容易变成溺爱。爱护自己的孩子是父母的责任，但是，他们经常对孩子所犯的错误很放任。的确，孩子们的确不应该总得到反对，任何事情都应该由他们自己的意志来支配，而且，他们在婴孩时代也犯不了什么大错，父母便认为孩子偶尔犯些错误没什么关系，孩子任性一点，父母也认为这正是他们天真的年纪应有的行为。溺爱孩子的父母，对于孩子的恶作剧总是一味原谅而不去改正，认为是无关大雅的小事，对此，梭伦给了我们一个很好的答案，他说："是的，但是习惯却是一件关系重大的事情。"

35. 受溺爱长大的孩子，必然学会打人、骂人，哭着闹着想要什么就一定要得到，他想要做什么事就一定要做。很多父母为了逗孩子开心，从他们很小的时候就溺爱他们，把自然赋予他们的本性毁坏了，在他们的源头上下了毒药，日后，他自己尝到了苦水，却又感到奇怪。因为当他们的孩子长大以后，这种坏习惯也会一直跟随着他们。当孩子们长大，不能再逗着玩了，不能再把他们当做玩物了，于是他们开始埋怨，说孩子们太倔强、太顽皮、太任性。那时，他们才看到孩子任性，才开始为这些恶习而担忧，而忘记这些恶习正是他们一手造成的。这时，他们便想着要拔除这些他们亲手种上去的祸根，但是，这恐怕已经太晚了，因为祸根已经深种，不那么容易根除了。因为当他还小，还穿童装时，他就习惯于凭借自己的意志来支配任何事情，现在他长大了，穿短裤了，仍旧想要并且以自己的意愿来支配一切，这有什么奇怪的呢？的确，长得越接近成人，他的错误就会更明显，以至于很少有父母昏聩得不能发现这些错误，也很少有父母此时还那么麻木，连他们一手娇惯孩子的恶果都感觉不到。当他们还不能说话、不能行走的时候，便开始支配女仆；刚刚学会说话的时候，就已经开始"统治"他的父母了。现在他长大了，比以前更强壮、更聪明，为什么突然之间又一定要受到约束和限制了呢？为什么他一定要在七岁、十四岁或者是二十岁才失去这种特殊待遇？那是一种在他长大成人之后，父母仍然溺爱娇惯他的特殊待遇。不妨在一只狗、一匹马或其他任何动物身上做试验，看它小时候所习得的坏习惯和臭脾气，在它长大了受到控制以后，是否很容易就能得到改正。它们必定依然很固执，很骄傲，并且都希望成为自己和别人的主宰，但不管是哪种动物，它们的这种欲望都比不上人类的一半严重。

36. 我们从动物很小的时候就开始着手的话，就会显得非常明智，要想把其他的动物变得有用或是好养，就要趁早。但是，对于他们自己的后代，他们却忽略了这一点。是我们自己把他们变成了行为不端的孩子，却妄想他们长大以后能够成为好人。假如当初孩子想要吃葡萄或者糖果，就一定给他们吃，而不是任由那可怜的孩子哭泣或不高兴，那为什么他们长大以后想要喝酒，想要女人，却又不能得到满足呢？他们这类人，对于一个人多年的爱慕，就像是孩子还小的时候，哭着闹着要得到什么时一样的情形。不同年龄阶段的各种欲望，都符合我们的爱好和领悟，这不是我们的错，我们是错在不能使这些欲望受到理智的规范和约束。这其中的区别不在于一个人有没有欲望，而是在于他是否有控制欲望和克制欲望的能力。如果一个人在小时候，他的意志不能习惯于服从别人的理性的约束，那么，等他长大以后，能自己运用理智，也是很少会服从自己的理智的。这样的孩子长大以后会成为什么样的人，是很显而易见的。

37. 这些都是那群看起来对自己孩子的教育非常关注的人经常犯的错误。但是，如果我们看看一般人对孩子的教育，便能发现世人所抱怨的放荡的行为，都是由缺乏美德的教育方式而造成的。我想知道应该怎样定义这些罪恶，这些父母们，还有在孩子身边的其他人，在他们刚能接受这些欲望的时候，把这些欲望的种子灌输给孩子的罪行。我的意思不是说他们给孩子所树立的榜样，这的确很有激励作用，但是我要强调的是那些直接教给他们邪恶，把他们放在远离美德的道路上的父母，孩子们还不能走路，就把暴力、报复和残忍教给孩子的行为。“给我一根棍子，让我揍他一顿”这是大多数孩子每天听到的话。大家认为这没什么，因为孩子们力气不够大，也不大可能做出什么坏事。但是，试问，这不会对孩子的精神造成伤害吗？难道这不会成为他们学会强迫与暴力的开端吗？如果，在他们小时候就有人教他们打人，并怂恿他们以伤害别人、看见别人受折磨为快乐，他们长大以后，有力量了了、能自己做事了，能够打人了，就不会故意去打人了吗？

我们身上的遮盖物是为了谦虚、取暖和防卫，但是由于父母的愚蠢与邪恶，却把它用在了其他的地方。衣服被用作空虚好胜的代名词。他们教孩子渴望得到一件新衣服，因为它是一件华丽的装饰；当一个小女孩穿了一件新礼服，站在梳妆台前，她的母亲怎么会不叫她“我的小皇后”“我的小公主”这样的话呢？怎么会不教她赞美一下自己的美呢？这样，小孩子们在他们学会穿衣服以前，便学会夸耀他们的衣服了。父母们从小就教他们这么去做，而且裁缝和制作衣服的店主给他们作了时尚的衣服，他们为什么不继续夸耀他们自己呢？

老师和父母们为了他们各自的利益，教他们的学生和孩子说谎话、讲模棱两可的话来隐瞒事实，或是找些和谎言差不多的借口来。孩子如果看见他们正直的老师曲解事实对他们有利，而且这样做还被鼓励的话，那么，他到了自己可以运用这种权利的时候，为了自己的利益，难道就不会曲解事实吗？

这些卑微的人，由于受到经济条件的限制，他们的孩子就没有受到食物的引诱，也没有鼓励他们放纵自己的行为，因此不会有喝得过多，吃得过饱的情况。但是，一旦他们家境开始富裕起来，就会给孩子树立一个不好的榜样，并告诉孩子，他们不是不喜欢多喝，也不是不喜欢暴饮暴食，妨碍他们吃得过分的是物资的匮乏。但是如果我们看看那些家境稍微富裕的人家的话，他们把吃饭喝酒看成一件件大事、是生命的快乐之所在，如果吃饭喝酒没有孩子们的参与，他们便会认为孩子们被忽视了。等到他们吃饱以后，他们又用调味汁、肉汤，还有其他具有烹饪艺术的食物吊起他们的胃口。之后怕肠胃吃得太多，又给他喝一杯酒，说是帮助消化，但是实际上只会让他们吃得越来越多。

我的小主人感到有点不舒服吗？第一个问题就是，亲爱的，你想吃些什么？我又能拿什么给你享用呢？人在生病之时，吃的、喝的就都被约束了，每个人的心思放在找到某些打败胃口的方法的工作上，这是处在病症初期，自然是为了防止病情恶化就明智要求了的。其实他们的胃不应该再承担其他的食物，这样就能有足够的时间和精力去纠正和控制他的疾病了。

在父母的精心照料下，控制自己不暴饮暴食，并克制自己吃清淡、简单的食物的这些孩子们是非常幸福的。但是他们的精神状态也会受到一些传染和毒害。尽管他们在受教育的时候得到了谨慎的管理，也许也获得了健康。但是，他们的欲望不会那么强，他们随时随地都会受到饮食讲究的诱惑。这种吃得好的说法流行于几乎每一个地方，但是却不能和自然对人的食欲的有效刺激相比。这种刺激很快会让他们喜欢并开始沉醉于美味佳肴。每个人，即使是反对邪恶的人都会说，这是生活得好的标志。这阴郁的理智又怎么能够对大众所接受的东西说“不”呢？如果说这个应该被叫做奢靡，又有谁会听得进去呢？因为生活质量高的人现在也全都在处在这种奢靡当中。

这就是现在所谓流行的一种罪恶，而且还有很多人支持它。我不知道这是否被冠以了一种美德的称号，也不知道如果有人公然反对，这是否会被人当做愚蠢，或是不懂得人情世故的行为。我真的感觉，我在这儿所说的话，也许会被人谴责，说我在无故刁难别人。其实我并没有提到这些观点，这也许会唤起父母们的注意，在教育孩子方面要十分谨慎，当他们自认为把每个方面都照顾得很周到的时候，不仅还有其他的各种诱惑，而且还有人直接教给孩子邪恶的东西，甚至连他们认为安全的地方也是需要值得小心的。

对于这个问题我就说这么多。而父母们是如何践踏他们的孩子，如何灌输给他们邪恶的原则，对于这些，我更不想都谈到。但是我希望父母们能够仔细地想想这些，孩子们在不知不觉中受到了什么样的邪恶教育，他们是不是应该接受到其他的指导，这是不是父母的责任和智慧能够做到的。

38. 我觉得这道理显而易见，所有美德和卓越的原则在于拥有克制自己欲望的能力，这种欲望是我们的理智所不能接受的。这种能力的获得与提高要依靠习惯，而及早的练习会使得这种能力更容易、更熟练地发挥出来。如果大家愿听我一言的话，我建议，要做一些打破常规的事，孩子从来到这个世界上开始，就应该努力地克制自己的欲望，抛开他们想要的那些东西。第一件他们应该懂得的事就是，他们得到一件东西，不是因为他们喜欢它，而是因为这很适合他们。如果什么东西能满足他们的需求就提供给他们的话，那么就不会受想要什么就得哭求的折磨了。就算不能得到，他们也会学会满足，不会大吵大闹、乱发脾气。这对于他们自己和别人都很困难，因为从一开始，他们不是这样被看待的。如果他们从来不以哭求得到什么东西来满足自己的欲望，那他也不会以哭求要得到其他东西，就如同他们不会哭着要月亮一样。

39. 我不是要说，孩子想要任何东西都不能满足且放纵他们。也不是希望孩子听从别人的意见和指导，就同顾问一样显得十分理智。孩子毕竟还是孩子，他们应该受到其他人温柔的对待，他们应该尽情地玩耍、应该有他们自己玩具。我的意思是，他们希望得到的东西，只要是不适合他们去做，不适合他们值得拥有，我是不会因为可怜他们年纪尚小和因为他们想要而允许的。不论他们多么固执想要得到什么，就是因为他们固执，他们是绝对不能够得到的。我看见过一些孩子，在吃饭的时候，餐桌上有什么他们就吃什么，绝不会还希望吃其他的东西。但是，在另一个地方，又有一群孩子，他们看见什么都哭着想要得到，每个菜他们都要享用，还要第一个享用到。是什么原因导致了这种巨大的差别呢？一个习惯于得到他哭着闹着想要得到的东西，而另一个却不会这么做。他们的年纪越小，就越不应该满足他们不固定、不规律的食欲；他们自己的理智越不足，就应该越多地受到管理者的约束、越多地服从他们的绝对权利。因此，我认为，只有小心的人才能够待在孩子身边。假如所有人都不这样做，那我也毫无办法。我所说的是我认为合理的，如果在这个世界上已经流行了，我是不会用关于这个问题的文章来打扰所有人的。但是，我仍然坚信，关于这个问题，还是有人和我的观点有相同之处。对于孩子的这种教导应该及早开始，这样对孩子和对他们的管理者都会更加容易一些。孩子们想要的东西，一旦不给他们，不管他们怎样撒娇，都不应该再得到满足。除非你有心教他们变得没有耐性、爱惹麻烦，才可以这样奖励他们。这是不可违反的格言，应该遵守。

40. 因此，凡是想要教导他们孩子的人，都应该从他们孩子很小的时候开始，而且使他们完全服从父母的意志。如果你想要你的孩子过了孩子的年纪仍然服从于你，那就应该使他从刚学会服从的时候开始，就懂得自己是在谁的管制之下，所以从那时候起就要建立起一个父亲的威信。如果你想要他畏惧你，那就让他从婴儿时期就畏惧你。他长得越接近成人，就越要允许他靠近你并和你亲近，使得他在小时候做你顺从的臣子（这是适合的），长大以后做你真挚的朋友。因为我认为，父母对待孩子的方法如果是小时候就满足放纵他们，长大了却又对他们要求严格，把孩子拒之千里之外，或对他们放任自由，这对孩子没有任何好处的。他们对于事物没有判断力，这代表他们需要管制和原则指导。相反，专横和严厉地对待他们是一种恶劣的做法，他们有自己的理智来指导行动，除非你想在你的孩子长大以后讨厌你，并且悄悄地在心里想着："爸爸，你要什么时候才会死呢?"

41. 当孩子们还小的时候，应该把父母看作他们的君王和绝对的统治者，而且非常敬畏他们；当他们到了更加成熟的年龄，应该把父母看做是他们最好的、唯一可靠的朋友，并且爱他们、敬他们，我想，每个人都会认为这是合理的吧。我所提到的方法，如果我没弄错的话，是唯一可以达到这个目的的方法。孩子长大以后，我们应该把他们看作自己一样看待。他们和我们有着同样的热情、同样的欲望。我们想要被别人看作理性的动物，我们有我们的自由，我们不喜欢经常受人责备、不希望看别人的脸色而感到不快，我们也不能忍受在与别人说话时受到嘲笑和排斥。无论哪个成人，只要他受到这种待遇，就会另找同伴，另交朋友，另找一个使他感到自在的谈话对象。因此，如果从最开始就对孩子们非常严格，他们那时会非常温顺，什么都会安静地服从，而且除了服从不知道其他的事。如果是这样，他们长大以后，能够运用自己的理智，那么，他们所受到的严厉的管制应该慢慢地放松，父亲对他们的脸色应该更和蔼，两代人之间的距离应该缩短。这样，他们之前的严格就会助长他们现在对孩子的爱，因为他们知道那是对他的慈爱，使他们值得受到父母的爱和别人的尊重。

42. 我对于你在孩子面前树立威信这一点，就说这么多了。首先就是要凭借他们的畏惧，获得掌握他们精神的力量，等他们年纪稍微大点儿，应该用你的爱和友谊来维持这种关系。因为，打骂他们的时候终将会过去，如果那时你发现你的爱不能再使他们顺从你、孝敬你，如果爱、美德和荣誉不能使他们做值得赞美的事，那么，我想问，你又怎样让他回到正轨呢?

的确，如果他们不能使你高兴，又害怕分不到足够的财产，这样你可以使他们成为你财产的奴隶。但是，他们私下里仍然会很邪恶、很恶劣，而且那种约束也是不能持久的。每个人都会有凭借自己和自己的行动的时候，每一个好人，思想崇高的人，有能力的人，都是从内心养成的。所以，他要从教育中学到什么，又是什么会影响和支配他以后的生活，种种这些都必须及时地灌输给他。习惯织入他本性的原则里，就是不能模仿的一种举止，不会由他的外在所掩盖。他们不会因为害怕父亲生气使自己得不到应得的财产而刻意掩盖本性的。

43. 应该采取什么样的方法都已经大体谈论了，现在到了我们应该更加详细地考虑一下这些方法的细节的时候了。我谈了很多关于对孩子严格管教的问题，也许大家会认为，我没有充分地考虑到，什么样的管教方式适合他们尚小和娇弱的年纪和体质。你如果再听我进一步说明，这种想法就会消失了。因为我也认为，过于严厉的惩罚是没有任何好处的，而且对孩子的教育危害极大。我还相信，受到最严厉惩罚的孩子是很少有成为优秀的人才的，这一点很明显。直到现在，我所主张的只是，一开始，需要严格的管教，孩子年纪越小就越应该多用；在适当地应用这种方法并取得了一定的效果后，就要放松了，要改用一种更温和的管教方式。

44. 在孩子有记忆以前，父母如果能不屈不挠地加以指导，使他们的意志从最开始就变得顺从与逢迎，那就可以使它自然成性，任何情况下都不会招致孩子的反抗与怨恨。唯一要注意的是，这样的管教着手要早，要坚定不移地使孩子的敬畏心变得自然，要让他们从心里服从父母，没有一点点的勉强。这种敬畏的心理一旦培养成功之后（这种心理要及早培养，否则一定会受到更多的痛苦与体罚才能改正过来，耽误的时间越久就越费劲儿），那么，孩子虽仍会有许多嗜好，只要用得适当，他们日后长大成人，更加懂事了，凭着这样一种心理就可以管束好自己，就用不着鞭笞、呵斥或是其他一些使人受到屈辱的惩罚了。

45. 只要我们想想，教育的真正目的是什么，教育的关键在哪里，这样的道理是很容易见信于人的。

第一，凡是不能克制自己的欲望、不听从理智的指导以拒绝目前的快乐和痛苦的纠缠的人，他就缺乏一种美德和勤勉的真正原则，就有流于一无所能的危险。自制的脾气与他们非指导的本性完全相反，因此要及早培养，而这种习惯，是未来的能力与幸福的真正基础，所以，应该尽早将它植入孩子的心里。当孩子刚有知识、刚能懂事的时候就要开始着手，凡是对于孩子的教育负有责任的人，都应该想尽一切办法，在孩子身上养成这种习惯。

46. 第二，如果孩子的精神受到过分的压抑和贬低，精神由于管教过严而过于颓废，他们就会失去活力与勤奋，这情形比之前的情况更糟糕。因为放荡不羁的青年，他们精力充沛、精神饱满，一旦上了轨道，常常会成为一些能干的、伟大的人物。但是心情沮丧的孩子就不同了，他们往往胆小怯懦、精神不振，很不容易振作起来，因此，很难做出一番事业。要避免这两方面的危险，是一门伟大的艺术。如果谁能找出一个方法，一方面使得孩子的精神保持舒畅、积极、自由，另一方面又能使他抑制自己对许多事物的欲望，而接近自己不习惯的事物，那么在我看来，他便能调和这些表面上的矛盾，掌握教育的秘诀了。

47. 通常对孩子有一种贪便取巧的惩罚方法，就是棍棒教育，这是一般教师知道或能想到的管理孩子的唯一工具，也是教育中最不适合采用的方法，因为它有两种弊端，我们说过，这两种弊端会使人们进退两难，从而使得这种方法失去效力。

48. 第一，我们人类的本性有种倾向，就是迷恋肉体与现实的快乐，极力避免一切痛苦，但是这种惩罚的方法不能克服这种倾向，反而给它鼓励，增加它在我们身上的力量——那是发生一切恶行与罪恶的根源。一个孩子，本来不愿读书的，现在因为怕挨打而苦读起来；本来爱吃不卫生的水果的，现在因为怕挨打而不吃了。他现在的一切行为的动机难道不都是因为怕挨打，由于贪图肉体的快乐和避免肉体的痛苦吗？用这样的动机去管束和指导孩子的行为，结果是什么呢？我说，结果除了我所说的应该根除的根源反而在他身上生长起来以外，还有什么呢？所以我觉得，孩子无论受到什么惩罚之后，如果他因做错了事而感到羞愧的心情不比害怕痛苦的心情更重，那是没有任何用处的。

49. 第二，这种惩罚方法自然会使孩子对导师要求他们爱好的东西产生厌恶。结果显而易见，孩子对于某些事物，最初是能够接受的，但是他们后来因为那些事物受了骂、挨了打，就开始痛恨这些事物了。其实，这对于孩子是不足为怪的，因为即使是成年人，使用这种方法也是不能使他们接受任何事物的。任何一种无害的、本身提不起人的兴趣的娱乐，假如他不高兴去玩的时候，却有人用棍子去打他，用恶言恶语去骂他，非要他玩不可，或是在玩的时候，因为一点点事情就常常被人这样对待，难道他不会厌恶那种娱乐吗？结果自然是会厌恶的。不适宜的情境通常会影响到与其相关的、无辜的事物，假如一个人常用一个杯子去喝让人恶心的药水，他只要一见到那个杯子就感觉倒胃口，哪怕杯子洗得再洁净、形式再美观、质料再贵重，里面装的东西也不能使他感觉到好吃。

50. 第三，奴隶式的管教，只能养成一种奴隶式的脾气。教鞭存在着的时候，孩子是会屈服的，是会佯装服从的；可是一旦不用教鞭，没人看见，知道不会受到惩罚的时候，他就越会放纵自己本来的倾向，这种倾向完全不会因此有所改变，而且反而会在他的身上继续增长，经过这种约束之后，一旦爆发起来，往往来势更加凶猛。

51. 第四，假如管教到了极度严酷的地步，也可以治好目前任性的毛病，但是它会破坏人的精神，结果往往会带来一种更糟糕、更危险的毛病。那时，你虽然去除了一个放荡不羁的青年，却换来了一个心情沮丧的家伙，他反乎本性的拘谨状态是可以取悦于傻子们的，因为傻子们喜欢驯良死板的孩子，这种孩子既不吵闹，也不会使他们受到任何烦扰；但是这种孩子终其一生对于自己和别人都是没有用处的，他的朋友们也是得不到舒适的。

52. 棍棒教育和其他任何一种奴隶性的体罚是不适合用在教育上的，这些管教方法不能使孩子成为聪颖、善良、正直的人，只有在万不得已的时候和极端的情况下才可以偶尔用一用。另一方面，用孩子心爱的事物去奖励孩子，去讨取孩子的欢心，也应该同样小心地避免。凡是拿苹果、糖果或者其他别的孩子所喜爱的东西来促使儿子念书的人，他就是认可了儿子对于快乐的爱恋，是在纵容儿子身上他本应该尽全力去扑灭的危险的自然倾向。你对于孩子的嗜好，一方面加以制约，另一方面却给予他满足，那是绝没有希望教会他克制自己的欲望的。为了把他自己培养成一个善良、聪明、正直的人，他应该学会克制自己的欲望，只要是遇到理智所反对和责任所要求的事情的时候，他应该克制自己对于财富、服饰和饮食等事物的欲望。但是假如你要他做些该做的事时就用金钱去酬劳他，看到他念了书，就拿一些美味的食物去奖励他的辛苦；要他做一些小事，就允诺给他镶有花边的领巾和漂亮的新衣服，那么，你提出这些奖励的意思就是说，他应该以这些好东西作为目标，鼓励他去渴望这些东西，使他习惯于把自己的快乐放在这些东西上面吗？于是，人们为了要使孩子勤于学习文法、跳舞以及其他各种对于他的幸福和利益没有多大帮助的东西，就错误地使用奖励和惩罚的方法，那简直是牺牲了他们的美德、颠倒了他们的教育，等于教导他们去爱奢侈、骄傲和贪婪。因为这样一来，不当的欲望本是应该克制抑止的，现在反而受到鼓励了，他们就为未来的罪恶奠定了基础，除非我们克制自己的欲望，及早地使他们习惯于服从理智，否则那种罪恶是无法避免的。

53.我的意思并不是说，我不准孩子享受一切对健康和德行无害的生活中的舒适与快乐。相反，我恰恰主张无论什么使得他们得到快乐而且没有害处的娱乐，孩子都可以大量地享受，以便尽量把他们的生活变得快乐、有兴致。不过有一点要注意，他们获得这种快乐，只是因为得到了父母和导师的尊重与赞赏的结果，绝不可因为他们不爱做某件事情，或者非用某种快乐去吸引就不愿意做，便以此为奖励给予他们。

54. 但是，如果你一方面取消棍棒教育，另一方面又不利用这种孩子所喜欢的小小的鼓励，那么，（你会说）孩子应当怎样管教呢？取消了希望和畏惧之后，一切纪律就都完了。我也承认，善良与邪恶、奖励与惩罚，是理性动物行为的唯一动机：这些是一切人类得以工作、接受指导的刺激和缰绳，因此也应该运用在孩子身上。我之所以要建议父母和教师要永远记住这一点，就是他们应该把孩子当做理性动物来对待。

55. 我承认，如果我们想要管教孩子，奖励和惩罚是应该采用的。我认为错误的地方在于，通常采用的奖惩方法都是选择得不得当的。我认为，身体上的痛苦与快乐，如果被人们用作奖励与惩罚强加在孩子身上，会导致恶劣的后果；因为我之前说过，这种方法只会增长和加强那些我们应该抑止和控制的欲望。假如你要使他打消对一种快乐的欲望，却以满足他对另一种快乐的欲望作为补偿，那么，会在孩子身上养成什么样的德行和原则呢？这只会扩大他的欲望，引导他走入歧途而已。如果一个孩子哭着要一种不卫生的、对身体有害的水果，为了换得他的安宁，你就给他一些对身体危害性小一些的糖果。这样做也许可以保持他的健康，但却损坏了他的精神，使得他的精神更加偏离正轨。因为你这样做，只是改变了他欲望的对象，而对于欲望本身你还是鼓励的，而且认为其应该得到满足，我也已经说过，毛病的根源就在欲望本身；在你不能使他克制那种欲望之前，孩子目前也许能安静、守规矩，但是毛病并没有治好。你用这种方法，就是助长了在他的心里的一切罪恶的源泉，下次一有机会，他就一定会再爆发，来势更加凶猛，他的欲望会更强烈，而带给你的困扰也更大。

56. 我们用来使孩子遵守秩序的奖励和惩罚完全属于另一类的，它们具有一种力量，而且一旦它们发挥作用，事情就办完了，困难就成为过去了。孩子们一旦懂得尊重与耻辱的意义以后，尊重与耻辱对于他们的心理便是最有力的一种刺激。如果你能使孩子爱好名誉、惧怕羞耻，你就使他们具备了一个真正的原则，这个原则会永远发生作用，使他们走上正轨。但是大家会问，要怎样才能做到这一点呢？

我承认，这件事最初看上去不是没有困难的，但是我觉得我们还是值得去寻求达到这种目的的方法（找到以后，还要实行），我认为这是教育上的一大秘诀。

57. 第一，孩子（也许比我们想到的时期还早）对于表扬和称赞是非常敏感的。他们觉得受到别人的尊重和重视是一种快乐，尤其是被父母以及自己所倚靠的人尊重和重视。因此，如果父亲看见孩子的行为好，就加以表扬；看见孩子的行为不好，就换上一副冷酷和不理会的脸色；同时，母亲和其他环绕在孩子周围的人都用同样的态度去对待他们，那么，要不了多久，就会使孩子们感到这种不同的态度；这种办法如果坚持执行下去，我相信，一定比威吓或打骂管用得多。威吓或打骂如果用得太多就会失去力量，如果羞恶的心情没有跟着到来，就是没有用处的；所以除了后面将要说到的万不得已的情况以外，是应该禁止的、绝对不用的。

58. 第二，为了使孩子加深对尊重和羞耻的感受，并增加这种感受的分量，孩子在感受到别人的尊重和羞辱的同时，其他各种愉快的或不愉快的事物应该伴随着到来，这些愉快或不愉快的事物不是作为某个特定行为的奖励或惩罚，而是因为孩子的行为举止值得被人奚落或受人尊重的、必然的、永远伴随的结果。用这种方法对待孩子，就可能使孩子尽可能地明白，凡是行为良好、受人赞扬和尊重的人，他们必定为人所喜爱，结果自然会得到其他各种美好的事物；反之，如果有人因为行为不良，被人看不起，或是不爱护自己的名誉，他就不可避免地要遭受别人的冷淡和轻视，结果任何能使他感到满足和高兴的东西他都得不到。用这种方法，从一开始就可以使孩子获得一种固定的经验，让他们知道，他们心爱的事物只有名誉良好的人才能得到和享受，这样，孩子对事物的欲望就有助于他们的德行。如果你能用这种方法使孩子对自己的错误感到羞愧（因为除此之外，我希望不用惩罚），并使他们乐于被人看得起，你就可以随意管教他们了，而他们也会热爱一切德行了。

59. 我想，实行这种方法的一大困难来自仆人的愚蠢和顽固，要防备他们来干扰父母们执行这种计划是不容易的，孩子犯了错误，遭到父母的奚落，往往可以从这些愚蠢谄媚者的抚慰中得到出路和安慰。结果，他们把父母在孩子身上培养这种德行的所有努力都给破坏了。父亲或母亲给予孩子冷酷的脸色的时候，其他人都应该以同样冷淡的态度对待他，谁也不可给他一点好脸色，直到孩子自己请求原谅、改正错误、恢复自己以往的名誉为止。假如能坚持遵守这种办法，我相信，打骂孩子是很少用得着的：他们自己的舒适和满足会很快教会他们去取得别人的称赞，就算不用打骂，他们也会避免去做那些他们发觉是人人都反对的、自己做了也一定会吃苦的事情。这样，就可以使他们学会谦虚与知耻的心理；很快，他们就会很自然地痛恨那些会使得他们遭人轻视和忽略的事情了。但是，要怎样解决仆人带来的不便，我只能留给父母们去关心、去考虑了。我只觉得这是一件关系重大的事，如果他们能够找到一些小心谨慎的人来照顾他们的孩子，那就是非常幸福的了。

60. 因此，经常打骂孩子是应该小心避免的：因为这种惩罚的方法，除了使孩子对于导致自己挨打挨骂的错误行为产生一种羞耻与痛恨的心理以外，是绝对没有任何好处的。如果惩罚孩子的主要目的不在于使他们明白自己做错了事情，也不在于使孩子明白是自己咎由自取，使最好的朋友们厌恶自己，那么，鞭打的痛苦只是一种不完全的治疗。它只是修补了目前的状况，使伤口得到片面的愈合，却仍然没有真正触及痛楚的核心；只有出自内心的羞耻心和不愿见恶于人的畏惧心，才是唯一真正的约束。只有这两者才能掌握缰绳，使孩子遵守秩序。但是如果常常施用体罚，必然失去那种效力，并且毁灭羞耻之心。孩子的羞耻之心与妇女的谦虚之情一样，它不能够时时被人侵犯而仍然保持下去。至于父母在打骂孩子以后，立刻就表示出高兴，那么孩子对于父母的恼怒是不会惧怕的。父母们应该仔细想想，看孩子的哪些错误才值得他们生气：可是一旦生了气，惩罚了孩子，他们就不应该立刻放缓他们的声色，而应设法去恢复孩子原有的美德，一直到他们服从了，比平时表现要好了，充分改正了他们所犯的错误，才可以完全恢复原来的态度。如果不遵守这些原则，惩罚用得太多之后，就成了家常便饭，完全失去了它的效力；孩子犯了错，你就加以惩罚，惩罚之后，又予以原谅，孩子就会认为这是一种自然而然的过程，就像是早中晚的交替一样。

61. 对于名誉，我还有一点要说，就是虽然名誉不是德行的真正原则和标准（因为那是认识人的责任——服从造物主得到的满足，遵循上帝所赋予的启示，以期望获得他的欢心与庇佑），但是它离德行的真正原则和标准是最近的：那是大家达成共识，根据自己的理智对有德行的良好行为的一种证明和赞扬，在孩子能够去判断事物，能用自己的理智去辨别是非以前，它是一种指导孩子和鼓励孩子的正当方法。

62. 这种考虑可以指导父母知道应该怎样去责备或赞扬自己的孩子。孩子们的错误有时是很难避免的，必须要加以斥责，因而斥责不应只是严肃的、不动感情的词句，还应背着别人在私下里执行；但是在孩子应受到赞扬的时候，他们应该当着别人的面去得到。对孩子的赞扬经过一番传播，奖励的意义就更大了；对于孩子的错误，父母不做宣扬，就会使孩子更加看重自己的名誉，他们觉得自己是有名誉的人，因而就会更加小心地去维持别人对自己的好评：但如果你当众宣布他们的过失，使他们无地自容，他们就会觉得失去了名誉，而制裁他们的工具也被夺走，他们越是觉得自己的名誉受了损，就越不会用心去维持别人对自己的好评。

63. 但是，如果对孩子管教得当，那么我们设想的一般常用的奖励与惩罚是不必多用的。因为他们所做的一切天真的傻事和幼稚的行为，都是可以完全放任自由、不加约束的，至于他们目前的这些行为，是可以理解、可以尽量放任的。这些孩提时代所有的而不是孩子本身固有的过失，如果只是留给时间、模仿和成熟的年纪去加以改正，孩子们就可以免受许多冤屈和无用的惩罚，而这些惩罚不能克服孩提时代的本性，以至于施用太频繁，失去效力，以后遇到别的必须加以惩罚的情况，也减小了惩罚的力量；或者就是惩罚的力量够大，能够约束孩提时代的童真童趣，这样的结果必定是损害了孩子的身心健康。如果父母已经在孩子心里树立了应有的威信，那么，孩子在游戏的时候如果过于吵闹，或者不适合某种地方或某些伙伴（这只能指他们所在的地方），那么，只要父母使一个眼色或是说一句话，就足以使他们走开或是安静下来。但是这种好玩的秉性，是自然明智地使其与他们的年纪和性情相适应的，是应该加以鼓励并以此提高他们的兴致，是增进他们的力量与健康的，而不应该加以控制和约束；我们教导孩子的主要技巧就是把应该做的事变得像做游戏一样。

64. 在这里，我要谈到一个在普通教育方法上出现的错误，那就是使孩子在任何情况下都记住许多规则和戒律，而这些他们常常都是不能理解的，经常刚听过就给忘了。如果你想要孩子做某件事，或者是换个做法做某事，一旦他们忘了做或是做得不好，你就应该让他们反反复复地做，直到他们做得很好了。这样你会得到两个好处：第一，你可以知道孩子是否有能力去做某件事情，或者能否对他们抱有某种希望。因为有时候孩子会努力去做一些我们在他们身上试验的事情，而这些事，他们根本没有能力做好，在能够做好这些事以前还需要加以教导和练习；但是，对于教师来说，命令孩子要比教导他们要容易得多。第二，除此以外你还会得到一个好处，就是反复练习同一个动作，直到孩子养成习惯，他们的动作就不用再依靠记忆或回想，便能很自然地表现出来，而记忆和回想是年纪和谨慎的伴随物，不是童年的伴随物。只要有人向他敬礼，他就向对方鞠躬；有人和他讲话，他就注视对方的脸部。这样受过良好教养的人，他的行为是经过反复应用的，就像呼吸一样自然，不需要任何思考和回想。用这种方法可以改正孩子的任何错误，而且是永远地改正了：这样就可以把孩子的错误一件一件地改正，并且在他身上养成任何你希望的习惯。

65. 我看见有些父母把成堆的规则加在孩子身上，而这些规则对于这些可怜的孩子们连十分之一都不可能记得住，就更不用说去遵守了。然而，他们一旦违反了这些名目繁多而且常常是非常不恰当的规则，则不是挨打就是受骂。这样做的结果自然是，只要孩子知道自己的注意力不够，不能使自己不违反这些规则，并要因此遭受指责，这样，他们就不会再在意别人说什么了。因此，你加在儿子身上的规则应该尽量要少，宁可少于看起来绝对必需的，也不要超过这个限度。因为，如果你以这些规则来加重他的负担，这样做只会有两种结果：第一，就是他必定会经常受到惩罚，而惩罚成为家常便饭就会导致不好的结果；第二，他违反了你的某些规则，你却不加以惩罚，因而他自然就会轻视这些规则，而你在他们心目中的威信也就大打折扣了。尽量少给孩子定下规则，但是一旦定下了规则，就要确保他们很好地遵守。孩子年纪越小，他们所需要的规则就越少，随着他们年龄的增长，一种规则经过练习已经很好地确立下来了，就可以再增加另一种规则了。

66. 但是请切记，孩子不是能用那些他们经常都记不住的规则教得好的。你认为他们必须要做某件事情，那就应该抓住一切机会，甚至在可能的时候创造机会，让他们固定地进行一种不可缺少的练习。这就可以使他们养成习惯，而一旦这种习惯确立下来，就不用再借助于记忆力，也会很容易、很自然地在他们身上发挥作用了。但是在这里我还有两点要提醒：第一，你让他们练习所要养成习惯的事物时，要用温和的言辞、温柔的劝告，提醒他们忘了什么，而不是严厉地指责，就像他们是故意犯错似的。第二，你还应该注意的一件事是，不要试图让他们一次就养成过多的习惯，怕的是习惯的种类太多，使得他们都混淆了，结果一种习惯都养不成。要等到他们通过练习，做某件事情很容易、很自然，而不借助回想，形成一种固定的习惯以后，才可以再去培养另一种习惯。

这种通过反复实践，在教师的监督和指导之下反复地做同一种行为，直到孩子养成做好那种行为的习惯，而不是让孩子凭借记忆记住那些规则的教育方法，无论我们从哪方面考虑，都有许多的好处，但是我觉得很奇怪（如果可以对任何坏习惯感到奇怪的话）这种方法怎么会如此受人忽视。现在我顺便再提一点这种方法的优点，使用这种方法，你可以知道要孩子去做的某件事情是否适合他的能力，是否适合于他自然的天赋和体质；因为，正确的教育方式还要考虑到很多。我们不能期望完全改变孩子的本性，也不能把天性快乐的人变得郁郁寡欢或是把天性忧郁的人变得快乐起来，而不使他们受到伤害。上帝在人的精神上印了某种特质，就像他们的外形一样，也许可以稍微改变一点，但是很难把他们改变成一个完全相反的样子。

因此，那些在孩子身边的人应该好好研究一下孩子的本性和天资，通过经常试验，去发现他们做什么事情比较容易，什么事情比较适合他们，看他们天生是一块什么样的材料，要怎样改进这块材料，适合用什么方法；他应该考虑的是孩子缺少什么，他们是否有能力通过自己的努力来获得他们所缺少的东西，并通过实践来吸收，看是否值得自己去努力。因为，在很多种情况下，我们所能做的或是应该做的，就是尽量运用孩子被赋予的天分，防止这种天赋所最容易产生的罪恶与错误，而且使它所能够产生的好处都发挥出来。每个人的天资都应该尽可能地开发出来，但是试图把别人的天分强加到他的身上，那只会是白费力气，即使勉强加以粉饰，最多也就是一个外表，永远给人一种局促不安和矫揉造作的感觉。

我承认，矫揉造作不是他们在童年时代就有的错误，也不是没有经过教导的本性的产物。这种野草不是生长在荒郊野地里的，而是生长在花园里，由于园丁的粗心大意和不称职而导致的。任何一个人的矫揉造作都是由于管理、教导和一种必须要有教养的感觉导致的，它试图改正本性的缺点，并且总有一个值得称赞、令人愉快的目的，尽管总是没有达到这种效果；他越是努力去表现得优雅，距离优雅就越遥远。因为这个原因，我们就越应该小心提防，因为，这恰恰是教育所产生的错误；这的确是一种堕落的教育，但是青年人经常由于自己的错误或是周围的人对他们的错误引导，而受到这种教育。

一个人只要考察一下就会发现，优雅的本质在于它总是令人愉悦，优雅来自做某件事时的心境与那个时候的情境自然地衔接住。我们遇到一个高尚、友好、性情优雅的人是非常高兴的。一种有自由的、能主宰自己和自己一切行动的心境的人，不粗俗狭隘，不傲慢无礼，也没有被任何重大错误所玷污其名誉，这种人，是能为所有人接受的。这种从有完美心境的人身上自然流露出来的行为，也同样会使得我们感到高兴，因为这是它最真实的标志；而这种行为既然是内心想法的自然流露，就不能不态度从容，没有丝毫勉强做作的痕迹。这对我来说是一种美，这种美通过一些人的行为和他们的所作所为而闪现出来，凡是和他们接近的人无不为之倾倒高兴；并且通过不断的练习，把自己的举止变好了，与人交往时，由于天性或是养成了习惯，每个小小的动作表情都带着礼貌和尊重，这对他们来说是那么自如，一点也不显得做作，而是因为他们具有甜美完善的心情和良好的天性而自然流露出来的。

另一方面，矫揉造作是对本应该真实、自如的东西的一种拙劣的、勉强的模仿，缺乏自然之美；因为外在的行为和内在的心理之间总是存在差异的，这表现为两方面：第一，一个人实际上没有某种性情，但是他却装腔作势、竭力地在行为上表现出来，但是这种不自然的态度会使自己暴露出来：例如，有的人有时会表现出悲伤、愉快或是善良的态度，但是实际上他们并没有这些性情。

第二，有时候，他们对自己没有的性情不会竭力去展现，但是他们会用不适合自己的行为表达出来。那么，例如在与人交谈时，他们不自然的动作或是行为，本是想表达对对方的尊重与礼貌，或是他们在谈话过程中的满足与自在，但是他们的这些不真实或不自然的标志，是他们内心的某种缺陷与错误的表露。他们不知道别人哪些行为是优雅的，或者不知道他们独特的性格是怎样的，就一味去模仿别人，这常常更不能表现出优雅的态度。但是任何一种矫揉造作的态度，一旦表现出来就必定会使人讨厌；因为只要是假冒的东西，我们自然会憎恨，对于那些没有某种性情却靠矫揉造作来讨人欢心的人，我们也会自然而然地谴责。

使得简单而粗糙的本性顺其自然，这要比做作的、粗俗的行为好得多，因为这种模仿的方法是很拙劣的。我们的行为若是缺乏成就或是有某种缺陷，不能到达最优雅的境界，通常是可以免受注意与指责的。但是我们行为上任何一部分有矫揉造作的成分，就会为我们的缺陷上点亮一支蜡烛，使我们不得不被人注意，我们或是被认为缺乏意识，或是被认为缺乏真诚。这一点管理者应该更加勤奋地照顾到，因为，正如我上文所说，这是一种后天习得的丑态，归结起来，在于教育上的过失，有些人假装自己很有教养，不愿被别人认为自己不懂得如何与人交往，这样的人还很多；而且，假如我没有弄错的话，这大多是由于给出这些规则的教师疏于劝导，他们只是提出事例，而没有把他们的指导与实践结合起来，使他们的学生在自己的监督之下重复这种行为，以便他们可以改正行为中的不得体或是不自然的东西，直到使得那种行为做得很好、养成习惯并运用自如。

67. 所谓的礼貌，就是那些明智的女仆和女教师们加在孩子身上的，他们往往搞不懂的一大堆的好的劝诫。我认为，通过榜样来学习礼貌比借助于规则要好得多；那么，如果孩子不结交坏的伙伴，知道只有表现得有礼貌才会受到别人的尊重和赞扬，这样他们就会以自己行为良好为傲，照着别人树立的好榜样做事了。但是，如果这一点稍有疏忽，孩子脱帽礼和屈膝礼的姿势就不会很优雅，这个错误，舞蹈教师可以去改正，并把被时派人物称为滑稽行为的率真天性完全抹去。我认为应该在他们能学跳舞的年纪就教他们跳舞。我个人认为，只有跳舞，才能给予孩子一种自信和举止，使得他们能够与年长的人交往。因为，跳舞虽然只是一种优雅的外在行为，但是，我不知道为什么，没有什么能比跳舞能赋予孩子更多男子气概的思想和行为。但是，除此以外，我不希望小孩子因为教养上的细节和拘泥而受到过多的惩罚。

你知道，孩子的这些错误可以留给时间来改正，所以就不要给自己找麻烦了：因此，在孩子还小的时候，他们行为上缺乏礼貌，父母应该少去在意，只要他们内心不缺乏礼貌（因为那是你必须及早注意去培养的）。假如在孩子娇嫩的心灵中，充满了对父母、对师长的崇敬，这种崇敬含有爱和尊敬，而且不敢去违背他们：他们对所有人都充满敬爱和善意；这样，这种敬意就会教会他们用自己认为最容易接受的方式把这种尊敬之情表达出来。但是要确保在他心中建立起善良和仁爱的原则；并且尽量利用名誉和赞扬，还有跟随其而来的一切美好的事物，使得这种原则成为习惯：只要他们经过不断练习，使得这种原则在心里扎了根、固定下来了，就不必担心了，他们谈吐的文雅和外在行为的礼仪，时机成熟，就会在孩子身上形成；如果他们到了不再需要女仆照料的时候，那就应该找一个教养良好的人给他们做导师。

当孩子还小的时候，与生俱来就有许多粗心大意的地方，不会带有任何骄傲和天性不良的迹象；但是，如果在他们的任何行为上出现了这种粗心大意，就应该用以上谈到的方法立即去改正。我对于礼貌问题所说的一切，不应该这样去理解，意思是说，那些知道怎样去教导孩子有礼貌的人，不应该在孩子很小的时候就逐渐改变孩子的动作和举止。如果从孩子刚能走路时，在他们身边、有能力照顾他们的人就采取正确的方法来训练他们，这是一件好处极大的事。我反对的是，人们在这个问题上通常所采用的错误的方法：孩子在行为方面从来没有人教导他们，但是只要在礼貌上有一点的不周到，就经常（尤其是有生客在场的时候）受到责骂，就会以孩子的脱帽礼和屈膝礼上的问题来责备和训斥他们。即使这些人表面上是在改正孩子的错误，但是实际上只是为了掩盖他们自己的羞辱；为了自己不受责备，害怕别人议论，说他们对孩子照顾不周、没能力管教孩子的不良的行为，就把强烈的责罚加在可怜的小孩子身上。

因为，对于孩子本身，这种时不时地教训是不会把他们变得更好的。他们应该事先被告知要做些什么，并且要反复练习适合于他们的行为；也不应该到了那个时候才告诉孩子要做他们根本没有做过或是不知道怎样去做的事情。每到关键时刻就责骂孩子，那不是在教导他们，而是在无故地使他们烦恼、受折磨。他们不应该因为那些并非自己的错误、也不是一些受到别人的劝告就自己能改正的错误而受到责骂，而是应该顺从他们的意志。孩子在童年时期所有自然的粗心大意和朴实无华，应该留给成熟的年纪去注意，这样要比经常错误地把斥责加在孩子身上好得多，因为这样的斥责不会、也不能使他们养成优雅的动作。如果他们的精神受到良好的塑造和处理，内心充满礼貌，那么，即使他们由于缺乏良好的教导而表现得外表粗鲁，大部分的粗鲁也会在时间和观察中洗刷掉，只要他们是在良好的伴侣中间成长的；但是如果相处的伴侣是邪恶的，那么，世界上所有的规则，你能想到的所有惩罚方法，也不能使他们表现得优雅。因为你一定知道这个真理：即使你使他们受到各种各样的指导，且每天灌输给孩子许多关于教养的有学问的指示，但是，最能影响孩子举止的却是那些与他们朝夕相处的和在他们周围的人的言行。孩子（不，还有成年人）大多数都是照着别人树立的榜样做事的。我们都是一种模仿性很强的动物，是染于青则青、染于黄则黄的，那么对于孩子，他们更能理解自己所见到的而不是听到的，这也是不足为怪的。

68. 我在上文提到过仆人对孩子的一大害处，就是他们对孩子的恭维会使得父母对孩子的斥责失去效力，从而降低他们的威信。这里还要提到一大害处，就是他们卑贱的仆人会给他们树立一些不好的榜样。

如果可能，最好完全禁止孩子和这类人交往；因为礼貌和德行上的不好榜样就像传染病一样，只要一接触到，孩子就会被严重传染。他们经常会从没有教养或是放荡堕落的仆人那里学到许多下流话、诡计和恶习，如果不是与仆人的接触，他们也许这一生都不会知道那些不好的东西。

69. 要想完全防止这种伤害，是一件很困难的事。如果你没有一个滑稽的、邪恶的仆人，或如果你的孩子没有受到任何影响，那你是非常幸运的。但是为了达到这个目的，我们应该尽我们所能，而且还应该多让孩子与自己的父母和被委托照顾孩子的人待在一起。为了这个目的，孩子在父母身边的时候，应该使他们感到自在舒适；当他们在父母或是导师的监督之下，就应该得到与他们年纪相适应的自由，而不应该使他们受到不必要的约束。如果这对孩子来说，像是在监狱一样，那么他们自然不会喜欢。孩子毕竟是孩子，不管是孩子气的游戏，还是孩子气的举止，都不应该受到阻止，只要他们不做什么邪恶的事，其他的自由都应该要给他们。接下来，为了要让孩子喜欢和父母待在一起，父母就要亲自给予孩子他们喜爱的东西。仆人们为了讨好孩子就把烈性饮料、酒、水果、玩具，还有其他这种东西拿给孩子，以此，孩子就喜欢和他们交往了，这种事是应该要禁止的。

70. 谈到伴侣这一点，我几乎就要搁笔了，不想在这个问题上再打扰你了。因为这个问题的影响比所有的戒律、规则和指示都要大，我认为，去过多谈论其他的事，去谈那些几乎没用的东西，这完全是徒劳。因为你要说，我拿自己的儿子有什么办法呢？如果我总是让他待在家里，他就有成为我的少主人的危险；如果我把他放到外面去，又要让他远离粗俗与邪恶的触染，又怎么可能呢？因为外面到处都充斥着粗俗与邪恶。让他待在家里，他也许会更天真一些，但是他对于外面的世界会更加无知，没有伴侣上的新鲜感，见到的总是些熟悉的面孔；如果他一旦走出去，就会成为一个胆小怯懦或自负狂妄的家伙。

我承认这两方面各有利弊。让他们出去，的确会使得他们大胆一些，更善于处理和自己同龄孩子相处时的问题；同学之间的竞争，会使孩子们充满活力，促使他们奋发向上。但是，你还是可以找一所学校，在这所学校里面教师能够注重学员的礼貌，能够富有成效地注重孩子内在德行的养成，关注孩子的行为举止向着好的教养发展，就像是培养孩子学习语言一样。你不得不承认，你对语言有种奇怪的重视，你之所以觉得值得把你儿子的天真与德行送去冒险，让他进学校，无非是因为你看重古代希腊、罗马的语言，想让他去学得一点点的希腊文与拉丁文，而不是使他成为一个有胆量的人。因为，对于孩子在他们的同学那里学来的大胆与情绪，通常都混着粗鲁和不良的自信。那种不适合的、不真诚的处世方法是没有教养的，一定要加以清除，以此为原则，使之成为一个真正有价值的人奠定基础。一个人想要生活得好、处理好作为一个人在世的事务的技能，与在同学身上学到的傲慢、诡计或暴力是完全相反的两个对立面。这样大家就会觉得，私人教育的缺点和这些无穷的需要改进的问题相比还是好得多，就会在家里关注孩子的天真与谦虚的保持，因为孩子和亲人越是亲近，就越有可能学到使他们成为有用的、有能力的人的这些品质。没有人发现或是认为他们的女儿是在胆小羞怯中长大成人的，就会变得不是那么懂事或是有能力。她们一旦走上了社会，各种社交很快就使得她们变得自信；除此以外，在男孩子身上的任何粗鲁和狂暴都应该尽量地改正；因为我认为勇气与稳健不是来自于粗鲁和不好的教养。

德行比为人处事的方法更难得到；如果一个年轻人失掉了德行，是很难再恢复的。羞怯和无知是我们所认为的私人教育的缺点，这既不是在家里教育孩子的必然结果，也不是无可救药的恶习。恶习相比怯弱与无知是更加危险的，因此应该首先加以防御。假如这种羞怯和软弱会使得在家里受娇惯长大的孩子更加软弱，那就要小心避免，主要也是为了德行的缘故；因为这样一种容易屈服的脾气太容易接受邪恶的印象，使得刚进入社会的年轻人容易堕落。年轻人在离开父亲的庇护和教师的保护之前，就应该加强他的决心，使他熟悉各种各样的人，以此保护他的德行，以免他在对社交的危险还没有充分了解，对于任何诱惑还没有坚定的抗拒力之前，就走上某种歧途，或走上致命的绝境。如果不是由于这个原因，年轻人的羞怯和对世事的无知是不用太早去治疗的。以后的社交会在很大程度上治疗这种毛病；或者，如果不能及早治疗，那只是为了要找一个好的家庭教师，让他给出一个更加有力的理由。因为，让他及时养成一种男子汉的气概和自信，就算是要遭受许多痛苦，主要也是为了他在自己的指导下进入社会时，让他的德行受到保护。

因此，为了使孩子获得自信，获得一点点与人交往的技能，就牺牲孩子的天真，让他和没有教养的、邪恶的孩子交往，是非常荒谬的；坚强的品格和独立自主的主要用途只是保护他的德行。因为，如果孩子的自信和机敏与邪恶相混合，支持他的不良行为，这只能使他更加堕落；你也应该再一次去消除他从同伴那里学来的恶习，或是让它自生自灭。男孩子在与人的交往中自然就学会了自信，只要时间足够，就能学会自信、谦逊和服从，到那时候这种方式就比教导更适合于他们；因此，事先不需要过于注意孩子细心的养成。最需要时间、磨难和努力的是使孩子养成德行的原则、实践和良好的教养。这才是他们应该事先加以准备的，以免以后容易失掉。当孩子走上社会，与人交往，就会增加自己的知识与自信，但是同时会很容易失去德行，所以这些东西事先应该得到充分的保障；因此，德行必须得到充分的培养，并深深地在他们身上扎根。

他们到了成熟的年纪，怎样才能使他们适应于社交、步入社会，这一点，我们在别的地方再谈。但是，把他们放置在一群顽皮任性的孩子中间，让他们相互设计斗争或是为一点小事相互欺骗，我看不出这怎能使孩子适合于文明的社交或事业。学校里这些玩伴们的父母，品格都是参差不齐的，做父亲的人究竟希望孩子混在里面学到一些什么样的品质，真的很难讲。我相信，只要是请得起家庭教师的家庭，那么导师和学校里的任何人都能使他的儿子举止更加优雅，思想更加刚毅，而且知道什么是有价值的，什么是适合的，学习也更加精通，成熟也更加迅速。关于这一点，我并不是责怪学校的教师，因为不认为他们能做到。这其中一个很大的区别就在于，在家里上课就只有两三个学生，而在学校教室里上上下下挤满了七八十个人，就算老师再努力、再有能力，如果他的五十或一百个学生不是聚集在学校而是在其他情况，还要在他的监督下学习，是不可能做到的。除了书本以外，在其他方面也不能指望他能成功地指导孩子；孩子的精神和礼貌的形成需要不断被关注，而且还要进行个别教导，这在一大群孩子身上是完全行不通的（就算教师有时间去考察和改正每个孩子的个别缺点和错误倾向），因为一天二十四小时的大部分时间都是由孩子自己消磨掉的，或还要受到同学们恶习的传染。

但是，做父亲的往往认为大胆粗野的人最容易交好运，因此很乐意看到自己的孩子及早变得冒失鲁莽，认为这是一种吉兆，说明孩子长大后会时运亨通。他们看见自己的孩子和同学耍诡计或是从他们那里学一些诡计，便认为他们学会了谋生的本领，可以逍遥于世了。但是，我敢说，只有把自己孩子的幸福建立在德行与良好的教养上面，才是唯一保险和可靠的办法。把他们培养成一个有能力的人，不是学童们的相互玩笑和欺骗，不是他们彼此的粗鲁相向，也不是集体精心策划去洗劫一座果园；而是要靠正直、大度和严肃，还要加上观察和努力的品质，这些品质我认为学童们是不能彼此学到多少的。如果一个年轻的绅士在家里长大成人，在这些品质上没有比在学校学到的多，那么，就说明他的父亲在聘用家庭教师的问题上做了一个错误的选择。你可以在文法学校挑选一个最好的学生，再找一个年纪相同、在家里受到良好教育的孩子，并让他们成为好朋友，然后看他们谁的举止更加具有男子汉气概，看谁在陌生人面前的谈吐更加自信。我相信学校的那个孩子的自信要么是不够，要么会在别人面前丢脸；如果他的自信只能适合与同伴交往，那他宁愿不要有这种自信。

只要我们相信一般人所抱怨的，邪恶成熟得如此之快，很早就会在年轻人身上播下种子，如果你愿意冒险让孩子凭借机遇和他自己的倾向在学校里选择玩伴，那么，他是不可能避免这种流毒的浸染的。几年来，邪恶为什么能在我们之间如此猖獗，又是什么人的纵容使得它到了现在这样不能控制的局面，这点我要留给别人去调查考究。我希望，那些到处抱怨对基督教的虔诚和德行，和这一代的上流社会人士的学习与认知能力都在大大减退的人，他们应该想想，接下来要怎样才能使他们重新得到这些东西。我相信，如果我们不从青年一代的教育和原则上去打好基础，我们所有的努力都是徒劳。如果对于我们下一代人纯真、严肃和勤勉的品质不加以注意和保护，反而希望他们有德行、有能力、有学问——而正是德行、能力和学问至今使得英国在世界上占有相当重要的地位——这简直就太可笑了。我是想把勇敢也加进去的，毕竟勇敢被视为我们英国人本性的遗产。近来大家谈论的“海上事件”[①]，是我们的祖先闻所未闻的，这些事情恰恰说明了放荡堕落会消磨人的勇气；一旦放荡的行为侵蚀了真正的荣誉感，勇气很少能继续保持下去。我认为，世界上没有任何一个国家，无论它刚勇的声誉有多好，一旦堕落成风，原则的约束也就消散了；一旦邪恶到了猖獗、肆无忌惮的时候，就会借用武力在邻国之中耀武扬威，而这是绝不应该的。

所以，德行——直接的德行，是教育上很难达到但却很有价值的一部分目标，而不是鲁莽冒失或是一点点社交的技能。其他所有的考虑与成就都应该为这一点让路。这才是唯一真正的善行，教师们不仅应该劝导、谈论，而且还应该运用教育上的劳动与技巧把德行植根于心里，并使它固定下来，直到年轻人对它有了真正的爱好，并把自己的力量、荣耀与快乐植根于德行之中，这才可以停止。

一个人德行越高，他一生之中取得其他成就也会越容易。因为，凡是能服从德行的人，对于他所适合的事，是不会倔强、不会执拗的；因此，我不得不觉得应该把年轻的绅士放在家里，让他在父亲的看管下，在一个好的导师的指导下成长，只要这一点能够做到并做好，这就是达到教育上主要的大目标的最好、最安全的方法。绅士们的家里是很少会缺乏各种各样的伴侣的。他们应该使他们的儿子习惯于各种陌生面孔，在孩子有能力去与人交际的时候，就应该使他们与有能力、有教养的人交往。然而，那些住在乡下的人，当他们去拜访邻居时却不带上他们的孩子，我不知道这是什么原因。我相信，一个父亲把儿子留在家里教养，和他把孩子放到外面相比，会有更多的机会和孩子待在一起，就能给予孩子他认为适合的鼓

---

① 指 1689 年开始的英法海上霸权之争，该战争于 1815 年结束，英国最终确立了海上霸权，建立了庞大的“日不落”帝国。

励，也就能更好地防止孩子受到仆人或是和仆人一样低贱的一类人的沾染。但是，要怎样处理这个问题，大部分都要由父母考虑到自己的环境与便利来决定；我只是觉得，如果一个父亲对于孩子的教养一点也不尽心尽力，这是最糟糕的持家之道。不管他的情况会是什么样的，尽力教养孩子是留给孩子最好的财产。但是，毕竟有人会认为，在家庭里孩子会缺少伴侣，而一般的学校也不适合青年绅士，我认为也许能找到一种方法避免这两方面的不便。

71. 我已经考虑过伴侣的影响是多么重大。我们每个人，尤其是孩子，都容易去模仿别人，我在这里必须提醒父母这一件事，就是想要儿子尊重自己和自己的命令，那么他也必须要十分尊重孩子。后生可畏，你不希望他去模仿的事情，就绝不能在他面前做。如果一件事情，你认为是他做错了，然而你自己却做了那件事，那么，他就会以你为榜样作为庇护，有了这样的庇护，你想要用正确的方法来改正他的错误就不容易了。如果他看见你做过某件事情，而后你却因为他做了那件事而对他加以惩罚，那么，他就不会认为你的严厉是为了爱护他、为了改正他的错误，反而会使他容易认为，你是以一个父亲的专横霸道和暴躁无礼，让自己拥有自由和快乐，却反对自己的孩子拥有。假如你认为你所拥有的自由是属于更成熟的人的特权，孩子是不应该渴望的，这只能为你的榜样增加力量，他们就更加想要照着那样去做。因而你必须时时牢记，孩子假装自己是成年人，比我们想象中的要早；他们爱穿短裤，不是因为式样好看或是穿着舒服，而是因为穿短裤是跨入成年的一个标志或步骤。我所说的父亲在孩子面前的举止，应该扩展到那些管教孩子或是孩子所尊敬的所有人。

72. 现在，回到奖励与惩罚的问题上。一切孩子气的行为与不优雅的举止，还有其他任何时间和年纪可以改善的事情（正如我所说的），假如不用教鞭去惩戒，那么惩罚孩子一般是用不着这么多的。如果我们把学习读书、写字、舞蹈和外语也视为是这种特权，那么，在真正的教育上，打骂孩子或是强迫孩子的情况是很少有的。把这些东西教给他们的正确方法，是让他们对你想要他们学的东西产生喜爱和倾向，这样他们就会努力去做了。

我认为如果孩子能够得到应有的教养，上面所提到的奖惩办法能够得到谨慎的运用，在教导他们的时候能够遵守以下这几点规则，那么，这不是一件困难的事情。

73. 第一，他们要学的任何东西都不应该成为他们的负担，也不能当做一项任务强加给他们。任何事情只要这样安排，就会立刻变得令人讨厌；就算以前他对这件事情不喜欢或是不冷不热，只要这样，他们都会感到厌烦。命令一个孩子每天在特定的某个时候去抽陀螺，不管他是不是愿意这样做，都让他接受并成为他的一种责任，让他每天不管早晚都在这上面花费许多时间，你会发现，要不了多久他就会厌倦这个游戏。这对于成年人不是也一样吗？他们本来很乐意做的一件事，一旦他们发现这变成了一种责任，难道他们不会立刻就开始厌倦，再也忍受不了了吗？孩子们也想要表明他们是自由的，他们良好的行为都是他们自己做出来的，他们和任何最有自尊的成年人一样，是绝对独立的，你怎么看他们都不重要。

74. 第二，这样的结果就是，即使你已经使得孩子对于某些事情养成了一种爱好，但是如果他们还不想做或者没有心情做的时候，就应该尽量不叫他们去做。有些人喜欢读书、写字和音乐，但是有的时候也会感到这些东西很厌烦；如果这个时候他强迫自己去做，只会是自寻烦恼罢了。孩子也是一样的。应该仔细观察他们性情中的这些变化，注意抓住他们倾向和爱好上的有利时期：如果他总是心不在焉，你就应该好好地劝导他一番，再让他们做要做的事。我认为对于一个谨慎的导师来说，这不是一件难事，他已经对孩子的脾气进行了研究，向他们灌输一些适当的思想，比如使他们爱上他现在所从事的工作，这是毫不费力的。采用这种方法，可以节约很多的时间与精力：在孩子心情好的时候，他的学习效率要好上几倍，而他被迫去做时却要花费两倍的时间与精力。如果这一点得到应有的注意，允许孩子们尽情地玩耍，直到他们自己感到疲倦，那么，他们还有充分的时间去学习各个年龄阶段能学习的东西。但是普通的教育方法并没有考虑到这一点，它也不能注意到。那种粗暴的教鞭纪律是建立在别的原则之上的，没有任何吸引力，没有考虑到孩子的心情所在，更没有抓住孩子有兴

致的最佳时期。强迫和鞭打孩子，使得他对自己的工作产生反感，而又希望孩子自愿地放弃他的游戏，能够乐于学习，这的确很可笑。然而，只要事情安排得当，学习任何他们应该学习的东西都可以当做他们游戏之后的消遣，游戏也可以作为他们学习之后的消遣。这两方面所花费的精力是相等的。这些事不会使孩子感到烦扰，因为孩子喜欢做事，事情上的改变和变动自然会使他们感到高兴。唯一不同的一点是，我们所称之为游戏的，是他们自愿去做的，对于所花费的精力他们也是自愿的（你会发现，他们对于游戏，从来都是不遗余力的）；但对于他们要学的东西却是被强迫、被吩咐、被驱使去做的，只要事情做得不好，就会受到打骂和冷落。他们需要自由，应该让他们去向导师请教，就像他们经常向玩伴们请教一样，而不是命令他们去学习，这样他们就会乐意去做，自由自在地，和做其他事情一样了；他们就会乐意去学习，那么学习和游戏就没有差别了。采用这些方法，一个孩子应该学习的任何事情，只要想要他学，你都可以先引起他的欲望。我承认，最难的一部分就是第一个或是最年长的孩子，但是一旦他被引上了正轨，其他的孩子就全凭你的意愿来引导了。

75. 孩子学习任何事情的最佳时期，就是当他们有心思、愿意学习的时候，这时他们的精神不懈怠，心思也不会专注于其他的事情，不会使他们感到不适或反感，这是不会有人怀疑的；但是，还有两件事情需要注意：第一，如果这种时机没有得到谨慎的运用，而且这种时机不是经常有的，你不能因此就忽视孩子在这方面的改进，而是放任他们，使他们养成一种懒散的习惯，并任由他的这种性情发展。第二，当孩子心不在焉，或是心思放在其他事情上，一件事学得不好时，我们就要教会他控制自己的心智，能够通过自己的选择，从一件做得正起劲儿的事情中抽离出来，而很容易、高兴地去做另一件事，或是遵从别人的建议或理智的指导，在任何时候都能摆脱他的懒惰，并努力去做这件事情。这非常重要、值得我们去努力。这一点可以在孩子身上实现，有时你可以试试他们，当他们懒得做一件事、或是专注于事情上的时候，努力使他们去做你想要他们做的事。如果通过这种方法，能够使他们养成控制自己心智的习惯，在有必要的时候能够放下自己的想法与工作，去接受另一件新的、不那么合意的工作，没有丝毫的勉强与不安，那么，这种好处能达到的效果远远超过拉丁文、逻辑学或是通常要求孩子学习的大多数事情。

76. 人在孩子时期比他一生中任何时候都要活泼好动，只要有事做，他们对于具体要做什么是无所谓的，如果得到的鼓励与阻止相等，跳舞与跳房子对他们来说都是一样的。我发现，对于我们希望他们学习的事情，唯一而重大的阻碍就是，我们吩咐他们去做，当成他们的任务，却因此受到嘲笑与责骂。带着恐惧与担心去做一件事情，或者是他们不愿去做，却让他们做很长时间，直到他们非常疲惫为止，这都大大侵犯了他们极度热爱的固有的自由。只有自由，能给予他们日常游戏的真正的喜爱与快乐。情况一变，你就会发现，他们很快就会做其他的事情了；尤其是当他们看见自己尊重的、自以为不如人的榜样时更是这样。如果他们看见别人所做的事，被安排得能暗示他们自己那是比他们年长、比他们地位高的人的特权；那么，希望走得更高更远的野心与欲望，希望能和位高年长的人一样的愿望，就会促使他们去工作，使得他们充满活力与乐趣地向前进；这是由他们自己的欲望所激发的快乐，通过这种方法得到心爱的自由，对他们也是一种不小的鼓励。对于所有这一切，如果再加上名誉与声望上的满足，我认为，其他能激起他们刻苦与勤勉的刺激物就不需要多用了。我承认，要达到这个目的，最初是需要耐心、技巧、温柔、注意与谨慎的指导的。要是没有苦难，你为什么需要一位导师呢？但是，一旦这一点做到了，那么其余的就比任何严厉专横的原则更容易了。我认为要做到这点并不是什么难事，只要不在孩子面前树立不良的榜样，我确信这不难。因此，我认为唯一大的危险来自仆人和其他教养不好的孩子，或是其他邪恶愚蠢的人，他们一方面以自己不好的习惯在孩子面前树立起不良的榜样，另一方面又把孩子不应该得到的两种东西同时给予他们，我的意思是指邪恶的快乐与赞扬，以此溺爱、损害孩子。

77. 由于孩子的错误应该尽量少用打骂来加以改正，因此我认为，责骂太频繁，尤其是盛怒斥责，差不多也会导致同样的不良后果。这会降低父母在孩子心中的威信，也会减少孩子对父母的尊敬；因为，我相信你还记得，他们很小的时候就能辨别盛怒与理智了：当他们不能再尊重后者所产生的事情，他们很快也会看不起前者了；前者（盛怒）能够导致一时的恐惧，但也很快就会消失的，如果没有理智来增添活力，而只是喧嚣的空壳，就很容易受到他们自然倾向的轻视。孩子只有做了邪恶的事（这在他们年幼的时候是很少的），才应该受到父母的管制约束。如果他们做错了，一个眼神就足以使他们改正了；有时如果需要言辞加以责骂，那应该要庄重、温和和严肃，给他们讲清楚到底错在哪里或是有什么不适合的地方，而不应该匆忙地责骂几句就完事了；因为这不能使他充分地认识到你的生气到底是针对他本身多，还是针对他所犯的错误多。盛怒时的呵斥往往带着一些粗俗不良的言辞，除此以外还有另一个坏处，就是把这些教给了孩子并允许他们去说这些话；父母和导师把这些交给孩子，他们有了这些名目，对别人说这些话时也不会觉得羞耻或有什么顾虑，觉得自己用这些话有一个很好的理由。

78. 说到这里，我猜想肯定会有人反对我，说孩子犯了错，不能打，也不能骂，那要怎么办呢，这不就意味着对于一切混乱的管制都放松了吗？如果在最开始的时候就能正确地训练孩子的心理，给他们灌输上述所提到的对父母的敬畏，就不会出现想象的那种结果。因为，通过不断地观察，鞭打孩子是没有多少好处的，因为，鞭打孩子，他们所感受到的或是畏惧的只是鞭打带来的痛苦；这种痛苦消失得很快，他们对于痛苦的记忆也会随之消失。但是孩子有一种错误，我认为，也只有这种错误才应该受到鞭打，那就是固执和反抗。在这种情况下，我也主张，如果可能，把鞭打带给孩子的耻辱当做惩罚的最大部分，而不是痛苦。做错了事和受到惩罚后的羞耻之心，是对德行唯一真正的约束。如果鞭打给孩子带来的只有痛苦而没有羞辱，那么这种痛苦很快就会消失，很容易被忘记，很快鞭打就变得不那么可怕了。我知道，一个上流社会的人，他的孩子最怕被人脱掉鞋子，就像别人害怕挨打一样。我认为这类的惩罚比鞭打孩子要好；因为，如果你希望他们有一种真正正直的性情，他们应该害怕的不是痛苦，而是羞于犯错或是伴随着错误而来的耻辱。但是倔强和顽抗的错误，必须要以武力和鞭打加以控制；因为再没有别的方法能用来纠正这种错误。不管你吩咐他做任何特别的行动，或是禁止他做，你都必须确保他能遵守。在这件事上，不准他告饶，也不许反抗：因为，如果你吩咐他做事，而他反抗，那么这就成了你们之间的一场竞技，争做统治者，一旦这样，你必须要赢，如果使眼色、好言相告都不管用，那么任何鞭笞都是值得的；除非，你愿意服从你的儿子生活一辈子。我认识一位谨慎和蔼的母亲，有一次，她的小女儿刚从保姆那里回家，她为了让孩子服从一件非常容易、无关紧要的事情，在那天早上，连续打了女儿八次，才控制了她的倔强。如果她早一点放弃，在第七次的时候就不打了，那她就永远把孩子惯坏了，那种不能使孩子服从的鞭打，只会增加孩子的倔脾气，以后就很难控制了。但是她很明智地坚持了下去，直到孩子从心理上折服，意志变得顺从，惩罚与责打的唯一目的也达到了。她在第一次的机会中就彻底在孩子心目中树立起了威信，从此以后，对于任何事情，她的女儿都会立刻服从和遵守；这是她第一次打孩子，我相信，也会是最后一次了。

孩子第一次挨打受到的痛苦，如果没有完全达到目的，就不能停止，要继续下去，而且应该增加惩罚的力度，应该首先使孩子的心理服从，并树立父母的威信；之后，就采用一种严肃中掺杂和蔼的方法，把它永远保持下去。

如果好好想想这一点，人们运用这些惩罚时就会更加谨慎了，他们就不会认为责打孩子是安全的、普遍的补救方法，任何时候都可以随便乱用了。然而，如果责打孩子没有任何好处，那么必然会产生重大的害处；如果不能深入到孩子的心里，不能使得他的意志变得服从，就会使孩子的犯错心理更加顽固；不管他受到什么痛苦，都会使得他更加钟爱他心爱的顽固的脾气，因为这种脾气这次使他取得了胜利，这就会使他继续下去，希望以后也能取得胜利。

我相信有许多人由于受到不适当的惩罚，变得顽固和倔强，而他们本来可以成为很顺从、驯良的人。因为如果你这样惩罚孩子，好像唯一的目的就是要改正他以前所犯的错误，虽然你本想改正他的心理，但是用这种方法又怎么能够改正得了呢？如果孩子所犯的错误没有倔强的脾气，或是故意的成分，那么，严厉的鞭打是完全没有必要的。一种和蔼的或是严肃的警告，是足以改正孩子薄弱的意志的；健忘或是疏忽，这些都是需要别人的帮助来克服的。但是如果意志上就很倔强，有计划、有决心地反抗，那么，他们所受的惩罚就不能以所犯错误表现出的轻重程度来衡量，而应该取决于他们对于父亲的命令的尊重和服从反对到什么程度；父亲的命令是应该得到严格遵守的，否则就要加以断续鞭打，直到达到孩子的心灵，使得他们真正感到抱歉、羞耻和自愿地服从你的命令为止。

我相信，这需要的不仅仅是给孩子安排一项任务，如果他们没有做，或是做得没有我们想象中的那么好，就不顾任何缘由加以鞭打，这是不够的。还需要小心、注意和观察，还要好好地考察孩子的性情，我们在施以这些惩罚之前，应该对孩子所犯的错误进行很好的衡量。但是，这不比手里随时拿着教鞭，将其作为管教孩子的唯一方法要好些吗？这不比在任何情况下都经常采用而且用得不当，到了最后真正必要的时候，这种有效的补救办法却失去效力要好吗？因为，只要孩子犯了一点点小错，就乱打一通，那么，我们还能期望有其他的办法吗？如果孩子作诗的时候，在查找索引上出了错或是用错了词，就要受到鞭打的严厉惩罚，他本来是一个脾气很好而且勤勉上进的孩子，却要受到和一个顽固倔强、故意犯错的孩子一样的对待，我们怎么能希望用这样的纠错方法对孩子的心理产生好的影响，并使孩子走上正轨呢？这是我们唯一需要照顾到的事情，只要孩子在心理上走上正轨，那么，你所期望的其他的一切事情都会随之而来了。

79. 如果孩子的意志受到错误的指引不需要改正，那么鞭打是不必要的。只要孩子的心理是正常的，那么其他的一切错误，只要不是反抗父亲或教师的管教与威信，就只是一些过失而已，通常都是可以忽略的；或者，如果真的要注意的话，也要温柔地建议、指导和责备，仅此而已，除非孩子反复、故意地忽视，表现出来是心理上的错误，表明他们不服从的根源是在于他们意志倔强。但是，一旦发现孩子顽固，也就是公然开始反抗的时候，我们就不能再睁一只眼闭一只眼或是忽视了，而是必须在这种情况第一次出现的时候，加以克服与控制；我们唯一需要注意的是，不能弄错了，一定要确保那的确是顽固，而不是其他的东西。

80. 但是各种惩罚的方法，尤其是责打孩子，是应该尽可能地避免，我认为这是应该尽量少用的。如果孩子得到了我所说的对父母、师长的敬畏，那么在大多数情况下，一个眼色就足够了。毕竟我们不能期望年轻的孩子会和成熟的成年人有相同的举止，相同的严肃和勤勉。我说过，只要是适合他们那个年龄阶段的愚蠢的、幼稚的行为，都是应该允许的，是可以不用注意的。做事疏忽、粗心大意和追求快感是孩子时代的特性。我认为我所提到的严厉不需要延伸到这种不合理的约束，并且年纪和性情的自然产物也不能急于被认为是顽固与任性。如果孩子犯了这样的错误，我们就应该帮助他们，帮他们改正错误，把他们当做有自然缺陷的弱者；但是，即使孩子在受到警告之后，再次犯了这样的错，也不能认为他们完全忽视了父母的提醒，而把他们当做顽固的孩子来对待。如果是自身软弱导致的错误，就绝不应该忽视，也不应该听之任之，不加以提醒，除非错误中混杂着故意的成分，那也绝不应该夸大，或是加以严厉的谴责，而应该在时间与年纪的允许范围内，温柔地引导他走上正途。用这种方法，孩子就能看到自己的错误之中最令人讨厌的地方在哪里，而且能学会如何去避免这些讨厌的地方。这就能鼓励他们保持一种正确的意志；而要保持正确的意志是一件大事，这能使他们免受任何重大的不快，他们其他任何的过失都会得到父母或教师的关心与帮助，而不是他们的愤怒与谴责。要使孩子免受邪恶与邪恶性情的影响，他们在各个年龄阶段的一般的行为，是能与他们所处的年龄阶段以及他们通常所交往的伙伴相适应的；随着年龄的增长，他们会更加注意与努力。但是，如果有时候你吩咐他停止做任何幼稚的事情，你的话一定要永远有力量与威信，而且一定要做到，不能让他掌握了主动权。但是，我要说的是做父亲的，除非是孩子有邪恶习惯的这种倾向，在其他任何情况下都应该尽量少给孩子施以权力与命令。我认为，要管教好他们有许多更好的办法，就是温柔地晓之以理（只要能从根本上服从你的意志)，这在多数时候效果要好得多。

81. 我提到要和孩子讲道理，也许会有人觉得奇怪，但是我始终认为这是对待孩子最正确的方法。孩子早在能理解话语的时候就懂得道理了；如果我的观察没有错的话，他们喜欢自己被当做理性的动物来对待，这是比我们想象中的时间要早的。这种自豪是应该珍惜的，要尽可能地使这种态度成为管教孩子最有利的工具。

但是，我仅仅指说理是适合孩子的能力与理解的，不是指代其他。谁也不会认为一个三岁或是七岁的孩子能与一个成年人辩论。长篇大论和哲学推理，最多是使孩子感到惊讶与困惑，对孩子并没有任何指导作用。因此，我所说的应该把孩子当做理性动物来对待，是指你的举止应该温和，改正他们的错误时要镇静，要让他们意识到你所做的是合理的，对他们来说是有用的，是必要的；而且你命令或是禁止他们做的任何事情都不能是出于任性、冲动或是空想。这是他们能够理解的；我认为任何他们应该遵守的美德、应该防止的过失，都是可以用道理说服的；但是一定要适合他们的年龄、他们能够理解的道理，而且通常要用尽量少、尽量简单的话表达出来。责任与是非的基础与根源，如果不是习惯于把他们的思想概括成大众能接受的观点，那么，这对于成年人，也是不容易植入他们的思想的；对于孩子，他们就更不能理解深奥的理论了。漫长的演绎过程，他们是没办法做到的。只有明显的道理才能打动他们，因为这适合他们的思想水平，而且能被他们（如果我能这样说的话）感觉到和触摸到。但是，如果考虑到他们的年龄、性情和爱好，那么这种说服他们的动力是不缺乏的。如果他们犯了任何值得注意的错误，而没有其他特别的动力可以利用，只要他们知道这对自己来说是丢脸羞耻的事情，并且会使你不高兴，他们就会明白，并有力地去阻止这样的错误发生。

82. 但是在所有教导孩子或是培养他们礼貌的方法中，最简单、最容易而且最有效的一种就是把你吩咐或是禁止他们做的事的榜样放在他们面前；一旦你把这些他们所知道的人所做的事指给他们看，并指出他们的行为美在什么地方、恶在什么地方，这种吸引他们或是阻止他们模仿的力量，就比任何给予他们的说教都要强烈。用任何语言给孩子解说什么是德行、什么是邪恶，对于他们来说，都没有把别人的行为拿给他们看更能使他们明白，你要指导他们去观察，让他们找出这些行为中好的品质和坏的品质。这样利用别人的榜样，比任何规则或是指导都更能让孩子学到良好教养的美丽和不良教养的丑恶，使他们印象更深刻。

这种方法不仅应在孩子还小的时候用，只要他们在别人的管教或是指导之下，都可以继续采用；不，我觉得一个父亲，只要他觉得适合，任何情况下都可以把它当做最好的办法，来改正儿子身上任何他希望改正的错误；没有什么能比榜样更能温柔地深入到人们的内心。不管孩子忽视了或是纵容了自己的什么不良行为，只要看见别人做了同样的事，他们都会感到讨厌与羞耻。

83. 大家也许会怀疑，鞭打作为最终的补救方法，到了必须采用的时候，应该在什么时候执行，由谁来完成；是不是在孩子刚犯了错误，应该趁热打铁立即执行呢？是不是应该由父母亲自责打孩子呢？关于第一点，我认为不应该立刻执行，以免最终发现是意气用事；如果真的是一时冲动，那么，即使你鞭打超出了应有的分量，但是却失去了应有的效力：因为，我们做事带着私人情感，即使是孩子也能看得出来。但是，我在前面说过，凡是沉着的发自父母理智的，都能发挥出最大的力量；而且，他们能察觉到这种区别。接下来，如果你有一个谨慎的仆人能做这件事情，而且你家里有管教孩子的地方（如果你家里有教师，无疑是有地方的），我认为，最好是由父母发出命令，借别人之手来直接执行；但是在鞭打的时候，父母应该在旁监督，这样，父母的威信得以保持，而孩子因为遭受的痛苦，就会把内心的怨恨转到那个直接使他们受苦的人身上。因为，我认为除非是到了非常必要的或最后需要补救的时候，父亲应该尽量少去鞭打儿子；只有在这种情况下，父亲才能亲自鞭打自己的儿子，以免他很快就忘了。

84. 但是，我在前面说过，鞭打是改正孩子错误的最糟糕、也是最后的方法，只有在极端的情况下，所有温和的方法都试验过了，而且都证明失败了，才能采用鞭打的办法；如果这些温和的方法得到较好的遵守和执行，鞭打孩子是很少用得到的。因为，即使孩子在某件特殊的事情上当面违反了父亲的命令，也不能说明他们就会经常违反，对于父亲，也没有必要制定严厉的规则，把他的绝对权力用在孩子幼稚或是无关紧要的行为上——在这一点上，孩子有他们的自由；或者是用来关注他们的学习与进步，这是不需要强迫的。此外，就只有一些邪恶的行为是应该禁止的，要是孩子在这里表现得顽固，就应该受到鞭打；因此，任何人只要好好考虑，对孩子进行应有的教育，那么鞭打孩子是很少用得着的。因为，在孩子七岁以前，他们除了说谎或是一些不良的恶作剧以外，还会犯什么邪恶的错误，而且是在父亲明令禁止以后还重复再犯，使自己被视为顽固的人而受到谴责、受到鞭打的惩罚？如果孩子表现出任何邪恶的倾向，这种情况第一次出现的时候，你就应该让他知道你的讶异；如果第二次再出现的话，父亲、教师以及在他们身边的人就应该加以严厉的鞭打，就像我以前提到的方法，像对待没有名誉的孩子一样对待他，直到使他感到自己的错误是丢脸的为止。我认为，其他的纠错方法就没有必要了，任何情况下也用不着鞭打孩子了。人们之所以必须要采用这种惩罚方式，通常都只是由于以往对孩子的娇惯和忽视的缘故：如果在刚开始的时候就能对孩子邪恶的行为加以注意的话，他们第一次做了不规矩的事情，就能采用那些温和的方法加以改正，那么我们每次需要改正的错误就不会超过一种，就用不着大吵大闹，或是需要借助于鞭打这种严酷的原则便能轻易地改正了。这样，错误就会一个接一个地被除去，不会留下任何它们存在的记忆与痕迹。但是我们任由孩子的错误滋生（由于娇惯、纵容我们的小孩子），直到他们错误连连、根深蒂固的时候，而这些使我们自己都感到羞耻与不安的时候，我们才不得不借助犁和耙，想要铲除这些错误就一定要深入到根源才行；我们能用的力量、方法和努力，也不足以铲除这些繁茂的杂草，不能再恢复以前的硕果累累，以此来回报我们的苦难了。

85. 如果这种方法能够得到遵守，那么父亲和孩子都会省掉许多反反复复的训诫，和该做什么、不该做什么的繁多规则方面的麻烦。我认为，引导孩子邪恶习惯的行为（这才是父亲应该施展他的权威和加以指导的地方），在孩子没有犯这些错之前，都是不应该加以禁止的。因为这些不合时宜的禁止，即使是没有多大的坏处，至少也教他们、允许他们去犯这样的错误，他们会认为这是孩子应该犯的错误，也许他们不知道这些错误，对他们来说可能更安全一些。能够阻止他们犯这样的错误的最好方法，我已经说过，就是在孩子具有邪恶倾向的行动第一次被注意到的时候，就向他们表现出你的怀疑与惊愕。例如，当他第一次说谎，或是做了任何不良的恶作剧的时候，第一个应该采用的方法是，告诉他们这是一件奇怪可怕的事情，没想到他会做出这样的事，这样他就会感到羞耻而不再做这样的事了。

86. 肯定有人（的确如此）会反对，无论我认为孩子是多么易于管教，羞辱与赞扬这种温和的方法是多么管用；但是，有许多人，如果没有惩罚来驱使他们，是不会自觉去读书、去学习他们该学的东西的。这恐怕就是一般学校教授语言时常采用的方法吧，他们在能使用别的方法的地方，也从来不会采用这些方法。为什么孩子在学习拉丁文与希腊文的时候需要教鞭，而在学习法语和意大利语的时候却不需要呢？孩子学习舞蹈与剑术不需要鞭打，学习算数与画画，也不需要鞭打就能很自觉地去学习。这就会使人怀疑，文法学校所教给孩子的东西，或是所采用的教学方法有点奇怪，不自然而且完全和他们的年龄不相符，只有在受到严厉的鞭打时才能去学习，即使去了，也是不情愿的；那么，不挨打，孩子就不能被教好的说法是一种错误。

87. 但是，我们假设有些孩子由于粗心大意或者是懒惰，采用我所提出的温和的方法不能使他们去学习（因为，我必须承认，孩子的性情是各种各样的），但是，不能因此就说，所有的孩子都适合用鞭打这样的粗暴原则。在温和的方法没有彻底实施以前，没有人可以下结论，说某个孩子不能用比较温和的方法加以管教；如果这些方法真的不能使孩子努力做他力所能及的事，那么，我们对于这种顽固的孩子也不用找借口去饶恕。对于这种孩子，鞭打就是最合适的惩罚方法；但是，鞭打的方法要和通常用的不一样。对于故意不去读书，就算是在父亲要求下，正面提出严肃命令后，还是故意执拗、拒绝做他力所能及的事情，这样的孩子，在惩罚他的时候，不应该因为他没有完成他的任务就愤怒地抽打他两三下，或是在他犯了相同的错误时，一再地重复这样的惩罚；但是，到了他表现出故意的成分的时候，鞭打就成了必须。我认为，这时候惩罚就应该更加沉着、严厉，而且要继续一直鞭打（一边鞭打一边警告），直到鞭打在精神上的印象从孩子的表情、声音和服从中表现得很明显——不是因为鞭打带来的痛苦，而是对自己的错误感到内疚，并且融化在真正的懊悔里面，这样才可以停止。如果这种惩罚方法在合适的时间间隔上使用过几次，而且都是极其严厉地执行，父亲一直明显地表现出不高兴，这样都不起作用，不能改变他的心理，使他以后顺从，那么，还能寄希望于鞭打吗？再用鞭打的方法又有什么用呢？鞭打，如果你不能从中得到任何好处，就更像是一位敌人的愤怒，而不是富有同情心的朋友的好意；这种惩罚的方式，带来的只是挑衅，没有任何希望改正孩子的错误。如果有那么一位不幸的父亲，有一个如此倔强而难以管教的儿子，我认为，除了为自己祈祷以外，没有别的办法了。但是，我认为，只要在最开始的时候就能采用正确的方法来管教他们，这样的孩子是很少的；要是真的有这种情况，那这些教育规则，对于天性好，而且能采用较好的方法去管理的孩子，也是不适合的。

88. 如果能找到一个导师，他可以认为自己是在父亲的位置上，用他的谨慎担起父亲的责任，喜欢做这些事情，能在最开始的时候努力把它们付诸实践，那么，他以后会发现，他的工作是非常容易的；我想，你的儿子也许会在学习和教养两方面，都能在短时期内获得你意想不到的效果。但是，在任何时候只要没有你的允许与指导，绝不能让导师打孩子；至少也要等你有了经验，知道了导师的脾气和是否谨慎才行。但是，为了保持导师在孩子心目中的威信，对于导师没有鞭打孩子的权力，你要隐瞒，除此以外，你自己也要对导师非常尊重，同时要求你的家人也尊重他：因为受你或孩子母亲轻视的人，你是不能期望你的儿子对他有任何敬意的。如果你觉得他值得轻视，那么你就选择了一个错误的人；如果你对他表示出一点点轻视，那他是逃不掉你儿子的轻视的：一旦这样的事情发生了，不管导师本身的价值有多大，不管导师对于这个职业多么有能力，但是对你的孩子就会都失去作用了，以后对他们也不会有任何用处了。

89. 父亲应该给孩子树立榜样，要尊重导师，而导师也要以身作则，引导孩子去做他想要孩子做的事情。导师的行为绝不可以超出他所给孩子树立的戒律范围，除非他打算让孩子走上歧途。如果导师自己都是放纵自己的人，那么，要求孩子控制自己的情感就是毫无用处的；导师自身行为都很邪恶无礼的话，那他要改正孩子这些行为的努力都是徒劳。不良的模式比好的规则更容易被人遵从，因此，他一定要随时注意保护孩子，使其不受这些不良榜样的影响，尤其是最危险的一种——仆人树立的榜样；孩子不能与仆人交往过密，但是也不能完全禁止，因为，越是禁止，孩子会越渴望与他们交往，应该采用我已经提到过的其他方法。

90. 在整个教育工作中，有一件事和我现在要说的事相比，是更不容易见到，或是更难以得到好好遵守的，那就是，从孩子刚能说话时开始，就有一个谨慎、清醒，甚至是聪明的人在他身边，他应该关心的是引导孩子走上正轨，使他们远离一切不良的事物，尤其是不受到不良伴侣的影响。我认为，这种地方需要很大的冷静、节制、温和、勤勉和谨慎；同时具备这些品质的人是很难能用一般的薪水请来的，也不是在哪里都能轻易找到的。对于在这上面的花费，我觉得这是我们在孩子身上花得最值得的一份钱；因此，即使这可能比普通的花费要高，但仍不能算是昂贵的。一个人能在这上面花钱，使得孩子心理健康、有操守、有德行、有能力，而且有礼貌和良好的教养，要比把钱花在扩充土地上更有价值。玩具和游戏、丝绸和缎带、饰品和其他无用的花费，都可以尽量地节省；但是在这种必要的地方是不能节省的。使得孩子的财富充裕而精神贫乏，这不是好的治家之法。我常常惊诧地看见有人滥用金钱，为哄孩子开心就奢侈地给他们买好看的衣服、好的住房和好的食物，聘请许多无用的仆人，但是同时却使他们的精神受到饥饿，对于他们最丢脸的赤裸裸的本性中的错误倾向和无知，却不充分注意去加以掩盖。我认为这是为了他们自己的虚荣心做出的牺牲，更多的是在炫耀他们自己，而不是真正关心孩子的好处；只要你是为了儿子精神上得到好处所做出的努力，都会表现你对孩子的真正慈爱，就算你的财产少给他一点也无所谓。一个聪明、善良的人，在别人认为或是现实中，几乎都是伟大的、幸福的；但是，一个愚蠢或是邪恶的人，不管他给孩子留下多少财产，他都是既不伟大也不幸福的：我想问你，你是想你的儿子成为世界上某些每年收入五百磅的人，而不愿使他成为其他某些每年收入五千磅的人吗？

91. 因此，关于花费的考虑是应该不会阻止那些能够负担得起的人的。最大的困难就是到哪里去找一个合适的人：因为那些年龄、能力和德行都不高的人，是不适合担任这种工作的，而那些这几方面都更强的人，却不容易被请来承担这样的任务。所以你应该尽早去寻求，到处去调查；因为世界上有各种各样的人。我记得蒙旦在他的一篇文章里说过，博学的卡塞特利欧为了使自己免受饥饿之苦，不得不到巴塞尔去做制作木盘的工作，当时他的父亲想着花钱为自己的儿子聘请一位这样的导师，而卡塞特利欧也愿意在非常合理的条件下接受这样一种工作；但是，他们缺乏联系。

92. 如果你觉得要遇见这样一位我们所期望的导师很困难，那也不要感到奇怪。我只能说，你应该不惜一切努力与代价去找到这样一位导师。所有的事物用这种方法都能得到：我敢向你保证，如果能得到这样一位好的导师，你就绝对不会后悔你所花费的钱财：而且你会永远觉得满足，觉得和其他花费的钱相比，这钱是花得最值的。可以凭借朋友、慈善或是别人的大力推荐来选择导师。不，如果你按照你所应该做的去做，一个冷静、有声誉的人，又有丰富的学识（这些通常就是对于一个导师的全部要求），对于承担你这样的任务是不足够的。在这类选择上要像是为他选择妻子一样充满好奇；因为你不能认为这是一场试验，以后可以再改变：这样会给你造成极大的不便，而且会对你的儿子造成更大的不便。在我看来，你做事时要谨慎，要顾及周全，我认为这看起来像是在建议你去做一件我想做而又没有做成的事情。但是，要考虑清楚导师对于自己的工作有多么地不上心，而大多数人的想法又和这相差太远，即使是那些自己都打算从事这种工作的人，也许，他们也会同意我的想法，适合教育年轻的绅士和培养他们的精神的人，不是到处都可以找到的，选择这样的人要比平常更加注意，否则，你的目的是不能够达到的。

93. 我在上面说过，每个人对于导师的期望就是要有一个冷静和学者的性格，通常认为这就足够了。父母们一般寻找的就是这样的，但是这样的一个导师，把自己在大学里学到的拉丁文与逻辑学的知识统统灌输给学生之后，这些装饰就会使得孩子变成一个良好的绅士吗？或者就能期望他比他年轻的导师有更好的教养，更懂得处世的技能，对于真正的德行与大度有更好的根据与基础吗？

要把年轻的绅士培养成他应该成为的样子，管教孩子的人自己就应该要有良好的教养，对于多样的人群，不同的时间场合，都要有适当的举止与礼貌；根据孩子年龄的需要，也应尽量使他的学生经常遵守。这是一种不能在书本上学到的技巧。只有良好的伙伴与观察相结合才能产生这样的结果。裁缝可以使孩子的衣服变得很时髦，舞蹈教师可以使孩子的动作变得很时尚，但是这两件事，虽然都能使孩子表面光鲜，却不能使他成为有良好教养的绅士。不，即使他有其他的学问来引导他，如果没有好的管理，就会使他在与人交往时更加无礼、更加令人难以忍受。教养是在他其他所有良好品质上加的一层光彩，使得这些品质为他所用，使他获得一切与他接近的人的尊重与好感。没有好的教养，他的其他成就就只是一种骄傲、自负、虚荣和愚蠢。

勇气对于教养不好的人，会使他变得无情，也难逃别人认为他无情的想法；学问成了迂腐，智慧成了滑稽；正直成了粗俗，本性善良成了阿谀奉承。缺乏教养，他就没有了其他好的品质，好的品质被扭曲，成了他的缺点。不，德行和能力即使都得到了它们应有的赞扬，但是对于一个人要想被别人接受，他所到之处都受人欢迎，还是不够的。没有人喜欢没有经过加工的钻石，戴上这种钻石也不会有任何好处。一旦钻石被打磨好，并加以镶嵌，自然就有了光彩。良好的品质就是精神最本质的财富，但是，是良好的教养使得这些品质发光发亮：一个人要能受到大家的接受，他的行为不仅需要力量，也需要优美。坚固，即使有用，也是不够的；任何事情，要用优雅的方式表现出来，才能加以润饰并使别人喜欢。在大多数情况下，做事的方式和所做的事相比显得更重要；这件事所受到别人满意或是厌恶，也是在于做事的方式。因此，这不仅在于对人行脱帽礼，或是问候；而是在于，对语言、表情、动作、姿势和位置等，都要适合于不同的人物与场合，都要表现出应有的自由的镇静，这只有通过习惯于运用才能实现。这是超过孩子的能力范围的，小孩子不应该为此感到困惑，但是，年轻的绅士在自己能独立于世界之前，就应该在导师的指导下尽早开始并有一定程度的学问：因为，小事情上面的习惯性的无礼，到那时候再希望去改正，通常已经太晚了。因为行为举止只有到了在每件事上都能很自然地表现出来，才是合乎情理的，就像技艺高超的音乐家，手指落下，就能很自然地奏出和谐的音调，不需要注意也不用思考。如果一个人在与人交往的时候，他的精力还要花在注意警觉自己每一部分的行为上，那么，他就会表现得拘谨、不自在，而且很不优雅，这样他的动作就不能改正他其他过失了。

除此以外，这一部分最需要导师亲自养成和注意，因为，在教养方面的错误，在于别人是首先就能注意到的；但是对于任何一个人，都是最后才能被告知的。一般人对于这种错误是极爱加以非议，但是这是他永远听不见的，也就不能从别人的判断中获益，并通过他们的责难来改正自己的错误。的确，这一点是别人很难干预的，即使是朋友之间，希望他能改正，也不敢提出来，并告诉他们亲爱的朋友，说他们在某件事情上表现得没有教养。其他事情上的错误，通常可以有礼貌地告诉别人，要他们改正其他错误是不会违背礼仪与友情的；但是教养方面的问题，是任何人不得触及的，即使是暗示别人，说他缺乏教养，也是不可以的。这些只能由管教他们的人来告诉他们，对于成年人，就算是管教他们的人，也很难开口提及，即使提出来了也会是显得非常严厉的；入世不深的人，不论话语多么温和，只要听了这些话，也是会很不高兴的。因此，这一点是管教孩子的人必须首要注意的地方，应该在孩子离开他以前，尽量使得孩子的所有行为在他的管教下变得习惯性的优雅、有礼貌；使得他在没有时间、没有性情去接受，也没有人告诉他的时候，在这一点上不需要任何劝告。因此，导师首先就应该有良好的教养：一个年轻的绅士从导师那里获得这种品质，日后受益匪浅时就会发现，在教养上的成就会使他以后门路更广、朋友更多，在世界上的造诣也就更高。相比他从高等艺术和博学的百科全书中学到的所有困难词句和真正的知识（这些也不应该被忽视，但是绝不可以看得比教养更重，甚至丢掉教养），要有用得多。

94. 除了要有良好的教养以外，导师还应该很好地知道人情世故；知道他所在的时代处世的方法、性情、过失、欺骗和错误，尤其是他所生活的国家。学生们到了能理解这些的时候，他应该把这些告诉给他们；应该教给孩子为人处世的技巧和待人的礼貌，应该向学生揭穿人的各种伪装与面目，让他们看清楚这些外表下所掩盖的是什么，使孩子不会像没有经验的年轻人一样，如果没有人提醒就会颠倒是非，以貌取人，使得自己就像是在表演，对好的行为和乐于助人的品质进行暗讽。导师应该教导学生，对于与他有关的人的意图要有所猜测与提防，不可太多疑，也不可太信任；但是年轻人的本性就最容易倾向于这其中一种，应该使他彻底改正过来。他应该尽可能地使自己习惯于通过那些最容易让他们暴露自己本性的迹象，去真正地判断一个人，看清他们的内心。这些通常都是通过一些小事表现出来的，尤其是当他们没有做作，没有警惕的时候。他应该使他熟知世界的真实现状，教导他不能把人想得太好或是太坏，也不能把人看得太聪明或是太愚蠢。这样，他就可以很安全、不知不觉地从一个孩子长成一个大人；这是孩子一生的进程中最危险的一步。因此，这一点应该小心观察，年轻人应该非常努力地处理好；而不能像现在通行的做法，没有导师的指导，突然使他独立于这个世界，这明显是有立即堕落的危险的；世界上出现次数最多的例子就是年轻人一旦在离开了严格、绝对的教育之后，就会变得无比放荡、奢侈堕落。我认为，这其中主要的原因是由于采用了错误的教育方法，尤其是为人处世这一部分；因为他们是在对世界的真实现状完全无知的情况下被抚养大的，当他们自己踏入社会，才会发现，这与导师所教的以及自己想象的，完全是不同的事情。他们会很容易被另一种导师所说服，他们一定会遇到这样的导师，告诉他们，说他们所遵守的原则，所学到的教训，都是教育上的各种拘泥形式，是对童年的约束；还说成年人应该享有自由，他们之前所被禁止的东西，成年后就可以尽情地享受了。他们向年轻的、刚踏入社会的新手展示出各种各样时尚、闪闪发光的榜样，使他们到处都可以看到。不久，他就开始眼花缭乱了，我的少主人和他同龄的孩子一样，想要向人展示自己是个成年人，于是就会使自己放任自流，去过最堕落的、不规律的生活；这样他就会丢掉以前他所拥有的谦逊与节制，去获得别人的信任，去表现自己的男子汉气概；并且刚走上社会，就去反对导师教给他的一切关于德行的原则，认为那就是勇敢。

我认为，在孩子完全进入社会以前，就把世界的真实情况告诉他，是防止这种伤害最好的方法。应该有人逐渐地告知他们那些邪恶的流行的行为，警告他们那些专门使他们堕落的人的手法与意图；应该告诉他们这些人常用的技巧，常耍的把戏；时不时地把那些正在堕落或是已经被毁坏的人可悲、可笑的例子放在他们面前。现在的时代是不缺乏这类例子的，应该让这些例子成为他的路标，使他们明白，那些原本有希望的青年就是由于这样变得丢脸和羞耻，疾病缠身，穷困潦倒，从而走向毁灭，那样他可能就会开始警惕了。要使他们明白，一旦自己真的堕落了，就连那些当初装成朋友将他们带坏的人，也会加入到轻蔑和忽视他们的行列，并和其他人一起羞辱他们；这时候他可能就会看到，在他付出这样昂贵的代价得到这样的结果以前，那些劝告他不要遵守导师教的严肃劝告和自己的理智劝告，认为那是被人管束的人，这样做的原因只有一个，就是他们自己想要获得管教他的权力；还试图使他相信，他完全掌控了自己，有自己的行为，为了自己的快乐。但是实际上，他们只不过完全是一些最能服从他们意志、被他们带上邪恶之路的孩子。这是一种知识，在任何情况下导师都应该努力灌输给孩子所有这些方法，使他理解，让他彻底喜欢。

我知道，人们常说，向青年人揭露时代的邪恶，就是把这些邪恶教给他们。我承认，根据实际情况，这是很对的；因此，就需要一个谨慎、有能力的人，他知道社会现状，能够判断孩子的脾气、倾向和薄弱之处。此外，还应该记住，在当下（在以前也是一样）要防止一个年轻的绅士免受邪恶的影响，使他完全不知道邪恶是什么，是不可能的，除非你一辈子把他关在密室里，永远不让他与人交往。他被这样蒙蔽的时间越久，当他走出去，公开展现在大家面前的时候，对这些看见得就越少，就更容易成为自己和别人的牺牲品。一个年长的孩子刚踏入社会，他的青春靓丽具有巨大的吸引力，肯定会吸引全城鸟儿的目光与鸣叫，在这之中，也不乏有一些猎鸟，正在张开双翅，向他飞来。

对于这个世界，唯一的防护就是彻底理解它，年轻的绅士应该在他所能承受的范围内逐渐进入社会，而且越早越好，所以要有一个安全、有能力的人来指导他。情景应该慢慢地向他展开。他进入社会也要循序渐进，还应该给他指出不同地位、不同性情、不同意图和不同团体的人所会带给他们的危险。他应该准备好被一些人打击，同时被另一些人关心；警告他们：谁会反对他们，谁会误导他们，谁会伤害他们，谁会为他们服务。应该指导他们怎么去了解、辨别这些人；应该知道在什么地方应该让他们看见，在什么时候对于别人与别人的目的和想法要装作不知道。如果他太相信自己的能力与技巧，要去冒险，就时不时地让他为这些事情感到困惑、烦扰，只要不伤及他们的清白、名誉和健康，这也许不失为一个好的方法，教他以后更加谨慎。

我承认，这其中包含一种大智慧，不是一些肤浅的想法，也不是多读书就能达到的结果；这是一个人睁大眼睛生活在世界上，与各种各样的人交往的经验与观察的结果。因此，我认为，最值得我们去做的事情就是给孩子灌输，在任何情况下，当他真正踏入社会，不会像那些失去航线、指南针和航海图的人一样；他会事先注意到岩礁与浅滩、急流与流沙，而且略知驾驶，那么他在获得经验以前是不会遭遇沉船的。这点和语言与学术的科学相比，对他的儿子更重要，孩子更需要一个导师，就是那个教他怎么去正确地判断人，明智地处理和他们之间的事务的人。这跟学习希腊文和拉丁文，或是与人辩论得体的用处相比，要更有用得多；或是和把孩子的脑袋填满自然哲学与形而上学的深奥理论相比，也要有用得多；不，对于一个绅士，做一个熟练的希腊罗马作家，比做一个良好的逍遥派信徒或是笛卡尔信徒要好得多，因为这些古代的作家对人类有更好的观察与描绘，点亮了这方面的知识。到过亚洲东部的人就会发现，有一些有能力、被人接受的人，他们没有这些知识中的任何一种；但是没有德行，不知道如何处世，没有礼貌，却有学问、有价值的人，是任何地方都找不到的。

关于现在欧洲的学校所流行的大部分的学问与在教育圈内一般通行的东西，一个绅士就算不具备这些学问，对于他自己也没有任何重大的损失，对于他的事业也不会有伤害。但是审慎的品质与良好的教养，在一生中任何地位与事件中都是必不可少的；大多数的年轻人都遭受着缺乏这两种品质的痛苦，因为这个原因，他们进入社会后就能不像理想中的那样，感觉非常生疏与笨拙。因为这些品质是所有的品质中最应该教给孩子，最需要导师的帮助的，但却通常都被忽视，被认为是导师职责以内的小事，或是认为这不在导师的职责以内的事。大家大声议论的是拉丁文与学问；大家把重点放在绅士精通的一些学问，但这之中的大部分都不属于一个绅士应该从事的职业，他应该学习关于干大事业的人的知识，一种适合他社会地位的举止，根据自己的身份，成为一个对他的国家有用的、杰出的人。一个人只要除此以外还有闲暇的时间，在得到他导师的初步指点以后，想要在这方面继续研究以完善自己，那么，他以前所学到的关于这项学问的初步知识，就得以拓宽他事业之路，也会使其达到自己想象中的或是能力以内的目标。或者，如果他认为导师可以帮助自己解决一些困难，这样会节省自己的时间与精力，他就可能找一个完全能解决这些困难，或是选择一个最适合他意志的人。但是，要鼓励孩子去学习任何一种年轻人在日常学习中必须要学的课程，导师有普通的技能就足够了。作为导师，必须是一个完完全全的学者，或是要对普遍认为年轻的绅士应该做的事情深刻了解，并对使他们从中获益的所有科学都要完全掌握，是不必要的。一个绅士想要更深入地研究，必须以后通过自己的天才与努力才能达到：因为那必须有很深的学识，或是任何科学方面都非常杰出的人专门指导，不能反通过导师的原则与管束就能有此成就的。

一个导师的重要任务是要改正孩子的不良举止，形成孩子良好的心理；使学生养成良好的习惯，遵守德行与智慧的原则；逐渐使他们认识到真实的人类世界，并使他们喜欢和模仿那些杰出的、值得赞扬的事物；在孩子这样做的过程中，给予他们力量。他在孩子身上的研究，是为了锻炼他的能力，消磨他的时间，以免他闲散懒惰；教他努力，使他自己习惯于承担痛苦，并使他适当尝尝自己努力去完成某件事情的喜悦。因为有谁希望在导师的管教下，年轻的绅士成为一个成功的批判家、雄辩家或是逻辑家呢？谁会希望他把形而上学、自然哲学或是数学研究到底，或者是希望他成为历史学或年代学的大家呢？不过，这些知识还是应该教给他们一点儿的。但是这些知识只是打开门路，他可以进去看看，开始有所了解，但不是扎根在那儿。一个导师要是使他的学生在这些知识上面停留太久，或是研究得太深，是要受到很多的责备的。而对于良好的教养、处世的知识、德行、努力和热爱名誉的品质，则是越多越好的。如果孩子能有这些品质，对他需要的或是想要的其他东西，就不会长久缺乏了。

因为我们不能奢望有时间和精力去学习所有的事情，所以要只把精力放在最需要学习的事情上面；他最应该注意的是他在世界上最需用、最常用的事情。

塞内卡抱怨他那个时代相反的做法；但是在那个时代却不像现在这样。如果他生活在现在，见到导师们认为自己最大的任务就是把一些这样的作家装满学生的学习与头脑，他会怎么想呢？像他所做的一样，他就更有理由去说，“我们不是教他们生活，而是教他们学问”，我们学习不是为了生活，而是为了辩论；我们所受的教育只适合大学，不适合世界。这些使得时尚适合于他们自己，而不是适合于孩子们所缺少的东西的做法，是不足为怪的。时尚一旦形成，在这件事和其他一切事情上都是一样，就会开始盛行，谁会感到奇怪呢？那些眼看时尚很快就被大家所信从、他们自己的利益也越大的人，看见有人脱离这种时尚，他们中间大多数人当然会立即斥责那个人是在宣扬异端邪说了，有谁会感到奇怪吗？但是一个有能力、有地位的人也遭受习俗和盲目的信仰，无疑是一件令人惊讶的事情。如果他们能多遵从理智的指导，理智就会建议他们孩子的时间应该花在那些他们长大成人以后对他们有用的事情上，而不是把他们的脑袋填满废物，大部分的这些东西他们通常在以后的生活中都不会再想起（也不需要想起），他们如果坚持做了一些这种事情，那只会使情况更糟。这是众所周知的，因此我恳求那些花钱使自己的孩子学习这种东西的父母们好好想一想，如果他们的孩子有受过这类教育的迹象，当他们以后走上社会，是不是很可笑？当他们表现出任何一点点这样的迹象，会不会使得他们在同伴当中变得渺小，并因此蒙受羞耻呢？一个人学会最有关表现自己的能力与教养时所觉得羞愧的东西，才无疑是一种值得赞扬的收获，才值得当做教育的一部分。

但是，还有一个理由表明，良好的礼貌和如何处世的知识是一个导师最主要应该注意的；那就是因为一个有能力、有经验的人，虽然自己在任何科学方面都没有很深的见解，但是他可以带领孩子进入更深一层的研究；这方面的书籍，就可以提供给他，并且指导他带领一个年轻的跟随者。但是如果他自己就是在教养和处世方面的新手，他是绝不能使别人懂得如何处世和具备良好的礼仪的。

这种知识是他必须要具备的，通过运用与交际，观察在上流社会中所通行和允许的事物，经过长时间的观察，使自己形成这种知识，并使其成为自身的一部分。如果他自己没有这种知识，他是没有地方可以借来，供他的学生使用的；或是如果他能够找到一些有相关论文的书籍，知道一个英国绅士应该具备的一切行为，如果他自身就没有良好的教养，那么他的不良榜样就会毁了他所有的教训；一个在不优雅、没有教养的伴侣中间长大的人，要想变得举止优雅、有教养，是不可能的。

我这样说，不是认为这样一位导师可以每天找到或一个普通的价钱就能请来；而是说，那些有能力的人，在这样一个关键时刻，是不会不去询盘，不惜一切代价的；那些没有太多的钱去请导师的人，也要记住，他们主要应该睁着眼睛选择那个教育自己孩子的人；孩子由自己照顾，在他们观察之内的时候，要知道最应该注意的是哪一部分；不要认为所有的重点都要放在拉丁文和法语或是某些逻辑学与哲学的枯燥系统上。

95. 但是再回到我们的方法上吧。即使我已经说过，利用父亲的严厉，使得孩子从小就在心理上对父亲有种畏惧，作为孩子教育的主要工具；但是我的意思不是说，在他们的学生时代，这种原则与管制应一直持续不变。我认为孩子到了适当的年纪，做事谨慎而且行为良好的时候，这种管束就可以得到放松；到了那个时候，孩子长大了，父亲就应该尽力与孩子进行亲密的谈话，应该在他所知道或有所理解的事情上征求他的意见，和他商量。这样，做父亲的人就能获得两个重大的好处。第一，可以使得儿子更认真地考虑一件事情，这比任何原则和劝告所达到的效果要好。你越早把他当做成年人来对待，他就能越早地成为成年人：如果能偶尔让他和你进行严肃的谈话，你就不知不觉地提高了他的心境，这超过了一般年轻人的娱乐境界，他就不会把自己的心思放在浪费精力的小事上。因为，这是很容易看见的，许多年轻人的想法与社交都长时间停留在小学生的水平，就是因为他们的父母总是与自己保持距离，他们所有的举止表现出来的就是把孩子放在一个很低的位置上。

96. 另一件非常重要的事情，就是你用这种方法对待他，可以获得他的友情。许多父亲虽然根据孩子的年纪与条件适当给予了孩子一些自由，但是他们不把自己的财产和所关心的事告诉孩子，好像在守卫一个国家的秘密，不把它告诉一个间谍或是敌人一样。这一点，虽然看起来不像是嫉妒，但是，这缺乏父亲对孩子应有的那种慈爱与亲密的表现，无疑常常会使得孩子在与父亲交谈和依赖父亲的时候，阻碍或减少孩子应有的喜悦与满足。许多父亲非常爱护自己的儿子，但是在每件事上都很固执，一直保持着很有威严的态度，一生中都和孩子保持距离，就好像他们在世的时候绝不能从他们最心爱的孩子身上得到任何享受和安慰，直到他们使孩子变成另一个人而失去他们，我为此不得不感到奇怪。没有什么能比相互信赖地交谈心事和其他事务更能建立和巩固父子之间的友谊和善意。没有这一点，其他任何一种慈爱终会遭到别人的怀疑；但是一旦他看见你向他敞开心扉，当他看见你要交给他的事将由他自己去办，你的事情也让他参与，他就会把你的事当成他自己的事来关心。只要你不像对待陌生人一样和他保持距离，他就会有理由耐心地等待，同时也会爱戴你。这同时也会使他明白，你的享受不是没有顾虑的；他对这点明白得越多，就会越少嫉妒你拥有的东西，并且认为自己在这样一个有利的朋友、如此谨慎的父亲的管教下是很幸福的。有这样一个可靠的朋友，遇事可以求助，随时可以和他自由地商量，这样还会觉得不高兴的、思想短浅、缺乏理智的年轻人是很少见的。父亲对孩子态度疏远冷淡，常常会剥夺孩子的庇护，这种庇护比一百次鞭打责骂的好处更大。如果你的孩子想要找点快感，想要做一些奇特的行为，那他在做的时候，是不是还是让你知道更好呢？因为，年轻人在这类事情上还是应该得到一些允许的，你对他的计划和密谋知道得越多，就能越好地阻止重大错误的发生；让他知道事情的结果是什么，采取这种正确的方法，就能使他避免那些轻微的不便了。你让他向你敞开心扉，凡事征求你的意见了吗？你应该首先要这样对他，然后用你的行为来取得他对你的信任。

97. 但是，不管他和你商量什么事情，只要那件事不会导致那些致命的、不可补救的错误，你就只能作为一个有更多经验的朋友来给予他建议；但是你的建议不能掺杂着任何命令与权力的成分，也不能像对待和你地位平等的人或是陌生人一样对待他。如果这样的话，他以后永远都不会再需要你的建议，也不会从中得到任何好处了。你必须把他视为年轻人，他有你曾有过的快乐与幻想。你一定不会希望他的爱好和你一模一样，也不会希望他在二十岁就有你五十岁的想法。你能够希望的只是，年轻人必定需要自由，需要一些放纵，这些都伴随着孩子的心灵手巧和父亲的监督，并且不会导致任何重大的损害。我之前已经说过，想实现这个目的的方法就是（当他有能力的时候）和他谈论你的事情，不拘礼节地把自己的事情向他讲出来，征求他的意见；只要他说的是对的，就照着他的意思去做；如果这样做成功了，就要让他受到表扬。这不仅不会降低你的威信，反而会增加他对你的爱戴与尊重。你保护你的财产，财产仍然会在你自己的手里；并且你的威信如果加上信任与慈爱，就会更加可靠。只有当他因害怕失去将来的一部分希望而担心使你这样一位好朋友感到厌恶时，你才有力量去管教他。

98. 亲密的交谈，如果这适合父亲对待他的儿子，就会更加适合于导师对待他的学生。他们在一起的所有时间，不应该用在学习训诫和专横地命令他们什么应该遵守；也应该听听孩子的想法，要做什么事情也要让孩子用理智去判断。这样，这些规则就更容易被接受，在孩子心中扎根更深，他们就会喜欢去学习和接受指导了：当他看见这些知识使他能够去和别人谈论，发现参与交谈时，自己说出的道理也会被人赞同和听取，他就会感到高兴与信任，就会开始重视知识了；尤其是应该把道德、审慎和教养方面的事例告诉他，让他去判断。这能比格言更好地加深孩子的理解，就算解释得再清楚明白，格言也不能比这种方法使得规则通过运用更好地固定下来。这种方法使得事物进入并保持在人的思想中，而且连证据也会保存下来；而话语最多就是模糊的描述，不能成为事物真正的影像，而且很快就会被遗忘。对于某些事件发表自己的看法，在适当的情况下与导师一起进行推理，这种方法比沉默、漫不经心、昏昏欲睡地听导师的讲演更能理解礼貌与正义的基础和标准，对于自己应该做的事情会有一个更生动、更持久的印象；至于遇到任何问题都吹毛求疵地进行逻辑辩论，或是自己进行一番雄辩，就更比不上这种方法了。一种是把思想放在机智与虚伪的外表上面，而不是放在真理上；另一种则是教人谬论、争吵与固执己见。这两件事情都能损害人的判断能力，使人不能正确地、公平地推理；因此，一个人想要提升自己，获得别人的接受，就应该小心地去避免。

99. 在让你的儿子明白他是倚靠你、在你的管束之下、建立起你在他心中威信的同时，如果他顽固地坚持去做你禁止他做的本性不良的恶作剧，尤其是说谎的时候，你对待他的举止一定要始终严厉，使他在心理上对你产生一种必要的畏惧心理；另一方面（你应该给予他在那个年纪应有的完全的自由，在他还小的时候，对他那些与吃肉和睡觉一样必要的幼稚的行为和快乐的举止，不要加以任何限制），你要把他看做你的朋友，通过对他的纵容与亲切，让他知道你对他的关心与爱护，尤其是在他做事做得很好的时候，就要用适合他年龄的、自然教给父母的比我教得更好的千百种方法对他表示慈爱。当你用这种亲切与爱抚的方法对待孩子时，父母对孩子的爱是绝不会缺少的，也会使得孩子对你有一种独特的爱慕之情；那时他就达到了你所希望他达到的状态，你就使他在心理形成了对你的真正崇敬，这一点你以后要永远小心地保持下去，这包括两部分：爱戴与畏惧。这是一个大的原则，你可以凭借这点来取得对他的支配权力，使他的心理走上德行与荣誉的道路。

100. 只要这种基础一打好，你就会发现这种对你的崇敬在他身上起的作用，接下来要做的事就是，仔细地考虑好他的脾气和他精神上的特性。倔强、说谎和其他不良的行为（之前已经说过），不管他的脾气怎么样，都应该从一开始就不允许。这些邪恶的种子，是不能让它生根发芽的，只要在他身上开始表现出来，就要小心地根除。在他刚有一点点知识的时候，就要在他身上建立你的威信，并以此去影响他的心理，这会作为一种自然原则，这样他就不知道它的起源，不知道这到底是什么，更不知道这可能会变成相反的事物。这样，如果他对你的崇敬能够很早的形成，那么这对他来说永远都是神圣的，他就很难反抗了，就像他很难反抗他天性的原则一样。

101. 尽早树立起你在孩子心中的威信，只要你发现他有任何不道德习惯的时候，温和地运用你的威信，使他感到羞耻而改正过来（因为除非是孩子顽固倔强和积习不改，除非到了绝对必要的时候，我是绝不会想要斥责孩子，甚至是鞭打孩子的）。你应该考虑孩子的天性使他的心理倾向于哪条道路，由于不可改变的本性，有些人生来就勇敢，有些人胆小，有些人自信，有些人谦虚，有些人驯良，有些人倔强，有些人好奇，有些人粗心，有些人敏捷，有些人迟钝。人类面孔和身体外部轮廓的区别不会比他们在心理构造和性情方面的差别更大；唯一的一点区别就是，面孔和身体线条的特征，随着时间与年龄的增长会越来越明显清晰，但是心理上的特性是在孩子学会隐藏自己弱点的技巧与艺术，不知道如何运用外表来掩饰自己不的良倾向之前，是最容易看清楚的。

102. 因此，你儿子的性情你应该及早地、精细地去观察；当他在游戏的时候（这时他的约束最小）和他认为自己在你视线以外的时候去观察他。看他的主要情感和主要倾向是什么；看他是否暴躁或是温和，是大胆还是腼腆，是慈悲还是残酷，是开放还是保守，等等。因为他在这些方面的不同，你所采用的方法也要不同，并且今后在他身上运用你的威信的方式也要不同。这些与生俱来的弊端，这些体质上的倾向，都不是规则或是直接的斗争可以控制的，尤其是那种产生于恐惧和精神上的低落比较谦恭和卑贱的倾向，更是不能通过规则与直接斗争加以改正的；虽然运用技巧可以使得这些倾向大大地改正，并且朝好的方向发展。但是有一点可以确定，就是所有的方法都试过了，这些倾向永远都是背离自然最初所安排的那个方向的：如果你在他刚出生的时候就仔细地观察他的心理特性，当他长大了，情况变得复杂了，他戴着多种面具去做事的时候，你今后就永远能够判断他的思想倾向哪个方向，知道他的目的是什么了。

103. 我之前告诉过你，孩子是热爱自由的；因此，应该让孩子去做那些适合他们的事情，不要让他们感觉到有任何的约束。我现在告诉你，他们还热爱别的东西，那就是统治权：这是大多数、普通的、自然的邪恶习惯的根源。这种对权力与支配的热爱，很早就会表现出来，而且体现在下列两件事情上。

104. 第一，我们知道孩子，几乎在他刚出生时（我确信是远在他能说话以前）就会哭、会撒娇、会沉闷、会不高兴，这只是为了要满足自己的意愿而已。他们要别人顺从他们的欲望；他们要身边所有人都能随时服从他们，尤其是那些在年龄和地位上和他们相近或是低于他们的人，他们从能够用这些区别去考虑事情的时候就会这样去做。

105. 第二，还有一件事可以表示他们对于控制的热爱，就是他们想要把东西都据为己有：他们想要占有，对这种占有给予他们的权力和因此可以随意处理这些事物的权力而感到高兴。一个人要是没有观察到这两种性情很早就在孩子身上发挥作用了，那他就是很少注意孩子的行为：这几乎都是一切扰乱人类生活的不公正与斗争的根源，只要是不想及早铲除，相反却使自己习惯的人，都忽视了奠定一个善良、值得尊敬的人基础的正确时机。想要达到这个目的，我认为以下几点是有益的。

106. 第一，我已经说过，孩子恳求的东西，绝不可以让他得到；哭求的东西也不能给予，或是提到过的东西也是一样：但是这很容易被误解，认为好像我的意思是说，任何事物，孩子绝不能向父母提到，大家可能会认为这极大地抑制了孩子的精神，损害了孩子与父母之间应有的爱意与感情；这一点，我要详细地解释一下。孩子有自由向自己的父母提出自己想要的东西的权利，这是合适的，父母也应该亲切地听取，适当提供给他们，至少在孩子很小的时候应该是这样。但是他说“我饿了”是一回事，说“我想吃烤肉”却是另一回事。孩子提出他们的需要，他们的自然需要，他们感觉饥饿、口渴、寒冷或其他任何的自然需要而遭受痛苦时，父母和那些在孩子身边的人，就有责任去解除他们的这些痛苦；但是这些都要由父母来选择与安排，他们知道什么最适合孩子，知道应该用多少；不能允许孩子自己去选择，说“我想要喝酒，或是想要吃白面包”；他们只要说出这些名目，就应该使他们失去这些东西。

107. 在这一点上，父母应该注意的是去区分到底是爱好的需要，还是自然的需要；关于这一点，贺拉斯在下面的诗句里很好地教了他们怎么去做：

“有些事物得不到就会使人感到痛苦。”

如果这些真的是自然的需要，没有一些其他的帮助，单靠理智，是不能抗拒的，也是不能够阻止它来烦扰我们的。疾病、伤害、饥饿、口渴、寒冷、失眠和缺乏休息或是劳动过度后部分缺乏休息所导致的痛苦，是所有人都能感觉到的，就算是精神再坚强的人，也是会感到不舒服的；因此，应该采用适当的方法，找到它们的根除方法，即使耽误一些时间，只要不导致一些不可挽回的伤害；在最初着手处理的时候不能失去耐心，也不能太轻率。自然需要带来的痛苦，就是警告我们要小心以后更大的过失；因此，这些痛苦不能完全忽视，也不能太勉强。但是，如果孩子得到明智的照顾，身心变得更加强壮，他们就更能忍受这种痛苦，这对他们的好处就更大。我在这里不需要做任何的警告，说这只能限于对孩子有好处的范围之内，使孩子忍受痛苦，但是不应该损坏他们的精神，也不能伤害他们的健康，父母在这方面采用的都是温和得不能再温和的方法。

但是，不管你对孩子自然的需要是多么顺从，对于孩子爱好的需要，也是绝不可以使他得到满足的，就算是提到也是不允许的。他们只要提到任何这类的东西，就应该使他们失去这些东西。衣服，当他们需要的时候，是应该得到的；但是如果他们提到想要这种材料、那种颜色的，他们就一定不应该得到。我的意思不是说要父母应在无关紧要的事情上故意与孩子的欲望相违背；相反，只要孩子的举止值得得到某件东西，你又确定这种东西不会使孩子的精神变得堕落或是柔弱，不会使他们爱好一些琐事，我认为，所有的事情都应该尽量设法做到，并得到他们的满意，让他们发现把这些事情做好的舒适与快乐。对孩子最好的事情，就是他们根本不应该把自己的快乐建立在这类事物之上，也不应该根据自己的喜好改变他们的兴致，应该对于自然所安排好的一切事物漠不关心。这就是他们的父母和导师应该关心的；但是在达到这个目标以前，我在这里所反对的只是孩子向父母的请求，在这些事情上，孩子的欲望应该加以约束，永远不能使他们轻易得到。

这一点也许对于天生娇惯孩子的父母来说太过严厉；但是这并没有超过必要的限度；因为我所提到的方法是要废除对孩子的鞭打，这种约束孩子说话的方法对于我在别处已经说过的，建立孩子的敬畏之心和保持对父母的尊重和崇敬，是大有好处的。其次，还可以教会孩子克制并战胜自己的欲望。通过这种方法可以使得他们学会克制自己欲望的技巧，只要他们表现出这些欲望或是在这些欲望最容易控制的时候就去加以克制。因为我们一旦有了欲望，并给予它生命力使之更加强烈，敢于作为要求提出自己的愿望，他的大体意思就是说他的愿望应该得到满足。这一点，我相信每个人自己去克制要比其他任何人都容易。因此，在放任自己的欲望之前，他们应该习惯于及时地问问理智并运用他们的理智。控制我们欲望关键的一步就是，阻止他们，不让他们说出来。孩子一旦养成这种习惯，就会阻止他们的幻想，在说出来之前，就会谨慎考虑这是否合适，在他们今后人生中关系重大的事情上面，对他们的好处很大。因为有一件事我要经常向你们提到，就是不管孩子熟悉什么样的事情，不管大小怎样，孩子的每个行为，我们应该主要（我差不多要说是唯一的）考虑的事情，就是这件事情在孩子精神上会产生什么样的影响；他会养成什么样的习惯；当他年纪更大一些，是否适合他；如果这种习惯得到鼓励，当他成人以后会把他引向什么地方。

因此，我的意思并不是说，应该故意使孩子感到不舒服。这也许太不仁慈、太反自然，很容易使他们受到传染。他们应该克制自己的欲望；他们应该习惯于克制欲望，并且身体也要接受困苦的磨炼，这样使得他们的精神和身体充满活力，变得舒适与强壮；但是这都不会让他们感到任何对他们有恶意的迹象与恐惧。他们恳求什么东西而每次都会失去那些东西的经历，就可以教会他们谦逊、服从与克制；但是把他们所心爱的东西作为他们谦虚和缄默的奖励给予他们，就会让他们知道，那些严厉要求他们要服从的人，是由于对他们的爱才那样对他们的。他们对于自己希望得到的事物没有得到的慰藉，是一种美德，在以后应该把适合他们并且他们所喜爱的东西奖励给他们；给予他们这些东西应该是作为他们行为良好的自然结果，而不应该是一种交易。但是，如果他们能从别人那里得到你拒绝给予他们的东西，那么，你的努力就白费了，更糟的是，你还会失去他们对你的爱慕与崇敬。这是应该坚决禁止、小心看管的。这里，我又要提到仆人方面的问题了。

108. 如果及早注意到这些，他们就能够克制欲望，从而使他们安静下来；当他们长的大些时，做事就变得更谨慎，若理智而非感情占据主要地位时，他们就可以获得更大的自由的；因为，凡是依靠理智说出的话，都应该听取。但是，除非某件东西是你首先向他们提起的，不管他们说想要任何一件特别的事物，你都绝不可以听他们的；所以，如果他们想要知道什么事情，或是某个消息，你就应该听取他们的话，并且公正和蔼地回答他们。孩子的好奇心应该小心地保护，但是其他欲望就应该全力抑制。

无论多么严厉地制止孩子们爱好的欲望，有一种情况应该允许说出他们的爱好，而且还该听取。娱乐像劳动或是吃饭一样是必要的。因为没有兴致就无所谓娱乐，兴致常常是建立在理智的基础上的，不过更多是基于爱好的，因此必须允许孩子有自己的娱乐和其娱乐的方式。如果这种方式是无害的，对于他们的健康也是没有伤害的，在这种情况下，如果他们提出某种特殊的娱乐，都应该得到允许。我认为，孩子受到良好的教育，是很少有必要去要求任何一种这类的自由的。应该注意的是，只要对他们有好处，他们都应该很高兴地去做；在他们对一件这种有益的事感到厌倦之前，应该使他们及时地转做另一件有用的事情。但是，如果他们还没有达到这种完美的程度，还不能把某种进步看成娱乐的方式，你就应该让他们去做他们想做的事，只要他们做够了，他们就会感到厌倦；但是对于他们所做的有用的事情，应该总是给他们留点儿悬念；至少在他们疲倦或是感到厌恶之前就让他们离开，这样他们也许还想再做这件事情，就像去做一件带给他们快乐的事一样。因为，他们能在做值得称赞的事情上找到快乐以前，要想使他们走上正道是绝不可能的；对身心有益的锻炼，就会使他们的生活和进步在一连串的娱乐中变得快乐，然而令人疲倦的部分就会不断得到缓解和恢复。是否这种结果对于每一种性情的人都能达到，或者是否导师和父母愿意让孩子去做某件事，并且做错以后使他们要求得到原谅，并尽力补救，结果不得而知；这样，看上去好像是出自他自己的意愿，就更加高高兴兴地去执行，而别人也会更加和善地接受，而相互的爱慕会巩固他们之间的关系，并且你的孩子们之间也会越来越习惯于礼貌相待。

给予孩子在娱乐方面的自由，还有另一个好处，就是可以发现孩子本性，看出他们的倾向和才能，这样就可以指导明智的父母为孩子选择生活的道路和事业；并且，如果发现他们本性中有可能误导孩子错误的倾向，就可以及时采用合适的方法加以补救。

109.第二，孩子们在一起总喜欢争强好胜，习惯用自己的意志去支配其他人。凡是进行这种争斗的，就应该受到惩罚。对于这种事情，不仅要他们受到惩罚，还要教他们相互尊重、相互迁就和讲礼貌。如果他们知道这样做可以得到尊重和爱，并且也不会使自己的优势受到伤害，他们就会更愿意这样做，从而就不会无礼地控制别人，因为，不这样做的好处是显而易见的。孩子之间的相互指责，通常都是生气引起并想要进行报复。想要取得别人的帮助，这是不应该好意地接纳或是认真听取的。抱怨会使他们的精神变得脆弱，如果他们受到别人的惩罚和伤害，能够忍受得住，并且不认为这很奇怪或是不能忍受，要孩子及早学会忍耐的精神，经常受到锻炼，这对孩子是不会有任何害处的。但是，虽然你对于抱怨的人的诉苦不能表示支持，不过，你要注意对诽谤的人无礼与不良的本性加以抑制。如果你亲眼看见事情的经过，就应该当着受害一方的面加以指责。但是，如果诉苦真正值得你的注意，以免下次再发生同样的事情，那么，你就应该对犯错的一方单独进行指责，不让受害的一方看见，然后，再让犯错的人去请求对方的原谅，并且做出一定的补偿；这样做，看似是出于他的自愿，他就更加乐意这样去做，并且受害一方也会和善地接受，这样一来，孩子之间的感情就得以增强，他们之间就会越来越习惯于礼貌相待。

110. 第三，对事物的取得和占有，你应该教他们自愿、自在地把所有的东西分给他们的朋友，让他们通过亲身经历明白，最慷慨的人往往是最富有的，这样做还会得到别人的尊重与赞扬，他们很快就会学会这样去做了。我认为，这样会使兄弟姐妹之间更加友善和礼貌，同样对于别人也是这样的，相比之下，这比使孩子感到困惑和啰嗦的礼貌规则，效果要好得多。贪欲、占有欲，超过所需还要无尽地占有，这是一切邪恶的根源，应该及早地、小心地祛除；相反，愿意与别人分享的品质，应该灌输给他们。通过赞扬和名誉去鼓励他们，并随时提醒，他不会因为自己的慷慨而失去任何东西。只要做了任何一件慷慨的事，就应该得到相应的回报；让他清楚地认识到，对别人表现出的大度，对自己也不会有任何坏处；同时这还会深受得到好处之人和旁观的人的好评。这样可以使孩子们相互竞争，用自己的慷慨打败别的人；通过这种方法，不断地练习，孩子就很容易把自己拥有的东西拿出来与人分享，好的天性可以使他们养成这样的习惯，这会使他们因为对别人的慷慨大度和礼貌而感到快乐。

如果大度值得提倡，我们应该注意，不能让孩子超过公正的原则；一旦他们这样做了，我们就应该及时加以改正，如果到了必要，还应该严厉地斥责。

我们第一步的行动受到自爱的支配比受理智和反省的支配要多，无疑，孩子做事应该非常容易偏离正确与错误的合理标准；这在精神上是进步的理智和严肃沉思的结果。在这点上，他们越容易犯错，对于他们的防范就越应该更加小心；他们在这种重大的社会德行上的每一个最小的偏差，都应该加以注意并改正；即使在最小、最不重要的事情上也是这样，不仅为了指导他们的无知，也是为了阻止他们养成不良的习惯；这些恶习最初就是一些比针还小的事，如果放任不管，会长成更高的欺诈，最后就会有明显的、顽固的不诚实的危险。一旦第一次出现有任何不公正的倾向，导师和父母就应该表现出惊讶和憎恶，以此来克服这种倾向。但是，因为在理解什么是财产，某些人的财产是怎样得来的以前，孩子是不能很好地理解什么是不公正的，保持他们诚实的最安全的方法就是，尽早地打下孩子的基础，使他们变得大度，乐于把自己所拥有的和所喜爱的事物与别人分享。这一点应该在孩子的语言和理解力不足以形成对财产有明确的概念，或是知道自己所拥有而别人没有的特殊权力之前，就及早地教给孩子。由于孩子除了礼物以外很少有其他东西，而礼物大多数都是由父母给孩子的，因此，首先可以教导他们，除了那些有权力去拿这些东西的人给予他们以外，他们自己不能去拿或是收藏任何东西。当他们能力更强一些，其他关于正义的原则与事例以及有关“你的”、“我的”的权利才能向他们提出和教给他们。当有任何不公正的行为开始在他们身上出现，不是由于错误，而是因为他们心理上的倔强，如果温柔地责备或是使他们感到羞愧不能改正这种不规律的、贪婪的倾向，就应该采用更加粗暴的方法加以改正；这只能由父亲和导师，去把他们所珍惜或认为属于他们的东西拿走并保存起来，或是命令别的人去这样做。通过这种方法就可以使他们明白，喜欢把别人的东西不公正地据为己有，他们得到的好处是不会很大的；同时，世界上还有很多比他们更强的人。但是，如果你能小心地、及早地灌输给孩子，使他们对这种可耻的恶习感到深恶痛绝，我认为，这是避免这种恶习的真正的方法，比任何出于利益上的考虑更能防止这种不诚实；习惯的作用会比理智更加长久，更加容易实行，在我们最需要理智的时候，我们常常不能公正地去请教，也很少去服从理智。

111. 哭啼不应该是纵容孩子的一种错误；不仅因为哭泣会使房子充满不悦、充满不适的噪声，而且更重要的原因是：出于对孩子的考虑，这也是我们教育的目标。

哭啼分为两种；一种是顽固的、专横的；另一种是抱怨的、吵闹的。

第一，他们的哭啼通常都是为了争强好胜，表现出了他们的顽固和傲慢；当他们不能达到自己的欲望时，会通过吵闹和哭啼来保持自己对于那种欲望的权力。这是他们要求的一种公开的继续，是对于拒绝给予他们想要的东西或受到的不公正待遇和压抑情绪的一种抗议。

112. 第二，有时他们哭啼是由于痛苦，或真正的悲伤，并且由此感到悲恸。

这两点如果认真观察，通过态度、表情、行为，尤其是哭啼的声调，是很容易辨别出来的；但是，这两种都不可以纵容更不可以鼓励。

第一，倔强和愤怒的哭啼是绝不允许的，因为这只是通过另一种方式去奉承别人以满足自己的欲望，和鼓励那些我们最应该加以克服的情绪。如果像通常我们所做的那样，他们一受到任何惩罚就让他们去哭啼，那么，惩罚的效果就会全部被抵消；如果他们公然反对任何烦扰责罚，那只会使他变得更加糟糕。对孩子的约束与惩罚，只要不能战胜他们的意志，不能教会他们去克制自己的情感，不能使他们的意志现在就顺从父母根据自己的理智给予他们的忠告，在以后去服从自己的理智所给予他们的指导，那么，这些惩罚和约束就是用得不当的、是失败的。但是，如果孩子在做任何事情的时候受到了挫折，就让他们走开去哭啼，这就会使他们对自己的欲望更加坚定，就会助长他们的坏脾气，并且公开宣布一有机会就会去满足自己欲望的权力与决心。因此，这是对经常采用鞭打的方法的另一个争论；因为只要你达到那个极端，鞭打他们是不够的，你必须要到发现自己已经在精神上战胜了他们，直到他们对于这种改正方法彻底服从和具有耐心时，才可以停止；这一点你可以从他们的哭泣，他们在你命令以后就立刻停止哭泣时最能看得出来。使孩子们身体上遭受痛苦，并且对他们的精神没有任何的好处，这仅仅是残忍，并不是一种改正错误的方法。这就给了我们一个理由，为什么孩子应该很少受到责罚，也要阻止孩子受到惩罚。因为，如果孩子一旦受到惩罚，这些惩罚就应该是不带感情的、严肃的，但是，同时也要非常有效地执行；在鞭打他，使孩子感到痛苦的时候不能太猛烈，也不能一次性完成，而是应该慢慢地，并且边打边讲道理；要观察鞭打的效果，只要鞭打使他们顺从、悔过并且屈服就不再打了；孩子知道小心地去避免会挨打的错误，这样他们就很少会再需要这样的惩罚了。除此以外，通过这种方法，就不会因为惩罚用得不多而失去了效力，只要我们发现惩罚触及了孩子的心理，就应该立刻停止，这样就会达到更好的效果。对孩子的鞭打应该尽量少用，但是通常鞭打孩子都是带有愤怒情绪的，很少会考虑到这种标准，通常都会超过应有的限度，虽然实际效果并没有达到。

113. 第二，很多孩子受到一点儿痛苦就会哭泣，受到最小的伤害就会抱怨和喊叫。很少有孩子是这种情况；因为在不能说话时，哭啼是孩子表达他们痛苦和需要的首选的、自然的方式，大家都认为，同情孩子是由于孩子年纪较小，但是这种同情却愚蠢地鼓励他们去哭泣，并且在他们能说话后很长一段时间都会继续。我认为，在孩子受到伤害时同情他们，是那些在孩子身边的人的责任；但是不应该用同情的方式去怜悯他们。尽你所能帮助他们，安慰他们，但是绝不可以为他们感到惋惜。这只会使他们的精神更加软弱，受到一小点儿伤害就会使他们屈服；这样，他们会更加沉浸在受伤的记忆中，这样就把伤害扩大了，而看不见其他的东西。他们应该承受得住所有的痛苦，尤其是身体上的，只要不是真正感到羞耻和敏感的荣誉导致的痛苦，都不可以对他们太柔和。生活会带来很多的不便，这就要求不应该对每一个小的伤害都太过敏感。只要不是我们精神上不屈服的东西，就会留下轻微的印象，对我们也不会造成太大的伤害。只有我们精神上遭受的苦楚才会造成和延续痛苦。精神上的坚强和无动于衷才是我们抵御一般罪恶与人生意外最好的武器。这种性情的获得，要靠锻炼和习惯，不是通过其他的方法，这种锻炼应该及早地开始；并且，从小受到这种教育的人，都是幸福的。精神上的这种缺点，是可以防止和治愈的，在我所知道的所有事情当中，只有哭啼最能够增长孩子的这种缺陷；因此，另一方面，没有什么比这种抱怨更应该受到检查和约束。被打和跌倒所导致的一点儿小痛苦，不应该去怜悯，而是应该让他们再这样子做；这样，相比责打和怜悯孩子，除了可以让他们停止哭泣之外，还能够更好地治愈他们疏忽大意的毛病，防止他们下次再摔倒。但是，无论他们以后受到什么样的伤害，让他们停止哭泣，这样就会让他们得到暂时的安静与舒适，在将来也可以锻炼他们。

114. 前一种哭泣要用严格的态度使他们安静，如果一个眼神或是一个绝对的命令不能使他停下来，那就必须采用鞭打的方法；这种哭泣产生于骄傲和倔强，而意志正是这种错误的根源，因此，必须采用一种强有力的有效的控制方法来使之屈服与顺从。但是，后一种哭泣一般是由于精神上的脆弱，是一个完全相反的情况，所以应该采用比较温和的态度去对待。劝诫或是让他们把心思放在别的事情上，或者在他们哭泣的时候嘲笑他们，也许最初是最合适的方法；但是，对于这一点，应该充分考虑到孩子所处的环境和孩子特有的性情。没有某种固定的规则可以适用；但是这必须由父母或导师谨慎考虑。但是，我也可以概括地说一句，对于这种哭泣应该每次都使他们感到丢脸；父亲应该永远借助自己的威信，用严厉的表情和言辞来使他们停止，当他们年纪更大、脾气更倔时，这种态度应该更加严厉；但是，总是不能超过使他们停止哭泣、结束这种混乱状态的限度。

115. 怯懦和勇敢与上述的性情有很大关系，在这里注意到这些性情也是不错的。恐惧是一种情感，如果得到正确的管理，就会有用处。可是，自爱往往会使我们保持警惕并且感到恐惧，但也可能使我们过于勇敢；愚蠢的勇气和对于危险的漠不关心，就像遇到任何一点儿小的不幸就胆战心惊一样是不合理的。恐惧是对我们的一种监控，要求我们更加努力，使我们对不幸的来临有所警惕；因此，如果我们对于危险的来临不觉得恐惧，不能正确判断危险，而是漫不经心地进入到危险之中，不管什么危险，而不加以考虑它的用处和后果会怎么样，这不是一个理性的动物做的决定，而是一种兽性的狂暴。只要是有这种性情的孩子的人，他们唯一能做的只是去唤醒孩子的理智，自我保护的心理很快会使得他们听从自己的理智，除非（这是常有的事）有其他的情感使得他们手忙脚乱，没有感觉并且失去考虑。人类天生是不喜欢不幸的，我认为，没有人对于不幸是不害怕的；恐惧只是我们遇到自己不喜欢的事物所产生的一种不安。因此，一旦有人遇到了危险，我们就可以说，这是由于无知的指导，或是由于一些非常强烈的情感的支配。没有人愿意与自己为敌，自己主动接近不幸，自愿为了冒险而冒险，因此，如果孩子的骄傲、虚荣心或愤怒使他不再感到恐惧，或者使他不再听从恐惧心的劝告，那么，那些心理就应该用适当的方法来加以消除，使他稍微考虑一下，使他的心情得到平静，使他自己想一想，看是否值得自己去冒险。但是，这是一种孩子不会经常犯的错误，我不必更加详细地考虑这些错误的补救方法。精神上的脆弱才是更加常见的缺点，所以，这需要更多的注意。

坚韧是其他德行的保障和支柱；没有勇气，一个人是很难尽职尽责的，从而拥有一个真正有价值的人的品质。

勇气，能使我们抵抗所惧怕的危险，和所遭受的不幸，对于四面受敌的人生，是一笔巨大的财富：因此，这对于我们及早使孩子具备这种性情是非常有益的。我承认，天性在这里是很有关系的；但是，即使天性有其自身的缺陷的，心灵的本身也是脆弱胆小的，如若得到正确的管理，也能获得更好的判断。在孩子年幼的时候，怎样使他们不受到恐吓，不因为他们受了一点点轻微的伤害就去为他们感到哀恸，以免破坏他们的精神，对于这点我们能做些什么，我已经注意到了；如果我们觉得他们太容易屈服于恐惧，如何使他们的性情变得更坚强，如何提高他们的勇气，才是我们要进一步考虑的。

我认为，真正的坚韧在于当一个人在他的人生道路上，不管遇到什么不幸或者危险，他都有相当强的自制力并且对他的责任始终奉行。能够达到这样境界的人是很少的，所以我们不能期望孩子能达到这种境界。但是有一些事情还是可以做到的；如果得到明智的指导，并且循序渐进，孩子们就能达到比我们的期望还要更高的境界。

对于孩子年幼的时候我们对这种顾虑的忽视，也许就是当他们长大成人以后不能充分具有这种美德的原因。如果真正的坚韧是在战场上的勇气，是不怕牺牲自己的生命，那么，我认为，我们天生就很勇敢的这些话，是不应该由我和我们国家的人说的。我承认，这不是这种德行中最小的一部分，我也不否认桂冠和荣誉通常应该属于那些为他们国家所献出自己生命的勇士。但是，这还不够。除了在战场上，我们还会面临其他地方的危险；虽然死亡是一切恐惧中最恐惧的一件事情，但是，痛苦、耻辱和贫困也有可怕的面容，会使得大多数面临这些的人感到烦恼。有些人对于这其中的一些感到蔑视，但是对其中别的几点仍然令人胆战心惊。真正的坚韧是准备好面临各种各样的危险，不管遇到什么不幸的事物，都毫不动摇的品格。我的意思并不是说一点也不会恐惧。一旦危险来临，恐惧是不会没有的，如果没有恐惧，那就是愚蠢；只要有危险就应该意识到有危险，并且要有一定的恐惧心理能使我们保持清醒，引起我们的注意、努力和活力；但是，要运用我们的理智，以免打破我们的冷静，或者妨碍我们去完成理智所指导的事情。

要达到这种高尚、有气概的镇定境界，第一步就是要遵从我以上所提到的建议，孩子年幼时，小心地使避免他们受到任何惊吓。不让他们听到任何可怕的谈话，也不要让他们受到任何可怕的惊吓。这常常可以使他们的精神受到惊扰或失常，以后再也不能恢复；在他们的一生当中，只要听到别人提起或是表现出任何恐怖的想法，就会感到惊慌失措；身体就会变得无力，精神就会错乱，那么这个人就很少能实施任何镇定和理智的行为。这种情况是由于第一次的印象太强烈而导致了精神上的习惯动作，或者是一些更加难以考察的方法使体质发生改变，事实就是这样的。精神上的懦弱胆小，并且一生当中都要经历由于小时候受到惊吓的影响的这种人，随处可见，因此，应该尽量保护。

第二步就是使孩子们逐渐习惯于过度害怕的事物。但是在这里应该特别小心，这种方法不能用得太匆忙，也不能试图去过早地治疗，以免不仅没有治好，反而会加重这种毛病。不能自己走路的小孩是很容易避免那些可怕的事物，在他们能够说话和能够理解别人所说的话之前，对他们讲道理，告诉他们知道什么是可怕的事物，并且习惯于慢慢接近这些事物，这是无害的，但是很少孩子能够理解。因此，在他们能说能走之前，这种方法是很少用得着的。但是，如果小孩子讨厌那些不容易避免他们看见的东西，一旦看见了就表现出来恐惧；那么，在使他们逐渐习惯于那些事物，不再感到厌恶以前，你就必须转移他们的心思，或者在他们恐惧的事物上添加一层舒适、愉快的外表。

我可以说，孩子刚出生的时候，，只要他们看到的事物对他们的眼睛没有伤害，那么这些对他们都是无关紧要的；他们觉得一个黑奴或是一头狮子并不比他们的保姆或一只猫恐怖。然而，他们后来为什么又会对某些形状和颜色感到害怕呢？他们不害怕别的，而是害怕这些事物带来的伤害。如果某个孩子每天都要换个新的奶妈喂奶，我敢保证，他在六个月的时候就不会比在六十岁的时候更加害怕陌生面孔了。因此，孩子害怕看到陌生人的答案，就是因为他们习惯于只在他们身边的一两个人那里得到食物与宽容，只要有陌生人抱着他们，他们就会感到害怕，感到失去快乐，担心没有人喂他们食物，没有人满足他们每时每刻的需要，因此，一旦保姆不在，他们就会感到害怕。

我们天生就害怕的只有痛苦，或失去快乐。因为一切可见的东西，不管颜色、形状、大小都不带有痛苦，所以在没有受到痛苦，或是别人劝诫，说这些事物会给我们造成伤害以前，我们感觉不到害怕。火焰的光彩和鲜艳可以使得孩子们非常喜欢，最初，孩子总都是想要去玩弄；但是，实践使他们遭受剧烈的痛苦后，他们就知道，火是极其残忍无情的；他们就会害怕去接触，就会小心地避免。这就是恐惧的依据，要知道恐惧产生的根源，如何治疗惧怕某件事的毛病就不难了。如果他们的心里不怕它们，对于比较常见的、轻微的恐惧自己能够控制住，那么他就为遇到更大的、真正的危险做充分的准备。如果你的孩子一看到青蛙就大叫，就跑了，那么，你让另一个人去抓住它，放在离他有一定距离的地方。首先让他习惯于看着它，当他看惯之后，就让他逐渐接近它，不带感情地看它跳跃；然后再让另一个人抓住青蛙，让他轻轻地抚摸；就一直这样做，直到玩弄一只青蛙像玩弄蝴蝶或是麻雀一样自信为止。采用同样的方法，就可以消除其它徒劳的恐惧；但要小心，不能操之过急，在他的前一个恐惧没有完全消除以前，不要把他推向另一个新阶段去培养自信。因此，年轻的战士应该受到这样的训练，去过一种充满战事的生活。在这里你要谨慎，除了真正的危险事物，不要认为其他事情都看得有危险；然后，如果你发现，他对于自己本来不应该害怕的事物也感到恐惧，那么，就要不知不觉地逐渐引导他，直到最后他不再感到害怕，克服了困难，并且得到称赞。只要得到这方面多次的成功，就可以使他明白，不幸并不总是像我们恐惧的那样，或是那样严重；防止不幸的方法，不是逃避，不是被它们困扰，也不是被震慑得灰心丧气，而是要坚持我们的名誉和责任。

但是，正是因为孩子们恐惧的重大基础是痛苦，那么锻炼孩子，使他们战胜恐惧与危险的方法，就是使他们习惯于遭受痛苦。和蔼的父母也许认为，这对于他们的孩子是一件很不自然的事情；并且，大多数人认为，要使一个人不怕痛苦，就必须使他承受痛苦，这是很不合理的。大家会说，这样孩子就可能讨厌那些使他们遭受痛苦的人，但是却不能使他自愿去承受痛苦。这是一种奇怪的方法。孩子犯了错误，你不去鞭打和惩罚他们，但是因为他们某件事情做得好，你却要折磨他们，或者是为了使他们受到折磨而去折磨他们。我不怀疑，这些怀疑的观点都会被一一提出来的，也有人会认为，我的主张是自相矛盾的，或者只是空想而已。我承认，这件事情需要特别谨慎，因此，只有经过充分思考，考虑到事情的所以然的人，才会接受并喜欢我的主张，认为这不是一种错误的推测。孩子犯了错误，我不主张过多地鞭打他们，因为，我不想让他们把身体上的痛苦看做对于他们所犯错误的最大的惩罚；并且我也觉得，孩子做得好的时候，应也不时地使他们受些痛苦，原因也是一样，使他们习惯于受苦，而不是把痛苦看做最大的不幸。教育使得年轻人承受痛苦与磨难的作用有多大，斯巴达的例子就充分地表现了这一点；只要是不认为身体上的痛苦是最大的不幸，或者是不认为这是最可怕的事情的人，他们在德行上的进步是非常巨大的。但是，我并不是愚蠢地要把斯巴达人的这种原则，在我们这个时代或国家加以实行。我要说的是，温和地对待孩子，使他们逐渐习惯于受到一点点痛苦而不畏缩，这是在以后的生活中，使他们精神更加坚强，并且奠定勇敢与果断基础的方法。

第一见应做的事情，不要看见孩子受到一点儿痛苦就哀怜他们，或是使他们自己哀怜自己。但是，关于这一点，我在其他地方已经说过了。

接下来要做的是，故意时不时地使他们受一些痛苦；但是，必须要非常小心，这要在孩子心情非常好，并且知道那些使他们受伤的人，其实是出于好意和慈爱的时候去实行。一方面，一定不能表现出任何生气或不高兴的迹象，其他方面，你可以表现出你的同情与后悔；你所使他们受到的痛苦，一定不能超过他们所能承受的范围，不能使他们心生怨恨，也不能使他们错误地认为这是一种惩罚。我看见过一个孩子，在相同的情况下，受到相同的对待，别人在他的背上重重地打了几下，他还是高兴地跑开了。他以前可是听了别人几句不仁慈的话都会哭的，即使是那个打他的人给他一个冷眼作为惩罚，他都能感觉得到。经常对孩子表示关心与慈爱，使他们感到满足，知道你对他的爱是没有瑕疵的，然后他就可以逐渐地习惯于从你那里忍受非常痛苦的事情和艰苦的待遇，也不会畏缩，不会抱怨；并且我们知道，孩子在每天的游戏中就是这样对待他们的玩伴的。如果你发现你的孩子越温柔，就更应该寻找机会，使他及时受到这种锻炼。这里面有一种很大的技巧就是，要从较小的痛苦开始，不知不觉地逐渐增强，并且要在他玩得正高兴、在你称赞他的时候去实行；你一旦使他明白，他承受痛苦的勇气使他得到了别人的赞扬作为补偿；只要他能为自己坚强的行为感到自豪，他就宁愿通过自己的勇敢得到名誉，而不是遇到一点儿很小的困难就变得畏缩，或是避免这些痛苦；并且他的理智也在不断地增长，因此，你就没有理由再去担心不能战胜他的懦弱，改善他脆弱的本性了。随着他年纪的增长，他就应该做一些天性所不敢做的更大胆的尝试。有些事情只要他有勇气去做，就能做得很好的。但是他却害怕，不敢去做。首先你要帮助他，逐渐使他感到羞愧，直到最后，通过练习使他更加自信，能够做得很好才行；对于他的表现，应该要给予他极大的赞扬和很好的评价，作为对他的奖励。经过这些步骤，使他能够表现出相当的果断，对于自己应该做的事情不因为带有危险就被震慑住了；遇到突然的或有危险的情况，不感到害怕，心里变得不安，身体开始颤抖，最终不能自由行动，或是逃离危险，这样，他就能具有一个理性动物的勇气；这种大胆的心理，是我们应该努力，只要有适当的机会就使孩子通过自己的习惯去得到的。

116. 我在孩子身上经常看到，他们一旦得到了任何弱小的动物，就会虐待它们；他们经常粗暴地对待小鸟、蝴蝶和其他这类落到他们手里的小动物，并以此为乐。我认为，这是应该注意的，如果他们表现出这种残忍的倾向，我们就应该告诉他们相反的意见。因为虐待与杀害动物的习惯可以使得他们对于人类也逐渐变得铁石心肠；并且，只要是以虐待和摧残弱小动物为乐的人，他们对自己的同类也不会非常慈悲与仁爱。我们就是注意到了这点，才不允许屠夫参加关乎生死的判决。对于孩子的教育，在起初的时候就要使他们认为杀害或虐待任何生物是一件非常可怕的事情。要教他们不要损坏或迫害任何事物，除非是为了保护其他更高贵的东西或者是为了从中获得好处。保护整个人类文明，这的确是每个人应尽的责任，也是调节我们的宗教、政治和道德的真正原则。假如这是每个人真正的信念，大家都这样坚持，那么，这个世界就会更加祥和、更加美好。但是，现在要回到我们当前的话题上来。我认识一位母亲，她的仁慈与审慎，都让我不得不称赞。她对自己的女儿们总是习惯于纵容她们，如果她的女儿中有人像其他年轻女孩子那样喜爱和想要小狗、松鼠、小鸟或诸如此类的一些事物，她就会让她们得到，但是一旦她们得到以后，就必须保证要很好地对待它们，要经常对它们加以照顾，不能让它们感到任何不适，或是受到虐待。因为如果她们忽略了对它们的关心，她们的母亲就会认为这是一个重大的错误，常常剥夺她们所拥有的东西，或者至少会因此谴责她们；这样她们很早就能学会了勤奋与友善。的确，我认为人们应该从幼年的时候就养成一种习惯，温柔地对待任何有感觉的动物，对一切事物都不能浪费或毁坏。

他们从恶作剧中所获得的这种快乐——我的意思是说，他们故意损坏东西，尤其是以使得能够感知痛苦的东西遭受痛苦所得到的快乐——我不得不认为这是一种后天习得的性情，是一种从习俗与交往中学来的习惯。人们教孩子去打人，当孩子们把别人打伤了或者看见他们对别人造成了伤害，就笑起来；在他们周围的大多数人中，也有这样的榜样去巩固他们的这种性情。历史上所谈论与盛行的几乎都是战争与杀戮；胜利者（他们中的大多数都是残忍杀害人类的屠夫）的荣誉与名望更容易对成长中的青年人产生误导，他们会认为，人类神圣的任务就是屠杀，认为这就是一切德行中最英勇的。这样，不自然的残忍性情就在我们身上培养起来了；人道所畏惧的事物就会被习俗推荐给我们，并把它当做获得荣誉的方法。这样，由于时尚与舆论，这就成为了一种快乐，但是，这本身不是、也并不可能成为一种快乐。这是应该小心注意的，并且应该及早加以纠正，以便培养起一种与之相反、较之更自然、能代替它的仁爱与同情的性情；但是要用改正前两种错误的同样温和的方法。在这里需要更加注意的一件事（也许这不是合理的），就是由于孩子玩耍，出于无心和无知所犯的错或所造成的伤害。他们并不知道这是一种伤害，或是为了犯错而犯错，即使这也许有时造成了一定的严重后果，也根本不需要过多地介意，只要小心地加以注意就足够了。关于这一点，我认为，我是不会经常向他们灌输的，不管孩子犯了什么错误，不管这些错误会导致什么样的后果，他们唯一应该注意的是他们做这些事是出于什么样的原因，他们很容易养成什么样的习惯；给予他们惩罚的时候就应该从这一点出发，如果由于玩耍和无心之过导致了某些伤害，他们也不该受到任何惩罚，应该得到改正的错误其实在于他们的心理。只要他们的这些错误随着年龄增长就能得到治愈，或是不会导致他们养成某些恶习，他们现在的行为，不管多么令人不喜欢，都可以放任他们，不必加以任何谴责。

117. 还有一种方法可以培养他们仁慈的性情，并在年轻人的身上表现得很活跃，那就是，使他们习惯于对于自己的下级人和那类卑微的人，尤其是他们的仆人，言谈举止都要以礼相待。出身于绅士家庭里的孩子，对待家里的仆人以专横的言辞，用轻蔑的语气称呼他们，以傲慢的举止对待他们，这是经常看见的事；好像仆人是属于不同的种族或是比他们低一级似的。不管是由于不良的榜样，财富上的优势，或是他们天生的虚荣心，这种傲慢的性情，都是应该加以防止和根除的；应该代替这种做法以温和、礼貌、和蔼的态度，去对待地位低下的人。这样做，他们的优越感就会随之消失了；如果他们爱护他们的下级，并且表现得很尊重他们，那么，下级在懂得服从的同时还会尊重这个人，并且对他的服务会更加自愿与高兴——只要他们知道自己不是因为没有财产才遭人蔑视，才屈于主人的脚下为他们做事。孩子们不能因为外界环境的混乱就丧失了对人类天性的考虑。他们越是忽视这种考虑，就越应该受到一种教育，使得他们对于地位较低、财产较少的同胞更加富于同情心，更加温和。如果他们从很小的时候，就仰仗父亲的头衔，认为自己有支配他人的能力，就待人不好或对人粗暴，说得好听点儿，就是缺乏教养。如果不加以注意，就会使得他们本性中的自负心理逐渐滋生，以至于养成一种轻视地位低下的人的习惯。结果不导致压迫与残忍，还会有什么呢？

118. 孩子的好奇心（这是我在第 108 节就已经提到过的），是一种求知欲。因此，你不仅要把它当做一种好现象去鼓励，也要将它当做大自然恩赐给他们消除天生的愚昧无知的一种好工具去提倡。假如没有活跃的好奇心，他们就会变成蠢笨无用。我觉得，鼓励好奇心，活跃好奇心有以下方法。

第一，不管孩子提出什么问题，你都不要抑制他，也不要因为他的问题而嘲笑他，使他丢脸；你应当回答他所有问题，用与他们年龄和知识相匹配的字眼解释他想要知道的事，使他能更好地理解，而不是用超出他们理解能力或是他们目前用不着的各种概念解释，使得他们更加糊涂。你要留心的是他提问的目的是什么，而不是他用什么字眼来提问。当你告诉他问题的答案并使他满意时，就会发现他的思维远比你想的要灵活。因为知识为人所理解的喜悦，正如光明为眼睛所接收的喜悦。特别是在孩子确定自己的问题得到了重视、求知欲受到鼓励与赞扬时，他们就会十分高兴。我相信很多孩子将他们所有枯燥乏味的时间都浪费在娱乐消遣上，原因只有一个，那就是他们发现自己的好奇心遇到了阻碍，他们的问题被忽视了。但是，他们若能够获得更友好、更尊重的对待，并得到令他们满意的回答，我相信他们会在学习和增长知识方面得到更多的乐趣。因为，在那里有他们喜欢的各种新奇的东西，而且他们不必重复地玩同一个游戏或者玩具。

119. 第二，严肃认真地回答他们的问题，告诉他们想要知道的事情，还可以增加一些特殊的嘉奖方式。孩子也想让他们尊重的人知道他们掌握了某一样知识。因为人生来就是自负骄傲的生物，所以我们应该在对他有益处的事情上使他们的虚荣心得到满足，并利用他们的自负骄傲，让他们致力于做那些对他们有益处的事。基于上述理由，你会发现，让一个年长的孩子去教他的弟弟妹妹，比鞭策他自己去学习和了解那些他想知道的事更好。

120. 第三，孩子的问题不应该被忽视，你要特别注意的是，不要给他们虚假的答案，因为当他们被忽视或欺骗时，他们会很容易地觉察到且会很快依样画葫芦地去忽视、虚伪和说谎。在任何社会交往活动中，我们都不能埋没真理，尤其是在和孩子们的交往中。如果我们在和他们的交往中弄虚作假，那么我们不仅辜负了他们的期望，妨碍他们获得知识，而且摧毁了他们的天真无邪，使他们学会了这种坏习惯。他们是刚到这座陌生城市的旅行者，什么也不知道。所以，我们要有道德意识，不要给他们带错路。尽管有时候他们的问题不是很重要，但是我们也应该认真地回答。因为那些在我们看来不值一提的问题（我们很早以前就知道了），对于那些对这座城市一无所知的人来说，却是一种来了解它的时机。孩子们对我们熟悉的那些事来说是一个新手，因为在刚开始时他们对遇到的所有事都是一无所知的，这正如曾经的我们一样。一个幸福的人就是指能够遇到对他客气有礼、尊重他的无知并帮助他摆脱无知的人。

如果你或我现在在日本，我们会很容易忽视孩子的想法和问题。但我想说，在那个时候，我们毫无疑问会问出成百上千个问题（如果我们需要提醒自己需要了解些什么），而这些问题对于那些傲慢自大、不为别人考虑的日本人来说毫无意义且很不合适的，尽管对我们来说那些问题是非常重要的，急需解决的。所以我们应该高兴，因为我们能找到一个如此殷勤有礼的人来满足我们的要求，指导我们的未知。

任何新事物出现在孩子的生活中，他们会问一个新手都会问的问题：它是什么呢？他们通常只是代表一些新事物的名称，所以你要用合适的回答去告诉他们那些事物。第二个问题通常是：它是用来做什么的呢？对于这个问题，你应该诚实坦率地回答他，并尽我们所能，在他们的理解范围内告诉他们这个东西的使用方法并解释其用途。所以对于他们会问的问题也一样，在用他们能理解的字眼给出满意的回答前，你不能让他们离开，而且你要通过你的回答引导他们去思考更深远的问题。也许，对于一个成年人来说，这样的对话并不是毫无意义的，也不是无关紧要的。一个有好奇心的孩子提出天真而未经修饰的问题，有时值得深思。对于孩子无意中提出的问题，甚至比成人说的话更能让人学到东西，因为成人的话是他们对以前所得的见解和所受教育的偏见而得来的。

121. 第四，也许，有时候可以让他们接触一些新事物，使他们产生费解，带着问题去求解，让他们亲自去了解答案。如果好奇心驱使他们去问他们本不应知道的事，你应该坦白地告诉他们，这些事他们不应该知道，而不是用一个无聊的谎言去敷衍他们，去支走他们。

122. 有些人从小就玲珑剔透，从根源上看，这基本不可能形成强健的体格，也不会形成一个强大的内心。想要让孩子成为一个更活跃健谈的人，我相信有办法。但是，我认为拥有明智的父亲，和他们在孩童时代善于交际，娱乐他人相比，这更能使他们长大成为一个有用的人。我想说，即使那样，也应当考虑，因为那是一个孩子在天真愉快地表达他自己的想法，所以应该尽全力去激发他的好奇心，满足他的要求，影响他的判断力。当他的理性达到一种高度，就能得到信任和赞誉；当他偏离正轨时，不要让他因这个错误而遭到嘲笑，而是渐渐将他引回正轨。如果他能用理性思维去判断遭遇，那你就应该尽可能注意，不要让别人去阻止这种倾向，也不要用挑剔的、错误的交谈方式将他误入歧途。因为当所有的事做完之后，我们应该高度关注的经过培养得到的精神上最高、最重要的能力。人一生中最完美的境界，就是能够正确地完善与运用理性。

123. 有时，与好问截然相反的性情，能够明显体现在孩子身上，他们通常对任何事情都漠不关心、粗心大意，甚至工作中也觉得微不足道。我把这种懒散的性情看成孩子身上最糟糕的品质之一，从自然方面来说，它也是最难纠正的品质之一。某些情况下，它很容易被误解，我们应该关注并正确看待孩子读书或工作中的懒散。如果父亲第一次对儿子的懒散产生怀疑，那一定要仔细观察孩子，看看他是不是对所有的事情都漠不关心，还是只在某些事上显得迟缓和懒散，而在其他方面显得精力充沛、热情洋溢。即使我们发现他在看书时不专心，把大量的时间浪费在他的房间或书房，也不能妄下结论说这是他性情中的惰性。他觉得有些事比学习更让他喜欢，学习时他的注意力就会孩子气地集中到那些事上。他被迫把看书当做一个任务来完成，不喜欢是自然而然的事。如果你想了解他不喜欢看书的真实原因，可以在他离开看书地点去玩耍的这段时间里，好好地观察他，看看在玩耍时他是否活泼好动，是否已计划好了每一件事，满怀激情地去追寻，直到成功，还是在懒散倦怠中虚度光阴。如果这种情况只是在他看书时出现，那它就应该很容易被治愈；如果它是与生俱来的，治愈它就需要经历更多的痛苦，倾注更多的心力。

124. 如果你对他在玩耍或工作间隙所投注的专注与精力感到满意，那只是因为他并不是生来就具有懒散的性情的，只是因为缺乏引起他兴趣的东西，所以他在实际运用中很容易疏忽大意、反应迟钝。想改善这种情况，第一步就是要尽量友好地谈论因偷懒而将大好时光浪费在娱乐上是一件多么愚蠢的事。在刚开始的时候，不要说得太多了，要言简意赅。如果谈话有效，那你找到最合适的方法：理性和仁慈，获得了成功。如果谈话这种比较温和的方法没有效果，你可以嘲笑他，每天当他坐在桌子旁边，旁边又没有陌生人的时候，你可以问问他那一天他做了些什么事，让他感到羞愧并去改正它。如果他没有在规定的时间里完成任务，你可以将这件事暴露出来，以此嘲笑他，直到他改正为止，让他的母亲、家庭教师以及他周围的人都这样对他。如果这种方法达不到你要的效果，你可以告诉他不会再有老师来教他了，你也不必再花钱请人陪他消磨时间。他不喜欢读书，却喜欢这样或那样（无论他喜欢什么游戏）他以后会去做的事，让他认真完成他热爱的游戏，从早到晚地专心去做，一直到他完全厌倦并愿意用看几个小时的书来代替为止。你若因此让他把游戏当做任务来完成，就必须亲自或者派人去监督他，让他不断地做事，不准他再次偷懒。我建议你还是亲自监督他，因为作为父亲，无论你有什么事，都值得花两三天的时间在孩子的身上，去治愈孩子的惰性这个大毛病。

125.我觉得，懒散不是起源于他本身的性情，而是因学习逐渐产生的一种特殊的厌恶感，这就是你必须去考察与分析的。尽管你可以监督他，看他在他自由支配的时间里做些什么，但是你不用让他知道你或其他人在监督他，因为那可能会阻止他去追求那些充斥于他内心的意愿。他是因为怕你而不敢去做那些他想做的事，忽视那些他不感兴趣的东西，所以他表面上看起来是懒散淡漠的。事实上，他一心只想到的那件事，却因为怕你看见或知道而不敢去做。为了更清楚地了解这一点，你的观察要在他不注意的情况下进行，而他也不会因为疑心有人在监督他而不自在。当他完全自由自在的时候，派一个你信任的人去看看他是怎样消磨时间的，看看他在没有任何妨碍的情况下，只是顺从自己的意愿做事时，是否是不主动的进行。所以，从他自由做事上，你可以容易地看清他浪费学习时间是因为他的性情淡漠，还是因为他对书本的厌恶。

126. 如果他是因为身体上的疾病而精神低落、懒散淡漠，这种不容乐观的性情最不容易被纠正。在这种情况下，他对未来总是毫不关心，因为他缺少两大动力：远见和欲望。对那些性格冷酷的、任性的人，主要的问题就在于如何去培植和提升他们的远见和欲望。你一旦知道他处于这种情形中，就必须仔细询问是不是任何事都不能让他高兴，以此提醒你去了解他最喜欢的是什么。如果你能在他的内心发现任何特殊的倾向，尽你所能去推动它，充分利用它，激发他为这个倾向去努力。如果他喜欢被赞美，喜欢玩儿，喜欢漂亮的衣服，或者从另一方面来说，他害怕痛苦、耻辱或是你的悲伤。无论他喜欢什么，除了懒惰（因为那绝不会使他用功），你应该用它去激励他，使他振奋起来。在这种情形中，你不必害怕他有过多的欲望（就像在别的情形中一样），因为那正是他缺少的。没有欲望就不会有勤劳，所以你必须努力去增强那种欲望。

127. 如果你不能完全掌控、激发他的精力并鼓励他，那你必须让他不断地进行努力，让他养成一种做事的习惯，有一个更好的方法让他养成运用智慧的习惯——努力学习。但因为这是一个看不见的方法，而且没有人知道他是否偷懒，所以你必须找到适合他的体力劳动，并能让他长期忙着去做。如果那些体力劳动会给他们带来困苦或让他们感到羞耻，那么他们的惰性就不会变得如此糟糕，他们也不可能会这么早就厌烦，甚至产生回归书本的欲望。但老实说，使用拿其他的工作和看书交换，为他安排的工作使他没有时间去偷懒这种办法，将他的注意力与兴趣带回书本，按照你为他安排的时间去工作，可以把让他从因他的努力而得到短暂的休息作为一种奖励。当你发现他在实际运用中越来越能持之以恒的时候，就可以减少这种活动。最终，他喜欢在书本上走神的毛病被治愈了，这种活动就可以取消了。

128. 我们之前提到过变化和自由都能让孩子感到愉悦，所以游戏对他们应该有很大的吸引力。我们应该让他们在欢快的氛围中学习书本上的知识或其他知识，不要让他们把学习当做一种任务来完成，而这正是他们的父母亲、家庭教师、学校的老师容易忘记的事，他们在寻找适合孩子做的事时总是缺乏耐心，所以他们不会想办法诱导孩子去做。但是，孩子在得到多次命令时，就能快速分辨出哪些是他们被要求做的事，哪些是他们没有被要求做的事。一旦这个错误使他对书本产生不安，你必须用另一种完全相反的方法去治愈他。现在尝试让他把书本当做游戏太迟了，所以你必须采取相反的方法：注意他最喜欢的游戏是什么，就让他去玩那个游戏，而且每天必须玩几个小时，不要把它当成一种惩罚而让他去玩游戏，而是将它当做一种任务而要求他去完成。不出意外的话，他会在几天之内就对他最喜欢玩的游戏感到厌烦，宁愿用看书或其他事来代替玩游戏，特别是在读书能占据被布置任务一般的游戏时间的一部分时，他会愿意将预订的游戏时间用来看书或做些真正对他有益处的事情。我觉得这种方法至少比不准他们玩游戏更好（那些不准通常会让他们更想玩游戏），也比用任意一种惩罚好。因为一旦你让他的欲望过大（除了饮食以外的其他事情都可以用这种安全的方法去做），当他把你不让做的事做多了，就会产生厌恶感，你就不必担心他会再想去做同样的事了。

129. 我想这完全可以证明孩子通常是讨厌懒散的。唯一想要提的一点是：孩子好动的性格应该持久地运用在对他们有益的事情上。如果你成功了，就让他们把你让做的事当做一种娱乐，而不是一种任务。在此我建议，按这种方法去做，他们可能不会发现你对这事有影响，也就是说，把那些你不想让他们做的事，找个借口欺骗他们去做，直到他们做够了，产生了厌倦。比如，你的儿子不是很喜欢玩陀螺？强迫他每天玩几个小时，你在旁边观察他，很快会发现他厌倦了它，而且不想再玩了。通过这种方法，把你不愿让他做的事当做任务来完成，那他就会自愿去做那些你让他做的事，如果他们因完成了游戏中的任务而受到奖励，他们会更乐意的。如果他每天都被要求玩很长时间的陀螺，他会厌倦陀螺的。此时，若承诺把读书当做玩陀螺的奖励，你难道认为他不会认真读书，不想读书吗？如果孩子所做的事和他们的年龄相匹配，那只要他们有事可做，对事情就不会有太多的挑剔。他们会把一件事看得比另一件事重要，因为他们从别人那里学会了尊重，那些被当做奖励而让他们去做的事，他们会真的把它当做奖励。通过这种艺术技巧，家庭教师就可以考虑什么方式才更能被他们接受，什么方式更能让他们高兴，是把跳房子作为跳舞的奖励，还是把跳舞作为跳房子的奖励；是让他们喜欢玩陀螺，还是让他们喜欢看书；是让他们喜欢扔球，还是让他们喜欢研究地球。所有的事都是因为他们想要忙碌，忙他们所想的事，忙他们自己决定的事，忙那些父母和他们尊敬的人支持与赞扬的事。所以，我想那些被要求远离坏榜样的孩子，他们会更热忱、更快乐地学习读、写以及你想要他们做的事。正如其他做普通游戏的孩子一样，最年长的孩子这样做并使之成为一种风尚，但这也不能阻止他们去学习另一个人，就像你不能阻止他们去玩另外一个游戏一样。

130. 我觉得孩子应该有各种各样的玩具，但是，他们必须在指导老师或其他人的监护下玩，而且他们每次只能拥有一种，若他想要得到另一种玩具就必须归还他现在拥有的玩具。在他们很小的时候教育他们要注意，不要弄丢或弄坏他们拥有的东西，反之，他们若有很多玩具，就会变得荒唐浪费、疏忽大意，使他们从小变成乱挥霍的人。我承认，那都是些小事，并不需要老师去留心，但只要是关于孩子的事，都是不容忽视的，不管他们养成什么样习惯，都值得老师去留心，因为结果是不容小觑的。

还有一件关于孩子的玩具的事是值得父母留心的，孩子是可以拥有好几种玩具的，但这些玩具不应该是买来的。这可以防止他们经常要玩具，因为玩具过多会让他们一直想要新的玩具，会产生一种见异思迁、奢侈浪费的心理，一刻也不得安宁。虽然不知道自己想要什么，但总是想要更多的东西，绝不会对现有的东西感到满足。有的人为了讨好有地位的人，就会给那些人的孩子送礼物，事实上，这对孩子不好，因为这会使孩子在差不多会说话前就学会骄傲、虚荣和贪婪。我知道孩子很容易被各种各样的玩具吸引，他们每天都会让女仆去检查玩具，总让女仆觉得很累。所以他们习惯了自己有很多玩具，却从不满足，总是问：还有什么？还有什么？我还有新玩具吗？一个良好习惯的养成可以降低人的欲望，这是使人成为真正幸福满足之人的方式。

“如果没有玩具是买来的，那你又允许他们从哪里得到玩具呢？”我的回答是，他们可以自己制作玩具，至少要尝试去做做看，而且在那之前，我们一个玩具也不应该有，任何一个精致的玩具也不能要。一块光滑的卵石、一张纸、一串妈妈的钥匙，或不会让他们受伤的任意东西，在孩子看来，一点也不比那些从商店里买来的一玩就坏的玩具差，甚至要比那些玩具更让他们好奇并想要。除非孩子习惯了玩这种玩具，否则他们不会因为缺少玩具而不高兴。小时候，他们无论玩什么玩具都可以，等他们长大些后，若不是别人愚蠢地花钱给他们买玩具，他们是不会有那么多玩具的。这时他们就应该得到指导与帮助，如果只是懒洋洋地坐在那里，什么也不做，只等别人提供给他们，那他们就什么也不该得到。如果在他们遇到困难时帮助他们，那你会比任何花高价买玩具给他们的人更受到他们的喜爱。那些在制作上超出他们技能的玩具，比如陀螺、鱼叉、羽毛球拍之类的东西，是他们应得的玩具。他们拥有这些东西，不是为了玩具种类多样，而是为了体力与脑力劳动，但这些东西要尽量少给他们，如果他们有一个陀螺，抽打棍、皮带都应该让他们自己去制作与装配。如果他们只会懒惰的等待别人的给予，就不应该得到那些玩具，让他们学会用自己的工作去得到那些他们想要的东西，学会控制他们的欲望，学会勤奋、努力、思考、计谋、节俭的品质，这些品质在他们长大后会有很大益处，所以学习得再快也不为过，根基打得再深也不为过。孩子所有的游戏与娱乐活动，应该朝着良好有用的方向发展，否则他们会养成一些不良习惯。无论他们做什么事，总会在幼年时期留下一些印象，也是从那时起，他们就养成一种或好或坏的倾向，无论它是好是坏，都不应该被忽视。

131. 撒谎是一种既简单又便宜的掩藏失败的方法，而且在形形色色的人群中很盛行。在任何情形下，一个孩子几乎不可能避免看见别人说谎，所以若没有十分留意，他们几乎也不能避免说谎。说谎是一种不良品质，是很多不好的东西的根源与藏身地，所以孩子应在一个对说谎有着极深厌恶的环境中成长。如果有机会当面向他提及说谎，你要表现出对它的极端憎恶，把它看做一种与绅士的名称和品质完全不符的行为。任何一个有声誉的人都不能忍受谎言的指责——判断一个人极端可耻的标志，使他的名声受到严重败坏，落到极端令人羞耻的地步，并与那些令人十分轻蔑的人和令人憎恶的流氓列入一类。要认识有地位的人或在社会上有名望的人，你就不能撒谎。孩子第一次撒谎，你应把它看做发生在他身上的一件极古怪的事，不要只将它当做一个普通的错误去责备他。假使那样做也不能让他避免再次说谎，那第二次你就必须狠狠地责骂他，使他从父母亲以及所有注意到这件事的人那里得到极大的不快。若这种方法也不奏效，你就必须打他。让他在受到这样的警告之后明白，再次撒谎的话，就会被认定是一种固执的表现，这是绝不可能逃脱惩罚的。

132. 孩子们不喜欢自己的错误完全地呈现在别人面前，所以他们会像亚当的其他子孙一样，喜欢找借口。这种错误通常和虚伪相近，而且会导致虚伪，不能放任它们不管。治疗方法使人羞愧比对人粗暴好。所以，不管一个孩子因为任何事而被提问，他最初的回答一定是个借口，你应该冷静地警告他说实话。假如他仍坚持用谎言去弥补谎言，那他必须受到惩罚。但他若直接承认了，你就必须表扬他的坦白，无论他犯了什么错，都可以原谅他。此后，再也不要因这个过错而责骂他，也不要再向他提及这事。因为你若是让他习惯坦白，必须通过不断实践使他养成一种习惯，但必须注意的是，绝不能让他因坦白而感到一丝一毫的不便。反之，他自己坦白过错，会免受惩罚，除此之外，还应用称赞去鼓励他。在任何时间里，若他的借口不能证明是谎言，就让它过去并把它当成真的吧，一定不要去怀疑他。让他尽可能保持与你一样高的名誉，因为一旦他发现自己失去了名誉，那你就失去了对他一种最大程度的支配。只要你在他的谎言中不是处于鼓动者位置的，那你就可以让他不必觉得他对你来说是个说谎之人，所以在真相中的一些小错误容易被忽略。一旦他因撒谎而被纠正后，你不能在他犯错时又原谅他，因为这种过错是禁止再犯的，只要不是故意的，否则都能够避免；而一再犯这种错是一种堕落，必须要让他因此而受惩罚。

133.这就是我想到的关于培养一个年轻绅士的方法。尽管这些方法让我觉得对他的整个教育过程有些影响，凡是随年龄增长或要求特殊性情的特殊事项都能被详细说明的，我会远离那些。前面已大致提到过这些，我们接下来就可以比较仔细地考虑他的教育的几个部分了。

134. 每一个绅士（关注教育的绅士），为他的孩子所渴求的事，除了留给他财产，我想还包含了四样东西：美德、智慧、教养和学问。在这四件事中，是否有些名称有时不代表相同的东西，或是彼此相包含的，这些我是不会主动去了解的。而我只需要用时下最流行的那些字眼就可以了，假设我能明白它们的意思，相信别人在理解我的意思时也不会有太大困难。

135. 我把美德放在一个人或一位绅士所有品质的首位，认为它是最重要的一种品质。美德因其必不可少的性质而被人看重与喜爱，并能为人所认可与接受。我觉得，一个人若没有美德，那他无论在今生还是来世，都是不会得到幸福的。

136. 作为美德的基础，孩子心里应该尽早形成上帝的真实观念，因为上帝是一个独立存在的、万物的创造者，我们从上帝那得到一切善行，他爱我们，并给予我们一切。接下来，你要向他逐渐灌输对于这个至高无上力量的爱慕与敬仰。只要有这样一个开始就好了，不要进一步向他解释。唯恐太早谈论他的神灵观会不利于他对上帝本质的理解，会使他的大脑充斥无尽的谬误，或者对上帝的一些无法理解的概念感到困惑。你要在适当的时候告诉他上帝创造并统治万物，能听见、看见一切，对那些敬爱服从他的人仁慈。当你告诉他有这样一个上帝时，你会发现，他的思想中就会很快产生关于上帝的各种观念，你若发现那些观念中有错误，必须纠正他。我想如果所有人对上帝都有这样的观念，对其观点中所有无法理解的东西不会太好奇，那就更好了。很多人没有强有力的、清楚明白的思维去分辨，什么事是他们能知道的，什么事是他们不能知道的，使他们的思想向迷信或无神论发展，即把他们自己看做上帝，或者（因他们不能理解其他东西）认为上帝根本不存在。我更愿意相信，让他们带着好奇去询问那些让他们思维紊乱的上帝的神秘本质与存在，不如让他们早晚都用一种平实而简短的、与他们年龄和能力相符合的祈祷词，为他们的创造者、保护者、支持者向上帝祷告。

137. 当你发现孩子有足够的能力时，就可以采取温和的方式，渐渐让他在思想中形成上帝的观念，教会他向上帝祷告，使他把上帝看做自己的创造者一样去颂扬，并为其所做所想去赞扬他。除非他自己在以后的生活中或者在阅读《圣经》时提出关于其他神灵的问题，否则你不能向他谈论这些。

138. 当孩子还年幼时，你要让他保持纯真的心，远离那些精怪，也不要让他对黑暗产生任何惧怕情绪。通常，轻率鲁莽的仆人会给孩子们讲关于可怕妖怪的故事，以此吓唬他们，使他们听话。所以在他们独处时，尤其是在黑暗中会感到害怕。这种情况是必须要预防的，尽管通过这种愚蠢的方式可以避免孩子犯些小错误，但是你若想将这种错误完全治愈，就会产生比此更多的麻烦，因此，在他们的脑海中，会对恐怖的概念留下深深的印象。一旦那种令人恐惧的概念侵入孩子幼小的心灵，就会产生一种强烈的恐惧，并根植于孩子的思想中。你若想将它连根拔起，是一件相当困难的事。若他们的脑海中存在这种恐惧印象，每当他们独处时，脑海中常会出现一些让他们感到害怕的奇怪景象，在他们以后人生中甚至会害怕自己的影子与黑暗。那些小时候经受过这种恐惧的人向我诉苦说，尽管他们的理性战胜了他们的错误观点，使他们相信在黑暗中不会有那么多在白昼看不见的、值得害怕的东西，但是这种错误观点一有机会就会再次出现，使他们产生幻想，他们若不下一番苦功就不能将那些东西消除。为了让你明白那些早早占据他们思想的影像是多么持久与可怕，在这里，我会告诉你一个非凡而真实的故事。在西部某个城镇里，有一个头脑失常的人，孩子们看见了他都会嘲笑他。有一天他在街上看见了一个嘲笑他的人，就走进附近的一家利器店，拿了一把剑，去追那个孩子。那个孩子看见他拿着武器追来了，为了逃命，拔腿就跑，而幸运的是，他有足够的力气与脚力在被那个疯狂的男人追到前，跑到了他父亲的家。他进屋插上门闩，转身用手扶着门闩去看追他的人离他还有多远时，那个人已经追到了门廊入口处，拿剑就要砍。他匆忙把门关上，才没有被砍到。然而尽管他的身体逃脱了，但精神上却没有逃脱。这种令人恐惧的思想给他留下了极深的印象，即使没有给他留下一生的印象，也会持续很多年。因为当他长大之后，再谈及这个故事时，他说，在那之后，无论在什么时候，他再也不想进那道门（他能记住的那道门），无论他的脑海中在想什么，尽管没有想到那个疯狂的男人，但他只要一走到门口就忍不住回头看。

如果孩子们不受外界因素干扰，那他们在黑暗中就不会比在阳光下更害怕。晚上用来睡觉、白天用来玩，这些他们都能欣然接受；也应该用同等的心态去对待那些从别人那道听途说的，黑暗中比阳光下有更多危险的、可怕的事情。若是任何一个愚蠢的人都能使他们受到伤害，让他们了解黑暗与灯光闪烁的差异，你必须帮助他们尽快从这种伤害中摆脱出来。同时，要让他们知道，上帝创造了对他们有益处的万物，创造了让他们能更好、更恬静地睡觉的夜晚。黑夜中没有什么事物能够伤害他们，因为他们受上帝的庇护。关于上帝与和善的神仙，我们还应该了解些什么，这要推迟到以后再说；而对于那些邪恶的神仙，直到他了解那种知识前，你必须让他远离那些错误的幻想。

139. 只要与他的年龄相符，你就可以让他如同《信经》上所说，用明智的方法教导他，通过向上帝祷告的习惯，构建一个关于上帝的正确观念；第二件应该注意的事就是，他说的话要绝对真实，我们要用一切可以想到的方法让他成为性情温厚的人。你要让他知道的是，他若犯下二十个错误，都不能用一个借口去掩饰任意一个事实。教他们要及时地去爱，并要对他人态度温和，这是为了让他成为一个诚实正直的人而及早打下的基础。一切不公都是源于我们太爱自己，却很少去爱别人。

这就是我关于这件事要说的，因为这足够孩子打下良好的品德基础。等到他长大成人，他本性中的这种倾向必须被关注；当它更有利于一两方面良好品德的形成，你应该找到一种合适的方法去治疗它。亚当的子孙没有几个是如此幸福的，因为他们并非天生愚笨之人，而那种愚笨可以通过后天教育去消除或抵消。但是为了把这一点详细地弄清，我们原定的一篇简短论文是不足以说明的。我本不愿用一篇论文去谈论所有的品德和恶习，讨论每一个品德是如何获得的，因为每个特殊的恶习都有其特殊的治疗方法。虽然我曾提过几种最常见的错误，并用了相应的方法去纠正它。

140. 我用时下最流行的概念来解释智慧，因为一个人的管理能力与在这方面的远见都得到了体现。这是一种由善良天性、思维运转和经验结合的产物，而不是孩子能够做到的。他们能做的最伟大的事情，就是尽可能阻止他们变得狡猾地去模仿智慧，但却离智慧更加遥远。正如一只类人猿，它只是有一个与人类相似的外表，缺少一个真正的人应具备能力的东西，所以模仿人类只会让它变得更加的丑陋。狡猾只因缺乏悟性，因为它不能够直接达到目的，所以要用计谋和欺骗去实现它。其危害在于，狡猾的计谋只会有一次奏效，以后永远都会成为一种阻碍。任何掩饰绝不会强大或精细到不被人发觉，没有人会狡猾到完全掩饰住自己是如此的狡猾，一旦他们被发现了，每个人都会避开他们，每个人都不会再相信那些狡猾的人，全世界会联合起来反对和攻击他们。而坦率、公正、聪慧之人会使每个人都心甘情愿为他让路，可以让他直接去做自己的事。为了让孩子习惯去找寻事物的真实概念，不要让他们满足于现有的概念，将他的精神提高到一个更伟大、更有价值的思想境界中，让他与掺杂了许多虚假成分的谬误、狡猾保持一定的距离，这是一个孩子对于获取智慧最适当的准备。其余部分是要从时间、经历、观察和熟悉那些人的脾性与计谋中获悉的，不要寄希望于那一无所知、粗心大意的孩提时期或者急躁轻率的青年时期。而在这青涩时代，我们应尽力去做所有事，正如我曾说的那样，要让他们习惯面对真实、诚挚，服从理性，多多反省自己的一言一行。

141. 绅士的第二个优秀品质就是知书达礼。粗鲁无礼有两种情况：一是羞怯腼腆，二是行为不当、粗俗无理。如果要避免以上两种情况，就要遵守以下这条规则：不要看不起自己，也不要看不起别人。

这条规则的前半部分，一定不能理解成与谦逊相反的意思，而是与无耻相反。我们不应该总把自己想得太好，以至于把自我价值估得过高。假如我们自认有别人没有的长处，就会觉得自己比别人更具优势。但是它若是我们的职责，就必须谨慎地去做。但有时我们应该觉得自己是最好的，无论面对谁，采取任何负有责任的、预期会发生的行动，都不能慌乱无措，而应该按照其地位和能力去保持尊重和距离。有的人，特别是孩子，会在陌生人或比他们优秀的人面前表现得如小丑般羞愧，对他们的思想、言辞和表情产生影响。他们会在那样的混乱中失去自我，因为他们什么事也不能做，至少不会做那些使人高兴并为他们所接受的自由而优雅的事。对于任何不雅举止，唯一的治愈办法是养成与之相反的习惯。既然我们不能让自己在无人陪同的情况下，去习惯与陌生却有才能的人交谈，那么除了多和我们上面谈及的人交往外，没有其他可以治愈他粗鲁无礼品行的方法。

142. 正如前面提到的那样，怎样让自己在别人面前表现得举止得当是一个大问题。粗鲁无礼的另一方面就是基于一种现象：我们很少留意那些我们应该处理、使我们高兴或表示尊重的事。为了避免那些情况，有两样东西是必不可少的：一是确保思想上的某种倾向不会冒犯到他人，二是用最能为他人接受与认可的方式去表达这种倾向。有第一样东西的人就是文明有礼，有第二样东西的人举止得体。后者是指表情、声音、言辞、动机、动作以及整个公开的行为举止都要高尚优雅，因此我们在社会交往活动中能够从容不迫、满心欢喜地与人交谈。从某种程度上来看，这是用来表达内在礼仪的一种语言，就像其他语言一样，是由每个国家的时尚与传统共同支配的，它的规则与运行，主要是从观察中获得，从那些真正知书达理之人身上去获取。而前者有更深远的意义，那就是对所有人都态度友好，让每个人的行为举止都能谨慎小心，不能表现出对别人的轻视、无礼、疏忽，而应该按照其所在国家的方式和他们的地位，表达对他们的尊敬和重视，将他们的心之所向用行为表现出来，这样，一个人在社会交往中才可能会心安理得。

我觉得与最重要、最引人瞩目的社会品德完全不同的就是四大品质，通常，不文明举止都是从那四大品质的某一种品质中衍生而来，我会把那些不文明举止记录下来，因为孩子可能会将那些不良举止保留，也可能会让它恢复原状：

(1) 第一个品质是天生粗暴。这种品质使人不会轻易顺从于他人，所以不会因其喜好、脾性和地位而有所改变。一个粗鲁笨拙之人的标志，即是对其喜欢和不喜欢的事物都不甚留心；通常，你会发现，如果一个衣着时尚之人具有这种粗暴品质，毫不在意别人的感受，会使他周围的人都深受其冲撞及蹂躏之苦。这种暴行是人人都能看见且深恶痛绝的，没有谁可以轻松应对处理；因此，这种暴行在稍微有点良好修养的人身上都是毫无立足之地的。因为良好修养的最终目的与任务是去软化这种天生的顽固品性，并软化人的脾性，使他们向那些必须处理的事物屈服，并适应其变化。

(2) 第二个品质是蔑视，或是缺乏适当的尊重。这可以从人们的表情、言辞或动作中有所发现；因为没有谁能忍受完全被忽视，所以这种品质总是会给人们带来不安。

(3) 第三个品质是吹毛求疵。它是一种缺点，与礼仪完全背道而驰的。无论人们是否有罪，都不愿让其过错被人当面或在其他人面前戳穿，并在众目睽睽、光天化日之下被展现出来。缺点总会使人感觉耻辱；任何缺点的发现，即使是任何缺点的污名，总是会让人产生不安。

善意的玩笑是揭露其他人错误最优雅有礼的方式；但是因为它通常都是用充满智慧优雅的语言去揭露，并为同伴带来快乐，人们便错误地认为，它在一定的范围属于文明有礼的行为。所以，在人际交往中，这种客套话常被那些有更高地位的人所使用；诸如此类的讲话者都会很高兴他们的话被别人听到，这通常会使旁观者发笑，也会得到观众的掌声。但他们应该深思的是，其他同伴的快乐是以嘲笑他人为代价的，因此，除非关于被他嘲笑的这个主题真正是一件值得赞扬的事，否则他是不可能无忧无虑的。因为这种让人愉悦的想象和陈述，使嘲笑既带有赞扬也带有游戏的性质，也会让被嘲笑之人从中获益，并加入这种消遣活动中。但是在处理如此精细难懂的事情时，一点小小的失误就可能导致整件事情的失败，这不是每一个人都具备的能力。我觉得那些可以将自己从激怒他人的困境中拯救出来的人，特别是年轻人，要注意避免嘲笑他人，因一个小小的错误或拐错弯而引起被嘲笑者心灵上的不安，那些曾经刺激有趣、恒久不变的记忆，尽管他们机智幽默、诙谐有趣，但是也会因一些可非难的事而受到嘲笑。

除却善意的玩笑，反驳通常是一种用来苛责自己的行为，不礼貌的行为通常在反驳中有所表现。殷勤有礼并未要求我们必须认可所有能使朋友开心的推理方法，也不必对我们听不懂的事物发表只言片语的观点。与之完全相反的观点是，纠正其他人的错误，有时会要求我们要讲真话或做些善事，如果我们用适当小心谨慎、关注细节的方式去做时，就不会遭到他人的反对。由此我们就能明白，有些人喜爱反驳他人，而且不分对错地去反驳，无论这个集体中的每一个人说了什么，他都是持反对态度的。这是一个如此明显粗暴的责难方式，所以有很多人都因他而受伤。一个人对另一个人所说的所有事都持反对的意见，这是很容易受到他人的刁难质疑的，也会因受到这种刁难质疑而感到羞耻，所以我们应该用最温和的方式去反对，并用最温柔的文字去表述，用你的一切行为举止表明你对他并无反驳责难之意。在反驳责难的同时应该伴随着敬意与善意，这样当我们据理力争时，就不会失去那些愿意听我们讲话之人的尊重。

(4) 挑剔是另一个与礼仪截然相反的缺点；不仅仅是因为它经常会养成不当的、令人恼火的行为举止，也因它是我们对那些让我们生气之人的不良行为举止的一种不言而喻的谴责。任何一个受到那种怀疑或暗示的人，都不会感到轻松自在。除此之外，集体中若有一个人生气，整个集体的人都会感到不舒服，和睦就会因那不和谐之人的举动而终止。

所有人都坚定不移地去追求的快乐就是幸福，所以我们就可以明白为什么有礼貌的人比有用的人更能让大家接受。一个有能力、有诚意、有善意的人，是值得我们看重与深交的，而一个真正的朋友，会因为他严肃固执的陈述而感到忧虑不安，这种忧虑不安很难用其他事物去抵消。权力和财富，甚至是品德本身，都是因为有利于幸福而受到重视。因为这可以提醒自己，那些旨在获得幸福的人，若对他人不怀好意并恶言相向，那他的所作所为会使他人感到不安。一个人懂得怎样和其他人轻松交谈，且不必自贬身价地去逢迎讨好他人，那么他就是明白了在这个世界的生存之道，而且无论他以后身在何处，都会受到他人的欢迎与重视，所以我们应该让青少年养成将礼仪放于首位的习惯。

143. 良好的行为中还有另一个缺点，就是过分地客套，固执地将那种不适合的、令人感到愚蠢和耻辱的礼节强加于他人身上。他宁愿揭露一个构思，而不愿被强迫接受，至少，从自身优势来看像是一场比赛，这充其量是一种麻烦，绝不会是一种良好的礼仪。因为良好礼仪的其他功用和目的，就是让那些与他们交往的人感到舒适自在。这只是少数年轻人才会犯的错误；但若是他们犯了错或是被质疑有那种倾向，他们应该被告知，甚至被警告，这是错误的礼仪。在社会交往活动中，每个人都有为之奋斗的事情，那就是将那些适合他们的礼仪用普通的礼节和尊敬表现出来，以此表现他们的尊重和友好。为了达到这个目的，却又不被质疑是在阿谀奉承、装模作样或行径卑劣是一门高超的技艺，而且这种技艺只有从见解通达、思维理性、良伴同行的人那里学习得到；但是因这种技艺在公民生活中有极大的用途，所以它值得我们去学习。

144. 尽管我们的行为举止得到良好约束，就会获得良好教养的美名，这好像是教育特有的影响；但是，正如我曾说的那样，对这个问题，不应该让小孩子感受到太多的困惑；我的意思是，关于脱帽致意、屈膝行礼，他们只需随意即可。如果你能教会他们谦逊，使他们成为和蔼可亲之人，那么这种礼仪就不会缺失；事实上，在社会交往中，礼仪只是一种不向任何人表现轻慢蔑视的小心谨慎的行为。我们上面谈到的就是表现这种礼仪的最能为人接受和尊重的方式。在世界上的很多国家，它们的礼仪就像它们的语言一样独一无二、各有特色，如果考虑得当，那么孩子们了解的那些规则和论述就是毫无用处、粗鲁无礼的，这就好比，一个人和英国人交谈时，会不时冒出一两句规则或西班牙语是一样的道理。你可以多和你的儿子谈谈礼仪问题，如果他的朋友的礼仪修养达到那种程度，那他的礼仪也就会与他朋友差不多。你隔壁的那个农民，他从未超出他所在教区的范围，无论你跟他说什么，他在语言和行为举止上都表现得像个谄媚者；也就是说，他的言谈举止比那些曾和他交往过的人好不到哪里去；因此，在他到达可以请家庭老师的年纪前，这个问题是无法可解的，而且所请老师必须是个有良好教养的人。老实说，如果我能自由表达观点，那我会坚决反对他们在做任何事情时固执己见、骄傲自满、脾气暴躁，所以无论他们怎样脱帽致意、屈膝行礼，都不是太重要了。如果你能教会他们如何去赞美他人、尊重他人，那么当他们到了需要的年龄时，就会按照习以为常的方式，找到让每个人都能接受的表现赞美与尊重的方式；关于他们身体的动作和行为，就像前面提到的那样，当动作和行为是合适的时候，一名舞蹈老师就会教给他们最合适的动作。同时，当孩子们小的时候，人们希望他们不要过度关注那些行为；粗心大意在那个年龄是可以被接受的，而且随着年龄的增长，他们会得到越来越多的赞美；至少，一些非常细心的人都觉得那是个错误，但我觉得那是个可以忽略的错误，并把它留给时间、老师和谈话去纠正。因此，我觉得因那个可以忽略的错误，而让你的儿子受到干扰和责备（正如我常在孩子们身上看到的错误一样），这是不值得的；但是若他的行为中出现了骄傲自负或粗暴的性情，那么他必须被劝服或因感到耻辱而摆脱那种性情。

尽管孩子小的时候，我们不应该让他们对教养的规则和举止有太多的困惑，但有一种不良举止，如果我们不及时地阻止，它就会在年轻人的身上不断蔓延滋长，也就是说，当别人正在说话时，你采取反驳的方法去阻止他们谈话，是一种不礼貌的行为。在人际交往中，年轻人习惯看情况去纠正别人的错误，无论他们是因争辩的习惯去纠错，还是因才华和学问的声誉而纠错，即使它只是知识辩驳的标志和证明，但他们绝不会让任何展现自己才能的机会溜走；而且我发现大多数学者都将原因归咎于这一点。没有比打断别人正在进行的谈话更无礼的行为了，如果我们在一个人说话前就知道他会说什么，我们就不会给出一个粗鲁无礼、不着边际的答案，但是我们应该坦白地告诉他，我们对他所说的话感到厌倦，并且对他所说的话不感兴趣；因此我们可以判断出哪些话不适合用来娱乐同伴，他们渴望观众听他们的演讲，那样总会有些事情引起他们的兴趣。这种做法表现出了一种极大的不敬，会引起他人的愤怒；但是这种插嘴在所有的行为中都会有所显露。如果像平常一样，通过增加谈资去纠正别人的错误、反驳别人所说的话，强行插入进去，就只能充当南郭先生，好像自己有资本凌驾于他人之上，他要么给自己的插入找借口，要么将他人判断的谬误揭露出来，这是一种骄傲自负的表现。

我不想谈论这个是因为，我觉得社会交往中不应该有不同的观点，在人们的谈话中也不应该有想驳斥的观点，否则会不利于社会最大优势的发挥，使我们不能够从机敏聪慧的朋友那里得到改进与提升。在争议中，人们都可以从相对立的观点中获得启示，揭示各方面的事和他们的多面性、可能性，如果每一个人都被迫去同意这种观点，而持有不同看法的人就会采取反对的方式。我们应该教导年轻人不要打断别人的谈话，除非他们被问到，或是其他人谈完了并静坐一旁时，你才可以回答他的问题或是和他说话，但说话时只能通过询问的方式，而不能用命令的方式。这种过分积极的谈论和专横的装腔作势都应该被避免，所有人都停止说话，提供了机会时，他们才能作为学习者，庄重而谦虚地提出问题。

这种适当的礼仪既不会掩盖他们的才能，也不会削弱他们强大的理性思维，反而会更令人印象深刻，使他们说的话占据更大的优势。指出一个错误的观点或平庸的观察，有礼地赞同或尊重其他人的观点，会使他们获得比敏锐的问题更多的荣誉与尊重。如果用粗鲁无礼、傲慢自大或吵吵嚷嚷的方式指出那个错误的观点或平庸的观察，总是会让听者感到震惊，即使他在辩论中会获得优势，也不会给别人留下好印象。

所以这种情况在年轻人身上应该被仔细观察，在开始时就应该被阻止，而且会在所有的谈话中养成相反的习惯。因为年轻人总喜欢嚼舌根，在争辩中插嘴，大声辩驳，即使在我们这种阶层中的人也会有。但被我们当做野蛮人的印度人，我们却能在他们的谈话与交往中看到更多的礼仪，他们能够静静倾听彼此的谈话，在他们将话讲完之前，你要冷静地等着回答他们的问题，不吵闹，也不激动。如果连这个世界文明的部分都不能完成，我们应该将其归咎于教育方面的忽视，但这不会把我们身上的这种自古便有的残暴本性改过来。你不曾见过这样一个令人发笑的场面吧：两个具有优秀品质的女人，偶然坐在了一个房间的两边，面面相觑，周围还有很多人，她们两个突然争吵起来，而且有愈演愈烈的趋势。在争吵同时，她们甚至不断地把椅子向前移动，不一会儿，她们竟然像两只激烈战斗的公鸡，毫不介意也未注意到周围的人，这一幕难道不会让人忍不住发笑吗？这是一个有优秀品质的人告诉我的故事，这场争论发生时他就在那里。他同样没忘记提到的就是，在口不择言的争论进入白热化阶段时，就会使人们那样做；既然习俗会让这种事像是家常便饭一样常常发生，教育就应该更多的关注这方面。谁都讨厌别人身上存在这种毛病，尽管他们忽略了自身的缺点，但是很多意识到自身缺点的人，都极力想要去改正它，却不能摆脱不良习气，这是因为他们忽视了自身在教育方面的缺点而养成的不良习惯。

145. 上面谈及的关于朋友的言辞，如果能给人留下好的印象，那我们就会有一个更加美好的未来，让我们能明白它对我们有着多么深远的影响。社会交往在我们的心目中产生的重大影响，并不仅仅是通过礼仪的方式来影响，另外，朋友的影响并不只停留在表面上，而是会慢慢地渗入内心深处。如果我们能确切地估算一下世界上的道德准则和宗教信仰，就会发现那些使人们愿用生命去坚守的思想、礼仪，都是从国家的流行趋势和实践中所得，而不是从任何坚定不移的信仰中所得。我提到这点，只是为了让你明白：在生活的方方面面中，朋友对于孩子来说是非常重要的，因为朋友对他的影响远远大于你对他的影响，所以他的朋友值得我们去重视，而且我们应该为他结交良好的朋友提供条件。

146. 或许你想知道，为什么我会把学习放在最后，如果我告诉你：我觉得学习是一件微不足道的事情，如果这句话从一个爱读书的人嘴里说出来，我们就会认为这是一件奇怪的事；通常，孩子的学习并不是我们最担心的事情，但却是主要的部分，当人们谈到教育时，想到的就只有学习这件事，这样的论调，使我前面所说的话变成了悖论。因学习一点儿拉丁语和希腊语而引起麻烦，并把大量时间浪费在解决这个麻烦上，反而无端地引出无数的吵嚷和忙碌，我觉得，这应该是孩子的父母仍然受到学校教鞭的威慑，所以他们把这种教鞭式的教学方法看做是让孩子学习的唯一工具，因为让孩子掌握一两门语言是教育的全部工作。父母认为，孩子应该把他们人生最好年华中的七年、八年，甚至十年用来掌握一两门语言，是有很大可能的事；我反而觉得，我们应最大限度地减少这样学习的痛苦，以达到节约时间的目的，难道孩子们不应该在玩耍中学习吗？

如果我接下来所说的话对你有所冒犯，请原谅我：有时我会想，若我们为了接受心灵的教化，而把一位绅士像牲畜一样放入牧群中，并用鞭子抽打他，让他前进，让他好像经历了几个痛苦的等级。那么接下来会发生什么呢？难道你还能不让他读书写字吗？我们所在教区的牧师认为霍普金斯和斯坦霍尔是世界上最伟大的诗人，但因为错误的阅读方法，他们却不能理解霍普金斯和斯坦霍尔的诗歌，难道我们要让孩子变得比那些牧师更无知、更糟糕吗？就算是我求你了，不要这样做，不要如此急功近利。我想，阅读、写作、学问都是必要的，但不是主要的任务。否则，我觉得在一个人成为伟大的学者前，你会认为他是一个非常愚蠢糟糕的人，而不是一个有良好德行、智慧之人。我想，对于一个有美好心灵的人来说，学问对于品德和智慧的养成有着极大的帮助；但同时，我们也要承认，对于没有美好心灵的人来说，品德与智慧只会让他们变得更愚蠢、更糟糕。我这样说是想要告诉你，在考虑儿子的教养问题，并为他寻一个老师时，你不能（像往常一样）只是想到孩子的拉丁语和逻辑学。尽管学习是必要的，但是我们应该把它放在第二位，使其从属于更重要的品质。我们应该找一个知道怎样谨慎地培养礼仪的人，因为把孩子交到这样的人手中，他会尽可能地保持孩子的纯真无邪，珍爱他们并使他们养成优良的品质，用温和的方式纠正和扫除那些不良倾向，使其养成良好的习惯。我想，这就是问题的关键所在，在我们为学问做了以上铺垫后，我们就可以用任意方法去获得学问，以达到事半功倍的效果。

147. 当一个人能够说话时，就是他去学习阅读的时候了。但是对于这个问题，我要提一件孩子容易忘记的事；也就是说，我们要注意：不能让孩子把读书当成一种工作，也不能把它看做是一项任务。正如我前面所说，我们甚至从摇篮时期就自然而然地热爱自由，我们会无缘无故地对很多事物产生厌恶情绪，不仅仅是因为那些事物是被强加于我们身上的。我总是在想，我们可以让孩子们把学习当成一种游戏、一项娱乐，如果他们被建议把学习当做一件充满荣耀、名誉、快乐和娱乐的事，或是把它当做做了某件事的奖赏；并且他们从未因忽略学习而受到批评或惩罚，就会从内心产生学习的渴望。有一件事使我更加坚定了这种观点：葡萄牙的孩子们，把学习看做一件很时髦的事、它是一种竞争，而为了学习阅读和写作，而相互竞争；他们互相学习，学得十分专注，就好像有人不让他们学习一样。我记得一个朋友家里最小的儿子，让他去读书，简直比登天还难（他妈妈在家里教他读书），我建议朋友换个方法教他，不要让他把读书当做一种任务来完成；因此我们有目的地谈论这件事，让他听见，并未避讳他。我们谈论的是：学习是后嗣和兄长特有的权力和优势；所以，他们会成为拥有良好品质的绅士，并被所有人喜爱；对于弟弟来说，学习有利于他们形成良好的教养；教他们读书写字，并且他们喜欢与人分享；如果他们乐意，也可能会成为无知的乡巴佬和小丑。如此地训练孩子，使他产生学习的渴望，他就会主动到母亲那里去学习，而且他会吵着女仆给他念书，否则他就不让仆人得到片刻的安宁。我相信对待其他孩子的学习问题，我们也可以用这样的方法；当你了解了他们的脾性时，给他们灌输一些想法，使他们产生学习的渴望，并把学习当做另一种游戏或娱乐项目。正如我前面所说，绝不能强迫他们把学习当成是一项任务，也不能让他们觉得学习是一件麻烦的事。我们可以在骰子和玩具上贴字母，通过游戏的方法教孩子学习字母表；我们可能会找到另外二十种特别适合他们脾性的学习方法，让他们把学习当做一种游戏。

148. 因此，孩子可以被诱导着去学习字母知识、学习阅读，但他们又不会察觉到他们是在学习，只是把它当成游戏，这样他们就可以在玩耍中轻轻松松地学会别人在受到鞭打时才能学会的东西。对待孩子不应该把像工作一样严肃的事强加在他们身上；这是他们的精神和身体都无法承受的，因为那无益于健康。因为他们正处于对任何束缚都充满敌意的年龄，我觉得孩子们十分讨厌书本和学习，被迫束缚在书本之中。这就好比饮食过度，会让他们对食物产生一种不可磨灭的厌恶感。

149. 所以我想，如果玩具可以用来达成教会孩子阅读的目的，那么，他们常会在他们认为是游戏的过程中学会阅读。例如，若我们用像皇家橡树彩票使用的抽奖球那样，自己制作一个 32 面、24 面或 25 面的象牙球，在一些面上贴上 A，一些面上贴 B，一些面上贴 C，其余的面上贴 D。我觉得，你可以从贴四个字母开始，或是从贴两个字母开始；当他们将这几个字母完全学会后，又可以贴其他的字母了，直到每一个面都贴上了字母，整个字母表都在各个面上为止。我更希望的是别的小孩在他的面前玩这个象牙球，而且他们可以用打赌的形式来玩这个游戏，看谁能先掷出 A 或 B，这就好比看掷骰子时谁先掷出六点或七点一样。这是孩子们之间玩的游戏，不要诱导他们去玩，以防他们认为把玩这个游戏当成一项工作；不要让他们有所误会，只需把这当做大人之间的一个游戏，我毫不怀疑他们很快就会喜欢上这个游戏。若他是经过别人认可而加入这个游戏的，那么他就更有理由相信那只是个游戏，当游戏结束时，你要把球放在他拿不到的地方，这样就不会使他因长期拥有这个球而对它产生厌倦之情。

150.为了使他保持积极的求知欲，你就要让他觉得这只是属于长辈们的一场游戏，当他用这种方法学会了字母，你就可以把字母换成音节，那他可以在不知不觉的情况下学会读音节了，而且不会有一丝一毫的指责和不满，也不会因拼写和学习困难用法而引起他们对书本的厌恶。如果你注意观察孩子，就会知道他们在学习不同的游戏时花费了大量的精力，如果他们被迫去玩这些游戏，那他们只会把这个游戏看做一个任务或工作。我认识一个有良好素养的人（他的学问和品德比他的显赫地位更值得人们尊敬），他将六个元音字母贴在了一个有六个面的骰子上（因为在我们的语言中 Y 是元音字母之一），将十八个辅音字母分别贴在另外三个骰子的各个面上，再让孩子们来玩这个游戏，他们谁能用这四个骰子掷出最大的数字，那谁就是赢家；他的大儿子还是一个穿童装的小屁孩儿时，就对玩这个游戏满怀激情，他在玩耍的过程中学会了拼写，且从未因学习而受到责备，也从未被强迫去学习。

151. 我曾经看到几个小女孩，她们花费了大量时间和精力掷石子，想要把自己变成一个掷石子的行家。当我看到这样的情形时，我觉得她们或许需要某样工具，将她们掷石子所花费的努力用到其他对她们更有用的事上。据我看来，那只是由大人的错误和忽视造成的。孩子们不像大人那样爱偷懒，如果他们好动的天性没有被转化成对他们有用的东西，那么应该受到责备就是大人；如果大人愿意花费哪怕是一半的时间去为孩子们引路，那么像小猴子一样调皮的孩子也会愿意听话的，使他们在那些常做的事中，也可以得到和游戏一样的乐趣。我想，在这之前，一定有些聪明的葡萄牙人，在本国孩子身上尝试过那些我曾被告知的风尚，正如我曾说的那样，我们不可能阻止孩子们学习阅读和书写，在法国的一些地方，孩子们从摇篮时期就相互学习唱歌、跳舞。

152. 被贴在骰子或多边形各个面上的字母，其大小正好和对折本《圣经》上的字母一样，而且孩子们刚开始学习时，是不用大写字母的；一旦他们学会看那些印刷出来的小写字母时，就不会长期对大写字母一无所知了；在开始学习时，你不能让他因为字母组合的变化多端而感到困惑。你也可以把这种骰子当做皇家橡树一样的游戏去玩，这会是另一种变化，而且可以把樱桃或苹果等东西作为打赌之物。

153. 除此之外，喜欢这种游戏的人会很容易地发明其他二十种依靠字母来玩的游戏，这样就可以达到运用字母的目的。但是我觉得上面提到的关于四个骰子的游戏，是十分容易的，也是十分有用的，我们很难找到更好的学习字母的方法，所以就不必费神去寻找了。

154. 关于学习阅读的问题，我们已经谈论得太多了，那是绝不能强迫他去学习，也不要因为学不好而责备他；如果你能诱导他学习阅读，不要让他把学习当成一个任务。在他学会阅读前，你最好推迟一年再让他学，不要让他因用这种方式学习产生厌学之情。如果你和他之间发生了争论，那些争论只能是关于重要性的、真实性的、温和性的问题，不要让他把A、B、C当成任务去完成。用你的技巧去软化他的意志，让他顺从自己的理性思维；教导他热爱荣誉和赞扬，痛恨被误解或鄙视，尤其是被你或他的母亲鄙视，接下来的其他事情都是很容易解决的。但是我认为，你若想那样做，就不能为了束缚和阻挠他而在一些不重要的事情上制订规则，也不能因一些微小的过错或是一些别人眼中的大错而批评他；关于这个问题，我已经说得足够多了。

155. 当他用这些温和的方式开始阅读时，你应该让他读些简单易懂、妙趣横生且与他的能力相匹配的书籍，把那样的书拿给他，让他自己去发现书中的乐趣，以此作为他花费精力去阅读的奖励；但是，你不要为他选择那些对充实头脑毫无益处的书籍，也不要给他提供那些有邪恶、愚蠢观念的书籍。我觉得，要想达到这个目的，《伊索寓言》是最合适的书籍，因为它是以故事的形式来达到让孩子愉悦的目的，成年人也可以从这本书中获益匪浅；他若能将那些故事永久地保存在记忆中，即使身处那些大男子主义思想中或是严肃的工作中的人，都不会后悔曾经读过那些故事。如果孩子阅读的《圣经故事》中有插图的，他们就可以从中得到更多的乐趣，你可以鼓励他去读那种配有插图的书，以此增广他们的知识面；因为孩子的脑海中没有这种物体的直观印象，他们只是从别人那里道听途说，这对他们了解那种物体是毫无帮助的；而这样的结果并不能让他们感到满意，那些观点并不是从声音中获得的，而是从实物本身或是图片中获得的。所以，我觉得，一旦他开始学习拼写，你就可以用那些印上了动物名字的图片，引导他去学习，还要给他提供一些可以用来提问、求知的物质。我觉得，《列那狐的故事》是另一本可以用来达成以上目的的书。如果一个人周围的人总是在和他谈论那些他已经读过的故事，那么周围人就会听他讲述那些故事，除去读故事对孩子自身的益处外，当他发现读故事的用处和乐趣时，他就会受到鼓励并高兴地去阅读。在一般方式中，用作诱饵的人或物都会被完全忽略了，通常学习者发现阅读的益处和乐趣要很长一段时间，所以我们要耐心地引导他们去阅读，而且在开始时，他们只会把读书当做一种时髦的娱乐活动、一种毫不相干的麻烦、一件毫无用处的事。

156. 祈祷词、教义和十诫是他必须要用心学习，而且要完全掌握的；但是，我觉得，孩子不应独自去读入门书籍，而应该由别人读给他听，一直读到他会读为止。我们不能把用心去阅读和学习阅读这两个概念搞混淆，以免这两种概念相互阻碍；但是学习阅读应该是尽可能地减少麻烦或是把它看成一个工作。

我不知道是否还有类似于我上面提到的用英文写的，可以用来引起孩子的兴趣，并诱使他们去读的书；但是，我认为，家长一般都是将孩子交给学校，孩子们被迫去适应学校的教学方法，学校的老师们不会用任何方式去诱导他们学习，当那种有用的书被混合在各种无用的书籍之中时，就注定会被忽视；我从未想过要摆脱学校普遍存在的教育方式，但是在《角帖书》、《入门书》、《诗篇》、《圣约书》和《圣经》等书籍中都有提到摆脱那种教学方法。

157. 关于《圣经》，孩子们通常把它当做训练并提升他们阅读能力的工具。我觉得，按照章节排列顺序乱读一气，对于孩子来说是毫无益处的，也许即使从完善他们的阅读能力或是树立他们的宗教信仰方面来衡量，都找不到一个比它更糟糕的方法。你能期望孩子在阅读一本他完全陌生的书籍的各个部分时，从中获得乐趣与鼓励吗？而《摩西律》、《所罗门之歌》、《旧约》中的《预言书》和《新约》中的《使徒书》，适合孩子们阅读吗？尽管《福音书》和《使徒列传》中的一些故事容易让人理解，但若想要将整本书的各个部分都理解，孩子们还没有足够的能力。我不否认宗教的教义是从那里得来的，而且在《圣经》的字里行间里也有所体现，人们会建议孩子们去读与他们的能力和思想相匹配的部分。但这与阅读《圣经》全文及为阅读而阅读的原因是不同的。如果孩子在稚嫩的年纪只是粗略地去阅读《圣经》的各个部分，没有任何区分，只是知道上帝这个词，那么他的脑海中的思想只会是混乱如麻！我想，这就是有些人终其一生，都未对宗教有过清晰明确的观点的原因吧。

158. 现在我偶然再次遇到这个话题，请容许我再多说几句话吧。《圣经》中的某些部分适合孩子们阅读，比如，约瑟和他兄弟的故事，大卫歌利亚的故事，大卫与约拏单的故事，等等；还有其他适合孩子阅读的内容，比如，“你想要别人怎样对你，就必须付出同等的努力”，类似于这句话的其他简单明了的道德规则，都可以慎重地选取出来阅读，所以他们经常阅读，并将那些规则深刻于记忆中；等他们长大成人，并能理解那些道德规则时，我们就可以抓住这个千载难逢的转型时期，对他们进行谆谆教导，让他们把这些规则当做生活和行动的长久而神圣的准则。但是我觉得粗略地阅读《圣经》全文，对孩子们有极大的不便，在他们将《圣经》中最简单、最基础的部分熟练掌握后，他们就可以获得相信和实践的那部分内容的整体观念；但是我认为，由于很容易使他被迫接受那些东西，他们应该在《圣经》特有的文字中去获得，而不是从那些预先被体系和推论所影响的人那里获得。沃辛顿博士为了避免这种情况的发生，亲自编写了一本名叫《教理问答》的书，所有的答案我们都可以从《圣经》原文中找到；这是一个好的例子，所有的字眼用的都是完整形式，而不是那些不适合孩子去学习的，因此就不会受到孩子们的反对。若一个孩子会背祈祷词、教义和十诫，那他就可以用同样的方法，每天或是每周记住一个问题，因为他会将这些问题弄懂并长久地保存在记忆中。当他将《教理问答》完全记住时，他就可以轻松又全面地回答出整本书中的问题，这有利于他将心思放在《圣经》中那些零星散落的道德规则上，这是对他的记忆最好的训练方法，也可能会成为他整个人生触手可及的人生规则。

159.当他可以用英语很好地阅读时，你就可以开始着手让他去学习书写，而你要教他的第一件事就是怎样正确地握笔，这是在教授他如何在纸上写字前，必须要掌握的技巧。因为无论是孩子或其他人，他们若想做好某件事，一次绝不能做得太多，不然就会遭罪；如果他们能把一件事分成两部分来完成，而且不能要求将这两部分一次完成。我觉得，意大利人将笔握在大拇指和食指之间，这是最好的握笔方法；而且你可以向优秀的书法大师或是其他写得快、写得好的人虚心请教。他学会了怎样正确握笔后，接下来你就可以教他怎样铺放纸张、放置手臂和身体的姿势，将这些必须注意的细节习得后，你再去教他书写就不会有太多的麻烦。你可以找一块金属板，刻上自己最喜欢的文字，但是在刻的时候必须记得，把字体刻得比我们常写的字体要大些；因为每个人写字时，总是在不知不觉中将自己的字体越写越小，而不是越写越大。像那样一块刻了字的金属板，你可以放置几张好的书写用纸在上面，并用红墨水将板子上的字拓印下来。他除了用装着黑墨水的钢笔去临摹之外，什么事也不需要去做。在开始的时候，你要为他示范从哪里开始写起，每个字母是怎样组成的，这样他就能很快写好那些字母了，当他能临摹得很好时，你就可以让他在白纸上练习了，这样他就可以很快地写出让你喜欢的书法了。

160. 当他写得又好又快时，我觉得，那不仅有利于他继续去练习书写，也有助于他进一步提升他在绘画方面的能力；绘画在某些方面对绅士来说是非常有用的；特别是在他去旅行时，绘画就有助于他用简单组合的几条线，清楚明白地表达出那些需要我们书写整整一页纸才能讲清楚的事。无论一个人看见过多少的建筑物，遇到过多少的车辆，见过多少款式的衣服，都可以通过一点儿小小的绘画技巧保存、传递；如果用文字去表达，我们就可能会有失去那些东西的危险，即使描述得再确切，也充其量不过是一件有弊端的事。我的意思并不是一定要让你的儿子成为一个完美的画家；因为要成为那样一个画家，需要他付出比做其他更重要的事情更多的时间。但是他若在绘画方面有如此强的洞察力和技巧，他就可以将他看见的任意事物完美地呈现在纸上，除了人物外，我觉得，他若真有绘画方面的天赋，只需花很少的时间就可以学会了；但若是他没有绘画的天赋，除非是绝对必要的事，否则就让它悄悄地过去吧，不要让那些对他无多大益处的事情困扰着他；因此，在绘画方面，有一条与所有不完全必要的事一样的规则。

正如我曾被告知的那样，速记法是一种艺术，只在英格兰为人们所知道，人们觉得它是值得学习的一种方法，用这样的方法，人们不仅可以将他们要记住的东西写下来，还可以将那些他不想让别人知道的事情掩藏起来。因为不管是谁，只要他学过某种文字，都可以将这种文字转换成与他私人用途和想象相关的东西，我们若想让这种文字变得更适合我们所从事的工作，就可以使用更多的缩写形式。里奇先生的速记法，是我见过的速记法中最好的一种，我想，他一定是个懂得语法、钻研语法的行家，他还将速记法改进得更容易、更简短。除非是要去学习这种简明扼要的书写方法，否则就不必匆忙地去找一位老师；因为在他将文字书写得又快又好时，他就可以在任何他方便的时间去学习速记法，并且为时不晚。因为男孩子很少使用速记法，所以在他们能把字写得又快又好，并养成一种固定的习惯前，你绝不能让他们去练习速记法。

161. 一旦他学会说英语，你就可以让他去学习其他的语言了。毫无疑问的是，你会建议他去学习法语，因为人们习惯了教习法语的正确方法，孩子们常会在交谈中使用法语，而不是斤斤计较其语法规则。若常和他待在一起的家庭老师，和他说话或是回答问题都只使用拉丁语，那么他就可以用同样的方式学会拉丁语。但因法语是我们正在使用的语言，它更多地被用于交谈，所以需要先学习，但是在孩子的发声器官还很温顺的时候，我们应该让它习惯那些适当的声音形式，那样他就可以养成良好的法语发音习惯，因为法语的发音特点是：越拖延，越困难。

162. 通常，一个人一两年就可以学会说、学会读法语，那接下来他就可以去学习拉丁语。但是他的父母总是会对接下来去学拉丁语感到奇怪，尽管孩子已经有了学习法语的经验，但他们认为不应让孩子用同样的读写方法去学习拉丁语。当孩子和他的家庭老师在一起时，除了用说和读的方式外，他也可以每天从《圣经》或是其他的书籍中选出几部分，让父母或其他人读给他听，那他就会忘记如何去读英语。

163. 我把拉丁语看做一位绅士必须要学的语言；毋庸置疑的是，习俗成了教育中如此重要的一部分，甚至重于其他任何部分，即使那些孩子被鞭策着花费大量的时间去学习拉丁语，但在他们离开学校后，在他们的有生之年都不想再与拉丁语有所交集。一位父亲花费自己的钱和儿子的时间，让儿子去学习罗马语言，同时为他量身打造一个不会使用拉丁语的工作，那样他就会把从学校学到的东西全部忘记，也会因其在学习拉丁语时所受苦痛而对拉丁语产生厌恶。若一个孩子被迫去学习一门他一生都不想使用的语言，难道还有比这更可笑的事吗？能写一手好字，还会算账，这在任何生活条件下都会大有益处，而且对于大多数商务来说，写字和算账都是必不可少的，但却被人们忽视了。尽管那些经商的知识和必不可少的事物，在文法学校很少或绝不会被学到，但是，不仅绅士们将他们想要经商的孩子送进这种学校，商人和农民也将他们的孩子送进文法学校，尽管他们既无打算也无能力让孩子成为一名学者。如果你要问他们为什么要这样做，他们只会觉得你问了一个很奇怪的问题，这就好像你问他们为什么要去教堂一样奇怪。习俗可以取代理智，而且在他们看来，遵循习俗就是理由，这是一种神圣的行为，而且非常执著地认为他们只有学习了某种文法，才算是接受过正规教育的。要不是我们身边这样的例子比比皆是，你能够相信吗？

164. 尽管拉丁语对有的人来说是那么的重要，但是对其他人来说却是毫无用处的；但是我觉得文法学校常用的教学方法是不可以提倡的。反对文法学校教育方法的理由是如此显而易见且具有说服力的，那些悟性好的孩子认同这种观点，也放弃了传统的教学方法，尽管这种方式的运用确实不如我想象的那么容易，而且小有成效。简而言之，不要让孩子在文法上感到麻烦，应该让他们用说话的方式去学习拉丁语，不能让他们对规则产生困惑；如果你能那样想，那么当孩子来到这个世界上，他对拉丁语知道的不会比英语更少；如果你经常用这种语言和他说话，那他就可以在没有老师、规则和文法的情况下学习英语，所以他就可以用同样的方法来学习拉丁语，西塞罗就曾这样做过。所以我们常会看见的情况就是：一位说法语的女士，用毫无文法规则的闲聊方式，在一两年内，教会了一名英国女孩说得一口好法语，并会用法语阅读，我忍不住想知道为什么绅士们不愿将这种方法用在他们的儿子身上，却总认为儿子比女儿更愚笨。

165. 如果一个人能说一口流利的拉丁语，你可以让他常伴于你儿子的左右，并坚持用拉丁语和他说话，不让他用其他的语言去说或者读，这是一个学习语言确切可行的方法。因此我建议，孩子若想要学习一门语言，就要把这种方式看做最容易、最简单的方法，因为他必须要经历痛苦和责备，才能学会他在学校要花费六七年时间才可以学会的东西；而且用这种方法也可以使孩子脑海中形成固定的思维和礼仪模式，他可以同时去学习几门学科，比如，地理学、天文学、年代学、解剖学的大部分内容和历史学的一部分内容，还有那些用感觉器官才能感觉到、且要求很强大的记忆力才能记住的知识等。对于这些知识，如果能用正确的方法去掌握，我们拥有的知识就会逐渐累积，为我们想要了解的那些东西奠定基础；因为我们刚开始学习某一方面的知识时，那些观念与促进他们的理解力相比较，更适合用来娱乐。当年轻人让他们的头脑忙于那些抽象的推断，毫无成效和进度，或是不能如他们预期地使用那些推论时，他们无论是对于学习还是他们自己都会产生一种不良的想法；他们会有放弃学业或是扔掉书本的欲望，因为他们觉得，书本中除了难懂的文字和空洞的语调外，再没有其他的东西了；要不然的话，他们就会得出以下结论：如果世界上真的有他们想要了解的知识，他们却不知道，只能说明他们自己没有足够的理解能力。但我可以用我的经验向你保证，不足也就限于此。一位年轻的绅士可以用这种方法全力去学习拉丁语和其他语言，我可能会把几何学也归入要学习的那一类；我知道，用这种方法去教养一名年轻的绅士，在他13岁之前，都可以用来证明欧几里得的几个观点。

166. 但你若不能找到说一口流利的拉丁语，并愿意用这种方法来教你的儿子各方面知识的人，那你最好让他用类似的方式去教你的儿子，也可以为你的儿子选一些简单明了又能使人愉悦的书籍去阅读，比如《伊索寓言》，也可以把英文翻译（尽可能直译出来）写在一行，而且要与拉丁语一一对应。让他每天重复地阅读，直到他能完全理解拉丁语为止；接下来他就可以去阅读另一个寓言故事了，直到他将这个故事完全理解；但也不能忽略那些他以前就完全理解并掌握的故事，有时需要去复习，加深记忆。当他开始学习书写时，你可以把那些文字拿给他临摹，用这种方法训练他的手，可以提升他的拉丁语书写能力。这种方法的效果赶不上直接用拉丁语和孩子对话；开始的动词形式、后面的名词词性变化和发音的变化，我们都要用心去学，因为这可能是促进他对拉丁语学习进步的一种本能和习俗；动词和名词的词形变化，并不像现代的那样可以加上小品词前缀，而应该改变末尾的音节。我觉得，超越那种文法的事物是我们无法去掌握的，直到他可以自己阅读斯齐俄彼阿斯和培理查阿斯的注解去阅读《圣米勒娃》。

我觉得，在对孩子的教育中，我们还要遵守这种方法，而且在大多数情况下，孩子们坚持认为若他们自己去寻找问题的答案，就会进一步加深理解；也就是说，通过问那样的问题，使他们想要理解的句子中的主格，或是在他们不能轻易地问出口时，就会要求他们说明“aufero”是什么意思，引导他们去说明“abstlere”的知识，等等。这只是浪费时间去打扰他们，因为当他们想要把注意力集中在学习上时，要使他们保持良好的心情，尽可能让他们轻松地解决每一件事。因此，无论他们在哪里受到了阻碍，又想进步时，你不能责备他，只能帮助他去克服困难，要记住的是，老师采用了最严厉的方法，这受到了老师们的骄傲和坏脾气的影响，他们希望孩子能掌握和他一样多的东西；因为老师会认为，这是他所从事的工作养成的习惯，而不是在满怀愤怒地对孩子灌输那些对于生活无多大益处的规则，至少，那些他们过目就忘的规则，对孩子们是毫无用处的。他们在科学方面的理性思维是可以接受的，我承认，有时候这种方法可以变更，而且被建议有目的地设置些磨难，因为这可以调动孩子们的学习积极性，使他们的思维去习惯用自己的强项和聪明才智去推理。但是，我猜测，当一个孩子非常小或是他们处于任何知识的入门阶段，都不可能做到。因为孩子是通过死记硬背、习俗和记忆的方法来学习语言的，当他们把所有的文法规则忘记时，他们就可以说一口流利的语言了。我承认，有时候对一门语言的文法学习，要求极其仔细认真，但一个成年人用其具有批判性的语言去理解一门语言，除非是专门学者外。我觉得这一点会得到大家的认可：如果一位绅士学习了任意一门语言，那这门语言应该是他的母语，因为那是他一直使用且有极精确理解的语言。

还有一个更深远的原因，那就是老师不能为孩子制造麻烦；与此相反的是，他们应该让孩子的人生路途更加平顺，这样在他们因阻碍而举步维艰时，你就更容易帮助他们前进。孩子的心灵是狭隘而脆弱的，通常一次只能容纳一种思想。无论孩子的脑海中有什么样的想法，他都会立刻为那种想法所困扰，特别是在与那些有激情的人相随时，会有更加明显的表现。在他们学习任何事物时，老师可以使用技巧和艺术让孩子们脑海中的想法更加清晰，为能更好给他灌输思想而腾出空间，专心地接受那些思想，否则就不能给孩子们留下比较深刻的印象。孩子的天性容易使他们的心思飘忽不定，新奇的事物对他们有很大的吸引力；无论出现什么事物，现在的孩子都想要去尝试，而且会很快对其尝试的结果感到满意。但他们也同样可能很快对相同的事物感到厌烦，所以他们基本上都会因事物改变及其多样化而感到高兴。与他们孩提时代的天性相矛盾的是：孩子们要将他们那些短暂的想法牢牢地固定住。无论是因为他们大脑的特性，还是因为他们有着如同动物一般的机敏，这种思想都不具备稳定性，所以不能由他们完全支配；很明显，我们要想保持孩子的思想稳定，是一件非常痛苦的事。孩子们持续长久地被关注，是强加于他们身上的最艰难的任务之一，因此，我们应该尽可能让孩子们接受并愿意去做那些别人建议之事；至少，不应让他把注意力放在那些使人感到不快或是恐惧的任务中去。如果他们的某些喜恶并不是来源于书本，那么他们的思想会从他们所厌恶的事物中发生转移，这是不足为奇的；寻找一些更有乐趣的娱乐项目，他们随后也会不可避免地有所游荡，这同样是不足为奇的。

如果你发现他们思想很少去游荡，可以用责备和惩罚的方式解决，将他们的思想固定在他们触手可及的工作中，我知道这是老师常用来吸引孩子注意力的方式，但这样的方法会产生完全相反的影响。无论是来自老师的激烈话语还是打击，都会让孩子的心灵中充满恐惧与惊吓，并迅速地占领孩子的整个心灵，绝不会留下其他的印象。我相信，每个读过这句话的人都会记住，父母、老师的暴躁行为或是专横的话，都会对他的心灵造成影响，在那个时候，他会因恐惧而不知所措，以至于他几乎不知道自己说了什么、听到了什么。他目前眼中是看不见周围一切的，他的思想充满混乱与困惑，而且不会再有能力将其注意力放在任何事情上。

的确，父母和管理者应该在接受他们教育孩子的心灵中，确立其权威地位，使其受到孩子们的尊重，而且他们可以用这种权威去约束孩子们。但当他们在孩子心中的地位得到提升时，他们就要极其合理地使用手中的权力，而不要让自己成为孩子眼中惧怕的人，就像鸟儿惧怕田间的稻草人一样。这种严厉的方法可能会让他们更容易管束孩子，但对孩子们却是毫无益处的。当孩子们的思想被恐惧这样的情绪所支配或困扰时，那么他们就不可能学到任何东西，因为恐惧在他们稚嫩而脆弱的心灵中留下强烈的印象。当你收到指示或有知识上的提升时，你可以让心灵保持一种易于冷静的脾性。这与你在晃动的纸上写出既美观又工整的文字是一样的道理。

老师所拥有的伟大技能，就是能获得并保持学生的注意力；当他那样做时，他就一定会让学生的能力与他的能力一起提升；如果他没有做到，那么他所有的忙乱都是徒劳无益的。为了获得并保持孩子的注意力，老师应该让孩子理解（尽可能多地）他教给他们的东西的用处，让孩子们用现在所学的知识，试着去做一下以前他们不能做，而现在却又能做的事；有些事会给孩子带来真正的力量和益处，使孩子摆脱愚昧无知。对于这点，老师应该在所有的教学活动中对孩子们和蔼可亲；在老师的整个行为举止中充满亲切柔和，让孩子们能感受到他对他们的友好态度，老师所做的一切都是为了他们好，这是在孩子们身上引出友爱的唯一方式，让他认真听你讲课，并喜欢你所教他的东西。

除固执外的其他事，我们都不应用蛮横粗鲁的方法去处理。所有的错误都应用温和的方式去纠正；而且温和有趣的言辞会更好地运行，更有效地影响一个积极肯干的心灵，甚至会阻止大量粗暴蛮横行为的产生，并在一个健康、慷慨的心灵中改掉固执任性的脾性。的确，我们必须要抑制固执和有意的忽略，即使要花费很大的代价去做这件事，但我更愿意相信，孩子的任性通常会受其老师的影响；大多数孩子极少会受到惩罚，如果他们养成了诸如不必要的、滥用粗暴行为的不良行为举止，那他们就会对老师本人及老师所教给他们的知识感到厌恶。

粗心大意、疏忽健忘、见异思迁、神志恍惚，这是孩子们小时候常会犯的错误，因此他们并非故意去犯错，我们应该用温和的方式提醒他们，并允许他们花费些时间去慢慢克服这些弱点。如果每个犯错的孩子都会招致他人的愤怒和训斥，那么责备和惩罚就会使孩子身处老师给他们制造的恐惧和不安中。这件事不仅阻碍他们从老师所讲的内容的收获，也妨碍对老师教学方法的生效。

我们应不断地用亲和、善意的举动，诱导孩子们将脑海中已形成的敬畏思想，以此激励他们去完成任务，让他们在服从命令的同时发现新的乐趣。这就会让他们对老师感到满意，认真听讲，并把老师当做他们的朋友，老师也会喜欢他们，而且愿意为了让他们能变得更好而吃苦；这样孩子们和你在一起时，就会觉得非常轻松自在，在他们的思维中留下的唯一特性就是去容纳储存新的信息，并让那些印象深刻的留在心底。如果那些印象不能为他们接受和保存，那么他们和老师共同付出的努力就算是白费了；而且因为有太多不稳定因素，所以学习效果甚微。

167. 通过这种一行拉丁语、一行英语的排列方法，孩子就可以学会拉丁语，那么他就可以进一步去阅读一些简单容易的拉丁语书籍，比如查士丁尼或是攸特罗彼阿斯的作品，让孩子能对拉丁文有更简单明了的阅读和理解；如果他愿意用英文翻译阅读的内容，那会对他的拉丁文学习大有益处。我们不能让那种只知道用死记硬背方法的老师来教育孩子，那只会让孩子们感到害怕。当我们慎重思考这些问题时，就会发现那并不是在任何情况下都会遭受反对的，而且这很明显是一种学习语言的方法；有的人觉得，一个人若是用死记硬背的方式去学习语言，他是不可能学会说英语和拉丁语的，所以若想学会一门语言，那在讲话时只需想自己想要说的事，不去想那些规则和文法，舌头就会用那种语言将想说的话表达清楚。其实，语言并不是由规则和艺术技巧构成的，而是偶然形成并为人们共同使用的。若想讲一门流利的语言，在有些方面，除了那条规则外是无其他规则可遵循的，除了自己的记忆力外是无任何事物可信任的，因为这是从那些追随时尚潮流且能说会道之人那学来的一种说话习惯，换句话说，就是要靠死记硬背的方法去学会说。

在这里，我们可能会被问及，文法毫无用处吗？而且那些人在经受痛苦的同时，将几种语言概括成规则和评论，并写下的如此多的关于词性变化和动词变化形式，关于数、形、人称一致和句法规则，难道都只是白费力气、毫无用处的吗？我觉得事实并非如此，文法也有其地位。但我认为，与那些真正对文法有需求的人相比较，它更多是带给人们困扰，而且因文法而受到困扰的人，他们其实并不需要文法；我的意思是它总会让那些到了上文法学校的年龄的人感到困扰。

显而易见的是，通过死记硬背的方法去学习语言，是足以应付日常生活中的小事和一般商业性活动的。不仅如此，那些身份高贵的女性总是和那些有教养的朋友在一起，以此向我们展示，尽管她们没有学过文法，甚至毫无文法方面的知识，但是她们用这种简易自然的方式，最大限度地在语言中展现了她们的优雅和礼貌。有些女士对时态、动词、副词和介词一无所知，但她们却与大多数在文法学习上用一般的方式去教养绅士使用的方法一样，说话得体且用词准确（如果我说她们的说话方式就像是乡村教师，她们就会把这看成一种不礼貌行为而生气）。因此，在某些情况下，文法是可以省略的。但各种问题就会接踵而至，比如，谁应该学习文法，又应该在什么时候学呢？对于这个问题，我的回答有以下几点。

（1）人们会因日常生活中的人际交往和思想交流而学习语言，并无进一步的用途。出于这个目的，用交谈的方式去学习一门语言的普通方法，是足够学习的，因为它是最快速、最适合、最自然的一种方法，因此这种方法更加受到人们的欢迎。对于一门语言的这种用途，一个人可能会认为学习文法是不必要的。这是我的广大读者都必须要接受的，因为他们明白我在此处想要表达的意思是什么，他若和其他人交谈，即使不明白英文文法，也会懂得他们的意思。我想大多数英国人都是使用这种方法交流的，而且我也从未听说过谁用规则来学习母语。

（2）还有另外一种人，他们大多数都是依靠他们的嘴和手中的笔而存活于世；除非必要，否则他们都愿意将话说得既得体又用词精确，这样便于让他们的思想进入别人的脑海中，并留下深刻的印象。由此可知，无论是哪种说法，仅仅让他们明白其意，这对于一位绅士来说是远远不够的。他应该在说一口流利语言的人帮助下去学习文法，这门语言必须是他的母语，也是他正在使用的语言，那么他就能精确地理解自己的母语，说话要得体，绝不在讲话时出现语病或是冒犯他人的不符合常规的话，使听的人感到刺耳。为了实现这一目的，文法是必须要学习的东西；但是他们所学习的文法必须是母语中的文法，因为这对于那些人，他们所要形成的自己固有的语言模式，和在进一步去完善时所经历的痛苦，都是十分必要的。是不是所有的绅士都不应这样做，我觉得这个问题还有待考量，因为行为规范和合乎文法规则的精确度缺失，就会被认为是与那个阶层的人格格不入的，常犯这种错误的人，比那些有高贵品格的人更容易受到斥责，因为他们以前从未受过良好的教养。如果真是如此（因为这只是我的假设），那么它就是一件奇怪的事情，因为年轻的绅士被迫去学习国外已过时语言的文法，而且从不用母语的文法给他们讲解，他们根本不知道有那种东西，更何况要将教他们文法当做一项工作来做呢？尽管他们每天都会使用母语，但是他们很少或从未被告知母语是值得关注、学习的，在他们将来的生活中，我们可以通过他们表现自己的方式是优雅美观还是粗鲁笨拙，来判断他们的人品。因此，他们花费很多时间去学习其文法的语言，却几乎从未讲过或写过；即使有机会去说和写，他们也应原谅在读写过程中常会犯的那些错误。若是一个中国人留意了这种教养绅士的方式，他就会觉得我国年轻的绅士都注定会成为教国外过时语言的老师或教授，而不是成为一个对自己母语有很好掌握的人。

(3) 第三种人就是，他们学习了两三种过时的外语（我们这些语言的称谓），掌握了的语言，让他们前去学习并主动对语言技巧产生兴趣。毋庸置疑的是，若想要用这种眼光去学习一门语言，他们就会产生让那些精通这门语言的人有去学习其文法的想法。我不想在此处被人误会，因为这是在低看希腊语和拉丁语。不得不承认的是，这两种语言有极大的用途，也很优雅，若一个人在学习这两门语言时是一个门外汉，那么他在这个世界上是毫无地位的。但是一位绅士，通常是从罗马或希腊作者的作品获得知识，我觉得他其实可以不从那些语言的文法中获取知识，而只需通过阅读就足以让他们理解那些语言的文法，以达到其目的。无论他们对这两种语言的文法及其精密性的理解达到了哪种程度，都可以自主决定什么时候对所学语言提出要求。这会将我引向问题的另一个极端，也就是说，什么时候可以学习文法呢？

基于上述理由，答案就显而易见了，也就是说，一个人在任何时候去学习文法，他都必须已学会了说这门语言；不然他又怎能学会文法呢？至少，这一点可以从那些明智的、学术发达的古代国家找到证据，他们把这作为教育的一部分去学习自己的语言，而不是去学习外语。希腊人把其他民族看做野蛮残暴的民族，并鄙视其他民族的语言。尽管希腊人的学术在罗马共和制晚期为人们所推崇，但罗马人的语言仍为本国年轻人学习并研究着；因为他们未来将使用自己的母语，所以他们被教授和训练的都是母语。

但更特殊的事情就是要确定一个适合学习文法的时机，尽管我不能明白研究文法的人是怎样认为的，但是他们可以把修辞技巧的研究学习作为入门；此时此刻，他只需将注意力放在润饰语言之上，而且要说得比那些文盲更好；接下来，你就可以教授他一些之前他不能学习文法的规则。因为文法并不是用来教他们讲话的，而是教人们讲话时用词精确并按照语言的确切规则去说，那么语言算是达到了优雅的要素之一，但文法规则对于一个语言优雅的人是毫无用处的；若修辞技巧不是必须掌握的技巧，那么文法就足以应付那些语言了。我不明白为什么一个人不想成为拉丁语评论家、拉丁语演说家或是写急件、快件的人，却浪费大量的时间，绞尽脑汁地学习拉丁语文法。当某个人发现自己有了解某一门外语的必要性、倾向性，并想要精确地知道这门外语的知识时，那他就有足够的时间对这门外语的文法进行研究评述。如果他使用这门语言只是为了将有些用这种语言写的书弄懂，那他就没有必要掌握这门语言的精确知识，正如我曾说的那样，通过阅读可以实现我们的目的，而不必让我们的心灵中满是复杂多样的规则和文法。

168. 进行对他的书写训练时，你可以让他将拉丁文翻译成英文；但是对于拉丁文的学习，除了单词的学习外没有其他可以学的东西，这种学习方法无论对于年轻人还是老年人来说，都是不太愉快的事，因此你要尽可能地了解其他关于拉丁文的真正知识。在刚开始时，你要让他学会用感官去感知那些显而易见的事物，比如说，关于矿物、植物、动物的知识，特别是关于树林、果树的构造和种植方式，大多数的知识我们都可以教授给孩子，而且对大人也大有益处，关于地理学、天文学、解剖学等方面的知识要多多利用。无论你教孩子们什么知识，必须要注意的一点是：不能一次给他教太多的东西；不能将任意一件事情都当做孩子的工作，除外品德；也不要因为任意一件事就责备他，但除了恶习或明显的邪恶倾向。

169. 如果孩子们注定要去学校学习拉丁语，我想告诉你的是，即使在学校学习拉丁语是最好的方式，对孩子们来说亦是徒劳无益的；他们必须要服从校规，不能寄希望于学校帮你的孩子去改变它。但若是有可能，你必须用尽一切办法，让他不会沉溺于拉丁语写作和慷慨激昂的演说中，至少，不要沉浸于任何一种韵文中。如果这种方法有益，你就必须坚持下去，不要计划让他成为一个用拉丁语演讲的人或是拉丁语诗人，但你可以让他对拉丁语作家的作品有个全面的了解。从观察中我们可以得出结论：教习现代语言的老师们容易获得成功，他们绝不会为了取悦学生而用法语或是意大利语来写演讲词或是韵文，那么他们的工作需要的只是语言，而不是想象力。

170. 但是我要明确地告诉你，为什么我们不让他们练习拉丁语作文和韵文。原因有以下几点：第一点，关于作文，我承认他们有的只是虚构出来的假象，那就是无论作文主题是关于什么，我们要教导人们学会陈词慷慨大方、语句流利畅达；如果我们能用这种方法达成目的，也可以算是一大优点，而对于一位绅士来说，当他面对生活中的各种情况时，没有比陈词流利畅达更能有效达到目的的事。但我在此只想说明一点，通常他们在学校练习写作文的方法，对于这方面的事是毫无帮助的；你需要慎重考虑的是，在年轻人写作文时，他们应该写些什么；我们在演讲时可以用一些谚语在里面，比如说，“爱情胜于一切”，或是“战场上绝不容许一错再错”，等等。在此处，那些可怜的孩子若想获得他们所说事物的知识，他们就只能从时间和观察中有所得，这只会让他们的想象倍感压力，说一些他不知道的事情——那是一种古埃及专政，人们被迫在没有任何材料的情况下去制砖。因此，在那些情况中，那些可怜的孩子常会向那些高年级的孩子们祈求，“给我一点儿感觉吧”；无论它是更合理，还是更可笑，是极不容易去做决定的。在一个人有能力谈论某一主题时，他必须要去熟悉那门课程；你若让他去评论这个主题，就好比是让一个盲人谈论色彩，或是让一个聋人谈论音乐一样愚蠢荒谬。如果一个人要求另一个人，对那些悬而未决的问题和方式中还不很明确的事情给出最后决断，你就不会觉得他很可笑吗？我想知道的是，若孩子们被迫在作文中论述一些事物，激发、增强、训练他们的想象力，他们自己知道那是什么吗？

171. 接下来，需要考虑的是写作文的语言——拉丁语，一种在国外使用过但很久以前就过时了的语言。这种语言在你儿子长大成人后绝不会有千分之一的机会在演说盛会中使用，是表达它不同于其他语言的方式，这样他的英语就可以一步一步提升语言的纯度和灵气并逐步完善。除了那个方法外，很少有人会把事先用母语写好的演讲词用在任何英语工作中，那样我就不能为学校的各种训练找借口了，除非它用拉丁语写的演讲词被人们即兴用英语演讲。我觉得那样的即兴演讲方式，应该这样做：应该给年轻的绅士们提出理性、有用的问题，问题要与他们的年龄和能力相匹配，而且那些问题是他们似懂非懂的，当他们回答这种性质的问题时，应该即兴或者就某一点沉思一会儿就开始说了，这是没有任何东西可以利用的。我想问题是，我们能不能检测这种学习方式的效果。而且无论在任何情况中，都可以让他们关于某一问题进行辩论，那样他们就可以在说之前就预先写好稿子，或还是想到某种事，尽可能理解他并利用他们去进行即兴演讲呢？他由此可以得到论断，也不会认为是他习惯于那种精心安排的演讲词和现成的稿子，去满足年轻绅士的工作需要。

172. 但是，也许我们将会被告知要用拉丁语去改进和完善。的确如此，那是他们在学校的适当任务，但是写作文却不能用那种方法，那会使他们的大脑对某些想说的产生困惑，而不是去学习那些单词的意义。当他们写作文时，他们会去找寻思想并为之艰苦努力。但是学习并精通一门语言是不容易也是不愉悦的事，因为他始终以这种方式行事，所以不应该用其他的困难去为难他。总而言之，如果孩子的想象力通过那样的训练去增强，就让他们用英语写作，他们对于单词的学习有着天赋并能运用自如，那么，我们用自己的语言写作时，他们就会更好地用他们拥有的那种思想。如果要学习拉丁语，就用最容易的方式去学习，不能因为演说词是如此容易的工作，就让心灵处于长期的辛勤劳作中并产生厌恶感。

173. 如果那些理由可以用来反对孩子在学校用拉丁语写作，那么我有更多更重要的反对他们写韵文的话去说。因为如果他在写诗方面没有天赋，那你让他写诗就是折磨他，并让他把时间浪费在他绝不可能成功的事情上，这是世界上最不符合情理的事；如果他富有诗意的风格，那世界上最奇怪的事就是父亲希望珍爱并促进这种风格。我觉得父母应该尽可能去抑制这一气质的发展，我不知道为什么一个父亲会希望儿子成为诗人，而不是让他喜欢其他工作和职业，这也许并不是最糟糕的情况，不过如果他真的成为一名成功的诗人，并且获得一个智者的声誉，我希望他能在任何交往活动和地点中都愿意消磨时光，他的财产也是如此，因为你很少会在诗文之府发现金矿和银矿。这不是令人愉快的感觉，而是一块贪腐无益的土地，很少有人从那块贪腐的土地上收获东西来达到增加他们财富的目的。通常在这种情况下，诗和赌博是在一起的。那些毫无其他能赖以谋生的事情的人很少会获益，有钱的人差不多都在失去，如果他们失去的相比他的全部家产很少，或者只是财产的一部分，那么就算很好了。因此你还不必让你的儿子为每一位快乐的同伴演奏大小提琴，不能让他们从饮酒中获得乐趣，也不知道怎样漫无目的地去度过下午。如果不愿让他浪费时间和金钱去娱乐他人，并藐视祖先留下的土地，我认为你应该将部分注意力放在培养他成为一个诗人上，或者让他的老师引导他从诗体写作。但是如果有人把诗作为他儿子一个值得拥有的品质，而且认为研究诗文会增加他的想象力和才华，那么必须要承认，阅读优秀的希腊和罗马诗人的作品，比他用母语写出糟糕的诗文更加有用。那些在英语诗文方面比较擅长的人，我想，他不会认为应该在开始时用英语写作。

174. 在普通文法学校里，还有一件十分常见的事，我觉得，除非它变成年轻人在学习语言的道路上的障碍，否则它一点用处也没有。在我看来，语言的学习应该是让人感到轻松愉悦的；如果一个人感觉学习语言是一件痛苦的事，那我们就要想办法减少他的痛苦。我在此抱怨是因为他们被迫去学习许多作家的作品；我认为，那对孩子们一点儿益处也没有，特别是对他们所从事的职业是毫无益处的。学习一门语言应该用阅读和谈论的方法去学习，而不是粗略地涉猎一些作家的作品；如果一个人的大脑被上面谈到的那些东西所充塞，那他就只会成书呆子的装饰物，甚至是成为一个不折不扣的书呆子；我想不可能有比这更不可能成为一位绅士应具备的品质了。世界上还有比拥有大量优雅美好的心灵和谚语却脑袋空空的人更可笑的人吗？因此，这只会让一个人的缺点更多地被暴露出来，而且言谈之间毫无优雅，他也不可能成为一名受人称赞的演讲者，而就像是一件破旧的赤褐色上衣，用一块鲜红夺目的织锦缎缝补过一样。的确，我偶然看见过一篇值得记住的文章，那篇文章的表达非常紧凑、优秀（因为古代作家就曾写过类似的优秀作品），但那样的文章在青年学者中是不常见到的，只有伟大的老师有时候会用那些优秀的篇章，以一种令人钦佩的方法去训练学生的记忆力。但是他们会用心地去学习课程，因为他们会毫无选择与区分地去读书，尽管我不知道那有什么用处，但我们不仅浪费了他们的时间和精力，还让他们对书本产生了厌恶感，在那里，他们除了麻烦之外，什么也学不到。

175. 我听说，只有孩子们用心地去学习知识，他们才能达到训练并提升自己记忆力的目的。我希望他们具有的权威理性思维和盲目鲁莽的自信一样多，这种实践并不是建立在古老的习俗之上，而是更多的建立在良好的观察之上，因为这足以证明强而有力的记忆力是由于其幸福的体质，而不是通过训练养成的一种习惯性的提升。事实的确如此，一个人若专心地做某件事，他为了防止忘记，通常会频繁地从头反复记忆，以此加强印象，这样他就可以长久地保存这份记忆，但是我们仍然要注意的就是：根据记忆本身所具有的自然强度去训练记忆。而那些被印在了蜂蜡和铅上面的印象，不会像那些印在黄铜或是钢材上面的记忆那样持续如此长的时间。确实，如果我们经常去回忆某个印象的记忆，那这个记忆就会持续更长的时间，但是关于那个记忆的每一个新的回忆，都会给我们留下新的印象，如果一个人知道一个新的印象能持续多久，那么这个印象就可以从那时起计算。但是我们让他们用心地一页页去学习拉丁语，这样的方法已不再适合用来保持对任意事物的记忆了，我们应该让他们将句子中起主导作用的部分保持下来。如果这种训练方法有助于增强记忆力，并提升我们的记忆能力，那么所有的运动员都必须与那些具有最好记忆力的人成为朋友。但他们是不是能够记住进入他们脑海的东西，又是不是能更好地记住其他东西呢？他们能力的提升是不是与他们用心学习所经受的痛苦是成比例的呢？这是可以从经验中看出来的。记忆对于生活的各种能力和条件都是十分必要的，若没有记忆，我们什么事也做不了。我们不必害怕缺乏对记忆的训练会使我们的大脑逐渐变得愚钝且毫无用处；我们也不能认为做了记忆训练就可以加强我们的记忆力。但我忧心的只是，天赋异禀的记忆力并不是通过训练和努力，就可以获得更多的帮助和整体的修正，至少，它并不是通过在文法学校所用的这种方法就可以改善的。如果薛西斯能够将不低于十万人的军队中的每个普通士兵的名字叫出来，我觉得，他的这种极好的能力，并非他小时候用心学习课本的原因。这种重复的劳动并不能训练和提升记忆力，我觉得，在王室子孙的教育中很少会用到这种方法，如果它确有其效，那么王室子孙的教育中，怎会像最吝啬小气的孩子那样将它轻易忽视呢？王子和普通人一样，拥有鲜活生动的记忆，而且他和其他人享有学习这方面知识的同等天赋；尽管他们从未留意过这种方式。一个人若将所有的注意力都放在某一方面的思想上，那他就可以将那方面的知识牢牢记住，这就是前面提到过的理由；如果我们把方法和命令结合在一起，那所有的事就算是完结了。我觉得，那样做可能是因其对一个微弱的记忆有帮助，他可以用任意一种方式去完成它，特别是用训斥其他人的语句来充实自己，这就会让他们不是很专注地学习。我猜想，他们这样做差不多只能得到低于他们付出时间、精力的一半的有益的回答。

在此处，我的意思并不是说，不必去训练孩子们的记忆力。我觉得，他们的记忆力应该得到运用，而不是对书本一整页一整页地死记硬背，因为一旦曾经读过的书就像是完成了一项任务，在此被永远遗忘和忽略，那么，及时地修补也不会对记忆和心灵有效果。他们应该用心学习那些作者的作品，我在上面已经提到过，比如那种明智而有用的句子一旦进入他们的记忆中，他们就绝不能忍受再次遗忘，但是他们常常要求解释那些句子的意义，因此除了使用那些有着很多良好规则和观察的谚语外，他们的未来不会有其他东西，他们就经常会认真思考，让他们去回忆起那些他们必须记得的东西，因为这是让记忆增强或有用的唯一方法。经常回忆的习惯会让他们思想免于四处漫游，并把它们从那些毫无用处且漫不经心的漫游中呼唤回来，因此，每天给他们一些事让他们去记忆是最好的，而不是一些静止不动的事，那样他就可以记住那些本身值得去记住的事，而且无论你什么时候呼唤或他们自己搜寻时，都不会让你的心智失常，因此你更不能寄希望于他们会有一个更理智的习惯。

176. 孩子还处于他人生稚嫩且灵活柔韧的阶段时，无论是谁要照顾和教育他们，有一件事是一定的：一个人要明白拉丁语是教育上最不重要的一部分，一个人要知道比任何学问或语言更重要的是品德和美好的心灵，把这当做主要的工作去培养学生的心灵，并让他形成一个适当的倾向。如果做到这一点，哪怕其他所有事都被忽略了，在适当的时刻也会产生其他的事；如果没有做到这点，将那些糟糕的、粗暴的习性拒之门外，那么语言、科学和其他教育上的成就，就都是毫无用处的，会使他成为更糟糕、更危险的人。的确，人们把学习拉丁语当成一项伟大而又艰巨的事业，所以孩子的母亲每天都会花两三个小时亲自教他拉丁语，让他能用拉丁语为她读《福音书》，因为他只需要买一本拉丁文的《圣经》，并让人在双音节词的最后一个音节上做标记（这就足以规范它的发音，并能读出重音）。每天读《福音书》时，让他尽可能避免用拉丁语去理解，当他能用拉丁语理解《福音书》时，就可以让他用同样的方式去读《伊索寓言》《攸特罗彼阿斯》《查士丁》和其他这样的书，我提到这种方法，并不是因为那是我幻想的结果，而是因为我的所作所为都是有依据的，通过这种方法我们就可以轻松地学会拉丁语。

但是，我们还是回到现在谈论的话题上来吧，我们要承担抚养年轻人的责任，尤其对那些绅士更是如此。他拥有的知识远远超出了拉丁语，甚至不仅仅具有人文科学知识；他应该是一个有着杰出德行、深谋远虑、有良好判断能力、性格开朗、会各种技巧的人，这样就有助于他在日常生活中与学生交往，使他总是可以表现得庄重自如、轻松自在、温和有礼。但是我已经在其他的地方谈论过关于这方面的事了。

177. 就像我曾说的那样，一个孩子在学习法语和拉丁语的同时，他还可以学习算术、地理学、年代学、历史学和几何学。你如果用拉丁语和法语教他学习那些知识，他一旦开始理解任意一种语言，就可以在那些学科的诱导下学习知识和语言。

我觉得，我们应该让他们从地理开始学起，因为他们可以学习地球的外貌特征，世界上四大部分的位置和分界线，还有那些特别的王国和国家位置及分界线，那只是对他们的眼睛和记忆力的训练，那样孩子们就会乐意去学习并记住那些知识。我可以确定的是，现在和我住在一栋房子里的小孩，他的母亲就是用这种方法诱导他去学习地理的。在他六岁之前，他就能轻而易举地说出世界上四大组成部分的分界线，当他被问到地球上任意一个国家，或是英格兰地图上的任意一个国家时都能回答；他就可以知道世界上所有的大江大河、岬角、海峡和海湾，也可以找到任何地方的经度和纬度。因此，他通过肉眼所见和死记硬背的方法学到手的东西——我承认，并不是所有的事物都能从地球仪上学得的——但这对于学习来说是良好的一步，而且为以后的学习做好了准备，当孩子的判断能力变得成熟时，他们在学习其他知识的时候就会变得更加容易了；除此之外，现在他们用在学习上的时间就已经足够了；而且满怀乐趣地去学习一些东西，会让他们在不知不觉中学会语言。

178. 当我们将地球的几大自然部分固定在他们的记忆中时，接下我们就可以让他们去学习算术了。通过对地球自然组成部分的学习，我的意思就是说，要将这几大部分的土地和海洋位置，都用不同的名字和国别表示出来，而不是那些被虚构出来的、人造的、想象出来的界限，因为那只是为了更好地提升并改进那门学科。

179. 算术是最容易学习的，因此它只是抽象思维的一部分，而且是我们的心灵普遍能承受与适应的；在生活和工作的方方面面都常会用到算术，而且若没有学习过算数，我们什么事情也做不了。可以确定的一点是，一个人对于算术不必知道得太多，也不必掌握得太完美，因此，我们应该让他们从计数开始训练，而且要尽快地将计数这一技巧掌握；每天都要练习，直到他们能够精通计数为止。当他们明白了什么是加法和减法时，他们就可以在地理方面有更进一步的提升；在他们熟悉了两极地带、平行圈和子午线后，我们就可以教他们怎样去辨别经度和纬度，充分运用地图的用途，从地图旁边的数字去了解各个国家的位置，并能在地球仪上找出来。当他们能轻而易举地找到那些位置时，你就可以让他们开始去了解天空中的物体了；而且要让他们再次去复习关于那些圆圈的知识，更要特别留意黄道和黄道带，将它们清楚明白地记在心中，那样他们就可以学会辨认星座的特征和位置。你可以先在地球仪上为他展示，再让他们运用到实际的天体中去。

做完上述事情之后，他们就可以对我们所在半球的星座有所了解，这时我们就再给他们灌输一些关于行星世界的概念，他们就不会对哥白尼体系产生质疑了；并向他们解释清楚各个行星的位置，将每颗行星与太阳的距离及它们各自的运行中心公布出来。这会为他们理解行星的概念和理论做准备，也是最容易、最自然的方式。因为天文学家不再质疑“行星围绕太阳运行”的理论了，所以哥白尼的假设是成立的，而对于一名学者来说，那不仅仅是最简单、最不容易让人产生困惑的概念，因为它本身就最可能是真实而成立的。但是在这方面，我们就应该像对待教学的其他方面一样，极度地关注孩子，并从那些简单平实的知识开始学习，每一次要尽可能地少教一点东西，并让他们在你进行下一步教学活动前，将那些东西牢记于脑中，再去学习关于那门学科的新知识。在刚开始学习的时候，我们应该先给他们一个简单的观点，并确保这个观点的正确性，在进一步学习前你必须要让他们掌握这个观点，接下来，你就可以将你想让他们做的事添加为另一个简单的观点。所以我们应采取比较温和的方式，让他们在不知不觉中一步一步地完成学习的过程，我们就会毫无疑问地发现，孩子们有比我们预期中更开阔的理解能力和宽广的思维能力。当一个人自己学会某一件事时，除了他将这种学习方法教给其他的人外，没有更好的方法让他将那件事情牢牢记住，并鼓励他继续学习。

180. 当他一旦对上面提到的那些关于地球的知识熟悉时，你就可以让他试着去学习一点关于几何的知识，我觉得，欧几里得的前六本书就足以用来教学了。因为我有一些质疑，是不是学习几何对于商人来说更有必要或是更有用。至少，如果他具有那方面的天赋和倾向，那么他在老师的教导下就可以学习到更多的东西，即使没有老师的教导他也可以自己去学习。

因此，我们必须要让他们勤奋学习研究地球仪。我觉得，若老师能注意区分孩子们可以知道什么，不可以知道什么，那他们就应及早开始去区分；因为这个规则也许会成为一个相当好的方法，也就是说，在孩子能感觉得到、尤其是能看到的时候去学习任何一样东西，只要那能训练他们的记忆力。因此，一个非常年轻的孩子可能学到赤道、子午线、欧洲和英格兰等知识。在地球仪上，几乎可以知道他所居住的房屋的位置，如果有要注意的事，就是不要一次教他太多，而且在他还不能完全掌握并将其植根于记忆时，不要给他教授新的东西。

181. 应该将地理学和年代学放在一起来学习，我的意思是地理学和年代学的概述部分，让他们的思想有整体时间概念和了解历史上几个重要的新纪元。如果没有那两点，历史就是极谨慎小心且具有公民知识的主人，应该成为一位绅士或世界上一名商人适当的研究的东西；我想说的是，若没有地理学和年代学，那么历史就极不容易被保留下来，甚至会毫无用处；但它事实上只是有一堆乱七八糟的事物，毫无秩序或是教益地堆积在一起。通过这两门学问的学习，我们可以将人类活动按照时间和国家的适当位置来排列，而且在那种情况之下，他们不仅更加容易保持记忆，还能用自然的顺序排列，我们就能用心去观察，并拥有更好优秀的阅读能力。

182. 当我说，我们把年代学看作孩子们应该学习并完善的一门科学，我的意思并不是指在年代学中的一点争论。这是永无止境的，而且大多数争论对于一位绅士来说都不是很重要，因为那不值得去研究，所以他们不是很容易下定决心。因此，所有学习年代学的人学到的只有糟粕，这是完全可以避免的事。我曾经看过关于这方面的书，是斯特劳奇乌斯写的一篇短小的论文，而且被命名为《年代学要略》出版，并印刷了十二次；一位绅士对年代学所具备的知识都是从这本论文中选择出来的，因为研究那篇论文的人不应为书中的那些东西所拖累。他将让那些最卓越、最有用的新时期都转变成儒略历时期，并能够在年代学中学到使用的最容易、最简单、最稳妥的方法。除了斯特劳奇乌斯的这篇论文，还可以加上爱尔法格斯的“年代表”，因为这本书在任何情况下都可以使用。

183. 因此，历史的教育意义会不断地吸引那些成年人去研究它们，而历史适合那些想要寻找乐趣的年轻人去学习。只要去学习年代学，他们就可以对世界上的几个新纪元有所了解，并将这几个新纪元变成儒略历，便于他们接下来去学习拉丁语历史。在做选择时，我们应以问题简易为准；因为无论他们从哪里开始学习，对于年代学的学习都是十分必要的，因为这可以让他们避免产生困惑；出于愉悦的目的诱导他们去阅读，他们就可以在不知不觉中学会一门语言，并且毫无苦恼和担忧，因为他们不必去读那些超出他们能力范围的书籍，比如说，去读那些罗马演说家和诗人的作品，只是为了学习罗马语言。当他们能够通过阅读轻易地掌握如查士丁尼、攸特罗彼阿斯、昆塔斯、库奇乌斯等作家的作品时，他接下来再去读那些比较难的作品就不会觉得太困难了。因此，应该让孩子们从历史学家最简单、最容易的作品开始阅读，并逐渐增加阅读的难度，最后就可以让他们去读那些拉丁语作家写的最困难、最令人赞叹的作品，比如西塞罗、维吉尔和贺拉斯等人的作品。

184. 对于品德方面的知识的学习，要从力所能及的一些小事情开始做起，教育更多的是通过实践而不是规则来进行；对于名誉的热衷可以取代他习以为常地满足欲望的行为，我不知道是否应该去读除了《圣经》以外的谈论道德的书籍；或是应该让他去掌握其他伦理学体系，直到他不会像一个学习拉丁语的学生那样去阅读西塞罗的《职务论》为止，但那是一个人想要掌控自己的人生，必须要了解的原则和概念。

185. 当他能完全消化并理解西塞罗的《职务论》，也将普芬道夫的《论人类及公民的职责》学会后，我们就可以适时地让他去阅读格劳秀斯的《论战争与和平法》，或者可以让他读普芬道夫同类型的两本书中较好的叫《论自然法和国际法》的那本书；从那些书中，他可以学习到关于自然人权和社会的起源与基础的知识，并了解从中产生的关于责任的知识。一位研究这种民法和历史的主体部分的绅士，就更该多接触这方面的知识，并坚持不懈地对其进行细致的研究，绝不能有结束的时候。一个有良好道德品行的年轻人，他对民法的主要部分应是十分了解的（因为它所涉及的并不只是类似一桩个人案件中的诈骗，而是一件基于理性原则的文化开化的国家之间，就一般事务和交往而产生的问题），一个人若是十分精通拉丁语，并能写出一手好字，那他就会有极大的自信去融入这个世界，并能在任何地方都能受到重用、得到尊敬。

186. 如果一位英国绅士对自己国家的法律一无所知，这是一件多么奇怪的事情啊！无论他在哪里，都不可避免地会接触到法律，从一名安保人员到政府部长，我知道，没有任何一个部门能在没有法律约束的情况下还够正常的运转。我的意思并不是说在法律中存在一些诈骗、争辩和吹毛求疵的部分，对于一位绅士来说，事业就是寻找对与错的真正标准，它是一种艺术技巧，并不是用来避免做某些事情，而在另一方面收获成功，只要他是在研究那种法律，他就应该高度关注其所在国家的法律有何用处。为了达到那个目的，我觉得，那对于一位绅士来说，研究国家法律的正确方法就是：他不会因随随便便的一个人提出要求就去制定法律，他可以去浏览英国宪法及古书上不成文法律中关于政府的论述，和一些现代作家的作品，并能从那些书本中了解这个政府。在他对政府形成了一个正确的概念后，就可以让他去阅读英国的历史了，在每个国王的统治时期都会制定或增加一些法律。这就可以让我们了解我们制定法律的理由以及法律在我们生活中的地位，并能基于他们所指定的法律提供依据和他们应有的分量。

187. 修辞学和逻辑学都是艺术技巧，而且在一般方法下，它们都是与文法相伴相生的，大家可能会奇怪为什么我之前很少提到它们，理由就是：年轻人从修辞学和逻辑学中获得的益处少之又少；因为我很少甚至从未看见过任何一个人学习这种非常理性的技巧，或者通过学习规则并假装将其掌握了，以此来达到言辞优雅的目的；因此，我想若是年轻的绅士在那些最简单的体系中发现修辞学和逻辑学的存在，不必长期拘泥于对那些礼节化的事物的思量与研究。正确的推论是建立在除了宾语、谓语和说话的方式、辞藻外的其他事情上的。但是，我此刻所说的话并不包括在我要细说的事情之内。因此，回到我们正在谈论的话题上来吧；如果你想让你的儿子能十分理性地做出推断，那么你就可以让他去阅读契林渥斯的作品了；如果你想让他讲话时侃侃而谈，就必须要让他精通西塞罗的作品，并让他能得到雄辩的正确概念；让他去读那些用英语写出来的东西，以此达到完善并纯化其英语写作风格的目的。

188. 如果正确推论的用途与目的是获得对事物的正确观念与判断，那么我们就能区分出真理与谬论，正确与错误，并能相应地表现出来；确保不会让你的儿子在那种辩论的技巧和礼仪中被培养——不能用这样的方式去实践，也不要去羡慕其他人这样做，除非你不想让他成为一个有能力之人，那你就可以让他变成一个无关紧要的争辩者，并在谈论中固执己见，让他以否定其他人的观点而感到骄傲——否则，就会让事情变得更加糟糕，他会对每一件事都产生疑问，认为在争辩中除了成功外就不会有其他像真理一类的事情。对于一位绅士或是任何一位假装成理性生物的人来说，这是如此不真诚、不适当的行为，因为他们不会仅仅满足于那些浅显易懂的观点。尽管那些争论的回答并不是那么完美，也不是那么令人满意，但只要是用模棱两可、充满争论的话语去修饰自己的观点，要么会引起与他人的争论，要么就只是在区分自己与他人的不同之处（这是一种不明是非的辩论方法），不管他们所说的话是否与主题有关、是否有存在的意义，要么是认同一个与他之前所讲完全相反的观点，他都不在意。难道还有比不文明谈话或是无休止的争辩更糟糕的事情吗？总之，这是逻辑辩论的方法与目的，反对者绝不会得到他想要的回答，回答问题的人也不会屈服于任何无益的论点。这就是他们不必去做的事情，无论他们涉及了任何的真理和知识，他们都会被看做一名可怜的失败者，虽然他们会因不能坚持自己的信念而感到耻辱，但这就是争论最大的目的和荣誉所在。真理可以让一个人成熟，适当地去思考事情的实质，并能从中发现其本质，获得支持，而不是通过人为的词语和辩论方法去获得，因为使用这种吹毛求疵、谬误的方法去质疑那些文字，是不可能发现真理的，也是最无用、最让人讨厌的谈话方式，至少，那很不适合一位绅士或是世界上任何一位追求真理的人。

对于一位绅士来说，最大的不足莫过于不能很好地用写作和谈话来表达自己的观点。但是，我觉得，我会问我的读者，他是否认识很多财力雄厚的人，尽管从名义上来看，那些有钱的人是具有高贵品质的绅士，但是在大多数情况下，他们却讲不出一个故事来，甚至不能讲出清楚明白、让人信服的话来。我觉得，这件事本不是他们的错，而是他们所受的教育存在弊端；因为我必须为我的同胞们说句公道话，而且只要他们充分努力，就不会被其他邻居所赶超。他们已经学习过修辞学，但却没有学习怎样用他们自己的语言优雅地表达文字，或是用他们被允许使用的语言去学习书写；就像是那些理解说话艺术的人，会用各种名目的辞藻对自己说的话进行润饰一样，这样他们就能学会侃侃而谈的艺术技巧。因为对其他所有事情的实践，是不能通过简单的几条或是多条规则就可以学习到的，但是他们可以依照那些良好的规则或是更确切的模式来训练和运用，直到养成一个良好的习惯并能将这件事做好为止。

迄今为止，人们的共识是在正常情况下，只要孩子有能力去讲故事，就让他们将知道的所有事都用讲故事的形式表达出来，在开始时就用他们自己的方法将那些明显的错误归纳起来并加以纠正。当那个错误被纠正后，接下来可以向他们展示那个错误，依照这种方法一个接一个地纠正错误，直到所有错误（至少那些显而易见的错误）被纠正过来。当他们能很好地讲述故事时，就是可以让他们把故事写下来的时候了。《伊索寓言》差不多是我知道的唯一适合孩子读的书，可以把这些东西用作他们英语写作材料，也可以把这些材料当做学习拉丁语的阅读和翻译的材料。当他们克服了那些语法错误，就可以将一个故事的几个部分连贯地、前后呼应地组合在一起，绝不会出现过滤时的单调和不自然（这是常有的事）。他希望将拼合的故事进一步完善，第一步就是要说，而不必有太多的幻想。他就可以向西塞罗求助，而且在西塞罗的《论创造》的第20节，有一些关于雄辩能力的规则，用相对几个主题和构思，把那些规则运用于实践。让他们了解那些优雅的故事的技巧和魅力，每一条规则都可以找出适合的例子，而且那些例子展示了它是怎样将规则运用于实践的。古代的古典作家有太多那样的例子，它们不仅可以用来翻译，还可以把那些例子摆在他们面前用作示范，让他们常模仿。

当他们明白怎样适当得体和有秩序地去学英语，并能很好地掌握一种较好的叙事风格时，他们就可以改进字母的书写，而不应该执著于一系列的智慧和客套，要教导他们有教理或毫无困惑地去表达自己简单平易的感觉。当他们在这方面做到尽善尽美时，他们就可以把瓦蒂尔作为榜样来提升他们的思想，用客套、欢愉、玩笑或消遣的信件去慰藉他们在远方的朋友。而西塞罗的书信，就是事业和交往最好例子，这种书信的书写在人类生活的方方面面，都有所体现，而且绅士也不可避免地会在信中表现自己。每天都要迫使他不得不去用笔，因为他在书信中能否勉力完成，表现在他的事业中，是他们的教养、感觉和能力会比谈话中经受更严厉的检测，并将结果公开；短暂的错误会因为他们在生活中的大部分谈话而渐渐消之，所以不会受到严格的审查，也会更容易逃脱别人的关注与责备。

如果教育的方式朝向正确的目的，那么当一个人用拉丁语写作文和诗文时，就会觉得那是如此必要的一部分，不应该被忽略了，这种毫无用处的事在任何地方都会不断给孩子施加压力，在超出他们能力的工作上浪费力气，在他们学习语言时产生非自然的困难去阻碍他们前进。但是习俗已注定并延用至今时，谁又有胆敢去违背呢？难道对一个乡村老师（他精通法内比的《修辞学》上的一切修辞手法和辞藻）的教学要求是教他的学生用英语优雅地表达自己的观点吗？当这种想很少出现在他的事业或想法中，孩子的母亲（即使会因为没有读过逻辑学和对修辞学体系一无所知而备受轻视）来教也比他教得好。

正确的书写与谈话会让人变得更加有魅力，获得其他人的关注，让其他人自愿倾听你的述说；因为英语是英国绅士常用的语言，而这种语言又主要是培养人才的，他们将更多的注意力放在润色并完善其写作方式上。有的人设法将拉丁语讲得和写得比英语更好，以使自己成为他人的谈资，但他渐渐会发现比起受到那些无关紧要之人的赞扬，还不如让他无论在何时何地都是用自己的语言，以此来达到目标。我发现这一问题普遍为人们所忽视了，人们不会过多地关注它，使年轻人对自己的语言使用能力得到提升，那样他们就能完全理解并掌握这门语言。如果我们中的任何一个人在使用自己的母语时，有比普通人更熟练、更纯正的能力，一定是因为机缘或天赋，或是其他任何东西，而不是其老师的教育与关注。一个接受希腊语和拉丁语教育的人，尽管他对那两门语言的了解很少，但是只要留心观察其学生用英语说了或是写了什么，都会让他感觉有损尊严。对那两门语言的学习只适合有学问之人地捣鼓和教授；英语是未接受过教育的百姓的语言；尽管我们知道，一些邻国并不赞同以下观点：将提倡国语及其改进所给予的奖励置于公众关注之下。为其语言进行润色于丰富，这在他们来说并不是一件小事；而且为此而设立的学院和奖学金，也会激发他们的雄心壮志，并效法那些正确的书写；我们可以通过那种方法了解他们所得成果，以及是怎样将这种最糟糕的语言传播到世界上如此遥远的地方的，如果我们回顾一下以前几个国王的统治时期，就会了解这种语言现在的处境。

很明显，希腊人掌握本国语言比罗马人更好。而且除了本国语言外，其他所有的语言对他们来说都是野蛮残暴的，而且任何一门外语都不会得到那些有识之士的重视与研究，尽管他们的学问和哲学都毫无疑问是从国外引进的。

在这里，我并不是反对他们讲拉丁语和希腊语；我只是觉得，这两门语言都值得研究，至少，拉丁语应该为每一位绅士所理解。但是一个年轻人若是自己去学习一门语言（而且知道得越多越好），他要有选择性地去研究，努力用熟练的、清楚明白的、优雅的语言去表达自己的思想；为达目的，他应该每天都要去练习。

189. 自然哲学，作为一门思索性的科学，我觉得我们每个人都不具备。我认为，我有理由说服自己不要把自然哲学当做一门科学。自然的作品是一种人为的学识，远非我们的能力所能发现或是考虑到运作方法，因为我们将它们归纳为一门科学。自然哲学是由其本身的原理、性质与操作知识组成，我觉得，它是由两部分组成的，一部分是包括本性与品质的精神，另一部分是形体。第一部分通常指的是玄学，但是在对关于精神问题的思考中，我觉得，它是在形体和物质之前被研究，并且不能把它制作成体系或是根据原理知识去对待的一门科学；但是可以把它当做放大我们的心灵，用理性思维与启示，让我们对这个理智的世界有更正确、更完美的理解的工具。而且因为这是我们对除上帝和自己的灵魂外，其他不明显的神灵中最明显、最重大的发现，那是从上天的启示中所显现出来的，我觉得，至少年轻人应该具备那方面的知识，并能由那些启示中获得知识。为了达到这个目的，我总结出了一点：若有人能够写出一部优秀的《圣经史》给年轻人阅读，那么这将会是一件好事；如果每一样适合采用的事物，可以按照适当的时间顺序存放使用，而且将那些只适合更成熟稳重之人使用的事物忽略掉，避免因对《圣经》杂乱的阅读而产生困惑，因为那是我们每个忙于学习《圣经》的人都会出现的问题。这也是从长期阅读中获得的益处——逐渐地给孩子们的思想中灌输一种精神概念及信仰。他们在阅读那本史书时所牵涉的东西实在太多，这对于形体的研究是一种良好的准备工作。因为如果毫无精神的概念，是不会认同精神的存在的，我们的哲学的主要部分是残缺不全的，因为它不包括对最优秀、最权威作品的深思。

190. 对于《圣经》这本书，我觉得，若有一个简单明了的典范，那就太好了，因为对于孩子们来说，他们要尽快掌握其阅读的书籍中最重要、最本质的东西。尽管这种方法会让他们更早地去了解一些精神概念，但并不与我上面所讲是完全相反的。我不愿孩子们因对于精神观念的理解而感到困扰；在这里，我想表达的意思是：我觉得，那些照顾孩子们的女仆和其他接近孩子的人，为了让孩子们感到害怕而服从其命令，他们会在孩子们幼小的心灵中过早地产生关于精怪的印象，这是一种错误的做法。因为那会让孩子们在以后的人生中，心中总是会有恐惧、害怕、脆弱和迷信等情感因素的产生，通常这对于孩子们有着极大的不利；当孩子们在为人处世和交往活动中，他们会因心中的恐惧、害怕、脆弱和迷信等思想而产生厌恶感、羞耻感，当他们要将那些常发生的现象治愈，并想轻易地将那些加诸于他们身上的重负或是由各种精神组合在一起的思想包袱丢掉，就会进入另一个更加糟糕的极端。

191. 在年轻人开始学习自然哲学前，我们若是要研究形体，就必须将《圣经》的教义良好地吸收，因为物质是我们的感官常能接触到的东西，很容易占据我们的心灵，并排除一切除物质外的事物，基于原则而存在的偏见绝不会留下精神进入的空间，或是不允许在大自然中有非物质形体的存在；显而易见，仅仅通过物质和运动是不能解释大自然中的伟大现象的，以一般的地心引力为例；我觉得，用任何一种自然的方法去操作物质，或是用任意的运动规律去解释，我们都可以将它看作因极为优秀的意愿而存在，并下达命令让它如此去做。所以，若是不能用承认超越自然常规的方法去解释诺亚时代的洪水，我建议我们应该考虑是否上帝能让地球的地心引力发生转移（这和地心引力本身一样是容易理解的，也许是由一些我们并不知道的原因引起的），这样的方法比那些用来解释问题的假设更容易理解诺亚时代的洪水。我听说过一个极重要的反对理由，因为那只会使局部地区产生洪水。但是地心引力发生改变，这个问题一旦得到承认，我们不难想象这种神圣非凡的力量会使地心引力的中心处于离地心有一定距离的地方，在适当的空间范围内围绕地球运转，因此，洪水会成为一种普遍存在的现象。正如我想的那样，那可以用来回答洪水的所有现象，这比那些用来解释洪水现象的困难假设更易让人理解。但这并不是争论之处，在这里，只是通过提一些次要的东西展示我们对那些资源的重要性解读，详细理解大自然中的稀有物质及其运动规律，以及向我们传达《圣经》上精神的概念和力量，并把这一切都归功于他们的活动，也是一种适合的准备，直到他们有一个更加合适的机会去更圆满地解释这种假设，把这种假设运用到洪水现象的各个阶段中去，也可以用来解释记录在《圣经》上关于洪水历史的任意一种可以想象得到的困难。

192. 但是当我们回到研究自然哲学这个话题上时，尽管世界上到处都是自然哲学的体系，我却不能将它们一一道出，我知道有人把自然哲学作为一门科学用来教育年轻人，并让他们从中寻求真理与真知，这是为了让所有的自然科学满足人们的期望而存在的。因此，我并不愿得出以下结论：他们不必了解任何一种哲学体系。对于一位年轻的绅士来说，在这个注重学问的时代，寻找一个适合他自己的社会交往体系，是一件非常必要的事情；但是无论他所掌握的知识是出于流行前沿的笛卡尔学派，还是只想到了适合他的笛卡尔学派的简略观点和其他几种学派，我觉得，阅读所有基本的自然哲学体系，是为了更多地了解各种假设，更好地理解几种学派的术语和讲话方式，而不是满怀希望地获得对自然详尽的、细致的、严谨的、令人满意的知识。只有一点值得说的，就是在大多数事情的探讨上，现代微点论要远比逍遥学派更能让人理解，而且逍遥学派在学校一直是占统治地位的，后来它才被现代微点论所取代。他若想进一步回想并对古代的各种观点都有所了解，那么他可以去参看卡德渥斯博士的《智慧体系》，而且这位非常有学问的作者会用精确而有判断力的语言将希腊哲学的观点归纳成集并解释出来，这可以让你对他们有根据的原则和各学派主要的假设有所了解，你在这本书中可以比在其他地方了解得更加透彻。但是，我不愿我们所拥有的关于自然的知识，都不可能成为阻止任何一个人去研究自然的一门科学。对一位绅士来说，自然界有很多事物都是极容易、又必须去了解的；而且还有很多其他的事物是以欢乐和优势为奖励来回报那些好奇之人的努力。但我觉得，上面所讲的都可以从那些经历过合理的试验和观察的作者身上去得到，而不仅仅是从那些思辨的体系中获得。因此，类似于玻意耳先生所写的作品，和其他关于畜牧、种植、园艺等的作品，当一位绅士对时下正流行的自然哲学体系有所了解时，就是他可以去阅读的时候了。

193. 尽管我所了解的物理学派体系，鼓舞我从那些根据物质基本原则，给予我们一种获得确切知识或科学的自然哲学体系的论文，但是天下无双的牛顿先生向我们揭示：基于事实所证实的原则，并把数学运用到自然界的某些部分中去，我们就可以尽我们所能地得到令人费解的宇宙这个特定领域的定义。牛顿在其著名作品《自然哲学的数学原理》中，对我们所在行星中最重大、最值得观察的现象给出了一个清楚明白的解释，若其他人对于自然界的其他领域也能给出清楚明白的解释，那么对于这种巨大机器的某些部分，我们就有望获得比现在所期望的更真实、更确切的知识。尽管很少有人具备足够的数学知识去理解牛顿所举的例子，但是世界上有最缜密计算能力的数学家已经将牛顿的例子加以论证，并得到了认可，所以牛顿的书籍是值得我们去读的。对于那些想要了解太阳系中各种物质的运动、性质和运动的人，都能从中获得不少的启示和乐趣，而且要特别关注他所给出的结论，因为那些结论可以看做被证明过的命题。

194. 总而言之，这就是我对于年轻绅士的学业所能想到的一切；在此处，我将希腊语忽略掉了，大家可能会觉得奇怪，因为所有的学问在希腊人那里是有根有据的。我赞成这样的说法，并补充了一句，一个对希腊语一无所知的人，不能称之为学者。但是在这里，我考虑的并不是对一位专业学者的教育，而是对一位绅士的教育，对他而言，让每个人都承认学习拉丁语和法语是必要的，就像它们目前在世界上所流行的那样。当他长大成人时，若他想进一步深造并探讨希腊语言的学问，那他就能轻易地掌握那门语言；如果他没有那种倾向，那么即使他在老师的教导下去学习那门语言，也一样是在白费力气而已，一旦他获得了自由，那些他花费了大量时间和精力去学习的东西，就会被忽略掉，甚至是被丢弃。因为，在那些学者中，他们是从学校学习的拉丁语，一百个人中又有几个能将它记住？更不用说要对希腊作家的作品熟练地阅读和完全掌握了！

关于一位年轻绅士的学习问题，现在可以告一段落了，他的老师应该记住的是：他的工作并不是将他知道的所有知识都教授给学生，而是培养学生对于知识的热爱与尊重；当孩子们产生求知欲的念头时，要让他用正确的方式去求知并加以改进。

关于语言的问题，我在这里将尽可能地从作者的角度出发，将一位有精明头脑的作家的观点告诉读者。他说："一个人几乎不会因具备过多的语言知识而不堪重负，语言知识被各种有身份地位的人使用着，并为各种使用它的人开辟通往学问最深远之处的道路，或是通往学问中更易让人感到愉悦的那部分道路。如果这种令人烦躁的学习向后推迟一点，那么年轻人要么是没有足够的决心，要么就是缺乏坚持不懈的毅力。如果一个人具备了坚持不懈的毅力，但他却是将这种毅力用于其他事情上面，再用来学习语言就会有很多不便；而且因为年纪太大，他的学习并不能只是局限于字和词的学习上，而应要求他们将字和词牢牢地掌握；至少，这是在浪费一个人一生中最美好的时光。除非每一件事都能轻易地在他的心中留下深刻的印象，否则是不能为其语言的学习打下良好基础的；当一个人的记忆力是鲜活、机敏、强健的时候，当一个人的头脑与心中还没有牵挂、没有激情、没有图谋时，那些管教孩子的人就有足够的权威让孩子们长久而坚持不懈地用功学习。我相信，世界上真正有才学的人是少之又少的，而徒有虚名的人又是如此之多，那都是因为他们忽略了这个道理。”

我觉得，每个人都会赞成这位有敏锐观察力的绅士所说的话：在我们人的初始，是非常适合用于学习的。但是父母和老师应该考虑的是，哪一种语言适合孩子们去学习。因为必须要承认的是，在一个人已被安排好的生活中，他若坚决不去使用某种语言，或者你可以从他的气质上去猜测，一旦他长大成人，他就会脱离老师的管制，并按照自己的意愿去做事，将他要学的东西都抛诸脑后，甚至是完全忽略掉，那么他再去学习哪门语言就是在浪费时间与精力了。而且他若全凭自己的意愿去做事，那么他是不可能有空余的时间去回顾那些学习和语言的，除了日常使用的语言或是一些有特别需求的语言迫使他去学习外，他是不会再去理会别的语言的。但是，因为那些注定成为学者之人的缘故，我想把上述总体在前面提到的话补充完整。那是值得所有想成为有真才实学之人应该考虑的事，因此，老师也应该反复给孩子灌输这些知识以便于形成规则，并将这些规则用于以后学习的向导。

他说：“研究原著绝不能成为一个过分推崇的观点。这是研究各种学问最快捷、最稳妥、最令人愉悦的方式。对于任何知识都应从根源处直接获取，而不是间接去获得。不要把伟大的作家的作品束之高阁，要细细地品味，并将其牢记心间，而且一有机会就要善加利用；方方面面的情况都考虑周全，把它当做你的工作去彻底地了解；完全掌握原著作者的写作原则；把那些原则连贯起来，就可以得出自己的结论了。一流的诠释者都是这样做的，直到你也能达到同等的境界，否则是不能停止的。那些借来的亮光并不能使你感到满足，也不可以把别人的观点当做自己的向导，除非你遭遇了失败或身处黑暗中，否则你不能向别人求助。他们所给出的详细解释并不是你的，而且会从你身上溜走。截然相反的是，你自己的观察结果是你自己思想的产物，所以能长期保留，而且在所有交谈、讨论和争辩的情况下，他们都会在你身边。除了那无法克服的困难外，其他的事都不能阻止你去阅读，以至于失去其中的乐趣，当那些注释者遇到不可逾越的障碍时，他们就会停止不前，无话可说。那些在其他领域显得学识丰富的评注者，喜欢在原文简单易懂的段落中用一些无益且华而不实的文字去卖弄自己的才华，在不必要的地方，不吝言辞、不怕辛劳，这纯属徒劳之举。你若完全按照这种方法去学习，只可能是因人本身的惰性所致，而且会鼓励那些卖弄学问之人只去死记硬背，而不是不断充实自己的书库，并将优秀的作家埋葬于注解和诠释之下，你就可以知道在这里的懒惰，就是指自己与自己作对，自己糟践自己，因为人们一直极力去避免读书的辛苦，若以现在的情况看来，就必须多读多问，并且承受更多的辛苦了。”

尽管这段话看起来只与学者有关系，但对于他们的教育和研究能够做出适当的安排，是极其重要的。我希望，我不会因为将其安插在此处而受到责备；尤其是考虑到这样做对绅士也有好处，无论在何时，他们若想在学问上有更进一步的造诣，对于他们获得一种可靠的、令人满意的且有深远意义的见解是大有益处的。

人与人之间有几大差别，原因是：次序和恒心；我确信，没有任何东西比良好的方法更能为学者清扫道路，帮助他前进，让他在进行每一项探索时都能进行得如此容易、如此深入。他的老师应该花精力让他意识到这一点，使其习惯于这种次序，叫他们运用各种思想的方法；向他展示方法之所在，及使用这种方法的优点；让他对各种方法都能熟练运用，既要了解从一般到特殊的方法，也要了解从特殊到一般的方法；用这两种方法去训练他，让他明白在不同的情况下应该用不同的方法，以便于为最好地达到目的而服务。

时间的次序在历史的研究中应居于主导地位，自然在哲学的研究中是居于主导地位的，在所有事态的进展中，自然次序是从一个地方逐渐向周边的结合处推进发展的；在心理方面也是如此，应该从已有的知识着手，继而去探求那些与它相关的知识，照此发展下去，我们就能从事物最简单、最基本的部分去完成目标。为了实现这个目标，让孩子们习惯对已有的事物进行区分，就可以让他们对事物有更加清晰的概念，无论他身在何处，都可以找到事物的真正差别所在，这是非常有用的；而且在他没有清楚明白观念之初，要注意专业术语的区分。

195. 除了从学业和书本中获得知识外，对于绅士们来说，还有其他必要的成效，那就是通过练习去获得，而且要在被允许的时间内，在老师的帮助下去完成。跳舞可以让人一生中的行为举止都优雅得体，并具有超出所有事物的男子气概，这样就会使孩子变得更有自信心，我觉得，不能让他们学习得过早，要在他们到了一定年龄并有足够的能力时再去学习跳舞。但是你必须要确保有一位优秀的老师去教导他，而且这位老师要知道什么是举止优雅，并知道怎样去培养学生的优雅行为举止，教会他们轻松自如地表现所有的形体动作。一名老师若不能将那些技能教给学生，那么他就一点儿也教不好这个学生；自然而非优雅的姿势总比一味模仿的姿势要好得多；我觉得，这种脱帽致意、屈膝行礼的方式更像是一个诚实正直的乡村绅士该有的行为，而不是像一位毫无优雅举止的舞蹈老师该有的方式。因为对于舞蹈的细节部分及舞姿，我觉得那都不是很重要，因为我更加倾向于去完成优雅的行为举止。

196. 音乐和舞蹈有着十分密切的关系，一个人若是能够将某样乐器玩得得心应手，那他就会受到很多人的重视。但是年轻人会将大把的时间用于学习少许的技巧，而且他常会结交到与他一样奇怪的朋友，而这种朋友是大家都觉得最好不要去结交的。我很少听说那些才华横溢、事务繁忙的人们中，有因杰出的音乐天赋而备受他人赞赏与尊敬的，所以我觉得音乐在所有的成就中应该被放置于末尾。我们短暂的人生对于我们所有的成就是毫无益处的，对于我们形成学习某样东西的决心也是毫无益处的。我们的素质在心灵和躯体上的不足，要求我们应常处于放松状态，那样他就能充分利用人生中的任意一部分进行娱乐消遣。至少，我们不能阻止年轻人去娱乐消遣；除非你想让他们过早衰老并早早的踏入坟墓，或是比你预期的要早地享有第二个童年。因此，我觉得，他们应将大把的时间和精力用于那些可以严肃改进之事，他们可以充分使用那些最有用、最有成效的办法做事，总而言之，就是用最简单、最容易的方法去学习；也许，正如上面所讲的那样，教育的最大秘诀就是将对身体与心灵的训练变成相互娱乐的方式。我想，一个谨慎精明的人若仔细考虑过学生的脾性与倾向，这是很容易做到的事。有时，他对学业和跳舞都感到了厌倦，他并不想马上就去睡觉，而会做一些其他的事情来转移注意力，使自己感到愉悦。但是必须牢牢记住的是：不要去做那些毫无乐趣之事，也就是不要去寻找乐子。

197. 击剑运动和骑马都被看做绅士教养所必需的东西，如果你忽略了这两项运动，就会被视为重大遗漏，骑马大多只能在城市中学习，而且在城市中轻松舒适奢华的地方骑马是对健康最好的训练方法之一，上述理由对于一个住在城市里的年轻绅士来说就是，骑马是非常合适的运动。而且在一定程度上，他会让人养成一个固定的、优雅的骑马坐姿，让他能教会他的马停止、快速回旋、卧倒，对于一个绅士来说，那些技能在和平年代都很有用，但是无论骑马是不是重要到足以成为一件工作，值得他花费更多的时间在健康外的其他事情上（而且在那样精力充沛的运动后要有适当的时间间隔），我将把这些问题留给父母和老师去决定，他们最好要记得，在教育工作的方方面面，大多数时间和精力都应该在年轻人已安排好的生活上，那样他们就会有最见成效、最常使用的事务。

198. 关于击剑运动，对我来说，他似乎是保持健康的一种良好训练，但是对生命却充满危险，对他们的技能充满信心的人，会与那些自认为学会使用剑戟的人争吵。这种推测常使他们在事关名誉的大事上，或受了一点刺激甚至无人招惹他们时，就更容易烦恼生气。热血青年如果不能在决斗中展示他们的击剑技术和勇气，他们就会觉得学习击剑是毫无益处的，他们的想法似乎也有一定的道理。但是这种理由不知引发了多少令人伤心的悲剧，这可以用许多母亲的眼泪来证明。一个不会击剑的人，他会更加注意远离那些横行霸道的人和赌徒，他既不会在那些细节上纠缠不休，也不当众去侮辱冒犯他们，或是在冒犯别人后，仍然强词夺理，这些事通常都会引起争吵。当一个人身处决斗场上时，凭借他那一般的剑术，只会将自己暴露在敌人的刀剑之下，而不能保护自己免受伤害。的确，一个有勇气的人却一点儿也不会击剑，那么他会把所有的力量都用在刺杀上，而不是用来防御躲避，和一个剑术平庸的人决斗，他可能会占到便宜，但若是他们全力以赴地扑杀对手，就很危险。因此，若有任何方法可以阻止这种意外发生，一个人就会为他的儿子的决斗有所准备，那个时候我就希望我的儿子是一个优秀的摔跤运动员，而不是一名普通的击剑手，除非一位绅士坚持不懈地去击剑学校学习剑术，并且每天都要练习剑术，否则他就会成为普通击剑者。但因为击剑与骑马通常都被看做抚养绅士必备的品质，所以很难否认任何一位绅士都不具备这种特色。因此，我把它留给了父亲去思考，从儿子的脾性与日后他可能拥有的地位上看是否允许他或是鼓励他去顺应时尚潮流，而且这种决斗对于国民生活没有多大影响，那些尚武的民族，也不知道这件事是否为那些已接受的民族增添了少许的力量和勇气，除非我们认为军事技能或其他非凡的技能，可以通过决斗中的击剑来提升，否则我相信，决斗总有一天会从世界上消失的。

199. 那些就是我此刻对于学问和成就的观点。一项重大责任就是美德与智慧，这儿有一句谚语可以用来解释：智慧让神力永存。

你应该教导他去掌控自己的意志，使他的欲望顺从于理智。只要他能做到这一点，并不断练习使之养成一种习惯，那么这个任务最艰难的部分就算完成了。为了让一个年轻人能做到这点，我觉得没有什么比对赞誉的热衷更重要了，因此，我们应该用所有能想到的方法逐渐给他灌输那种心思，尽可能让他能意识到荣誉感和羞耻感。当你完成了那件事后，就给他心中订立了一条原则，即使你不在他身旁也可以影响他的行动。这不是鞭策他产生的效果可以比较的，那会是一个适合的主干，以后也可以在它上面嫁接道德与宗教的真正原则。

200. 我还想增加关于一件事的说法，只要将它提出来后，我就会有被质疑的危险，忘记我所说的事，忘记上面写到的关于教育的话题全是关于一个绅士的，这与手艺是毫无联系的。但是我忍不住想说，我想让他学习一种手艺，一种纯手工的技艺，而且，不只要特别注重一种，应该学习两三种技艺。

201. 孩子的某些倾向是活跃的，他常被用来指孩子们去做那些有益之事，而且这样做，有以下两种优点：

（1）通过练习而得的技巧本身是值得我们去掌握的，因此，这种技能不仅在语言和科学学习方面有所运用，而且在绘画、车工、园艺、淬火和打铁等行业中，那些有用的技能都是值得我们去掌握的。

（2）毫无任何原因，训练本身对于健康来说是必要且有用的。

当孩子年轻的时候，在某些方面知识的获得是非常必要的，他们的一部分时间可以用来提升他们的知识，尽管那些知识的使用对他们的健康一点儿用处也没有。诸如此类的阅读、写作及其他需要久坐不动的学习都会用作心灵的培养，这无可避免地会占用一位绅士的大部分时间，甚至从他们还在摇篮时期就开始了这种心灵的培养。其他手工技能都可以通过劳力去获得与练习，大多数通过那种方法训练的技能不仅能增加我们对此项技能的灵巧熟练，而且也对我们的健康有帮助，尤其对我们在户外做的事会更有益处。在这些事中，健康及其进步结合在一起，有一些事，而且适合那些以读书和学习为主的人选择一些技能作为娱乐。一个人的年龄和倾向都是需要列入这个选择去考虑的，而且在选择时要极力避免强制他去做的情况发生。因为命令和压迫常会让他产生一种厌恶感，而且绝不可能将这种厌恶感治愈，任何一个人被强迫做事，只要他一有机会，就会立即开溜；即使他在那儿做事，也不会有多大益处，而且会有少之又少的娱乐效果。

202. 在各种技艺工作中，我最喜欢就是画家，而且他们对于那一两种不易解答的问题是不会钻牛角尖的。第一，蹩脚的图画书是世上最糟糕的物品之一，而且若要在绘画方面的技巧在一定程度上为人接受，就必须花费一个人很多时间。如果他在绘画上有一种自然天性，那么他就会忽略其他更有用的学问，使自己身处危险之中；如果他在绘画方面没有天赋，那么他就是浪费时间和金钱。而且，我觉得绘画不适合绅士，因为绘画是需要久坐的一项娱乐，所以，脑力的供用比体力使用更多，我把学习看做一个绅士更需慎重使用的东西，而且当他们学到需要放松和振奋精神时，他们就应该让身体得到锻炼，使得精神舒畅的同时还能确保其健康及精力。这就是我不想让绅士学习绘画的两个理由。

203. 第二，对于一个乡村绅士，我建议他们至少学习一种或是两种技艺，也就是说，这两种技艺是，园艺或普通种植技艺。作为一个木匠，做细木匠或切削工匠的木工活，对于一个人的学习和工作是十分合适、健康的娱乐活动。因为一个人的心思不可能一直用在同一件事情或同一种方式上，同时那些久坐用功的人都应该做些锻炼来转移他们的注意力并且锻炼他们的身体，我觉得对于训练一位绅士，没有比那两种技艺更好的方法了。在一种木工活儿因气候或季节原因不能从事时，就可以进行园艺工作；除此之外，他学会园艺以后，就能管理和教导他的园丁；而他学会了木工，他就可以自己发明并制作许多有趣有用的东西，尽管我未把这些看做他努力的主要目的，而是把这些看做一种让他去劳动的诱惑力。我主要的目的是，通过健康有益的体力锻炼，使他从严肃的思想和工作中得到放松。

204. 古代的伟人十分明白怎样用体力劳动去调解国家大事，他们认为把体力劳动当做忙碌的国家大事的调剂，对他们的尊严是丝毫无损的。的确，劳作是他们完成工事后消磨闲暇时光的最常用之法。犹太人中的基甸翁是在打谷场中被人请出来的，罗马人中新纳图也是从耕田里被人请出来指挥军队，抵御敌军入侵的。显而易见的，他们能熟练地使用连枷或犁，并能成为使用这些工具的能手，但这既不会对他们掌控军队的能力有所阻碍，也不会让他们在军事和政治能力上有所不足，所以，他们既是伟大的将军和政客，也是一个农民。老加图在罗马共和国和政府任职的所有官员中拥有极大的名声，他为我们留下的文稿表明他对乡村生活多么精通熟练，而且正如我记得的那样，居鲁士觉得园艺绝不低于王座的尊严和宏伟，他曾向色诺芬展示了他自己种植的一片果林。如果有必要去列举一些有用的娱乐范例，在犹太人和罗马人的史料中满是这种例子。

205. 当我将这些事情或类似的手艺称为娱乐消遣时，不要认为我是犯了错误，因为娱乐并不是懒惰，这是每一个人都可以观察到的，而且能让因为换工作而产生的厌倦感有所缓和。如果有人认为娱乐并不是基于艰苦劳动而产生的，那么他就是忘记了猎人要早早起床马背颠簸、大汗淋漓、受冻挨饿，但是打猎却是有着极重要地位的人常有的娱乐活动。掘土、种植、接木，或是任何类似的有益的工作，如果人们因做那些而感到快乐，那么这些工作就会成为不落后于正流行的懒惰的任何一种游戏，使人养成习惯并学会这方面的技能，他就会喜欢上这个工作。我相信那些常常被人叫去打牌或玩其他游戏的人无法拒绝别人，那么这种游戏会比生活中最严肃重要的工作更让人疲惫，尽管他们的天性并不会让他们对这种游戏产生厌恶感，但是他们有时也想要去娱乐消遣一番。

206. 我觉得游戏很明显是一个人并不完全懒惰的标志，因为有地位的人，尤其是有地位的女人，会将她们大多数时间花在玩游戏上，她们必须要有事可做不会感到无聊，要不然她们怎么会为做那些在操作时烦恼多过快乐的事，心甘情愿地花费几个小时坐在那里辛勤地劳作呢？的确，赌博的人在赌完后再去回想，他们就会发现赌博也并不能让他们感到心满意足，而且对他们的脑力和体力都毫无益处，如果他们对自己的财产过于关注，那么赌博就成了一种交易而不是娱乐了。而且，很少有人是靠赌博而获得财富的，充其量，他只是以牺牲名誉为代价来做一些可怜的生意，以此让他囊中鼓鼓。娱乐并不属于那些不务正业之人，也不属于那些浪费时间，并对他们的工作缺乏责任感、容易产生厌倦感的人。所以为他们安排娱乐时间时，应该掌握的技巧，就是对那些他已练习过并产生厌倦感的部分进行放松，但除此之外还可以做一些使他们此刻就感到轻松愉快的事情，这样他们以后就会有所获益。除了极大的虚荣心和炫富的心理外，没有什么事能让那些无益且危险的娱乐消遣（正如他们被称呼的那样的）成为时尚，使人们相信学习并参与某样有用的事，并不适合一位绅士去作为娱乐项目。这就是为什么世界上如此盛行打纸牌，掷骰子和酗酒，很多人将时间花在那些事情上，只因为他们顺从于这种普遍盛行的习俗，而且，他们只是缺乏一些更好的工作去消磨他们的空闲时间，而绝不是因为他们从那些事情中获得了真正的快乐。他们不能忍受闲暇时光为他们带来的重负，也不能缓解无事可干的难受心情，因此用尽愚蠢或错误的方式去消磨时间。他们绝不可能从那些事情中学得令人赞赏的手艺来娱乐自我，一个理性的人，在他被习俗摧毁前，是不可能从那些娱乐中获得乐趣的。

207. 我这样说，并不是我不愿让一位年轻绅士，像与他同年龄和同地位的人一样获得流行而无害的娱乐。我绝不愿他成为严峻孤僻之人，我只愿能说服他对所有与他交往之人的全部快乐与消遣都表现得殷勤顺和，不会对他想要做的、且符合成为一位绅士或诚实正直之人的任何事，都持反对意见或者动怒。尽管对于玩牌和掷骰子，我都觉得最安全、最好的方法就是不要学会玩牌和掷骰子，以至于他们对那些危险的诱惑失去兴趣，那样就不会浪费时间了；但是闲暇时谈天说地以及所有时尚且合适的娱乐是被允许的。我想说的是，年轻人可以从他严肃正经、极其主要的工作中(而不是空闲时间，所以他们才没有学会不止一门技艺）每天用一个小时去使用哪种方式的娱乐，那么他在短时间内就会获得意想不到的进步。因此，如果这种方法除了将那些通常是邪恶无用和危险的消遣排除时尚之外，是没有其他方法的，除非展现出了这些东西是毫无必要的，否则就是值得人们去提倡的。如果他们从年幼时就逐渐戒除那种闲荡的恶习，不会因为习俗而让他们生命中好的那部分失去控制，既不务正业也无任何娱乐消遣，他们就会有足够的时间去获得对成百上千件事情的技巧的熟练掌握了，尽管这与他们的合适职业背道而驰，但是这一点儿也不会妨碍他们的职业。因此，我觉得，基于这个理由和前面提到的其他理由，对任何一个人的懒惰倦怠、整日无所事事只知道做梦的脾性，是不可以放任不管或允许它出现在年轻人身上的。这是一个人生病或具有不良健康状况的表现，而且这种状况无论在什么年龄或身份的人身上都是不可忍受的。

208. 除了上面提到的技艺外，还可以将香水、油漆、雕刻和几种与铜、铁、银相关的工作增加进去，如果他像大多数绅士一样，将人生大部分的时间都放在大城市中度过，他就可以学会切割、抛光、镶嵌宝石或是打磨光学玻璃。在如此之多有独创性的手艺中，他不可能找不到一门让他喜欢的手艺，除非他是一个懒惰的人，或是一个堕落放荡之人，这才不会被认为是一种正确的教育方法。因为他不会总是忙于学习、阅读和交谈，除他们花费的运动时间外，一定会有更多空闲时间，如果他不用这种方法消磨时间，就会用更糟糕的方式去消磨时间。所以我得出的结论就是：一个年轻人很少愿意完全安静地坐着，而且什么事也不去想，否则，如果他这样做了，就是一个应该被修正的错误。

209. 但是一个人的父母思想上有了问题，会被机工和手艺这两个可耻的名称而吓着了，那么他就会对孩子去做这些事感到厌恶，但是有一件手艺相关的事就是，当他们仔细思考时就会发现，那些事都是孩子们必须要去学习的东西。

虽然商业算术不可能帮助一个绅士获得财产，但可能没有别的在保持他所拥有的财产上更有用、更有功效的方法了。人们很少能看到他有记录收入和开支的账单，因此在他明白了家庭财务状况后，就会不断让其走向衰败。我相信，在很多人能意识到这一点前，或是缺乏这种技能，尝到了他们有所拖欠，甚至还可能旧债未偿又添新债时才明白。因此，我建议所有的绅士都应该完全学习商业算术，不要因为这是由商人那得来的，而且使用的人也主要是商人，便认为这是不属于他们的一种技能。

210. 我的年轻少主人一旦获得这种记账的技能（一种比算术法更加理性的方法），也许他的父亲从那时起就要求他记下所有他所参与的事，这不失为一种好方法。我并不是想让他将他买的每一品脱酒或是玩游戏所花的钱都一一记录下来，只要他能把所买东西的大概名字写下来就可以了。我也不会让他的父亲仔细去检查他记的那些账单，抓准机会从那些账单找出他那些不合理的开支，他必须记住一旦他长大成人，也不能忘记他曾经拥有的那些思想，不能忘记他们的孩子也拥有同样的权利，甚至允许他们逐步实现那些想法。因此，我强迫年轻绅士去记账，但不会用那种方法去核实他的开支（对那些他的父亲允许他做的事，他应该让自己完全精通），而且他可以尽早养成记账的习惯并能熟练运用，所以在他的一生中，对记账这种有用且必要的方法要不断练习。一个有高尚品质的威尼斯人，他的儿子只知道整日沉溺于其万贯家财之中，当他发现儿子早已变得穷奢极欲且花钱毫无节制时，就命令出纳员，当他的儿子再来拿钱时，给他的钱必须要清点而且不能多过这个清点的数目。他认为这种方法并不会极大地限制一位年轻绅士的开销，因为只要他能说出一个数目，就可以得到如此多的钱。但是这种方法对一个人来说，除了奢求享乐外没有其他益处，而且会是一个大麻烦，最终会以这种冷静持重、有益的反思而结束：我很少花精力去细数我花费了多少钱，我们的祖先就不需要这种花费精力去数钱、花费劳力去赚钱的思想，这表明他在经受少许痛苦之后，对他的心灵产生重大影响，使他努力上进，而且从那以后他就成为勤俭节约之人。无论如何，每个人都必须承受的是，在他能了解自己的财务状况前，他应该坚持在生活中保持记账的习惯，而对于保持消费有度，没有比这种更好的方法了。

211. 通常教育的最后一部分就是旅行，而且一般认为，旅行结束后抚养一位绅士的工作也算是结束了。我承认出国旅行有极大的益处，但是我觉得选择送年轻人出国旅行实际很难让他们有所获益。旅行的主要益处可以归纳为以下两种：一是语言，二是必须通过观察人们，并与那些脾性、习俗、生活方式不同的，尤其与自己所在教区和临近地方有差别的人们进行交谈，来培养智慧和谨慎的品行。十六岁到二十岁是人们一生中旅行的正常时间，而那段时间却是他们一生中最难有所进步的时间。理由一是学习外语，并让他们养成对这门语言的正确发音，我觉得，应该从七岁到十四岁或十六岁为宜，而且他们有一名老师指导是十分有用且有必要的，因为老师可以用那些语言教他们其他东西。当他们觉得自己足够大了，不必被其他人管束，又没有足够谨慎小心与经验让他们去约束自己时，他们却在一个管理者的领导下摆脱父母的监管，这难道不是在他们最无自保、自我限定能力时，却将他们暴露在人生最大的危险中吗？我们都希望我们在他们人生中最反叛活跃的时期到来前享有一些权威，因为在十五岁到十六岁之前，既不是他们的反叛年龄，也不是其他人的诱惑或榜样就可以让他逃脱被老师控制的年龄，但是当他开始从与他人交往中的感受来安慰自己时，他就觉得自己像一个大人了，当他从那些有男孩子气概的恶行中获得乐趣并以此为傲，他就会认识到处于别人的管制下是一件多么耻辱的事，无论他是有力量强迫同学听话，还是他的同学有一种被说服的倾向，在那个时候都是毫无效果的。但是与之相反的是，他会受到胸腔中的沸腾因子及流行风尚的影响，听从与他同样聪明的同伴的诱惑，而不会听从老师苦口婆心的劝说，老师现在不就会被当做阻碍他获得自由的敌人吗？什么时候一个人才会像他这样粗暴而又难以驾驭呢？在他人生中的这个时期，就要靠父母和朋友的监督和权威来管束他们，不要在一个人长大成人，变得固执任性后，而应在他比较柔和的时期，他们在那个时期被管束是更加安全、更加容易的。过了这个时期，理性和深谋远虑都会有少许发生，他就会留心自身的安全和进步。因此我觉得把一个绅士送到国外旅行的最适当的时间，是在他还是一个处于老师管束下的年轻人时。送他出国，或是在他年纪比较大了而且无须管束的时候送他出国，当他到了能约束自己，并能观察他在其他国家发现的值得注意的东西，那么在他回国后，那些东西就会很有用，而当他完全熟悉祖国的法律和流行趋势，还将天生的道德优缺点都了解后，他就有了和外国人交流的东西，并能从外国人那获得任何他想要的知识。

212. 我认为按这种计划的旅行，很少会让绅士有所提升。如果他们将旅行中亲眼目睹的风土人情的知识带回家，这只是他们对在国外的所见所闻最糟糕、最无价值的一种赞赏而已；真正有价值的东西是在他们第一次见到时就十分喜爱并牢牢记住的东西，而不是在他们回国后使他们变得更好更聪明的东西。的确，在他们这样的年纪出国旅行，他们仍需他人照顾，让别人为他们提供必需品和需要观察留心之物，你又怎能要求他们有所获益呢？因此，他们把一个管理者的庇护当做借口，觉得自己无须为任何事负责任，所以他们很少在探寻或做有用的观察时麻烦自己。他们的想法是追求娱乐和乐趣，因为他们把这当做一种约束；他们很少麻烦自己检查这种谋略、留心别人的演讲，对他们所遇之人的手艺、脾性和意向进行思考——那样他们才能知道怎样让自己的行为举止与上述要求相符。在这里，和他们一起旅行的人是为保护他们而存在，当他们身陷多刺的灌木丛中时就将他们救出来，在他们犯错时为他们承担责任。

213. 我承认，人类的知识是极重要的一项技能，我不希望年轻人此刻能完全掌握它。但是如果旅行有时不能让他开阔眼界，让他变得小心谨慎，并使他习惯去观察外表之下的东西，让他在一种不会冒犯他人的、有理有责的行为引导下，与陌生人和各种有自主观点的人交往，那么他的出国旅行就是徒劳无益的。在这样成人的年纪，他计划出国旅行，以此改善自己，那样他就可以和旅游之地的有身份之人进行交往，进而变得彼此熟悉；尽管这是一位绅士从旅行中获得的最大益处，但是我想说的是，那些在管束下出国旅行的年轻人，一百个人中是否有一个人曾经拜访过那些有优秀品格的人呢？更不用说与那样的人交往，并从他们的谈话中了解那个国家的良好教养是什么，以及在那个国家有什么是值得关注的；但是从那些谈话中，一个人可以在一天之内，能学习到比他一年内辗转漫游于一个个小酒馆所学到的更多的东西。这一点儿也不值得奇怪，因为人们的价值和才华不容易为那些需要老师教导的孩子所接受及通晓；即使一个具有成人风度的年轻绅士，他也会想去了解自己所在国家的习俗、礼仪、法律和政府，所以他会受到那些最优秀、最有学识之人的欢迎、援助和款待，那么他总是会受到天真好学的外国人的款待、鼓励和赞同。

214. 无论事实如何，这都不会让我害怕去改变习俗，因为若将一个人一生中最糟糕的时光用于旅行，这不是他们有所进步的原因。八岁或十岁的年轻人冒险去国外旅行，尽管会比他们十六岁或十八岁时出国旅行少大约十倍的风险，但是仍会让人担心那些稚龄儿童会发生什么危险。那种危险使他们在那个年龄阶段结束前都必须待在家里，因为他必须在二十一岁时回国，去结婚生子。父亲想要有人与他分担责任，母亲也想要有一个新生婴儿来陪她玩耍；无论他想要如何度过人生，我年轻的少主人到了那个年龄就必须找个妻子；如果将结婚的时间往后延缓一些，这对他的体力、才华或知识都没有多大影响，他可以在年龄或知识方面都要比他的孩子多一点儿，但孩子们会常发现自己总是紧随父亲之后。所以无论是儿子还是父亲，对此都是极为不满意的。但是年轻绅士产生要结婚的念头时，就是他们要将自己托付于妻子时。

215. 现在，我对于教育已经得出一个具有明显标志的结论，我不想让别人觉得我把这种观点看成一篇关于此题目的论文。还有一千多种事需要我们考虑；尤其一个人若在孩子们身上发现各种脾性、不同倾向和特别的缺陷，你就必须采取合适的方法对症下药。需要考虑的事情多得都可以装订成一本书了，甚至一本书也可能不够。每个人的心灵就像他们的长相一样，各有特色，这样就可以将他们彼此分清楚；所以几乎不可能有两个完全相同的方法去管理学生。除此之外，我觉得一位王子、一个出身高贵的或一名普通绅士的儿子应该用不同的方法进行教养。在此处关于教育的主要目的和结果只有一些概论，这些概论都是为绅士的儿子量身定制的，而且因为他还小，我觉得可以把他看做一张白纸或是石蜡，任人随心所欲地将其书写或塑造成自己喜欢的样子；我已写出的差不多都是我觉得对于培养一位绅士所必需的；现在满怀希望地将我偶然冒出的观点公之于众。尽管这与一篇完整切题的论文相差甚远，而且并不是每个人都能从中找到适合孩子的东西，但是本文只想给那些关心小孩子的人一些小贴士，因为他们在教育孩子方面敢于表现出自己的理性思维，而不是完全依赖于那些传统习俗。

海拉和菲伦诺的三篇对话

Three Dialogues Between Hylas And Philonous

〔英〕 乔治·贝克莱

主编序言

乔治·贝克莱（George Berkeley），克罗因主教，1685 年 3 月 12 日出生于爱尔兰基尔肯尼郡，毕业于都柏林三一学院，在那里他接触到洛克的著作，并逐渐对“新哲学”产生了浓厚的兴趣，所谓“新”是与三一学院当时秉持的经院哲学相对。乔治·贝克莱 24 岁就发表了《视觉新论》，次年又发表了《人类知识原理》，然而他的新思想没有得到当时哲学家们的足够重视，因此他非常失望，继而以提出异议、给出解释的一问一答的形式完成了《海拉和菲伦诺的对话》一书，此书于 1713 年出版，此次再版。

期间，贝克莱被派到学院的各个办事处承办各种事务。1713 年，他前往英格兰，结识了约瑟夫·艾迪生（Joseph Addison，1672–1719）和蒲柏（Pope，1688–1744），并与他们成为了好友。经斯威夫特（Swift，1707–1754）引荐，贝克莱又作为彼得伯勒勋爵的牧师去了意大利。随后几年，他往返于伦敦和欧洲大陆。直到 1721 年，贝克莱作为爱尔兰总督牧师回到爱尔兰，担任德里区主教长，并继承了财产。

贝克莱热心于打造基督教在美国的美好未来，并且计划在百慕大创办一所大学。由于筹办大学所需赠款还没落实，他毅然跨越大西洋，于

1728–1731 年居住生活在美国罗得岛。获得赠款的愿望最终落空，贝克莱回到英格兰，并发表了在美国农场写成的《阿尔奇弗龙》（Alciphron）。之后被任命为克莱因主教（the Bishopric of Cloyne），回到了爱尔兰度过余生。他致力于在教区布道行慈，宣扬焦油水的好处，笃信这是治病愈疾的灵丹妙药。1753 年 1 月 14 日，贝克莱在牛津去世。

以下的对话是贝克莱为自己的主要学说观点所做的最好的辩护，被莱斯利·斯蒂芬（Leslie Stephen，1832–1904）誉为“对话辩论的最佳英文范本”。主编弗莱瑟（Fraser）则称其为“英国纯哲学著作的珍宝”。

查尔斯·艾略特

第一篇对话

菲伦诺（以下简称“菲”）：早上好，海拉。没想到你这么早就出门了。

海拉（以下简称“海”）：平常可不会，但是我一直在想昨晚谈论的话题，无法入睡，干脆起来在花园里转转。

菲：这样很好啊，可以让你明白每天早上都错过了怎样纯粹而宜人的愉悦。一天中哪有比早晨更愉快的时刻，一年中哪有比现在更宜人的季节？那紫色的天空，那些鸟儿胡乱而又甜美的音符，树木和花儿绽放的芳香，冉冉上升的朝阳柔和的光辉，以及无数难以名状的大自然的美，冥冥中开启心灵。人在这个时刻神清气爽、思维活跃，适于冥想，花园的孤寂和早晨的宁静自然而然地把我们带入沉思。但是我恐怕打断了你的思路：你看起来是在专注地想事情。

海：是的，我在琢磨事情。请允许我顺着思路继续想下去，谢谢。但我并没有要你离开的意思，其实比起一个人苦想，我的思绪在和朋友交谈时会转得更快，我是想烦请你听我讲讲我的思考。

菲：一定用心听，你不说，我刚才也正要问。

海：我在想那些自以为超凡脱俗、思维缜密的人有着奇怪的矛盾，他们要么假装什么也不相信，要么假装相信世界上最荒谬的东西。如果他们的自相矛盾和怀疑论并没有对人类造成什么不好的影响，这也许还可以容忍。但危险之处在于：当那些忙于生计、不得空闲的人们看到，连那些应该是成天钻研学问的学者都声称对一切一无所知，或提出与公认的原则截然相反的观点，他们就会被学者诱导而开始怀疑那些他们一度认为神圣不容置疑的重大事实。

菲：对于一些哲学家故作怀疑的不良倾向以及其他人的荒诞奇想，我完全赞同你的观点。近来，我甚至也颇受这种思维方式的影响，以至于为了通俗的观点放弃了一些学自各学派的崇高观念。老实说，自从这次对形而上学观念反叛，完全听从本性和常识后，我发现自己的理解力受到了不可思议的启发，所以现在我可以轻松地理解很多以前认为是神秘而不可捉摸的事情。

海：我想知道我听说的关于你的事是不是真的。

菲：是什么事，请讲？

海：在昨晚的交谈中，你是主张最荒谬的那位，谁也没这么想过，你坚持认为世界上不存在物质实体。

菲：我深信根本就没有哲学家所说的“物质实体”，过去如果有谁说服我这个观点有荒谬或值得怀疑之处，我会因此放弃它，而现在我觉得我应该对与我相反意见予以反驳。

海：什么！难道还有什么能够比相信物质不存在更荒诞离奇、更违背常识的吗？还有比这更明显的一套怀疑论吗？

菲：别激动，我的好海拉。你坚持有物质，我相信没有，如果我能证明你这样认为将是一个比我更大的怀疑论者，且自相矛盾、有悖常识呢？

海：那就请你尽快说服我，这就像是在说部分大于整体。只要是能避免荒谬和怀疑论，我会愿意在这点上放弃我的观点。

菲：那么你是否乐意承认经过检验的真相应该归于常识而不是怀疑论吗？

海：完全赞同，既然你要对自然界中最显而易见的事情提出异议，那我这次就听听你会说什么。

菲：海拉，你请说怀疑论者是什么意思？

海：我的看法和大家一样——质疑一切的人。

菲：那么就某一观点毫无异议的人，就这点而论，就算不上怀疑论者？

海：我同意。

菲：怀疑是在于肯定一个问题还是否定一个问题？

海：都不是，任何懂英语的人都明白“怀疑”意味肯定和否定的不确定。

菲：那么一个人否定一件事，和以同样的确信度肯定这件事一样，都算不得质疑。

海：的确如此。

菲：因此，像这样去否认或肯定一件事都不能认作是怀疑论者。

海：我承认是这样。

菲：海拉，那你怎么能因为我否定你所赞成物质存在，而断言我是一个怀疑论者呢？如你所见，我断然地否定，正如你绝对地肯定一样。

海：等一下，菲，我的定义出了点儿问题，不过一个人在讨论中推错一步并非要继续坚持。我的确说了一个怀疑论者就是质疑一切的人，但是我应该补充一句，还包括否认事物真实性和实质的人。

菲：什么样的事物？你是指科学的原则与定理吗？但是你知道的这些是普遍的知识观念，因而独立于物质之外。因此，对于物质的否定并不意味着弃绝科学原理。

海：我接受。但是就没有别的说法了吗？你看看，你不相信自己的感官，否认可以感知事物的真实存在，假装对它们一无所知，难道这些还不足以表明一个人是怀疑论者吗？

菲：那么让我们来检验一下，我们俩到底是谁在否认可感知事物的真实性，并忽略它们的存在，那谁就是最大的怀疑者，对吗？

海：正是。

菲：对于“可感知的事物”你指的是什么？

海：就是指通过感官可以察觉到的事物。难道你认为我是指别的不成？

菲：请见谅，海拉。如果我想要清楚领会你的观念——因为这样可能会大大缩短我们的询问——请容许我继续问你个问题。可感知事物仅仅指由器官立刻察觉的那些吗？还是也包括那些间接察觉的或因其他因素干预而察觉的事物？

海：我不完全明白你的意思。

菲：在读一本书时，我即刻感知到的是字母。但继而通过这些字母，我的头脑显现出上帝、美德和真理等概念。可见，这些字母是真正可以感知的或者通过器官能感觉到的事物，这毫无疑问。但我想知道你是否认为这些字母表明的东西也是可感知的呢？

海：当然不是，认为上帝或美德是可感知的事物真是太荒谬了，尽管它们与可感的符号有任意的联系，可能通过这些符号反映在头脑中。

菲：这样看来，你所说的"可感知的事物"，仅指那些可以通过感官立刻感知的东西了？

海：对。

菲：也就是说，尽管我看到天空的一部分是红色的，另一部分是蓝色的，我的理智断定肯定有什么原因引起了天空颜色的差异，但是那个起因就不能被认为是可感知事物，或者能通过视觉而感知到的，对吗？

海：是的。

菲：同样地，虽然我听到了各种各样的声音，但不能说我听到了引起这些声音的原因？

海：是不能。

菲：当通过触觉感知到一个东西很热或很重，我并不能真实而合理地说我感受到了事物发热或者沉重的原因？

海：为了避免更多这类问题，我再重申一次，我说的"可感知事物"，仅仅是指那些通过器官而感知到的，而且事实上，除非被感官立刻感觉到，否则感官什么也察觉不到，因为它们不会做任何推论。因此，从影响和外表对原因或理由做出的任何推论只是由感官感知到的，也只与推论相关。

菲：这点在我们之间达成共识——即可感知事物只是那些可以通过感官立刻被感知的东西。你得继续告诉我，是否我们通过视觉能立刻感知的除了光、颜色和形状没有其他；通过听觉能立刻感知的只有声音；通过味觉只能立刻感知味道；通过触觉，除了可触摸的质地，我们不能感知其他？

海：我们不能。

菲：这样看来，如果拿走所有可感知的性质，就没有任何可感知的东西了？

海：我同意。

菲：因此可感知事物不是别的，就是许许多多可感知的性质，或者这些可感知性质的组合？

海：不是别的。

菲：热也是可感知的事物吗？

海：当然。

菲：可感知事物的真实性在于被感知呢，还是它们根本就独立于感知之外存在，与头脑毫无关系？

海：存在是一回事，而被感知是另外一回事。

菲：我谈的仅与可感知事物相关。关于它们的真实存在，你是指头脑之外的存在，不同于他们的被感知吗？

海：我指的是真实绝对的存在，与他们的被感知毫无联系。

菲：那么如果说热是一种真实存在的话，它必须存在于头脑之外？

海：是的。

菲：海拉请你告诉我，我们感知到的不同程度的热，都同样地拥有这种真实存在吗？还是鉴于什么原因导致某些程度的热有，某些程度的没有？如果是这样，请告知我原因。

海：无论我们通过感官感知到的何种程度的热，我们都可以肯定热源具有真实存在性。

菲：什么！剧热和微热都一样？

海：我要说关于两者，这其中的原因明显一样。它们都被感官所感知，越热越容易被感受到。因而，如果说不同程度的热有任何差别，就在于比起微热，我们能更加确定地感受到剧热的真实存在。

菲：但是，极度剧烈的热度难道不是强烈的疼痛吗？

海：不可否认。

菲：不被感知的事物能够体验苦痛和快乐吗？

海：当然不能。

菲：你说的物质实体是种无意识的存在，还是有感觉和知觉的存在？

海：毫无疑问，是没有意识的。

菲：所以物质实体不可能是疼痛的主体？

海：绝对不是。

菲：那么它也不是可察觉剧烈热度的主体？因为你承认这可是不小的痛。

海：我同意。

菲：那么我们应该怎么形容你说的外在事物？它是物质实体吗？

海：它是内部具有可感性质的物质实体。

菲：那强烈的热怎么能存在其中，既然你承认物质实体不是剧烈热度的主体。我希望你澄清这一点。

海：打住，菲伦诺，我恐怕是错把剧烈的热度等同于疼痛了。看起来疼痛应该是与热度截然不同的事物，是热度产生的后果或者影响。

菲：当你把手放在火旁，你察觉到的是一种单一的感觉，还是两种不同的感觉？

海：只是一种单一的感觉。

菲：热立刻就感觉到了？

海：是的。

菲：也感到了疼痛？

海：是的。

菲：因此，你看，它们两者都同时被立刻感知了，而火只应带给你一个单一纯粹的感觉概念。也就是说，这个单一的感觉概念既是立刻感知到的剧热，也是疼痛。因而，立刻被感知的剧热与某种特定的痛是一回事。

海：似乎是这样的。

菲：海拉，你再想想，你是否能够在既不疼痛也不高兴的情况下直接得到一种强烈的感觉？

海：我不能。

菲：或者你能否脱离烫、冷、味道、气味等感觉概念，自己形成一种通常可感的疼痛或愉快？

海：我认为我不能。

菲：所以可以得出，可感的疼痛没有不同于那些感觉概念，而是它们的强烈形式吗？

海：无可否认，说实话，我开始怀疑很剧烈的热只能存在于感知它的头脑中。

菲：什么！那你是处于犹豫不定的质疑状态，游离在肯定与否定之间？

海：我想在这点上我可以肯定：对于剧烈痛苦的热，没有感知它的头脑就不能存在。

菲：那你是说，它没有任何真实的存在？

海：是的。

菲：所以，确定没有任何物体本身就真的热吗？

海：我没有否定在物体中有真实的热存在；我只是说没有真实的剧热存在。

菲：但是，之前你不是说所有程度的热都是同样真实的吗？还有即使有差别，强烈的热无疑比微热更为真实？

海：是的，不过那是因为我并没有考虑到区分两者的前提，而现在我明白应该是这样的：因为强烈的热是一种特定的疼痛感觉，而疼痛只能存在于具有感知力的实体中，也就是说没有任何剧热能在无感知力的有形物体中真正存在。但是，我们并没有理由否认程度稍低的热在这样的物体中存在。

菲：但是我们怎样才能够将那些只存乎于心的热，与那些不需要心灵而存在的热区分开来呢？

海：那并不是一个难题。你知道，最轻的疼痛也是会被察觉的。因此，无论何种程度的热，它所带来的疼痛都只存在于头脑中。但是，对于其他程度的不产生疼痛的热，我们就不必考虑这个问题了。

菲：我记得你之前承认任何无感知力的实体是不能够体验快乐的，更别提苦痛了。

海：是的。

菲：温暖或者不引起不安的温和的热，难道不是一种快乐吗？

海：那又如何？

菲：这样它便不能独立于头脑而存在于没有感知力的物体或者主体中。

海：似乎是这样的。

菲：因此，既然不带来疼痛的热和带来疼痛的热，都只能存在于有感知力的实体，我们是不是可以下这个结论：外部物体绝对不能含有任何程度的热？

海：仔细想想，我认为说温暖是一种快乐并没有剧烈的热是苦痛来得那么明显。

菲：我不想硬说温暖带来的快乐如剧热带来的痛苦程度那么强烈。但是，只要你承认哪怕一点儿快乐的存在，就能很好地证明我刚才的结论。

海：我宁愿称之为无痛，是苦痛和愉悦的缺失。这样一种性质或者状态与无感知力的物质是相吻合的。我希望你不要否认。

菲：如果你执意相信温暖或者程度温和的热不是快乐，我不知道除了让你诉诸自己的感觉，如何才能说服你。那你怎么看待冷？

海：和热一样。程度强烈的冷是疼痛，因为感受强烈的寒冷是一种极度的不适，所以不能独立于大脑存在；但程度低的冷则和温热一样。

菲：所以，我们能感受其温热的物体，应断定为内部拥有适度的热；同样，那些让我们感到略冷的物体，其内部应含有一定的冷。

海：应该是这样。

菲：引人步入荒谬之地的原理会是正确的吗？

海：毫无疑问，当然不是。

菲：如果认为同一个东西在同一时间又冷又热，这不是很荒谬吗？

海：是很荒谬。

菲：设想现在你的一只手热，另外一只手冷，将两只手同时放入水温适中的容器里，难道不会一只手感到水凉，另一只手感到水暖吗？

海：会的。

菲：那么根据你的理论，我们就该总结说水同时既冷又热喽？也就是说，根据你的认可，去相信一个荒谬之言吗？

海：我承认看起来是这样。

菲：你刚才已经假定正确的原理是不会引出荒谬之言的，因此是原则本身发生了错误。

海：但是，毕竟没有什么比火中没有热的说法更荒谬吧？

菲：为了将此观点阐述得更清晰，请你告诉我，在两个完全类似的事例中，我们该不该做出同样的判断？

海：应该。

菲：当针扎了你的手指，它不会使你肉体的纤维组织破碎或者裂开吗？

海：会的。

菲：而当一块木炭烧伤了你的手指，也会那样吗？

海：不会。

菲：因此，既然你没有把感觉判断成是由针引起的还是针里含有什么东西，那么你就不应该像你现在这样把感觉区分成由火引起的或者火里含有什么东西。

海：嗯，确实是这样，我乐于放弃我的观点，并且承认热和冷是仅存于我们头脑中的感觉。但是仍然有其他性质足以确保外在事物的真实存在性。

菲：但是海拉，如果证明所有其他可感性质情况相同，和热与冷一样只能存在于头脑中，那你怎么解释？

海：那你就真正妥当地解答了问题，但我不相信这能够被证明。

菲：让我们依次逐一验证。你怎样理解味道——它们是独立于大脑存在，还是相反呢？

海：哪个有理智的人会怀疑糖果不是甜的，苦艾不是苦的呢？

菲：海拉，请你告诉我，糖果尝起来是一种独特的快乐或者快感吗，还是相反？

海：是的。

菲：而苦味难道不是某种不安或者痛苦吗？

海：我赞同。

菲：因此，如果糖果和苦艾是独立于意识之外存在的没有思维的有形物质，那么甘甜和苦味，即快乐和痛苦，怎么会与之对应呢？

海：等会儿，菲伦诺，我现在终于明白是什么让我一直没有弄清楚了。你问我热和冷、甜和苦是不是某种特殊的快乐和苦痛，而我简单地回答“是”。然而，我应该有所区分——那些我们感知到的性质是快乐或痛苦，但它们与存在于外在物体中的性质不同。所以，我们不能断然下结论说火中没有热量，或者糖里面没有甜味；只能说被我们感知到的那些热和甜味不在火和糖里。对这点你怎么看？

菲：我想说这和我们的讨论毫无关系。我们的谈话是围绕可感知事物进行的，你所下的定义是通过感官我们能立刻察觉的事物。因此，你提到的任何在此定义之外的性质，我都一无所知，它们不属于我们讨论的范畴。当然你可以假定发现了某种你没有感觉到的特质，并且断言那些意识不到的特质存在于火和糖中。但我不明白这对于当前的论证能起什么作用。再确认一次，你承认热和冷，甘甜和苦痛（即我们用感官所感知的那些特质）不能独立于意识存在吗？

海：我知道这样有点儿文不对题，所以我收回刚才提到的那些特质区分。但我还是认为如果说糖不是甜的，这听上去就奇怪。

菲：但是，为了令你更加满意，你想想这个：其他时候甜的东西对于坏掉的味觉也可能变成苦涩的。不同的人在同一种食物上品尝出不同的味道，这是再清楚不过的。因为一个人喜欢的，另外一个人可能憎恶。如果味道真的是事物内在固有的东西，这些差异该如何解释？

海：我承认我解释不了。

菲：接下来我们来讨论一下气味。对此我乐于知道，刚才就味道进行的分析难道不完全适用于气味吗？它们是不是多种多样的愉悦或不快感觉？

海：是的。

菲：那你能设想这些感觉是存在于一个没有知觉的物体中的吗？

海：我不能。

菲：或者，你能想象让我们觉得恶臭的污秽物，对于以它们为食的野蛮动物是一样的臭吗？

海：绝不可能。

菲：那我们是否可以总结为气味和前面提到的其他特质一样，只存在于有感知力的物质或者意识中？

海：我认为是这样。

菲：那么，对于声音，我们又该怎么看：它们真是偶然存在于外部事物中，还是相反呢？

海：声音不是发出响声的物体内在固有的，目前这点已经清楚了。因为一个钟在在真空容器里敲击是发不出声音的。所以，空气应该被认作声音的主体。

菲：海拉，你这样说有什么理由呢？

海：因为当某种运动上升到空中时，由于空气的运动，我们感知到或大或小的声音。但是，如果没有空气的运动，我们根本不会听到任何声音。

菲：你保证如果空气中没产生某种运动我们将不会听到任何声音，但是我没有明白你如何从这推测出声音本身就存在于空气中。

海：正是这种外部空气中的运动在脑海里产生出声音的感觉。因为空气运动敲击耳膜，引起振动，而这又会通过听觉神经传输到大脑，心灵才由此感知到声音。

菲：什么？声音也是一种感觉？

海：让我告诉你，正如我们感知到的，它是脑海中一种独特的感觉。

菲：那么有任何感觉能独立于意识之外而存在吗？

海：当然没有。

菲：如果空气是指独立于意识之外而存在的没有感知力的物质，那么声音，作为一种感觉，怎么能够存在于空气中？

海：菲伦诺，你必须将我们感知到的声音和存在于其自身的声音区别开来。或者说是要区分开我们立刻感知到的声音和独立于我们而存在的声音。事实上前者是一种独特的感觉，而后者只是空气中一种振动或者波动。

菲：之前当你在一个类似的例子中应用这一点时，我想我的回答已经消除了那种区别。对于那点我不再多说，但是你确定声音真的就只是运动？

海：我确定。

菲：所以只要是真的声音，事实上可能都归因于运动吗？

海：是的。

菲：那么把运动描述成大声、甜美、尖锐或者庄严的算是合理的判断。

海：我知道你执意要误解我的话。这点难道不明显吗？那些属性或者模式仅仅归属于可感知的声音，或者说世人普遍接受的声音概念，而不是真正的或者哲学意义上的声音，正如我刚刚告诉你的，它就是空气的某种运动。

菲：那么似乎有两种声音，一种是通俗或者被听到的，另外一种是哲学上真正的声音？

海：就是这样。

菲：后者存在于运动中吗？

海：之前我就告诉你了。

菲：海拉，你认为运动这一概念归属于哪种感观？是听觉吗？

海：当然不是。而是归属于视觉和触觉。

菲：那么根据你的意思，真正的声音可能被看到或者感觉到，但永远不可能被听到了。

海：你看你，菲伦诺，如果你乐意，可以嘲笑我的观点，但是那不可能改变事物的真相。真的，我承认你使我卷入关于声音所做的推论听起来有些奇怪。但是你知道的，通用语言是由平常人创建也是为他们所用的。因此，如果措辞精确的观点与哲学概念相符合而显得古怪不合常理，我们也不应该感到惊讶。

菲：这是你要的结论吗？我向你保证，我想自己已经有了不小的收获，因为你在常用短语和意见方面区分得如此清楚。它是我们探讨的主要部分，以此来验证谁的观念最符合常规，和世界的一般意义而言谁的最矛盾。但是，说真正的声音永远不可能被听到，而声音的意念是通过一些其他的感觉而获得的，你不认为这是哲学上的悖论吗？关于这点没有与自然和事物真相相反的吗？

海：这么精巧地处理问题，我不喜欢。在这些已做的让步之后，我还是承认声音在意识之外也是没有实体的。

菲：我希望在区分颜色方面你同样没有任何困难。

海：抱歉，关于颜色是非常不同的。还有什么比我们看到它们在物体上面更加明显的吗？

菲：你所说的物体，我猜想，是独立于意识之外而存在的有形物质吗？

海：是的。

菲：那么，在物质本身就固有真正和真实的颜色吗？

海：每个可见的物体都有我们从中可以看到的颜色。

菲：是怎么看到的？除了用视觉来感知难道还有其他可见的事物吗？

海：没有了。

菲：难道我们感知任何事是通过我们不能立刻感知的感觉吗？

海：我必须经常有义务地向你重复同样的事吗？我告诉你，不是的。

菲：有点耐心嘛，海拉。请再次告诉我，除了可见的特质外，是否还有其他通过感觉而直接感知的事物？我知道你断言说没有了，但是现在我想知道，你是否执意坚持同样的观点？

海：是的。

菲：祈祷吧，你的有形物质是种可见特质还是由可见特质而组成？

海：这是个什么问题啊！谁曾那么认为？

菲：我问这个问题原因在于，因为在说到每个可见物体都有我们从中看到的颜色时，你将可见物体认作有形物质。这便暗示着有形物质就指可见特质，或者除了可见特质以外，还有其他事物通过视觉而被感知。但是由于这点之前我们已经达成一致，而你仍然坚持此观点，很明显，你所说的有形物质和可见特质没有区别。

海：只要你乐意，你可以得出尽量多的荒谬的结论，并竭力把最清楚明了的事情复杂化。但是你永远不可能劝服我脱离自己的理智，我很清楚地知道自己所表达的意思。

菲：我希望你也能使我明白。但是，既然你不愿意将你关于有形物质的概念加以验证，我也不会就这点再做更深层次的探讨。仅仅是很乐意知道，是否我们看到的同样的颜色还是一些其他的存在于外部物体中。

海：是极其相同的颜色。

菲：你说什么？那么，我们在远方云彩上看到的漂亮的红紫色也存在于其中？或者，你是否曾想过除了深暗的薄雾或水蒸气，它们自身还有其他形式吗？

海：菲伦诺，我不得不承认，从这个距离来看，那些颜色并非像看上去那样真正的在云彩里面。它们只是表面上的颜色。

菲：你称它们为表面上的颜色？我们要如何区分这些表面上的和那些真实的颜色呢？

海：非常简单。那些被认作为显现的颜色只在远处出现，依稍近的途径消失。

菲：我猜想，那些被认作真实的颜色是通过最近、最精确的调查来发现的。

海：不错。

菲：这最近最精确的调查是借助于显微镜的帮助还是直接通过肉眼进行的呢？

海：毫无疑问，是借助于显微镜进行的。

菲：但是用显微镜发现物体中的颜色，通常和无外界参与、直接感知到的不同。况且，万一我们用显微镜放大到任意规定的范围，毫无疑问，无论什么物体也不会和通过肉眼观察显现的颜色一样。

海：那么，你从所有这些中得出什么结论？你不能争辩说物体上没有自然的真正的颜色，因为通过人为管理可让它们改变或者令它们消失。

菲：我觉得可以很明显地从你自己的推理中得出结论，即，我们用肉眼看到的所有颜色同在云彩上的一样明显，因为它们是通过一个更近和更精确视察消失的。我们得到的视察是借助于显微镜。接下来，关于你说的阻止，是否物体的真实和自然状态，能通过非常锐利和洞察力强的视觉来得到更好的观察呢？还是通过没有那么锐利的视觉？

海：当然是通过前者了。

菲：显微镜使得视觉更加锐利，如将要在眼前出现那样地呈现物体，就像它自然而然地就具有最精致的锐利一样，这在《屈光学》中不是说得很清楚吗？

海：是的。

菲：因此，显微镜式的呈现被认作对事物真实性质或者其自身的陈列。所以，通过它而观察到的颜色比用其他方式观察到的更加真实。

海：我承认你说的话有些道理。

菲：另外，不仅可能，还可以证明事实上有一些动物，它们的眼睛天生便是用来感知那些逃离我们肉眼的微细事物的。你如何看待那些用眼睛来观察的难以想象的细小动物？我们必须猜想它们是完全彻底地看不见？或者，它们能看见了，它们在保护自己身体不受伤害时，我们能想象没有相同的用处吗？而这些伤害是出现在所有其他动物面前的。如果有的话，它们不是必须看到比其身体更小的微粒，这点不是很明显的吗？而身体将会对每个物体同撞击我们感觉的东西呈现出完全不同的图景。尽管我们自己的眼睛在同样的方式之后，也不经常为我们呈现出物体。得了黄疸病，每个人都觉得所有的事物似乎是黄色的。因此，通过那些动物的眼睛我们洞察到与我们自己的非常不同的实质，并且它们的身体本身就具有不同的属性，与我们不同，它们不会在同一物体中发现相同的颜色，这点不是极有可能吗？从所有这些中得出，难道不是所有的颜色都同样明显吗？并且我们感知到的，没有一个是真正在外部物体中固有存在的。

海：应该是的。

菲：这一点将消除所有的疑虑，如果你这样想，假如颜色是外部物体中固有的真正性能或影响，如果物体本身没有任何变化，它们是不会容许改变的。但是，刚刚所说的，借助于显微镜，发生在眼睛感知能力的变化，距离的改变，在事物本身没有任何真正形式的改变，任何物体的颜色要么变化要么完全消失，这点不是显而易见吗？或者，其他所有的情况保持不变，仅仅是一些物体的位置发生变化，它们将在眼睛面前呈现出不同的颜色。在灯光的不同角度观察一个物体也是同样的道理。同样的物体在烛光下和白天的日光下相比会显出不同的颜色，还可以知道什么比这更多的吗？将棱镜的试验增加到这些中来，棱镜把灯光的同种光线分离，改变任何物体的颜色，这将会使最白的颜色在肉眼面前显示出深蓝或者红色。现在请你告诉我，是否你仍然坚持你的观点，即：每个物体内部都有其真正真实的颜色存在？如果你认为有的话，我会非常乐意地想从你那里了解更多。为了探知真正的颜色，并且把它与表面上的颜色区别开来，物体需要怎样确定的距离和位置，眼睛需要什么样特别的材质和构造，以及什么程度或种类的灯光是必要的？

海：我认为自己非常满意。即，所有的颜色都同样明显，并且也没有真正存在于外在物体中的这种颜色。但是，它们总归是在灯光中的。使我坚信这一观点的原因便是，和灯光达成比例，颜色仍然是或多或少的鲜明，如果没有灯光，也就没有被感知的颜色。另外，假如外部物体上有颜色，我们怎样才能够感知到它们呢？因为，没有外部物体能够影响意识，除非它一开始就能作用于我们的感觉器官。但是机体的唯一活动便是运动，而运动除了通过动脉也不能得到沟通。所以，远方的一个物体不可能作用于眼睛，其自身或者它的性能也因此不能与心灵连接上。因此，可以很明显地得知，是那些直接相邻作用于眼睛的物质引起了颜色的感觉，而这便是光。

菲：光亮怎么变成物质了呢？

海：我跟你说，菲伦诺，外部的光只是一种细、小不固定的物质，它的微粒被一种轻快的运动所激发，并且以各种各样的方式，从外部物体的不同表面反射到眼睛，向视觉神经传达不同的运动。而视觉神经的反应被传输到大脑，也就在那留下各种各样的印记。而这些也伴有红色、蓝色、黄色等感觉的参与。

菲：那么，似乎亮光只是用来振动视觉神经。

海：再没有其他的了。

菲：因此对神经的每一个特别的运动来讲，意识由一种感觉所影响，而这种感觉又是某种特有的颜色？

海：不错。

菲：而这些感觉不能独立于意识之外而存在？

海：是的，不能存在。

菲：那么，你怎么肯定颜色在亮光之中？因为亮光被你理解为意识之外的有形物质。

海：由于亮光和颜色是被我们立刻感知到的，我保证它们不能独立于意识之外而存在。但是在其自身，它们只是物质某种不常见微粒的运动和配置。

菲：那么，颜色就通俗意义上说，或者对视觉的直接为一体而言，只能和有感知力的物质相吻合。

海：那正是我所说的。

菲：那么，关于那些可见特质被全人类单独地认作颜色，既然你放弃了这点，只要你乐意，你可以坚持哲学家关于那些不常见特质的观点。与他们辩论不是我的义务。我只是建议你思考自身，考虑到我所有在此进行的探讨，你坚信这点是否明智，即，我们看到的红色和蓝色并非真正的颜色，而是某种未知的运动和图形，没人曾做过或者看到的也同样如此。难道不是这些震惊的概念，难道不是他们屈服于尽量多的荒谬的推论，正如你之前在声音的事件中一样？

海：菲伦诺，我很坦诚地承认，再这样继续坚持下去是白费工夫。颜色、声音、味道，总之所有那些被称作二级品质的，毫无疑问不能独立于意识之外而存在。但是就凭这一承认，我并不应该就从物质的真实性或者外在物体中贬损任何事物，发现这只不过是若干哲学家坚信的那样。尽管如此，他们在否认物质方面是最难以想象的。为了对这点有更清楚地了解，你必须知道可见特质被哲学家划分为第一性的和第二性的。前者是延展的、有形的、固定的、运动的、静止的，持有这些特点的真正存在于物体中。而后者不胜枚举，简单说，就是除了第一性以外的所有制性质。他们断言，这些才是仅仅存在于意识中的如此多的感觉和意念。而所有这些，我怀疑你都不知道。对我自己而言，很长一段时间里我都意识到，有这样一种观念流行于当前的哲学家们中间，但是直到现在才确信它的真实。

菲：那么，你仍然坚持延展和图形内在地存在于外部没有意识的物质中吗？

海：是的。

菲：但是，假如用反驳第二性的相同的论点也被证明是正确的来反驳它呢？

海：为什么我应该去认为它们同样也存在于意识中？

菲：你的观点是你用感官感知到的图形和延展，存在于外部物体或者实质物质中？

海：是的。

菲：所有其他动物对其所看到或感觉到的图形和延展也是同样的看法吗？

海：毫无疑问是这样的，如果他们有任何想法的话。

菲：请回答我，海拉，你认为那些感官是天生赠予给所有动物、为的是它们的生命以及生存，还是单独赋予人类的？

海：我相信它们在所有其他动物身上同样适用。

菲：如果真是如此，难道它们就没有必要通过自己而能够去感知自己的四肢，还有那些会伤害它们的物体了吗？

海：当然。

菲：因此，小虫就必须应该看到自己的足，或者跟它同等或比它更小的事物吗？而这些是作为某种可想到的尺度的物体，尽管它们在你眼前出现很难以辨别，或者最多作为如此多的可见点。

海：我不否认。

菲：然而，对于比小虫还小的生物来说，就会看上去更大吗？

海：会的。

菲：所以，对于另外一些极小的动物而言，那些你很难识辨的将会如高山一样出现吗？

海：所有的这些我都承认。

菲：一种事物与和其自身一样的事物，在相同时刻能表现出不一样的尺度吗？

海：那可真是荒谬得难以想象。

菲：但是，从你以上所主张的，可以看出你和小动物自身都感知到的延展，如被更小动物所感知到的，每一个都是小动物的真正延展。也就是说你被自己的原则引进了谬论。

海：在此观点上似乎有点难度。

菲：在此，难道你没有认识到在事物本身没有任何变化的情况下，任何物体都没有真正的内在特质能够被改变吗？

海：我认识到了呀！

菲：但是，在我们靠近或远离一个物体时，其可见的延展发生了变化。比在另一个距离扩大了十甚至百倍。所以，同样地，从这里难道不可以看出它并非真正地存在于物体中？

海：我想说现在我不知所措，不知道该思考什么。

菲：如果你就这一特质能够像你关于其他一样，大胆地、自由地思索，你将很快对你的判断作出决定。难道这点不是一个很好的论据吗？即，冷和热都不存在于水中，因为它对一只手来说是温暖的，而对另外一只手而言却是冷的。

海：是的。

菲：难道不是以同样的道理来得出结论吗？即，一个物体中并没有延展或图形存在，因为对一只眼睛来说是微小、平稳和圆润的，对另一只而言却可能是庞大、不均匀和有规律的。

海：完全一样。后面的这个事实曾出现过吗？

菲：你可以在任何时候来做个试验，一只眼睛什么也不用戴，另外一只借助于显微镜。

海：我不知道如何保持那样子。然而，我却不愿意放弃延展，我看到在这退让之后，伴随着如此多的奇怪的结果。

菲：你说古怪吗？在这退让之后，我希望你不要再为它的古怪坚持任何东西。[但是，另一方面，如果包括所有其他可见特质的一般推理却不包括延展，这一点难道不奇怪吗？如果容许想法或者任何像想法一样的东西，能够在没有感知力的物质中存在，那么，就可以毫无疑问地说，没有图形，没有我们能感知、想象或者由有任何主观意愿延展的模式，能够真正地在物质中存在，更别提在感知实质性物质时鼻咽存在的特别的难度。由于延展并与之不同的是延展的次层，若可见特质是图形、声音或者颜色，同样地，它将不可能存在于不感知它的事物中。[1]]

海：我放弃目前的观点，仍然保持权利去取消我的观点——万一在自己靠近它的努力中发现任何错误的步骤。

菲：这便是你不能被弃绝的权利。图形和延展我们先放在一边，接下来我们进入到运动的范畴。任何外部物体的真正运动能够同时既很迅速又很缓慢吗？

海：不能。

菲：难道不是与时间成相反比例的物体的运动，很迅速地在描绘任何固定空间吗？这样一小时内描绘一英里的物体比三小时内只描绘一英里的快三倍。

① 方括号里的内容不包括在第一版和第二版中。

海：我同意你的说法。

菲：那么，难道时间不是由我们意识中想法的连续性所测量的吗？

海：是的。

菲：想法应该两次地一个接一个地连续，在你的意识中、正如在我的意识中一样快，或者在另一种的某种精神里面，难道这点不可能吗？

海：我赞成。

菲：所以，同样的物体对另一个而言，在运动时可能用你的一半的时间就可以超过任何空间。同样的推理也适合于其他任何比例。也就是说，根据你的原则（因为感知到的运动都是真正在物质中的），很可能一个物体和真正同时移动相同的方式，都既迅速又缓慢。这一点怎么与常识或者刚刚你承认的相一致呢？

海：对于这点我无话可说。

菲：接下来谈谈坚固性。对这个词若你不是指可见特质，那么，就与我们的探讨无关。但如果是的话，它一定是坚硬或者抵制。不过两种都同样的与我们的意识相关。很明显，对于一种动物而言是坚硬的，或许就另一种力气更大、四肢坚固的动物来说就会是柔软的。我感觉到的抵制不在物体中，也就不是那么的明显。

海：我承认所有你立即感知到的抵制的感觉并非在物体中。但是那种感觉的起因却在物体中。

菲：但是引起我们感觉的原因并非立即感知到的事物，因此，也就不是可见的。这点我认为已经被证明了。

海：我认为也是。如果我看上去很尴尬请你原谅，我不知道如何放弃自己的旧观念。

菲：让我来帮你。去想，如果延展被认为是独立于意识之外便不能存在，同样地，有必要必须被认作运动、坚固，以及庄严。因为，很明显地，他们都认为那是延展。因此，对于其中每一个都询问就没必要。否认延展，你也就否认了它们有真正的存在。

海：菲伦诺，我在想，如果你说的都是真的，为何那些否认第二性物质真实存在的哲学家们仍然将之归到第一性呢。如果两者间没有区别，那这点又是如何解释的呢？

菲：去解释哲学家的每一个观点就跟我没有关系了。但是其他原因中，与这有联系的快乐和苦痛宁愿被添加到前者而不是后者。热和冷，味道和气味，比延展、图形和运动的想法对于我们有更为鲜明而令人快乐或不适的影响。这是如此明显的荒诞，即，坚持苦痛或者快乐能存在于没有感知力的物质中，与第一物质特性相比，人类更不轻易相信第二物质特性的外部存在。如果重新收集整理关于热的程度强烈与适中，你所做的不同比较，你就会非常满意，这里面还有一些知识。对一个你承认其真实存在，而对另一个你又加以否认。但是，对于那区别，毕竟没有合理的解释。因为，事实上，一种冷漠的感觉正如一种更令人愉悦或苦痛的一样真实。所以，它们应该是存在于没有意识的主体中。

海：菲伦诺，我突然想起，我在某个地方听说过绝对和可见延展的区别。现在，尽管人们承认大和小，区别仅仅在于其他延展的存在物与我们身体部位的联系，并非真正地存在于物质本身。但是，没有什么使我们坚持和绝对延展一样的观点，而这绝对延展又是从大和小，从这或那特别的光度或者图形之中抽象出来的。所以，运动也是同样的道理。总之，迅速和缓慢的运动都与我们自己意识中的想法的连续性相关。因为那些运动的改变不能独立于意识之外而存在，然而，并不能因此就说绝对运动不是从它们中概括出来的。

菲：是什么使一种运动或者延展的一部分，从另外一种中区别开来的呢？难道不是一些可见的东西吗？如某种迅速或者缓慢程度，较对方很罕见的某种特定的光度或者图形？

海：我也这么认为。

菲：所以，这些被剥夺所有可见性能的特质，并没有如学派所称呼的所有独特差别。

海：它们有的。

菲：也就是说它们通常是延展，通常是运动。

海：先这样认为吧。

菲：但是，每一种存在的事物都是独特的，这一点是普遍接受的准则。那么，一般的运动或者延展怎么能够在任何有形的物质中存在呢？

海：我会利用一点儿时间解决你的难题。

菲：但是，我觉得这点结论做得太仓促了。毫无疑问，你知道自己能否构建这个或那个想法。现在，我很乐意将我们的争论移到这点上来。如果你在自己的意识中能够构建一个运动或者延展的独特抽象的想法的话，没有所有那些可见模型，如迅速和缓慢、大和小、圆和方，等等，而这些是仅仅存在于意识中，那么我就放弃你争论的这个观点。但是，如果你做不到的话，你站在你方继续坚持你没有任何概念的东西就显得不合情理。

海：坦白地说，我做不到。

菲：那你能够将运动和延展的概念从所有那些特质的概念中分离出来吗？那些特质是将术语第二性作为其区别的。

海：什么？通过延展和运动自身来思考它们，从所有其他可见特质中抽象出来不是一件很简单的事情吗？数学家们是如何处理的？

菲：海拉，我承认，不提其他任何特质，形成一个关于那些特质的一般推理并不难。并且，从这个意义上，抽象化地去思考或处理它们，尽管我可以通过运动这个词本身去发音，但是，在我的身体外，我如何在自己的意识中形成这个词的概念？或者，在不提大和小，或其他可见模式和特质的情况下，可以定义延展和图形的原理，所以，很有可能延展的这个抽象的概念，在没有特别的尺寸或图形，或者可见特质（size or figure， or sensible quality）①的情况下，应该特别地形成并且由意识去理解吗？总之，数学家将数量看做是与演示毫无关系的，没有考虑其所伴随的其他特质。但是，将这些话搁在一旁，他们会仔细思考这些纯概念，我想你会发现他们并不是延展纯粹的抽象概念。

---

① “size or figure， or sensible quality”（尺寸或图形，或者可见特质）在第一、第二版中为“size， colour， &c”（尺寸、颜色等）。

海：但是，就纯粹的智力你是如何理解的？可能不是由天赋形成的抽象概念吗？

菲：既然我根本不会构建抽象概念，很显然，无论你是通过哪些词理解出的何种天赋，我也不会借助于纯粹的智力构建它们。另外，对纯粹的智力和精神物体的本质不再深究，如，美德、理智、上帝，诸如此类。很明显，即可见事物仅仅是由感官来感知的，或者，由想象来呈现。所以，起初由感官所感知的图形和延展，并不属于纯粹的智力。但是，为了得到更满意的答案，如果你能够构建任何图形的概念，能从尺寸的所有个性特征，甚至从其他可见特质中抽象出来，就请你试一试。

海：让我再想一会儿——我觉得应该不能。

菲：你认为很可能那真正存在于自然界中，其概念中暗含矛盾？

海：绝不可能。

菲：所以，既然意识都不能够将延展和运动的概念从所有其他可见特质中分离出来，难道不是说，一种事物存在的地方另外一种也必然存在吗？

海：似乎是这样子的。

菲：所以，你所承认的那用来反驳第二物质性特征的非常相似的总结性论点，不需要任何更有力的应用，也是与第一物质性相违背的。此外，如果你相信你的直觉，难道不是所有可见特质，或者对它们来说，以存在物的方式出现在同一个地方吗？它们曾经是否代表过被剥夺所有其他可见或有形特质的运动或者图形？

海：在这点上，你不需要再说下去了。我有权承认，如果在到我们迄今所进行的探讨中没有未知的错误或者疏忽，那么，所有可见特质同样都不能够独立于意识之外而存在。但是，我恐怕在之前的退让中，太自由主义了，或者忽视了一些谬论或者其他的东西。总之，没有花时间去思考。

菲：对于那件事，你可以利用你合适的时间去回顾一下我们探讨的过程。你可以自由地去复查你可能错误的地方，或者提供无论什么可以弥补你第一观点的所忽视的东西。

海：其中一个我很大的疏忽便是——我没有充分地将物体从感觉中区

分开来。现在，尽管后者不能独立于意识之外而存在，但就此并不能推断出前者也不能存在于意识之外。

菲：你指的是什么样的物体呢？是有意识的物体吗？

海：都一样。

菲：那么，它是可以立刻被感知的吗？

海：是的。

菲：请让我明白可以立即被感知的物体和感觉之间的差别。

海：我说的感觉是指意识感知的一种行为，除此之外，还有一些东西被感知，而我把这称作物体。比如，那束郁金香上面有红色和黄色，但是感知那些颜色的仅在于我，而不是郁金香。

菲：你指的是什么样的郁金香？是你看到的那种吗？

海：都一样。

菲：那么，除颜色、图形和延展之外，你还看见其他什么？

海：什么也没有。

菲：你接下来是要说红色黄色、同延展共存，不是吗？

海：那并不完整。我想说它们在独立于意识之外能够真正地存在于没有思考的物质中。

菲：我看到郁金香上真正存在的颜色是很明显的。所以，郁金香在独立于你我的意识之外可能存在，这一点是无法否认的。但是，感觉到的任何直接物体，即，概念，或者概念的集合，应该存在于没有意识的物质中，或者独立于所有的意识，这点本身就是一个很明显的矛盾。因为你并不能假装看到那没有意识的物质，我也不能想象这如何从你刚刚说的关于智力的理论中推断出，红色和黄色在你看到的郁金香上面。

海：菲伦诺，你如此巧妙地将我们的探讨从主题中转移。

菲：我明白你没有心思去承认那种观点。那么，让我们返回到感觉和物体的区别的话题中。如果我认为你是正确的，你就会将两件事的每一个概念区别开来，一个是意识的行为，另一个不是。

海：不错。

菲：这个行为不能存在于或者归属于任何没有意识的事物中，但是，除此之外，一种感觉里还可能暗含什么呢？

海：那正是我的意思。

菲：如果意识的任何行为之外有一种感觉，那么，这种感觉很可能存在于没有意识的物质中吗？

海：我承认。但是，不可能有这种感觉存在的。

菲：意识在什么时候被认为是活跃的呢？

海：当它产生、终止或者改变任何事情的时候。

菲：但是，意识能够通过意愿产生、终止，或者改变任何事物吗？

海：不能。

菲：所以，意识在观念中被认作活跃的，是因为意志力包括在其中吗？

海：是的。

菲：在摘这朵花时我是活跃的，因为我靠的是手的运动，而这正是伴随我意志力而产生的。所以，同样地，在应用鼻子时也是如此。但是，这两个中有哪个能够闻呢？

海：不能。

菲：我通过鼻子吸入空气，这是因为我在呼吸，并非受我意志力的影响。但是，这也不能称作嗅觉，如果是的话，每次以那种方式呼吸时，我都应该能觉察到。

海：是的。

菲：那么，在某种程度上，嗅觉也是紧随所有这些之后了吗？

海：是的。

菲：但是我并没有发现我的意志涉及更远的呀。无论有什么更多的——我感知到这种独特的味道，或者任何味道，都与我的意志相独立，总而言之，我是被动的。海拉，你有发现它伴随你吗？

海：没有，完全一样的。

菲：接下来，对于视觉，难道不是你自己的力量来睁开或者紧闭双眼吗？或者一会儿朝这儿一会儿朝那儿吗？

海：毫无疑问。

菲：但是，在观赏花时，你感知到的是白色而不是任何其他的颜色，难道它不是以同样的方式依赖于你的意志吗？或者指引你睁开的双眼朝向天空的远处，你能避免不看见太阳吗？是光亮或黑暗成为你意志的影响吗？

海：当然不是。

菲：总之，你在这些方面都是消极被动的吗？

海：是的。

菲：现在，请告诉我，视觉是否在于感知到光亮和颜色，还是睁开和闭上双眼？

海：毫无疑问，在于前者。

菲：因此，既然你对光亮和颜色的每一个感知都是消极被动的，那么，你提到的作为在每种感觉中组成部分的那个行为有什么结果呢？你对光亮和颜色的感知，不包括任何行为，可能存在于没有感知力的物质中，这点难道不能从你自己的退让中推断出吗？而这点不是很明显是矛盾的吗？

海：我不知道对此该说些什么。

菲：此外，既然你对积极和消极被动在每一个方面加以区分，对于苦痛，难道不也应该如此吗？可是苦痛，无论你乐意它如何细微的活跃，怎么可能在没有感知力的物质中存在呢？总之，思考这一点，然后坦诚地回答，是否光亮和颜色、味道、声音等等，在灵魂深处并不是同样的情感和感觉？你可能称它们为外部物体，或者随你意，用文字将存在什么加以表达。但是，你验证一下你的想法，然后告诉我，是否不是我所说的那样子？

海：菲伦诺，我承认，通过你在我脑海里出现的加以清除的观察，我发现自己只是个有思想意识的存在物，喜欢各种各样的感觉。更不可能设想一种感觉应该存在于没有感知力的物质中。但是，另一方面，当我用一种不同的眼光看那些可见事物，把它们当做如此多的模型和特质时，我发现有必要假想物质基层（material substratum），没有这个，它们便不能被想象为是存在的。

菲：你称它为物质基层吗？当你的意识到来时，你就能知道那个存在物了吗？

海：并不是它本身可见，它的模式和特质只能由感官来感知。

菲：我猜想是通过反射和理智，你才获得了它的概念？

海：对于它的任何合理积极的概念，我并没有假装。然而，我断言它存在，因为特质如果没有支撑的话是不能想象成存在的。

菲：似乎你对它仅仅只有一个相对的概念，还是，你设想它不是通过感知取得与其他可见特质间的联系的。

海：是的。

菲：那么，请欣然地告诉我，它们之间的联系在何处呢？

海：这点在物质基层或者物质（substratum， or substance）中不是已经表达得很清楚了吗？

菲：如果是这样的话，物质基层（substratum）这个词应该暗含它在可见特质或者偶然中传播的意思了。

海：是的。

菲：那么，最后也在延展下面展开了吗？

海：我承认。

菲：所以，在某种程度上，它存在于自己的本质中，与延展完全不同了吗？

海：我跟你说，延展只是个模式，而物质是支撑延展的事物。被支撑物和支撑者不同，这不是很明显吗？

菲：既然是不同，或排除在外的某种事物，延展应该就是延展物质基层（substratum）了吗？

海：就是如此。

菲：海拉，请回答我，一件事物没有延展能够展开吗？还是延展这个概念并不一定包括在展开之中？

海：是的。

菲：因此，你猜想的在任何东西下面展开的事物其本身必然有延展，而这个延展不同于在其下面展开的延展吗？

海：必须有。

菲：所以，每个作为延展基层（substratum）的有形物质，自身必须有另外一个延展，而这正是基层组织（substratum），如此下去到无极限。那么，我想问，这本身难道不荒谬吗？与你刚刚所承认的不矛盾吗？对智者，物质基层（substratum）与延展有什么不同吗？

海：但是菲伦诺，你把我引进误区了。我并不是指物质在延展下在一般的字面意义上的扩展。物质基层（substratum）这个词只是用来表达一般情况下与物质（substance）一样的事物。

菲：那么，让我们来检验一下暗含在物质这个词中的联系。难道不是指它处于事件下方？

海：完全一样。

菲：但是一种事物可能处于下方或支撑其他的，它就不能被延长吗？

海：必须要。

菲：所以，这个推测不是和前面的一样荒诞吗？

海：你仍然从很严格的字面意义上面去理解事物，那样并不公平，菲伦诺。

菲：我并不是在你的观点上强加任何意义，你有自由按照自己的意愿去解释它们。我只是恳求你通过它们让我明白一些事情。你告诉我，物质支撑或者处于事件之下，但是如何做到的？是像你的腿支撑身体那样吗？

海：不是的。那只是字面意思而已。

菲：让我明白你对它理解的任何意义，无论是字面的还是非字面的都行——你要让我等这个答案等多久呢？

海：我承认我不知道说什么好，我曾经以为自己对物质支撑事件所指的意义有足够的了解。但是，现在我对它想得越多，就理解得越少。总之，我发现我对它一无所知。

菲：那么，似乎你无论对物质相对性还是积极性都完全没有概念。你既不了解物质本身有什么，也不知道它与事件蕴含的联系吗？

海：是的，我承认。

菲：然而，你声称如果同时没能设想一个它们的实质性的支撑，你便不能够想象特质或事件应该如何真正地存在吗？

海：是的。

菲：也就是说，当你构想特质的真实存在时，你也在设想一些你不能构想的事物吗？

海：我承认那是不正确的。但是我恐怕仍然还有一些谬论或其他的。你是如何看待这点的呢？我突然想到我们所有错误的原因在于你对待每个特质都是通过其自身而进行的。现在，我承认每种特质在意识之外都不能够单独存在。没有延展，颜色便不能存在，没有一些其他可见特质，图形也不能够存在。但是，作为从整个可见事物中聚合或者融合在一起的一些特质，没有什么会怀疑为何这样的事物在意识之外也可能不存在。

菲：海拉你要么就是在开玩笑，或者就是记性不好。事实上，尽管我们一个接一个地按照所有特质的名称去探讨它们。然而，我的论点或者你的退让，没有哪点能够证明第二物质性特征，通过其自身不能存在于每个之中。但是，它们并不是完全独立于意识之外。事实上，在处理图形和运动时，我们总结它们不能独立于意识之外而存在。因为，为了想象它们依靠自身而存在，甚至用思想也不可能将它们从第二特质中分离出来。但是，这并不是只用于那种情形的单一论证。（就算前面所说的你认为都不作数）那我很乐意将所有的论述都放到这个话题上来。如果你能够像特质的任何混合和结合，或者无论什么可见物体都可能独立意识外而存在，那么，我就会承认它真正是如此。

海：如果真是那样，这点就会很快地被做出决定。想象一棵树或一座房子依靠自身而存在，与任何意识相独立，并且不被感知到，有什么比这个还要简单的吗？目前，我确实想象它们在那方式之后存在。

菲：海拉，你能够看到一件同时又不能被看见的事物吗？

海：不能，那是矛盾的。

菲：这点同说感知一件不能被感知到的事物一样，不都是巨大的矛盾吗？

海：是的。

菲：所以，你认为的树或者房子是由你感知的吗？

海：否则是怎么回事呢？

菲：被感知到的确定是在意识中吗？

海：毫无疑问，被感知到的就是在意识中。

菲：那么，你怎么说你感知到的一棵树或者一座房子，独立于所有的意识之外而存在呢？

海：那是我的疏忽。不过，等会儿，让我想象是什么让我进入了误区——这是个足够令人愉悦的错误。当我在一个僻静的地方想象一棵树，在那里无人能够看见它，我认为那是在构想一棵不被感知或因想到而存在的一棵树，而不是认为我自己能够一直感知它。现在，我很清楚地认识到，我所能做的就是在自己的意识中构建概念。事实上，我在自己的意识中构建树、房子、山的概念，而那就是全部的了。但是，这还足不能证明我能设想它们在所有精神的意识之外存在。

菲：那么，你是承认你不可能设想任何一个有形可见的事物，独立于意识而存在了吗？

海：是的。

菲：然而，对于那些如此多的你不能设想的问题，你将会为了其真理努力争取吗？

海：我承认我不知道思考什么。但是，我仍然有一些踌躇。我在远处看事物难道还不确定吗？比如，我们观察星星和月亮，难道不也是在远处吗？我指，这点对感觉而言不是很明显吗？

菲：难道你在梦里不会感知那些或者相同的物体吗？

海：是的。

菲：那么，他们在遥远处难道没有相同的外表吗？

海：有的。

菲：但是，你并没有因此就总结出在意识外的梦里的幽灵吗？

海：绝不可能。

菲：所以，你不应该就此总结出，在意识外，可见物体来自其表面或者它们被告知到的方式。

海：我承认。但是在那些事件中我的感觉不是欺骗了我吗？

菲：绝不可能。你立刻感知的概念或者事物，无论是感觉还是理智都告诉你它是在意识之外真正存在的。通过意识，你仅仅知道你喜欢光亮和颜色的这种确定的感觉。而你不会说这些是在意识之外的。

海：是的，但是你不认为视觉暗含外部或者距离的一些东西吗？

菲：在靠近远处的一个物体时，可见的尺寸和图形是不断地变化还是在任何距离出现的都是一样的？

海：他们处于持续的变化中。

菲：所以，视觉并不暗含或者以任何方式告诉你，你立刻感知的物体在远处存在，或者当你前进得更多时它就会被感知到。在你靠近的整个时间中，有一个接一个连续可见的物体。

海：不是的。在看一个物体时，我仍然知道再走过一定的距离，我将会感知到什么样的物体。无论它是不是完全的一样。在这个事件中仍然暗含着一些距离的东西。

菲：很好：在这点上稍微再反思一下，然后告诉我在这里面是否还有比这更多的东西。从你通过视力而真正感知的概念中，在时间和运动的固定连续之后，由经验你已经学会了收集那些会影响你的其他概念（根据自然的固定法则）。

海：对于整体，我不会把它看做其他任何的事物。

菲：现在，假想一个人天生就看不见，突然他能看到了，第一眼，他可能不知道通过视力他将会看到什么。这点难道不是很明显的吗？

海：是的。

菲：那么，根据你的意思，他可能对附加到他看到的事物上的距离没有任何概念，但是他会把它们看做仅仅存在意识中的新的感觉吗？

海：无可否认。

菲：但是，为了使之更加明白，距离难道不是在眼前的一条线吗？

海：是的。

菲：可是，一条线能够处于这样的位置由视觉来感知吗？

海：不能。

菲：所以，难道说距离不是由视觉合理并且立刻感知到的吗？

海：似乎是这样的。

菲：再问一次，颜色在远处是你的观点吗？

海：必须承认，他们仅仅是在意识中。

菲：难道颜色不是像同延展和图形共存在同一地方那样地出现在眼前吗？

海：是的。

菲：那么，当你承认颜色不能的时候，你如何从视觉中总结出图形在可见外表和两者一样的情况下存在呢？

海：我不知道如何回答你。

菲：但是，如果那距离是由意识真实而立刻感知到的，也并不是说它存在于意识之外。因为，无论什么被感知到都只是一个概念，任何概念能够在意识之外存在吗？

海：那样去猜想是很荒诞的，但是菲伦诺，请告诉我，除了概念之外，我们就什么也感知不到，什么也不知道吗？

菲：对于从影响得出的起因的合理推论，就与我们的探讨无关了。通过感觉，你能很好地回答的时候，你能否感知那些不能立即被感知到的任何事物？我问你，是否立即被感知的事物，不止是你自己的感觉或者概念？事实上，在我们的对话中，你不止一次地在那些观点上声称自己如何。但是这最后一个问题，似乎你和你曾想的相分离了。

海：说实话，菲伦诺，我认为存在两种物体。一种是可以立即被感知到的，我们称之为概念；另一种是真实的事物或者外在物体，由概念中介来感知，而这是它们的图形和代表。现在我承认概念不能独立于意识之外而存在，而后面这种物体却能够。非常抱歉，我没能尽快地想到这个区别。想必它很可能已经打断了你的谈话。

菲：那些外部物体是由感觉还是一些其他的天赋能力感知的呢？

海：他们是由感觉来感知的。

菲：怎么做到的呢？难道还有任何事物由不能立即被感知的感觉来感知的吗？

海：是的，菲伦诺，在某些方面是存在的。例如，当我看到恺撒大帝的图片或者雕塑时，可以说我是通过我的感观来感知他的（尽管不是立即感知到的）。

菲：那么，似乎你也将接受我们的观点，它单独时可以立即被感知成为外在事物的画面。这些也是由感觉来感知的，就像和我们的观点有一致性或相似性一样吗？

海：那是我指的意思。

菲：那么，同样地，尽管恺撒大帝自身是无形的，但却能由视觉来感知。真实事物，其自身是无法察觉的，但能由感觉来感知。

海：完全一样。

菲：海拉，请告诉我，当你看见恺撒大帝的图片时，你用眼睛除了看到一些有特定规则和整体结合的颜色及图形之外，还看到其他什么了吗？

海：什么也没有。

菲：一个从来就对恺撒大帝一无所知的人，不也将看到同样的吗？

海：是的。

菲：所以，他的视觉以及对它的运用都和你一样处于非常好的程度吗？

海：我同意你的说法。

菲：由此可以看出，你的思想是指向罗马军皇，而他的思想却没有吗？既然你承认在那方面你没有任何优势超过他，那么，这并不能从你感知到的感觉或概念中继续下去。因此，似乎应该从理智和记忆中开始，难道不应该吗？

海：应该这样。

菲：因此，并不能从那个事例中得出，任何事物是由不能立即被感知到的感觉来感知的。尽管我承认，在某种解释意义上，可能认为我们是通过感觉间接地来感知可见事物的。即，从一个频繁的感知联系中，当有一种感觉感知的概念的直接观念与意识相联系，其他的可能属于另外一种感觉，这并不与它们相联系。例如，当我听到一辆马车沿着街道行驶，我立即感知到的仅仅只有声音。但是，由经验可知，这样的声音是与马车相联系的，于是可以说我听到了马车。但是，实事求是且严格地说，很明显除了声音什么也听不见。所以，马车并不是由感觉合理地感知到的，而是通过经验得知的。所以，同样地，当我们看见一块通红的铁，铁的硬度和热度并不是视觉的对象，而是由那种感觉恰当感知到的颜色及图形引发的想象。总之，那些事物单独地是由任何感觉真正并严格地感知的，而这可能由首先作用于我们的感觉来感知了。对于其他事物，很明显它们仅仅是通过经验而与意识相通的，而经验是建立在前面感知的基础上的。但是，回到你对恺撒大帝图片的比较中来，很显然，如果你坚持那个观点，就必须坚持真实事物或者我们概念的原形不是由感觉来感知的，而是由一些如理智或记忆的灵魂的内在能力来感知的。所以，我很想知道对于你所称的真实事物或者实质性物体的存在理由，你能够总结出什么样的论点。或者你是否记得像它们在自身那样，你之前是否看见，或什么时候听说有谁那样做过。

海：我明白了，菲伦诺，你是在开玩笑，但是那样永远也不可能使我信服。

菲：我的目的只是想从你那里学会得出实质性存在物的方法，无论我们感知到的是直接还是间接地由感觉、理智或反思来感知的。但是，由于你排除了感觉，请告诉我，你相信它们的存在有什么理由，或者你能够运用什么媒介来证明？

海：坦白地说，菲伦诺，现在我承认这点，但是我没有任何好的理由来证明。但是，很多事是显而易见的，即，这样的事物很可能是真实存在的。既然没有任何荒谬去妨碍它们，除非你对相反观点能够提出很好的理由，否则我会像我做的那样去相信它们。

菲：你说什么？你是说你仅仅相信实质性物体的存在，并且你的信赖只是建立在它真实的可能性上吗？那么，你让我用理由来反驳它，另一个可能认为这是合情合理的，即证据应该在持肯定态度的人身上。毕竟，这个此时你坚决主张的观点，实际上是在这个探讨中你不止一次持有的应该放弃的好的理由。但是，抛开所有这些不说，如果我正确地理解你，你说我们的概念不能独立于意识之外而存在，但是，它们不是一些原物的副本、图像或者代表吗？

海：你说得很正确。

菲：那么，它们像外部事物吗？

海：是的。

菲：那些事物是有独立于我们感觉的稳定永恒的本质吗？还是依附于我们身体产生的任何运动——悬挂、扩张，或者改变我们的能力和感觉器官，处于不断地变化之中呢？

海：很明显，真实事物有一个固定的、真正的本质，尽管在我们的意识中或者我们身体的姿势和运动中没有任何变化，仍然保持一样。事实上，这可能会影响我们意识中的概念，但是，认为对存在于意识之外的事物也有同样的影响，这是很荒谬的。

菲：那么，处于永恒变化的事物，怎么可能如我们的概念一样，应该是任何固定不变事物的副本或者图形呢？或者，换句话说，既然所有可见特质，如尺寸、图形、颜色等我们的概念，都随着距离、媒介和感觉工具的每一变化而不断地变化，那么，任何确定的实质性物体，怎么能够恰当地被一些不同的事物所代表或者描绘，每一个都和其余的不同也不相像？或者，如果你说它仅仅和我们概念中的某一个很相似，那么，我们怎么才能将真实的副本，从其余错误的中间区别开来呢？

海：菲伦诺，我承认我迷茫了，对这点我不知道该说什么了。

菲：但是这还没有结束。其自身的实质性物体是可感知的还是不可感知的呢？

海：除了概念，没有什么能够恰当立即被感知。所以，所有的物质性事物，其自身是无法察觉的，只能由我们的感觉来感知。

菲：那么，概念是可见的，而他们的原形或原物是不可感知的吗？

海：是的。

菲：但是，可见的怎么能够存在于不可见的事物中呢？一种可见的事物，其自身不可见，能够是一种颜色吗？或者，有像声音一样听不到的真实事物吗？简言之，有任何像概念或感觉的事物吗？

海：我不得不承认，我不这么认为。

菲：在这点上可能有任何疑问吗？难道你都不是很清楚你自己的概念吗？

海：我非常了解它们。因为我不能感知或不知道的，不可能成为我概念的一部分。

菲：所以，仔细想想并且验证，然后再告诉我，它们中是否有能够在意识外存在的事物；或者你是否能够感知像它们一样，独立于意识之外而存在的事物。

海：通过探讨，我发现我不可能感知或者明白概念以外的任何事物，像感知概念那样。并且，非常明显的是，没有任何概念能够在意识外存在。

菲：所以，你是被你的原则强迫而否认可见事物的真实性了。因为你使得它处于一个超越意识的绝对存在中。也就是说，你是一个十足的怀疑论者。所以，我得到自己的观点，用来展示你被引进怀疑主义的原则。

海：目前是这样。如果不是完完全全信服，至少也是沉静了。

菲：我很想知道，为了很好地信服你还需要更多的什么。难道你自己没有自由解释所有的方式吗？对话中有任何持有或者坚持的小的疏忽吗？或者，为了最好地达到自己的目的，你没有被允许对你提供的加以取消或者补充什么吗？难道不是每件事可以想象到吗？你说的被听到或者很公正地加以验证。一句话，关于每个观点，难道你没有在你自己争论外被信服吗？如果现在你能够在你之前的退让中发现任何缺点，或者想到任何保留意见的托词，任何新的区别、颜色或者评论什么的，你大可说出来。

海：菲伦诺，有点耐心吧。现在我很惊奇地发现我掉进陷阱了，就像被囚禁在你引诱我进去的迷宫里一样，一时间不可能期望找到出路，你必须得给我时间让我看看并重新组装自己。

菲：听，这不是大学里面的铃声吗？

海：它是为祈祷者而鸣的。

菲：如果你愿意，我们现在进去，然后明天早上再在这里见面。同时，关于今天早上的探讨，如果可能的话，你可以用你的思想尽量发现其中的谬论，或者再创造一些新的方式将你自己从中解脱出来。

海：我同意。

第二篇对话

海拉（以下简称“海”）：对不起，菲伦诺，没能尽快地与你见面。整个上午我的头脑里都是我们的谈话，我没有闲暇顾及一天中的时间，或者其他任何事。

菲伦诺（以下简称“菲”）：我非常高兴你这件事如此专注，如果在你的退让中有任何错误，或者我的推理有任何谬论，我希望你能发现并告诉我。

海：我向你保证，自从看到你后，我每天除了搜索错误和谬论，其他的什么也没做。并且，带着那个观点，我详细地验证了昨天谈话的整个系列。但是，所有的努力都是白费功夫，因为回顾那些概念，仍然显现得很清楚明白。并且我想得越多，它们就更加不停地迫使我得承认。

菲：谢谢你，难道这不正标志着它们是真实的吗？它们从自然中而来，并且与合适的季节相和谐。真理和美在这点上就是一样的。最严格的调查将两者都引向优势，而误差和掩饰的错误光度却不能忍受被回顾，或者太近的查阅。

海：我承认你所说的中有很多是正确的。只要我在观点上有导致它们的推理，也就不会有谁对那古怪结果的事实感觉更加完全地满意了。但是，当这些脱离我的思想时，在另一方面，似乎有些事物是如此令人满意，如此自然和明了，以现代的方式去解释事物，我承认，我不知如何去否决它。

菲：我不知道你指的是什么方式。

海：我指的是用来解释我们感觉或概念的方式。

菲：那是怎么做的？

海：人们猜想灵魂是居住在大脑的某一个部位，通过大脑神经膨胀并延展到身体的其他部位，外部物体通过对感觉器官留下的不同影响，给神经传输特定的振动运动。神经将它们传送到大脑或者灵魂的位置，根据在大脑里留下的各种各样的印象和足迹，这也就充满了不同的概念。

菲：你把这称作为现代方式的说明，而我们也应被概念所影响吗？

海：为何不呢？菲伦诺，你有任何理由来反驳它吗？

菲：首先我想知道，我是否正确地明白了你的假说。你把大脑里的一些足迹认作我们概念的起因。请告诉我，是否你指的是任何可见事物。

海：你认为我可能指其他什么吗？

菲：可见事物全部都是可以立即感知的，而那些可以立即感知的是概念。这些仅仅存在于意识中，你有很多。如果我没有弄错的话，期待你的同意。

海：我并不否认。

菲：因此，你说的大脑，作为可见事物，仅仅存在于意识中。现在，我想知道，猜想意识中的一种概念或者事物，能引起所有其他的概念，这点是否合理？如果你这样认为的话，那么，你如何解释原始概念或大脑自身的起源呢？

海：我并不是通过对感觉可感知的那个大脑，来解释我们概念起源的这个其自身仅仅是可见概念的组合，而是通过我想象的另外一个。

菲：但是，意识中想象的事物不是和感知到的一样真实吗？

海：我不得不承认，是的。

菲：所以，是完全一样的事物。当通过大脑的某种运动或印象时你一直都是这样。即，通过大脑的一些变化，无论是可见的还是想象的都没有关系。

海：我开始怀疑我的假说了。

菲：除了精神之外，我们知道或感知的所有事物都是我们自己的概念。所以，当你说所有的概念都是由脑中的概念引起的，你是否感知了大脑呢？如果是的话，那么，你谈到的以及在一个概念中的想法引起的同样的概念，是很荒谬的。如果你没有感知它的话，就谈得不明了，而不是形成了一个合理的假说。

海：现在，我很清楚地明白了它只是一个梦，里面什么也没有。

菲：你没必要太过在乎它，因为，就像你说的这种解释事物的方式从未使任何合情理的人满意过。神经里的运动和意识中声音或颜色的感觉之间有什么联系呢？或者，这些怎么可能应该是它的影响？

海：但是，我从未想过它里面会像现在看上去的那样少。

菲：嗯，那么，没有任何可见事物真正存在，你对这点满意吗？并且事实上，你是一个彻底的怀疑论者吗？

海：太明显了，不用否认。

菲：你看，田野不是有令人愉悦的碧绿覆盖吗？在树林丛草中，在河流里，在清澈的泉水中，难道没有一些东西来抚慰、愉悦和运载灵魂吗？看到浩瀚海洋的情景，或者山顶消失在云彩中的一些巨型山脉，或一片古老忧郁的森林，我们的脑海中不是填满了令人愉悦的恐慌吗？即使在岩石和沙漠里，难道没有令人愉快的荒凉吗？抓住地球的自然美景是多么真实的愉悦呀！为了保存和更新我们对它的喜爱，夜晚的面纱难道不是交替着飘过它的脸颊吗？难道它不随季节的变化而改变它的着装吗？这些因素展现得多么恰当啊！多么富于变化和用途多样啊 [大自然最无私的馈赠①]！在动物和蔬菜体内多么精致、多么漂亮、多么奇思妙想呀！所有事物相称得

① “in the meanest productions of nature” （大自然最无私的馈赠）在第一、第二版中为 “in stones and minerals” （在矿石矿物中）。

多么优美，和它们独特的尾端也一样，就像组成整体的相反部分。由于它们相互支援和支撑着，难道它们不也是在阐述对方吗？现在，将你的思想从这个球体中发挥到那些装饰天空高处拱门的闪耀的发光体上。星球的运动和情形在适用和顺序上不是很好吗？在无路的空隙中的重复旅行，那些球体（误称为古怪的）曾经为流浪者所知吗？曾经与时间化成比例，难道没有测量太阳周围的区域吗？通过如此固定不变的法则，自然的隐性作者开动了宇宙。固定星星的光亮是多么地明了、多么地光芒四射呀！那疏忽的慷慨是多么宏大和丰富呀，分散着出现在蔚蓝的拱顶上。如果你携带望远镜，它会将你带进一个全新的充满星星的境界，而这脱离我们的肉眼。这里，它们看上去连续而细微，但是，更近距离观看，各种各样距离的光亮、无边际的球体远远地在空间深邃处陷下去了。现在，你必须将想象带进你的援助处。微弱狭窄的感觉不能够发现，无数的世界围绕中心火焰旋转。并且，在那样的世界中，完美感觉的能量以不同的形式展现着。但是，感觉和想象都没大到足够包含无尽的范围，以及它所有闪闪发光的设备。尽管人们费尽了所有心思和力气想要触碰、了解所有东西，但是仍然有不可计数的未知。所有构成这个巨大画面的大型物体，无论多么遥远，都有一些神秘的原理，或者神圣的艺术和力量，都和双方，甚至和这个地球处于一个相互依靠、相互交流的联系中。这个地球几乎脱离我的思想并且消失在茫茫世界中，难道这整个系统不是非常的巨大、漂亮和闪耀吗？简直无法用言语和思想来表达。那些可能将这些高尚和令人愉悦的场景从所有的现实中剥夺的哲学家们，会得到什么样的对待呢？但是，那些原则怎样才能被容纳，使得我们认为创造的所有可见美丽是一个错误的想象的耀光？为了明白，你期望你的这个怀疑主义，不被所有有意识的人当做极端的荒谬吗？

海：其他人可以随他们自己去想。但是，对于你，你没有任何权利可以责备我。令我欣慰的是，你和我一样也是一个怀疑论者。

菲：海拉，我必须请求离开而使自己与你不同。

海：什么？你一直统一前面所说的，而现在却否认结论，让我独自去坚持那些你将我引进去的驳论，这完全不公平。

菲：我否认我同意你的观点中，那些将人引向怀疑主义的观点。事实上，你说过可见事物的真实性在于精神意识之外的绝对存在，或者与它们的被感知不同。根据这个现实的观点，你是否认可见事物的任何真实存在，即，根据你自己的定义，你承认自己是个怀疑论者。但是我既没有说过也没有想过可见事物的真实性在那种方式下的定义。对于我，你所认可的原因非常明显，即，可见事物不能独立于意识或者精神之外而存在。所以，我得出并不是它们没有真实的存在，而是发现他们并不依赖于我的意识，它们所有的存在都和由我感知的不一样。它们肯定存在于一些其他的意识中。所以，像可见世界真实存在的那样确定，即，肯定有一个包含和支撑它的无限圣灵。

海：什么，除了我和所有的基督徒持有的就没有其他的了？以及所有其他相信上帝存在的人，他们知道并且理解所有的事情。

菲：但是，这里存在不同。通常，人们认为所有的事物都是通过上帝而知道或由上帝感知的，因为他们相信上帝的存在。而我，在另一方面，很快并必然地总结出有一个上帝的存在，因为所有的可见事物都是由他来感知的。

海：但是，既然我们都相信同样的事物，问题是我们是如何通过那个信念达成一致的呢？

菲：但是我们在同样的观点上也不一致呀。对哲学家而言，尽管他们承认所有的存在物都由上帝来感知，而他们将之归属于一种绝对的存在，与由任何意识感知到的不一样。而我不是这样的。此外，在这两种说法中就没有区别了吗？一种是由于上帝的存在，所以他感知所有的事情；另一种是可见事物，是真实存在的，如果它们是真正存在的话，就必然被一种无极限的意识感知，所以存在无极限的意识或者上帝。而这从一个最明显的原则来看，为你提供了一个关于上帝存在的直接及时的证明。神职人员和哲学家从创造物若干部分的美丽和实用性方面，已经超越所有争论地证明了它只是上帝的工艺品。但是抛开天文学和自然哲学的所有协助，以及关于事物发明，秩序和调节的所有思考，一个无限意识应该必然地从可见世界的存在中推断出，仅仅对于那些将这点看做简单反思的人是个优势。可感知的世界是通过我们的一些感官而感知的。除了概念之外，没有什么可以通过我们的感官来感知，没有任何概念或者概念的原形能够独立于意识外而存在。现在，你对科学没有进行深入的研究，没有细微的推理以及会话的冗长，可能会反对对无神论的强烈倡导。那些痛苦的避难所，无论是在没有意识的因果的永恒连续中，还是原子的偶然集合中，那些瓦尼尼（Vanini，1584–1619），霍布斯（Hobbes）以及斯宾诺莎（Spinoza，1632–1677）的疯狂想象，总之无神论的整个体系，难道不是彻底地由在矛盾上的单独反射所推翻，而存在于意识之外吗？而这矛盾包括在反对可见世界这个整体或者任何部分，甚至最无礼和无形之中。那些无信仰的教唆犯，将任何一个事物都看进他自己的思想，并且如果他能的话，还试着构想比如岩石、沙漠、混乱、原子的杂乱，无论是可见的还是想象的任何事物，怎样才能独立于意识之外而存在。并且他不需要研究得更深入，以信服自己的愚蠢。将争论放到这个议题上，并且将此留给自己去证明是否他能够设想，甚至用思想证明他所持有的观点实际上是正确的，从概念上赋予真正的存在，有什么比这个还要公平的吗？

海：毫无疑问，确实有一些东西高度服务于你所倡导的宗教信仰。难道你不认为它非常像被一些用上帝眼光看待所有事物的杰出思想者所包含的一个概念吗？

菲：我非常想知道那个观点，请你解释给我听。

海：他们设想灵魂是非物质性的，不能和物质性的事物融为一体，以此通过自身来感知它们。但是他却通过与上帝物质的联合来感知它们。而这是精神上的，所以也纯粹能够明白，或者成为精神意识的直接物体。除了里面的神圣精髓包含于每个创造的存在物相应的完美，并且这由那种原因可以恰当地展示或呈现给意识。

菲：我不明白我们那些被动和迟钝的概念怎么能够成为精髓，任何部分（像其他部分）的精髓，或者上帝的实质，而它是一个无感觉、不能分离、纯洁而活跃的存在物。在第一个观点上就有如此多的困难和异议来反对这个假说。但是，我只想说，使得一个创造的世界存在于精神意识中，很容易陷于一般假说的所有荒诞中。除了其自身独特以外，还会使得这个物质世界没有达到任何目的。如果它作为好的论点来反对科学中的其他假说，它们猜想自然或者神圣的智慧使得一些事物白费工夫，或者通过冗长迂回的方式来解决，而这可能是通过一些更简单明了的方式完成的。我们如何来看待那个猜想徒劳而成的世界的假说呢？

海：但是，你说的什么？你不也赞同用上帝眼光看待所有事物的观点吗？如果我没有弄错的话，你倡导的和这接近。

菲：［很少有人思考，但是所有的人都有观点。因此，人们的见解是很肤浅困惑的。其自身本来就有不同的教义，应该由那些不认真思考它们的人来将它们与双方混合，这点没有什么奇怪的。所以，如果有人想象我闯进马勒伯朗士（Malebranche，1638–1715）的激情中，我也不会感到惊讶，尽管事实上，我离它还很遥远。他构建了最抽象通俗的概念，而我对这是完全否认的。他主张一个我否认的绝对的外部世界。他声称我们被感观所欺骗，不知道事物的真实本质或者延展存在物的真实形式和图形。对于所有这些，我持相反观点。[①]］必须承认的是，我完全赞成神圣的《圣经》所说的“我们生活、移动和存在于上帝中”。但是我们用它的精髓看待事物，在上面说的方式之后，我并不相信。在这我简化自己的意思，即很明显我感知到的事物是我自己的概念，并且没有任何概念能够独立于意识之外而存在。更清楚的是，由我感知到的概念或者事物，无论是它们本身还是它们的原形，都存在于我的意识之外。既然我不是它们的作者，那么我就不能随自己、也没有权利决定什么样独特的概念，喜欢我们睁开的双眼或耳朵。所以，它们必须存在于一些其他的意识中，它们的意志应该展现给我。我说的立即被感知的事物是概念或者感觉，你将这样称呼它们。但是，任何事物或者感觉怎么能够在意识或精神之外的事物中存在，或者

---

① 方括号中的内容从第三版开始添加。

由它产生呢？这点确实是难以想象的。可以断言，那些难以想象的就是胡说，不是吗？

海：毫无疑问。

菲：但是，另一方面，它们应该存在于精神中或者由它产生，这点是可以想到的。因为这并不超过我每天亲自感受的，就如我感受的无数的概念，并且通过我意志的行为，可以形成它们各种的变化，并且出现在我的想象中。但是，必须承认的是，这些我们幻想的生物并非像通过我感观感知的（后来成为真实事物）那样明显、奇怪、生动和永久。通过所有这些我得出，有种意识和我感知到的所有可见印象，无时无刻不在影响着我。并且从这些的变化、秩序和方式中，我总结出它们的作者是明智的、有力量、美好的、超越想象的。我并不是说，我通过感知那些以上的可见物质的形式代表它们的形式来发现事物。这点我并不明白，但是我想说，由我感知的事物是由理解来明白的，并且是由无限精神的意志来产生的。难道所有这些不是最清楚最明白的吗？还有什么比对我们自己意识和其中闪现东西的一点儿观察更值得我们去构想，更应为我们所认知的呢？

海：我想我已经很清楚地明白你的意思了，并且承认你提供的关于神的证据与其说让人吃惊，也还不如说是同样的清楚明了。但是，假使上帝是所有万物最至高、最普遍的起因，然而，除了精神和意识之外，难道就没有第三自然的存在了吗？我们就不可能承认我们意识的次要和有限起因了吗？总之，这就没有所有那些物质吗？

菲：我必须怎样地重复同样的事情呢？你承认由感观直接感知到的物质存在于意识中，但是，没有任何由感观感知到的事物不是立即被感知的。所以，没有什么可见事物能够独立于意识之外而存在。因此，我猜想你目前仍然坚持的物质是可感知的，是一些由理性而不是感观感知到的东西。

海：你说得对。

菲：让我明白你的物质信念是建立在什么推理基础上的。并且就你目前对它的定义上讲，这个物质是什么？

海：我发现自己受到各种各样概念的影响，而我知道我并非起因。并且它们也不是它们自身或者另一个的起因。也不是能依靠自己而存在，在一起不活跃，转瞬即逝以及相互依赖的存在物。所以，它们有一些与我和它们都不同的起因，对于这我假装只知道是我的概念的起因，而这个事物，无论它是什么，我称之为物质。

菲：海拉，请告诉我，是否每个人都是个自由者，以致能够改变当前附属在任何语言上通用名字的恰当意义？例如，假如一个旅行者告诉你，在某个特定国家，人们穿过火后没有受伤，而在解释的时候，你发现他指的火这个词，其他人称作水。或者，如果他应该声称树依靠两条腿行走，指的是人们通过树而行走。你会觉得这个合情理吗？

海：不，我会觉得非常荒诞可笑。通用习俗是语言的恰当标准。任何不当地影响谈吐的人，都是在滥用语言，他除了在观点上没有分歧出增添和延展争论外，永远没有任何更好的目的。

菲：而物质，这个在当前的通用接受意义上的词，不是象征着意识中延展、坚固、移动的、没有思考力、不活跃的物质吗？

海：是的。

菲：说得还不够明显，没有这样的物质能够存在吗？尽管它容许被存在，但是，那些不活跃能够是起因吗？或者那些没有思考力的物质能成为思想的起因吗？事实上，如果你乐意，你可能会给物质这个词添加一个相反的意思，到人们粗俗接受的意义上去，并且告诉我，你通过它理解它是不能延展、有思考力以及活跃的存在物，而这是我们概念的起因。但是除了通过文字来探讨，以及陷入刚刚你承认的有如此多的理性的错误中，还有其他什么吗？不错，我的确在你的推理中发现错误，在于你从现象中发现起因，但是，我否认起因通过理性推理能够恰当地成为物质。

海：你说的话中确实有些正确。但是恐怕你没有彻底地理解我的意思。毫无疑问，我会被认为否认上帝，或者无极限神灵是万物的至高起因。我主张的是，从属于至高代理，存在有限和低级自然的起因。而这发生在我们概念产生的时候，并不是有意志的任何行为或者精神效率，而是那种归属于物质和运动的行为。

菲：我发现你总是重新陷入你以前展开的幻想中——是种可移动的，最后是可延展的、实质性的、意识之外而存在的事物。什么？难道你忘记你已经信服了吗？还是你愿意我应该重复在那儿所说的？实际上，这样与你探讨是不公平的——猜想你已经很多次承认的不存在的事物还存在。不要再坚持我们花这么多时间处理过的事物，我问你，是否你所有的概念并不是完全被动和迟钝，不包括任何行为在里面？

海：是的。

菲：可见特质除了概念外还是其他什么吗？

海：我什么时候承认过它们不是了？

菲：运动不是一种可见特质吗？

海：是的。

菲：所以，它不是行为了？

海：我赞同。事实上，非常明显的是，当我摇动我的手指时，它是被动的；而导致这种运动的我的意志，却是活跃的。

菲：现在我想知道。首先，运动是没有行为的，是否除了意志力外，你能感知到其他行为。其次，是否说一些什么也没有感知到的话不算是胡说。最后，考虑到前面的，是否你没有感知到那些猜想我们概念任何有效的或者积极的起因，而不是神灵，是极度的荒诞和不合情理？

海：我完全地放弃了此点。但是，尽管物质可能不是起因，是什么隐藏在作为工具的后面，或者在产生我们的概念时，服从于至高代理的又是什么呢？

菲：你指的是一种器具，但是它的图形、弹簧和轮子又是什么呢？

海：那些我假装什么也不决定，物质以及它的特质我都完全不知道。

菲：什么？你的观点是它是由未知的部分组成的，有未知的运动和图形吗？

海：我根本不相信它有任何图形和运动，我已经信服，没有任何可见特质能够在没有感知力的物质中存在。

菲：但是，什么概念才可能构建器具并且没有所有的可见特质，甚至延展自身？

海：我并不假装对它有任何概念。

菲：但是，你有什么理由说明这个未知的、不能想象的在某程度上真正存在呢？是你想象上帝没有了它也不能行动？还是在你自己的意识中形成概念时，由经验发现一些这种事物的用处呢？

海：你总是为我信念的原因而取笑我。有什么你还不相信的理由呢？

菲：如果我没有发现任何理由去相信它，这对我是个足够的理由不相信任何事物的存在。但是，不要坚持在相信的理由上了，你不会让我知道你让我相信的是什么，因为你说过你对它没有任何概念。但是我请求你，考虑我是像位哲学家，还是有常识的人，假装你不知道是什么，以及为何的东西。

海：菲伦诺，等会儿，当我跟你说物质是种器具时，我并非表示总的来说什么也不是。事实上，我真的不知道器具的独特类型，但是，我对一般的器具有一些概念，我将它运用其中。

菲：但是，如果证明了，在器具的最一般意义上，有一些与起因不同意义上的事物，运用它与神圣属性不一致呢？

海：你让那点出现，我就放弃这点。

菲：你对器具的一般本质和概念指的是什么？

海：对所有的独特器具都很普遍地组成了它的一般概念。

菲：所有的器具被应用到只靠意志的行为不能完成的活动中，这对它们而言不是很普遍吗？比如，我从不用器具移动我的手指，因为这是靠我的意志力来做的。但是，如果我想移动岩石的一部分，或者将树连根拔起，就会运用它。你也有同样的意识吗？或者你能举出一个例子，运用器具产生直接依靠代理人意志的影响吗？

海：我承认，我不能。

菲：因此，你怎么能够猜想一个完美的神灵，通过它的意志，所有事物都有一个绝对和立即的依靠，在操作中需要一种器具，或者，不需要，去运用它呢？所以，对我而言，似乎你承认一个没有生气的迟钝器具的用处，与上帝的无限完美不能兼容。即你自己承认你放弃了这点。

海：这并没有发生，我敢回答你。

菲：但是，我认为当公平地向你证明时，你应该承认事实。事实上，我们是有限力量的存在物，被迫要去运用器具；并且对器具的运用受到另一方惯例原则的限制，除了用这种方式或者这种条件，它便不能获得结果。结论很明显，至高的代理人根本不用器具和工具。无所不能神灵的意志不应用于任何方式，一实行便施展影响。这如果被更低级的代理人运用，并不是因为在他们中有任何真正的功效，或者必要的天资来产生任何的效果，而只是服从于自然法则，或者那些由高于所有限制或惯例的第一起因给他们规定的条件。

海：我再也不会主张物质是一种工具了。然而，我也不明白怎样去放弃它的存在性。因为，尽管以上所说的，仍然还是一种起因。

菲：你指的物质里有多少形状？或者，在你乐于舍弃它之前，要怎么证明它是不存在的呢？但是，对此不想多说（尽管通过争论的是所有法则，我可能责备你如此频繁地改变主要术语的意义）——我乐于知道既然已经否认了物质是起因，你那么肯定物质是原因指的是什么？并且，你已经展示了你对原因的理解，那么，接下来，请告诉我，是什么理由使你相信有种我们概念的起因呢？

海：对于第一点，我说的起因是指一种不活跃、没有思考力的存在物，那是上帝在我们的意识中激发的概念。

菲：那么，那种不活跃、没有思考力的存在物的本质可能是什么？

海：我对它的本质一无所知。

菲：接下来第二点，你能给出一些原因，来解释为何我们应该赋予这种不活跃、没有思考力、未知的事物存在性吗？

海：在一种有序而不变的方式之后，当我们发现我们意识中产生的概念时，会很自然地想到在它们目前存在的地方，有种固定而有规律的起因。

菲：那么，你承认上帝独自的是我们概念的起因，在目前那些场合中，是上帝创造了它们吗？

海：那正是我的观点。

菲：那些你说的在上帝面前的事物，毫无疑问，由他来感知。

海：当然，否则的话，对他而言，它们就不会是行为的原因了。

菲：现在，不要再执著于弄清假说的意义，或者回答他可能倾向的所有令人困惑不解的问题和难题：我只想问，是否一系列我们概念中或者自然中可观察的顺序和规律性，不能由上帝的智慧和能力来充分地加以证明？是否从那些属性中它不会毁损，假如它被没有思考力的物质所影响、指导或放在心上，何时或者将会扮演什么？最后，如果我承认你所主张的任何事都会符合你的目的，是否不容易设想，与其被感知不同的、没有思考力的物质的外在或绝对存在，是如何从我的假设中，即由上帝意识感知的特定事物中推断出来的呢？而这对它来说，就是在我们中产生概念的原因。

海：我完全迷茫得不知道如何思考。现在，这个起因的概念就像其余的一样毫无理由。

菲：你最后难道没有感知到，在所有这些不同的对物质的接受中，你仅仅是不知何故地猜想不知是什么，并没有任何用处吗？

海：我承认不会那么喜爱自己的概念，既然它们已经被如此精确地检验。但是，即使我认为存在这样的物质，也仍然感到迷惑。

菲：你要么是直接或者间接地感知到物质的存在。如果是直接的，请告诉我你是通过何种感官感知到的；如果是间接的，我想知道从那些你立即感知到的事物中推断出了什么样的推理。对感知已经说了这么多了，接下来，让我们谈谈物质本身，我想问它是否是一种物体、物质基层、原因、工具还是场景？你已经为这些中的每一个都辩护过了，改变你的概念，使得物质有时以一种形态出现，接着又是另一种。并且你所提供的已经被你自己否认和拒绝。如果你还有什么新的东西提出来，我很乐意接受。

海：我想在那些方面，我已经提供了我必须说的全部东西。我现在很迷惑，不知道还有什么更多的可以补充。

菲：既然你不乐意与你之前的旧的偏见相分离，为了使你更容易地舍弃这点，我想，除了迄今探讨的，你需要进一步思考，假定物质是真实存在的，是否你能够构想你应该受它影响？或者，假定它不存在，很明显，你应该像现在拥有的一样受同样概念的影响，并且，最后有和现在完全相同的理由去相信它的存在。

海：尽管世界上没有物质存在，我承认，我们仍可能像现在我们做的那样，去感知所有的事物；如果真有物质存在，我也不能想象它怎么在我们的意识中产生任何概念。我更深层地同意，你使我彻底满意，即，在之前进行的接受中，不可能存在像物质这样的事物。但是，我仍然情不自禁地猜想，在某种意义上有物质的存在。事实上，我不假装决定的是什么。

菲：我并不期望你能够精确地定义那个未知存在物的本质。只是请很愉快地告诉我，它是否是种物质，如果是的话，是否你能猜想一种没有事故的物质。或者，如果你猜想它们有事故或特质，那么，我希望你能告诉我，那些特质是什么，至少要回答物质支撑它们指的是什么？

海：我们在那些方面已经争论过，对于它们我没有更多要说的。但是，为了避免任何更深远的问题，我告诉你，目前我理解的物质既不是实质也不是事故，思维也不是延展存在物，既不是原因，工具也不是理由，而是一些完全未知的，和所有这些不同的事物。

菲：那么，似乎你目前的物质定义里，只包括实体的一般抽象概念。

海：没有其他什么了。除了我将感知、想象和理解的所有那些独特事物、特质或概念的否定，增添到这个一般的概念中。

菲：那么，这个未知的物质在哪里存在呢？

海：噢，伦洛诺，现在你认为你已经使得我困惑了。因为如果我说它存在于某个地方，你就会猜测它存在于意识中，因为，地方和延展仅仅存在于意识中，这点已经达成一致。我并不羞于承认自己的无知。我不知道它存在于哪里，我只是确定它不存在于某个地方。这有个否定的答案给你，并且你提的关于物质未来情况的所有问题，都别期望有其他任何答案。

菲：既然你不愿意告诉我它于哪里存在，那么，在你猜想它用何种方式存在，或者它的存在指的是什么之后，请你告诉我。

海：它既不会思考也不会行动，既不感知也不被感知。

菲：那么，在它存在的抽象概念里，积极的一点是什么呢？

海：通过很好的观察，我根本没有发现任何积极的概念或者意义。我再次声明，我不羞于承认自己的无知。我并不知道它的存在指的是什么，或者它是如何存在的。

菲：请继续说下去，海拉，表演同样坦白的部分，然后真诚地告诉我，你是否能够构建一个一般实体的独特的概念，与所有有思维、有形的存在物，以及所有无论什么独特的事物不同的概念。

海：等会儿，让我稍微想一下——我承认菲伦诺，我发现自己并不能做到。起初，我认为我对抽象的纯粹实体有些稀疏和幻想的概念，但是，更进一步观察，它完全消失在视线中。我思考得越多，就越是坚定在简练的解决方式中，只能给出一些否定的答案。对物质任何积极知识或者概念的最低程度都不假装，如，它的地点、方式、实体或者属于它的任何事物。

菲：那么，当你谈到物质的存在性时，你的意识中没有任何概念吗？

海：完全没有。

菲：告诉我，是否整个过程是这样的——起初，从实质性物体的一个信念中，你是指存在于意识之外的直接物体，接着是原形，再接着是原因，接下来是工具，再接下来是理由，最后是一般的事物，被证明什么也不是。所以，物质什么也不是。海拉，你认为，这不是对你整个进行的探讨很公正的总结吗？

海：随便，但是我仍然坚持，我们不能够在感知一种事物时，没有论据就反对它的存在。

菲：从起因、效果、操作、标志或其他情况，可以合理地推测不能被立即感知的事物的存在，我承认，任何人对其没有任何直接或积极的概念就去反对它的存在，都是荒诞的。但是，理智和启示都不能引诱我们去相信事物的存在性。我们对它没有一个相对的概念，抽象就会从感知和被感知中、从神灵和概念中产生。最后，没有像假装的那样，最不充分、最微弱的概念那么多——事实上，我不会因此总结反对任何概念的真实性，或者任何事物的存在性。但是，我的推测是，你指的什么也不是，你运用话语没有达到任何目的，没有任何的设计和意义。我将它留给你，去思考应该如何处理表达方式。

海：坦白地说，菲伦诺，你的论点本身似乎是不能被回答的。但是，在我的身上没有太大的效果，来产生完全的信服，或者伴随证明的衷心默许。我发现自己又陷进对物质是什么都不知的模糊推测中。

菲：但是，海拉，你不是很敏感吗？两种事物必须一起除掉顾虑，在意识中达到充分一致吗？将一件可见物体放在从不会如此明亮的光亮中，如果视觉中有任何的瑕疵，或者眼睛不能朝向它，那么，它就不会很清楚地被看见。并且，尽管这个证明从不会如此有理有据和公正地提出，但是，如果有任何的偏见，或者在理解上有任何错误的偏见，能期望它很快地、清楚地感知，并且坚定地与事实相吻合吗？不会。需要时间和疼痛：注意力必须由同样事物的频繁重复所唤醒，并停留在同样的事物上，或者不同的光亮里。我已经说过，但是我发现我必须重复和教诲，你承担的是一个为依法解释的特许，假装去主张不知道什么，因为你不知道是什么原因，要达到什么目的。这点能够和任何艺术或科学，人的任何宗派或职业相平行吗？即使是最低级的普通对话，也没有任何事物如此公然无依据和不合情理。然而，你也许会说，物质是可能存在的，同时你却不知道物质的含义是什么，也不知道物质的存在指的是什么。这的确令人惊讶，更让人惊讶的是，你的这种想法是自发的，[从你头脑中冒出[①]]没有任何原因把你引向它。因此我要请你举例告诉我，自然中的什么事物本质需要用物质来做解释。

海：事物的现实如果没有假想物质的存在，是不能得以维持的。难道你不认为这是一个很好的理由，来证明为何在关于它的辩论中，我是最真诚的吗？

菲：事物的真实性，什么样的事物呢？可见的还是明了的？

海：可见事物。

---

① 方括号中的内容在上一版中被省略。

菲：比如说我的手套吗？

海：是的，或者由感官感知的任何其他事物。

菲：对我来说，难道这不是一个充分的证据说明手套的存在吗？我可以看见它、触摸它并且戴上它。或者，如果这点还不能证明的话，那我怎么可能确定我在这里，通过我从未看到过的一些未知的事物而真正看到事物的真实性，在未知的方式后存在，在一个未知的地方存在，或者根本不存在于任何地方呢？那个猜想的无形事物的真实性怎么能够证明任何有形事物的真实存在呢？或者，无形的事物，任何有形或不能察觉的一般事物中，可察觉的真正存在吗？只要给我解释这个，我不会给你任何太难的问题。

海：总的来说，我承认物质的存在是非常不可能的。但是，我却没有发现它直接或者绝对的不可能性。

菲：但是，假使物质可能存在，不过依照那种解释，它不可能比金山或者半人马座更有可能声称存在。

海：我承认，但是你仍然没有否认它的可能性。而对那些可能的事物，因为你知道就可能真正地存在。

菲：我认为不可能。如果我没有弄错的话，我已经从你的退让中非常明显地证明，它是不可能的。就物质这词的常识来讲，除了延展的、坚固的、图形的以及可移动的物质以外，还有其他能够独立于意识外而存在的吗？并且，难道你不是一次又一次地承认，你已经发现非常明显的理由来证明这种物质的可能性了吗？

海：是的，不过那只是物质一方面的意义。

菲：难道它不是唯一合理的真实接受的意义吗？如果物质在这层意义上被证明是不可能的话，它也许不会有很好的理由被认为是绝对不可能的吗？其他任何事物怎么可能被证明是不可能的呢？或者，事实上，对于一个有自由的人而言，怎么可能有任何证据来动摇和改变词的常识性意义呢？

海：我认为哲学家也许能比一般人讲得更加精确，并且不会长期局限于术语的一般接受意义上。

菲：但是现在提到的就是在哲学家自身中的一般接受意义。然而，不要再继续那个话题了，难道你没有被允许赋予物质以你乐于给予的意义吗？难道你没有最大限度地运用这个特许吗？有时是完全改变，其他时候省略或者将定义赋予给它，对于目前，最好地服务于你的设计，和理智与逻辑的所有规则相反。你的这个移动不公正的方法，难道没有将我们的争论延伸到没有必要的长度吗？物质已经被特殊地检验了，在这些意义上的每一点都由你自己的退让给反驳了。除了证明它在你或者其他人理解的独特意义上不可能外，还需要其他什么来证明一件事物的绝对不可能性吗？

海：但是，我并非如此彻底地满意，你已经在最后最模糊抽象和不明确意义上证明了不可能性。

菲：一种事物何时展示出是不可能的呢？

海：在定义中理解出的概念中有矛盾显示的时候。

菲：但是，如果没有概念的话，它们之间也就没有矛盾可以证明了吗？

海：我同意你的说法。

菲：现在，既然你称模糊不明确的词为物质，很明显，由你自己的退让，根本就不包括任何概念，除了未知的意义没有其他任何意义。这也就是说什么也没有。所以，你不希望我在没有概念之间的概念中证明矛盾的存在，或者，在未知的意义上赋予物质的不可能性，即，没有意义存在。我只想告诉你，你指的什么也不是。并且你也会承认这点，所以，在你的所有变化意义上那个，你已经证明要么你指的什么也不是，要么是其他的，就是一种荒诞。难道你还不足以证明一件事物的不可能性吗？我希望你能告诉我是什么。

海：我承认你已经证明物质不可能存在，我也没有发现有什么更多的证据用来辩论它。但是，同时我放过了这一点，就会怀疑我所有其他的概念。的确，没有什么会比这个看上去更加明显，而现在，这看上去和之前真实的那样，同样错误和荒诞。但是，我认为对于目前，我们已经足够充分地讨论了这一点，而今天的剩余部分，我很乐意花时间思考今天对话中的观点，而明天大概在同一时间，我很乐意与你在这里再次见面。

菲：我不会失约。

第三篇对话

菲伦诺（以下简称“菲”）：海拉，请告诉我①，昨天的思考有什么结果吗？是你更加坚定你同样的意识，还是你发现了一些原因要改变你的观点呢？

海拉（以下简称“海”）：我的观点是，我们所有的观点都是一样的白费工夫并且不确定。今天我们所证明的，明天就会遭到责备。我们对知识的观点是变化的，并且将我们的生命花费在对它的追求中。其实我们什么也不知道。并且我认为我们这一生也不可能知道任何事情。我们的天赋知识太窄太少了，大自然肯定不想让我们做任何推测。

菲：什么？海拉，你说我们什么也不可能知道吗？

海：世上没有任何我们能够知道其真实本质的单一的事物，或者我们知道其自身有什么存在的事物。

菲：你不会是要告诉我，我并不是真正的知道火或者水是什么吧？

海：你可能知道火是热的，水是流动的。但是，通过水与火和你感官

① “Tell me，Hylas”（海拉，告诉我）在第一、第二版中为“So Hylas”（所以，海拉）。

知觉的应用，知道了在你自己意识中产生的感觉相比，这也算不了什么。而它们的内部构成，真实真正的本质，你对这是完全的不知道。

菲：难道我不知道我站在这上面的是一块真实的石头，或者出现在我眼前的是一棵真实的树吗？

海：知道吗？不可能，你或者世上其他任何人都不可能知道的。你所知道的，仅仅是在你自己的意识中有一种特定的概念或者外表。但是，真实的树或者石头是什么呢？我告诉你，你感知到的颜色、图形和坚硬度并不是那些事物的真实本质，甚至一点都不像它们。相同的可能是其他所有的事物，或者组成世界的有形物质。它们没有任何本质像它们自身，如我们感知到的可见特质，因此，我们不应该假装肯定和知道它们的任何事，因为它们在自己的本质中。

菲：但是，确定的是，海拉，比如我能够将黄金从铁中分辨出来。如果我不知道双方是什么，我怎么可能做到呢？

海：相信我，菲伦诺，你只不过是能够区分你自己的概念。黄色、重量以及其他可见特质，你认为它们真在黄金中吗？它们只不过是与你的感观相对，在自然中并没有绝对的存在。并且通过你自己的感观，来假装区分真实事物的种类，你扮演得如此明智，就像推断两个不同类别的人一样，因为他们的衣服并不是同样的颜色。

菲：那么，似乎我们放下了事物的外表，以及那些错误的也一样。我吃的肉、我穿的衣服和我看到和感觉到的没有任何相同的了。

海：是的。

菲：整个世界如此地施加影响，如此地愚昧，因为相信他们的感观，这难道不奇怪吗？我并不知道怎么回事，但是人类要吃、喝、睡，以及处理生活中的所有事物，那样地舒适，那样地方便，就像他们真正知道他们交谈的事物一样。

海：他们是这样的，但是，你知道平常的练习并不需要推测知识的精密。所以，一般人保持他们的错误，为了所有的事物，他们在日常生活琐事中不停地喧嚣。然而，哲学家知道更好的事物。

菲：你是指他们明白其实他们什么也不知道。

海：那便是人类知识的最高峰及最完美部分。

菲：海拉，你一直都是很真诚的吗？你很严肃地被劝服，认为世上你不知道任何真实的事物吗？假如你要写一些东西，难道你不会像其他人一样需要笔、墨水和纸张吗？难道你不知道你需要的东西是什么吗？

海：我要怎么告诉你呢？我不知道宇宙中任何一种事物的真实本质。或许，有的时候我会用到笔、墨水和纸张。但是，任何一种在它真实的本质中是什么，我很积极地告诉你，我并不知道。每一种其他有形事物也是一样的。并且，我们不仅不知道事物的真实本质，还有它们的存在性。毫无疑问，我们感知到的是事物的这种特定外表或者概念。但是，也不能就此推断出物体是真实存在的。现在，我想想，必须和以前的退让相一致。我在此宣称，任何真实的有形事物不可能存在于自然界中。

菲：你让我感到很惊讶。难道还有什么比你现在主张的概念更加狂野的吗？难道不明显，你被实质性物质的理念引进了所有这些过度的言语中吗？这使得你梦想一切事物中那些未知的本质。正是这些场合使得你在现实和事物可见外表之间加以辨别。正是因为这，你才注定无视所有其他人知道得很熟悉的东西。这还不是全部：你不仅无视一切事物的真实本质，而且，你并不知道是否所有事物都真实存在，或者是否真的有真实本质存在。既然你将你的实质性存在物视为一种绝对或外部的存在，那么，你猜想它们的真实性也存在。既然，最后你被迫承认这样的一种存在，要么指的是一种直接的矛盾，要么什么也不是，也就是说你不得不放弃你自己的关于实质性物质的假说，并且积极地否认宇宙任何部分的真实存在。因此，你就陷入了从未有人达到的最深层、最悲惨的怀疑论中了。告诉我，海拉：难道不是正如我所说的那样吗？

海：我同意。实质性物质也只不过是一种假说，并且还是一个错误的、毫无根据的假说，我再也不会花时间和精力去争辩它。但是，无论你提出什么样的假说，或者介绍什么事物的本质，我并不怀疑，它那么一小点儿，会出现错误。请允许我就它向你提问。即，自己受苦而服务于你自己的观点，我保证它将引导你度过尽可能多的困惑和矛盾，达到和我现在处于完全一样的怀疑论状态中。

菲：我向你保证，海拉，我根本就不是在假装构建任何假说。我就如一个粗俗的演员，非常简单而相信自己的感官，就像我开始发现它们时一样留了下来。为了简单明了，依我看，真实事物就是那些我看到、感觉到、通过感官感知到的事物。我知道这些，并且发现它们回到了生活所有的必需品和目的，没有理由对所有其他未知的存在物感到好奇。比如，一片可见面包，要比你上万次提到的不可见、不能被理解的和真实的面包在我的胃里停留好得多。同样地，我认为颜色和其他可见特质在物体上。因为我的生活，我情不自禁地想到雪是白色的，火是热烫的。的确，认为白雪和火指的是某种外部的、不能被感知，以及没有感知力的物质的你，正确地否认雪白和火热是存在于它们中的影响；而将那些词语理解为可以看到或感觉到的我，不得不像其他人一样地思考。既然，对事物的本质我并不怀疑，所以，我也不怀疑它们的存在。应该真正地由我的感官感知的，同时又不是真实存在的事物对我来说，是一种非常明显的矛盾。因为，即使用我的思想也比能够将可见事物的存在从它们的感知中分离或抽象出来。这些我命名以及谈到的木材、石头、火、水、肉、铁以及相似的事物，都是我知道的事物。要不是通过我的感官来感知它们，我也就不会知道它们。由我的感官而感知到的事物是立即被感知到的，立即被感知到的是概念，而概念是不能独立于意识之外存在的，所以，它们的存在在于被感知，因此，当它们真正地被感知，它们的存在也就毫无疑问了。那么，远离所有那些怀疑主义，以及所有那些荒谬的哲学疑虑。一位哲学家质疑可见事物的存在，一直到上帝精确地向他证明了，或者假装我们在这方面的知识缺乏知觉和示范，这真是一个笑话呀！我或许会怀疑我自己的存在，就像怀疑那些我可以看到和感觉到的事物的存在一样。

海：没有这么快，菲伦诺，你说你不能想象可见事物怎么能独立于意识外而存在，不是吗？

菲：是的。

海：假如你被废止了，难道你不能想象通过感官感知到的事物可能仍然存在吗？

菲：我能。但是那必须在另一种意识中。当我否认可见事物存在于意识之外，我并不是指我特殊的意识，而是所有的。现在，很明显它们的确存在在我的意识之外，因为，由经验我发现它们与它相独立。所以，在我感知它们的时间间隔中，还有一些它们存在的其他意识。就像在我出生之前它们做的，在我注定的死亡后它们也会。并且，对于所有其他有限的创造神灵也一样地真实，很必然地，也就是说有一个无所不在的永恒意识，它知道并且理解所有的事物，以这样的方式展示在我们的视野前，根据这样的规则，正如它自己授命的那样，我们称之为自然法则。

海：请回答我，菲伦诺，我们所有的概念都是完全迟钝的存在物吗？还是它们自身有什么中介吗？

菲：它们总的来说都是被动和迟钝的。

海：难道上帝不是一位代理人、一位纯粹活跃的存在物吗？

菲：是的。

海：所以，没有概念能够表现上帝的本质了吗？

菲：不能。

海：所以，既然你对上帝的意识没有任何概念，那么，你怎么能够想象事物可能存在于他的意识中呢？或者，如果你能够没有对上帝的概念而想象他的意识，那么，没有物质的概念，我为何不能想象物质的存在呢？

菲：对于第一个问题，我承认无论是上帝还是其他任何神灵，我没有一个合理的概念。因为这些活跃的事物，并不能像我们的概念一样由完全迟钝的词语来表现。尽管如此，我知道是神灵或者有思考的物质的我，就像我知道我的概念存在一样肯定地存在。并且，我知道术语和自己我指的是什么，我立即或凭直觉懂得了这个，尽管我对它的感知不像我感知一个三角形、一种颜色或一种声音一样。意识、精神或灵魂是可以思考行动和感知的一种不能分离且不能延展的事物。我指的不能分离，因为是不可延展的，而不能延展，因为可延展的、有图形的和移动的事物是概念，而那能感知、能思考和意愿的事物，很明显其本身并不是概念，也不像是一种概念。概念是不活跃、被感知的事物。而精神这种存在物总之与它们不同。我并不因此说我的灵魂是一种概念或像一种概念。然而，将概念这个词引申到大的意义层面，我的灵魂可以说是和概念一起来装饰我的，即上帝的一幅画像或肖像——尽管事实上相当不充分。因为，我对上帝的所有概念都是通过对自己灵魂的反映，增强它的力量和移出它的瑕疵而获得的。所以，尽管不是一种不活跃的概念，但在我自身中却有某种对神的积极思考的影像。尽管，我并不是通过感官来感知它的，但是我对它有种概念，或通过反射和推理而知道它。我对自己的意识和概念有直接的知识了解。并且，借助于这些，我的确间接地理解了其他精神和意识存在的可能性。从我自己的存在中，以及从我自身和概念中发现的依赖关系，由理性，我的确必然地推断出上帝以及在他的意识中的所有创造物的存在。对于你的第一个问题已经谈了这么多了。对于第二个问题：我猜想这次你自己就可以回答了。因为，你既不像感知一种不活跃的存在或概念那样客观地感知物质，也不像通过反射的行为了解自己那样去知道它。既不是通过一种或另一种的相似度间接地去理解它，也不是从你立即知道的信息中通过推理来收集它。所有制造物质事件的都与神灵完全不同。

[海：你说你自己的灵魂给你提供了某种概念或者上帝的形象。但是，同时你承认，合理地说，你对自己的灵魂没有任何概念。你甚至断言，精神是一种与概念完全不同的存在物。所以，没有什么概念能像一种精神。因此，我们对任何精神都没有概念。尽管如此，你承认有一种精神的物质，虽然你对它没有任何概念。然而，你否认能有这样的一种实质性物质存在，因为你对它没有任何概念或意识。这是一个很公正的行为吗？为了一致，你必须承认物质，要么否认精神。你对这还有什么要说的吗？

菲：首先，我并没有仅仅因为我对它没有任何概念而否认实质性物质的存在，而是因为它的概念是相互矛盾的。或者换句话说，认为应该存在它的概念，因为这就是矛盾的。很多事物，我知道的任何事物，可能存在的，既不是我也不是任何其他人对它们有或能有任何的概念。但是，那些事物必须是可能的，即，前后不一致的任何事物必须包括在它们的定义中。其次，尽管我们相信我们不能感知的事物存在，但是，这种信念如果没有一些原因，我们可能不会相信任何独特的事物存在。但是我没有理由相信物质的存在。我也因此没有直接的直觉：我不能直接地从我的感觉、想法、概念、行动或知觉中推断一种没有思考力、没有感知力和不活跃的物质——要么通过可能的推论或者必要的结果。但是，我自身的存在，即，我自己的灵魂、意识或思考原则，通过反射我很清楚地知道。如果我重复同样的事物来回答同样的异议，你会原谅我。实质性物质的概念或定义中，包括一个明显的矛盾和不一致。但是这不能说是精神的概念。认为概念应该在不能感知的事物中存在，或者由不能表现的事物产生，这是一种矛盾。但是说有感知力的事物是概念的主体，或者活跃的事物引起了它们，却并不矛盾。我们已经承认对于其他精神，我们既没有直接的证据，也没有足以说明的知识。但是也不是因此就说这样的精神一开始就伴有实质性物质。如果猜想其中一个是矛盾的，并不是说猜想另外一个就不是矛盾的了。如果其中一个可以没有争议地推断出，那么，另外一个也是有可能的。如果我们发现标志和影响表明像我们自己一样明显有限的代理，会发现没有任何标志或征兆导致了物质的一种理性信念。最后，我对神灵有种概念，尽管严格说来，我并没有它的想法。我并不将它感知为一种概念或者通过概念来感知，而是通过反省来懂得的。

海：所有你说的，对我而言，似乎根据你自己思考的方式，或者为了顺应你自己的原则。这只是一套浮动的概念，没有任何物质来支撑它们。单词没有某种意义便不能被使用。既然与实质性物质相比，精神性物质没有更多意义，一种以及另一种被推翻了。

菲：我要重复多少次，我知道并意识到自己的存在。并且我自己不是自己的概念，而是一些其他的东西，感知、知道、意愿及操作概念的一种有思考力、积极地原则。我知道自己及同样的自身能感知颜色和声音。一种颜色不能感知一种声音，一种声音也不能感知颜色。因此，我是一种不同于声音和颜色的对立原则。同样的道理，区别于所有其他可见事物及迟钝的概念。但是，我并不是以同样的方式意识到物质的存在或实质。相反地，我知道没有矛盾的事物能够存在，而物质的存在意味着一种矛盾，当我断言有一种精神性的物质或概念的支撑时，我知道我指的是什么，即，有一种精神知道并感知概念。但是，听说一种没有感知力的物质本身就有支撑概念或概念的原形，我不知道这意味什么。所以，总的来说，在精神和物质间的事件中没有相等的。[①]]

海：我承认，在这点上我感到非常满意。但是，你真诚地认为可见事物的真实存在，在于它们的真正被感知吗？如果是的话，那么，怎么全人类在它们之间加以区分呢？询问你遇到的第一个人，他也许会这样跟你说，被感知是一回事，存在又是另一回事。

菲：海拉，我乐意为了我概念的真理来呼吁全世界的常识。问问园丁为何他认为远处的樱桃树存在于花园里，他会这样告诉你，他看到并且感觉到了。简言之，他用感官感知到了。问问他为何认为橘子树没有在那里，他会说因为他没有感知到。他用感官感知到的，他称之为真实的存在物，说它是存在的；那些他无法感知的，同样地，他认为没有存在物。

海：是的，菲伦诺，我承认可见事物的存在，在于可感知，而不是真正地被感知。

菲：除了概念之外还有什么可感知的吗？而没有真正被感知的概念能存在吗？这些是很早以前我们之间就达成一致的了。

海：但是，你的概念从不会如此真实，确定的是，你不会否认这是很令人震惊的，并且和人类的常识相反。我要问下面这个问题：是否远处的树在他的意识外存在，你认为他将会有什么样的答案呢？

菲：同样地，对智者而言，能在他的意识之外而存在。但是，对于基督徒而言，并不是确定地、令人震惊地说，独立于他意识外的真实的树，

---

① 方括号中的重要段落在第一、第二版中没有，是贝克莱对休谟先发制人的回应。休谟否认抽象不可感知事物的真实性，否认通过记忆才察觉到的自我的真实性，认为其通过连续状态的变化还是一样。——A. C. F. (先期确认)

是由上帝的无限意识（存在于）真正地为人所知并理解的。很可能第一眼他并没有意识到关于此的直接立即的证据，树或者任何其他事物的存在暗含着那里存在一个意识。但是，他不能否认这点自身。唯物主义者和我之间的问题，并不是在否事物在这个或者那个人的意识外真实地存在，而在于是否有不同于被上帝感知的绝对存在，并且超出所有意识之外。的确，对于这一点，一些异教徒和哲学家已经承认，但是，无论谁使得神的概念与神圣经文相符合，就会是另一种观点。

海：那么，根据你的概念，真实事物和由想象或者梦想的视野形成的幻想，有什么区别呢，既然它们在意识中都是相等的？

菲：由想象形成的概念是模糊、不清楚的。此外，它们完全依赖于意识。但是，由感官感知到的概念，即，真实事物，却是更加生动和清晰的。而由区别于我们的精神印在我们意识中的，对我们的意识却没有同样的依赖。所以，将这些同之前的相混淆并没有危险，并且几乎没有将它们和梦想的视野相混淆，而这是模糊、没有规律且使人困惑的。尽管它们永远不会如此生动自然，但是，它们也许会很轻易地被它们的不连接，以及和我们生活前后相继的活动从现实中区别开来。所以，无论你使用什么方法将事物从你计划中的幻想中区别开来，很明显，结果同样会倾向我的一边。因为，我相信，由一些感知到的区别，一定会是这样。而我并不是为了将你从你感知到的任何一种事物中分开。

海：但是，菲伦诺，你仍然认为在世界上除了精神和意识外什么也没有。而你必须承认这听上去非常古怪。

菲：我承认概念这个词并不是经常地用来表达事物，听起来是有点不合常理。而我运用它的原因在于，这个术语可以理解为暗含着与意识间的一种必然联系。而现在，这个词被哲学家广泛地用于表达理解的直接物体。但是，在词语里无论听起来多么古怪，它的意义上并不包括任何如此怪诞或令人震惊的事物。在实际中，没有比这更多的了。对智者而言，只有可感知的事物和被感知的事物。每一个没有感知力的存在物都是必要的，从存在的本质讲，是由某种意识感知的。如果不是由一种有限的创造意识，那绝对是由上帝的无限意识，在他的意识中我们生活、移动，并有自己的存在。这点同说可见特质不在物体上一样奇怪吗？或者我们不知道事物的存在，或者知道它们真正本质的任何事情，尽管名为能够看见并感觉到，用所有的感官去感知它们。

海：这样的结果，难道我们不应该认为没有物质或者有形起因这样的事物存在吗？而神灵才是自然界中所有现象的直接起因。还有比这更加放纵的事物吗？

菲：是的，更加极其放纵地说——一种迟钝地、在我们意识中操作的，并且没有感知力的事物是我们知觉的起因。[缺乏一致性非已知公理，任何事物都不能给他物强加非他属性。[1]] 对你来说，我不知道为了什么理由，看上去如此放纵也不及神圣经文在百处地方所断言的。在他们中，上帝被代表为所有那些影响的唯一和直接作家，而那些影响，一些异教徒和哲学家不会归因于自然、物质、命运或者可能的、没有思考力的原则。关于《圣经》的恒定语言已经这么多了，没有必要通过引用来证实。

海：菲伦诺，你并没有意识到将上帝作为自然中所有运动的直接作者，也使得他成了谋杀、亵渎、通奸以及相似的恶劣罪行的作者。

菲：为了回答这个问题，首先我发现内疚的罪过是一样的，无论一个人承认罪过带有还是没有工具。所以，假如上帝通过称为物质的工具来行动，你也像我一样真正将他当做罪过的作者，而我认为在所有那些归因于自然的操作中，他是直接的代理。而我进一步发现罪过或者道德罪恶，并不在于外部的物质行为或运动，而是从理智和宗教的法则中意志的内部偏离。很明显，在战斗中杀死一位敌人或者将罪犯绳之以法，并不是有罪过的。尽管外部行为和谋杀事件一样。因此，既然罪过并不在于物质行为，所以，将上帝作为所有这些行为的直接起因，并不是在说他是罪恶的原创者。最后，我并没有说上帝是唯一产生身体里所有运动的代理人。的确，我否认过除了精神外还有其他任何代理。但是，这点同思考理性的存在物、

① 方括号里的内容在第三版中被省略。

运动的产生，对有限力量的运用，最终的确源自于上帝，却和立即地归于他们自身意志的指导之下是完全相符的，而这意志足以使他们成为他们行为的过失。

海：但是菲伦诺，否认物质或者有形物质，这就是问题所在。你永远都不可能使我信服这点同人类的普遍意识不相矛盾。难道我们的争论要由大多数人的心声来决定吗？我有信心，你不积聚这些选举就会放弃这点。

菲：我希望我们的观点都能公正地向人们的判断得以陈述并递交，很明显他们有常识，并且对博学教育没有偏见。让我做一名相信他自己感觉，并且认为知道他所看到和感觉到的事物，对他们的存在也毫无疑问的代表。你以所有你的疑问、驳论和对你自己的怀疑开始，而我会同意任何无关紧要的人的决定。对我而言，非常明显的是，除了精神，没有概念能存在其中的物质。并且被直接感知的物体时概念这点是所有人都同意的。而可见特质是直接被感知的物体，这点没人可以否认。因此，非常明显的是，除了精神外那些特质没有次层，而它们不是以模式或者性能的方式，而是作为一种被感知它的事物而感知的事物存在于精神中。

海：所以，我否认那些有意识的物体存在任何没有思考力的次层，接受那点，也不存在任何实质性物质。但是，如果实质性物质仅仅指的是可见物体——可看到和感觉到的（世界的非哲学部分，我敢说不会有再多的意义）——那么，我比你或者任何其他哲学家假装的存在都更加确定物质的存在。如果有任何事物使得人类普遍接受的同我信奉的观点相违背，我否认可见事物的现实性就是一个误解。但是，由于是你而不是我对那感到愧疚，所以，他们的厌恶是反对你的观点的而不是我的。所以，我就像肯定自己的存在一样断言，物体和有形物质（指的是通过我的感官感知到的事物）是存在的。承认了这点，大部分人类就不会思考也不会认为他们自己同那些未知的本质以及哲学的本质命运相联系，而一些人是如此地喜欢哲学的本质。

海：你对这有什么说的呢？既然人们通过他们的感官来判断事物的真实性，根据你说的，一个人怎么能误以为月亮有很平透明的平面，直径大约一英尺，或者从远处看是一个正方形塔，是圆的呢？或者觉得一边在水里的桨是弯曲的呢？

菲：它并不是由实际感知到的概念，而是从目前他的感知中所做出的推测而弄错的。所以，关于桨，他通过视觉直接感知到的肯定是弯曲的，并且到目前为止他都是正确的。但是，如果因此就总结说将桨拿出水面还是同样弯曲，或者这会影响他的触觉，正如弯曲的东西常常发生的那样，那么他就错了。同样，如果他只从一种状态下的感知做判断，那么即使他靠近了月亮和塔，还是会做出错误的总结。但是他的错误并不在于他直接及在眼前感知到的（猜想他为了尊重它可能会犯错，这是一个明显的矛盾），而在于他做出的关于他理解的同那些直接被感知的相联系概念的错误判断，或者关于从他目前感知到的，以及他想象在其他环境中被感知的概念。这点同哥白尼体系是一样的。在这，我们并没有感知到地球的任何运动，而因此得出万一我们被放置在一个就像现在离我们很遥远的行星上，我们就不会感知到它的运动的结论就是错误的。

海：我明白你的意思，并且必须承认你说的足够可信。但是，让我将你放进一种事物的意识中。菲伦诺，你之前那么积极地认为物质存在，怎么现在不承认了呢？

菲：我承认，但是这儿有区别。之前我的肯定是没有经过检验、建立在偏见上的；而现在，通过探究，是建立在证据上面的。

海：毕竟，似乎我们的争论并不是关于文字而是事物。我们在事物有相同看法，但在名字上却有分歧。很明显的是，我们都受到概念的影响，并且，同样明显的是，意识之外一定存在力量（我并不是指的原形），与那些概念相应。由于那些力量并不能依靠自身而存在，必须承认必然有它们的一些主体存在。而我称其为物质，你却称其为精神，这就是我们之间总的区别。

菲：海拉，那个强大的存在物或者力量的主体被延展了吗？

海：它并不存在延展，但是在你延展的概念里它是可以延伸的。

菲：所以，其自身是无法延展的了？

海：是的。

菲：它也不是活跃的吗？

海：毫无疑问，否则，我们怎么能够赋予它力量呢？

菲：那好，我想问你两个问题，第一，这与哲学家或者其他人对它的运用，将物质这个名称赋予一种不能延展活跃的存在物相符合吗？其次，将名称误用到与语言的普遍使用相反中，这难道不是极其荒诞可笑的吗？

海：好，不要再称之为物质，除了物质和精神外的第三本质，因为你会这样称呼它。你称之为神灵有什么理由吗？精神的概念难道不意味着它是可以思考、活跃而不能延展的吗？

菲：我的原因在于我对自己所说的意识有概念，但是任何与意志力不同的行为我却没有概念，除了精神外，我也不能在任何地方感知到意志力。所以，当我说一种活跃的存在物时，我指的是精神。此外，还有什么比一种本身没有概念的事物不能将它们告知于我而更加明显的呢？如果它们有概念，很确定它们一定是精神。为了让你尽可能清楚地理解这点，既然我们不从什么受到影响，就必须使得力量受到不同于我们自身的存在物的影响。到目前为止，我们同意了。但是，对于强大存在物的类别我们又有分歧了。我将称之为精神，你称为物质，或者我不知道第三自然（加一句，你可能也不知道），所以，我证明它是精神。从我看到的产生的结果中，我总结是有行为的，并且，因为行为而有意志力，因为有意志力，所以一定存在意识。再次说明我感知到的事物，它们或它们的原形一定是独立于我意识外而存在的。但是，作为概念，它们或它们的原形除了在理解力外都是不能存在的。所以，存在一种理解力。但是，意志和理解力组成了最严格意义上的意识和精神。所以，我的概念最强大的起因，从我话语的严格性能上说就是精神。

海：现在我证明，你认为已经将这点说得非常清楚了，并不怀疑你提出的直接导致一种矛盾，想象上帝有任何的瑕疵，这不是很荒诞的吗？

菲：毫无疑问。

海：遭受苦痛也是不完美的吗？

菲：是的。

海：我们有的时候不是也会遭受到其他存在物引起的苦痛和不安吗？

菲：是的。

海：你不是说存在是一种精神吗？精神不是上帝吗？

菲：我承认。

海：你曾断言过，无论我们从物质中感知到的什么概念，都是在意识中影响我们的。所以，带有苦痛和不安的概念在上帝里，或者，换言之，上帝遭受苦痛，也就是说，神圣的自然中存在不完美。你所承认的是荒诞的，所以，你陷进了一个很明显的矛盾里。

菲：上帝明白并知道所有的事情，并且他懂得，在其他事物中，什么是什么，甚至苦痛的每一种类，以及他的创造物所遭受的，这我并没有疑问。尽管上帝懂得并有时给我们带来了痛苦的感觉，他自己能遭受苦痛，这点我完全否认。我们这些有限并附属的精神，很容易倾向感官的印象，而由这产生出用来的反对我们意志的外部代理的影响，有时候是非常痛苦和焦虑不安的。但是上帝，没有任何外部存在物能够影响，像我们一样，通过感官什么也感觉不到。我们的意志是绝对独立的，引起所有事物，很容易被挫败或遭到抵制。很明显，这样的存在物什么也不能承受，也不能由任何痛苦的感觉或者任何感觉所影响。我们与一种物体连在一起，也就是说，我们的知觉同有形的运动是相连的。根据我们自然的法则，我们是由自己可见物体每个神经部分的变化而受影响的。而这可见物体，如果正确地考虑，只不过是这样特质或概念的组合情况，与被意识不同一样不存在。所以，感觉同有形运动的这种结合，只不过是在两种概念或者可直接感知的事物间自然顺序的一种对应。但是，上帝是纯粹的神灵，不参与所有这些同情，或自然联系。在他的意识中，没有任何有形运动伴随有苦痛或愉悦的感觉参与。去了解所有可了解的事物，当然是一种完美，但是，忍耐、承受或通过感官去感知任何事，就是不完美了。我说的前者，而不是后者与上帝相一致。上帝明白，或有概念，但是，他的概念并不是像我们一样通过感官传达给他的。你并没有发现这有如此明显的一个区别，使得你在满意的地方发现荒谬。

海：但是，所有这些你并没有考虑到物质的数量和物体的引力成的比例已经被演示了。有什么可以反对那个证明吗？

菲：让我看看你如何证明那点。

海：为了原则我放下这个理由。但是，由经验可知，所有的物体（除了从空气的阻力中升起来的小的不平等）都是以同样的速度下降的。因此，下降物体的运动以及作为那种运动的起因和原则的引力，都是和物质的数量成比例的，这点是将被证明的。

菲：你将它放下作为一个非常明显的原则，即，任何物体的运动是和物质及速度成比例的。以这点用来证明从物质的存在推测出的比例，这个争论不是一个圈吗？

海：一开始我只是指运动和延展及硬度结合的速度成比例。

菲：但是，假如这是正确的，也不能因此就说，就你的哲学意义，引力和物质成比例。除非你保证那些未知的次层或者无论你称的什么，同那些可见特质是成比例的，而这猜想明显是祈求问题。我准备承认通过感官感知到的大小、硬度和阻力。同样，我不会争论引力和那些特质成比例。但是，我们感知到的那些特质或者产生它们的力量，的确在物质次层里存在。这正是我否认的，也是你肯定的，尽管有你的演示，却仍然没有得到证明。

海：在那点上我不会再坚持下去。然而，你认为你会劝服我以自然哲学家的意志梦想这些吗？所有他的假说以及猜想物质存在现象的说明之后有什么呢？

菲：海拉你指的现象是什么意思？

海：我指的是通过感官感知到的那些外表。

菲：而通过感官感知到的外表，它们不是概念吗？

海：我已经告诉过你上百次了。

菲：所以，解释现象就是展示我们如何被概念影响，以那样的方式或顺序印在我们的意识里，不是吗？

海：是的。

菲：现在，如果你能证明任何哲学家借助于物质解释在我们意识里产生的任何概念，我就会一直同意你，并且所有曾反对的都化为乌有。但是，要是不能的话，要求现象的阐释就是白费工夫。天生就具有知识和意志的存在物应该产生和展示概念是很容易理解的。但是，完全不具有这些能力的存在物能够产生概念，或者以任何方式影响智力，这点我永远也不可理解。尽管我们对物质有一些积极的观念，尽管我们知道它的特质，理解它的存在，然而，却很难解释事物，因为它们是世界上最无法说明的事物。而所有这些，并不是说哲学家就什么也没做。因为通过对概念连接的观察和推理，他们发现作为知识一部分的自然法则和方法，是同样适用和令人愉悦的。

海：最后，认为上帝会欺骗人类吗？如果没有这样的事物，你能想象他引诱整个世界相信物质的存在吗？

菲：从偏见、激情或者无思想中产生的每一个流行的观点，都有可能归于作为其创始人的上帝，我相信你不会承认的。无论我们在他身上创立的什么观点，都是因为他通过神秘的启示将它们向我们揭露，或者对我们的自然能力是如此的明显，这是由上帝构建或给予我们的，我们不可能从他那里保留自己的赞成。但是，启示在哪里呢？或者，引出物质信念的证据在哪里呢？但是，它是如何出现的呢？不同于我们感官感知到的物质，全人类都认为是存在的，或者除了一些不知道将是什么的哲学家外，都是这么认为的。你那些猜想这些观点的问题非常清楚，当你把它们都弄清楚了后，我会给你另外一个答案。同时，我告诉你，我并不认为上帝欺骗了整个人类。

海：菲伦诺，真是新奇的事物啊！这就是危险所在。新的观点总是遭到反对。它们动摇了人类的意识，并且没有人知道何时才是尽头。

菲：为何拒绝一个无论在感官、理由还是神圣权威方面都没有根据的概念应该被认为是动摇这些观点的信念，正如建立在所有或者任何这些之上的一样，我简直无法想象。我敢断定政府和宗教的那些革新是危险的，应该割除。但是有同样的理由来说明为何它们在哲学方面应该被阻止，使之前不为人所知的任何事物变得让人们知晓是知识的创新呢？如果所有这些革新已经被禁止了，人们将会在科学技术上取得显著的进步。但是为新奇和驳论争辩与我没有关系。我们感知到的特质并不在物体上，我们不应该相信我们的感官。我们对事物的真实本质一无所知，甚至对它们的存在我们永远也不能保证。真正的颜色和声音不过是某种特定未知的图形和运动。运动在其自身既不迅速也不缓慢。物体里存在没有任何独特大小和形状的绝对延展。一种愚笨、无思考及不活跃的事物在精神上起作用。身体里最小的部分包含了无数延展的部分。这些就是新奇，这些就是震惊了整个人类的真正未腐蚀判断的奇怪观念。并且一旦承认，就会伴有无尽的疑问和困难来窘困心灵。它与这些以及我竭力维护的常识的相同革新相违背。的确，说这些时我可能使用了一些迂回之词和不常见的说话方式。但是，如果我的观点一旦彻底地为人所理解，他们中那些最异常的结果会相当于这个——猜想任何没有思考力的存在物应该不因为一时的感知而存在，这是绝对的不可能，也是一个非常明显的矛盾。如果这个观念是异常的，在今天这个时代，在这个基督教的国度里，这是一个耻辱。

海：对于其他观点可能引起的困难，那些是毫无疑问的。为你自己的观点辩护是你的责任。你为此将所有事物转变成概念，难道还有什么比这更明显的吗？我说，你用怀疑主义来指责我而不感到羞愧，这是如此明显，没有什么可以否认。

菲：你误解我了。我并不是将事物转换成概念，而是将概念变换成事物。因为那些知觉的直接物体，据你而言，不过是事物的外表，而我认为它们自身是真实的事物。

海：事物啊！你可以随你乐意而假装吧，但是，确定的是，你除了给我们留下事物的空洞形式以外什么也没有，外表仅仅是用来撞击我们感官的。

菲：你所谓的空洞形式和事物的外表对我而言似乎它们是真正的事物。它们也不是空洞或者不完备的，除了你的推测以外——物质是所有有形事物的必要部分。所以，我们在这点上达成一致，即，我们仅仅感知的是可见形式，在此我们存在分歧——你认为它们是空洞的外表，而我却认为是真实的存在物。总之，你不相信自己的感觉，而我却相信。

海：你说你相信自己的感觉，并且似乎称赞你自己在这点上与普通人达成一致。所以，据你而言，一种事物的真实本质是由感觉来发现的。如果是这样，异议又从何而来呢？为何不是同样的形状或者其他可见特质感知所有的方式呢？如果用肉眼是可以发现的话，为何我们要用显微镜来更好地发现物体的真实本质呢？

菲：严格地说，海拉，我们并没有发现我们感觉到的相同物体。用显微镜感知到的和用肉眼看到的也不是同样的物体。但是，万一每个变化都被认为足以来组成一种新的个体，那么，无尽数量的名称混淆将会使得语言根本行不通。所以，为了避免这点，以及避免那些稍微思考一下就很明显的其他不便，人们结合一些概念，与自然形成了某种联系，无论是为了共同生存还是继承，这些概念都是由不同感官理解，或在不同时代及不同环境下被观察到的。所有他们提到的一个名字，就会被认作一种事物。也就是说，当我检验用我其他感官看到的一种事物时，并不是为了更好地理解我用视觉感知到的同样的物体，一种感觉的物体并没有被其他感觉感知。当我透过显微镜观看时，并不是我可能比我已经用肉眼看到的感知得更加清楚，通过镜子感知到的物体和用前者感知到的是完全不一样的。但是，在两个事例中，我只是为了知道连在一起的概念是什么。并且，据说一个人对概念的连接了解得越多，他就会对事物的本质知道得越多。所以，假如我们的概念是变化的，假如我们的感觉并不是在所有的环境中都受到同样外表的影响。并不能因此就说它们是不可信任的，也不是说他们与其自身或者其他任何事物都是矛盾的。除非用你对一种（我不知道是什么）的预先概念，未改变不可感知的真实本质，由这每一名称来标记。似乎，偏见是从对人类通用语言的不正确理解上产生的，说一些不同的语言如同由意识融进一种事物中。实际上，有理由怀疑哲学家一些错误的幻想是由于同样的起源，他们并不像用语言那样开始将他们的计划建立在观点上，而语言是普通人构建的，仅仅是为了生活一般行为的便利和派遣，没有任何关于推测的。

海：我认为我自己理解了你的意思。

菲：通过我们的感官感知到的概念并不是真实的事物，而是它们的影像和复制品，这是你的观点。所以，同我们的概念是那些原形的真实代表相比，我们的知识远不及它真实。但是，由于这些假定的原物本身是未知的，我们不可能知道概念与它们有多么相似，或者是否与它们相似。因此，我们并不确定我们有任何真正的知识。并且，由于我们的概念是永恒变化的，在假定事物中没有任何改变，必然地，就是说它们不可能全是它们的真实复制品；或者，如果一些是，而另外一些不是的话，是不可能将前者与后者区分的。而这使我们陷入更深的不确定性中。再次说明，当我们思考这点，我们不能想象任何概念或者像概念的任何事，如何能绝对地存在于意识之外。根据你的意思，最后，在自然界中如何能有任何真实的事物。所有这些的结果，就是我们被扔进了最无望、最无约束力的怀疑主义中。现在，请允许我问你，第一，是否你将概念当做某种绝对存在、不能被感知的物质，作为它们的起源，而不是所有者怀疑主义的来源？第二，你是否通过感官或理性已经被告知了那些未知原物的存在？如果没有的话，去猜测它们是否不是荒诞的呢？第三，通过调查，你是否已经发现，有通过不可感知物质的绝对或外部存在，来明显地想象任何事物呢？第四，考虑到前提，遵循自然，信任你的感觉，抛开所有关于未知自然或物质的令人焦虑的想法，和平常人一同承认由感官而感知到的真实事物，是否这些不是最明智的方式呢？

海：目前，我不想回答你的问题部分，倒更想看看你如何克服接下来的。由一种感官感知到的物体难道不是同样的对在场的其他也可感知吗？如果这有超过百个，他们所有的都会看见花园、树木和花草，正如我看到他们的一样。但是，他们并不是以同样的方式，受到我在想象中构建的概念的影响。这点难道没有在前面一种和后面一种物体间产生区别吗？

菲：我承认它有，也没有否认感官物体和想象物体间的区别。但是，你从这推测出了什么呢？你不可能说可见物体不被感知地存在，因为它们由许多事物感知。

海：我承认我对那异议无话可说，但是，它将我引向了另一个异议。通过感官我们仅仅只能感知存在于我们意识中的概念，这不是你的观点吗？

菲：是的。

海：但是，我意识中的同样的概念不可能在你的或者其他任何人的意识里。所以，根据你的原则，难道不是说没有两个人可以看见同样的事物吗？这点不是极其荒谬吗？

菲："同样的"这个术语从通俗的意义上讲，确定的是（与我所主张的原则根本不矛盾）不同的人可能感知到同样的事物，或者，同样的事物及概念存在于不同的意识中。话语有任意的强加性。既然人们过去常常在没有区别或变化可以感知的地方运用"同样的"这个词，我也并不假装要改变他们的认知。也就是说，正如人们之前所说的，不同的人可以看见相同的事物，所以，在相似的场合，他们也许还会继续运用同样的短语，在语言的特性或事物的事实上不作任何变动。但是，如果"同样的"这个术语使用在哲学家的接受意义上，他们假装对认同有抽象的概念，那么，根据他们对这个概念的各种各样的定义（因为就哲学认同存在哪里还未达成一致），不同的人可能或者不可能感知到同样的事物。但是，哲学家认为称一事物为相同或不同是否合适，在我看来并不重要。我们来猜想，几个人都被赋予了同样的能力，最后相同地被他们的感官所影响，而他们从未知道语言的运用。毫无疑问，他们会同意他们的认知。尽管，或许他们会谈到话语的运用，一些会注重被感知到的一致性的人，可能会称之为"同样的"事物，其他人，尤其是注重感知到的人的差异性，可能会选择不同事物的名称。但是，所有的争论不都是关于一个字吗？对智者而言，是否由不同人感知到的能用"同样的"这个术语运用于他？或者，假使一座房子，它的墙壁和外形都未改变，室内房间全部被摧毁，一座新的房屋在那里建起来。你将会称这个为"同样的"，而我不会说是同一房屋。对于所有这些，考虑到其自身，难道我们不会很完美地同意我们对房屋的想法吗？所有的不同难道不在于一种声音中吗？如果你说我们在观念上有分歧，因为你给房子的意念添加了一致性的简单抽象概念，而我却没有。我要告诉你，我并不明白你说的认同抽象概念，并且希望你能认真研究你自己的想法，以确保你理解了你自己。海拉，为何如此沉默呢？人们可能对认同性和多样性进行争论，在他们的事物思想和观念中没有任何真正的区别，从名字中抽象出来，难道你不满意吗？更深入地反思下这个吧——是否允许物质的存在，这同目前的这点完全一样。因为，唯物主义者们自己承认，通过我们感官感知到的是我们自己的概念。所以，你的“没有两人看见同样的事物”的观点，同唯物主义者和我都相违背。

海：[啊，菲伦诺①]，但是他们猜测了一个外部的原形，他们将几个真正感知同样事物的概念称作它。

菲：（不提那些你已经抛弃的原形）所以，希望你在我的原则上也假设一个外部的原形——我指的是在你的意识之外——尽管事实上，它必须存在于包含所有事物的意识里，但是，它却服务于一致性的所有终端，以及假如它在一个意识外的存在。我确定你不会说它是不可理解的。

海：事实上，你已经很清楚地使我感到满足——无论在这点上根本没有困难还是即使有，它同样反对两种观点。

菲：但是，那同时反对两种观点的可以作为两种都不能反驳的证据。

海：我承认。但是，菲伦诺，毕竟当我考虑到你提出的反对怀疑主义的物质，其实也不过是如此——我们确定我们可以真正地看见、听到和感觉到，一句话，我们受到可见印象的影响。

菲：我们如何涉及得更深远呢？我看见这个樱桃，我触摸它并品尝它，并且我确定没有什么食物不能被发现、被感觉或品尝：因此，它是真实的。如果带走柔软、水分、通红和酸的感觉，你也就带走了这个樱桃，因为它并不是与感觉不同的存在物。我觉得一个樱桃也就是一些可见的印象，或者由各种各样感官感知到的概念，概念由意识融为一种事物（或拥有赋予

① 方括号中内容作者在上一版本中省略。

它们的一个名称)，因为我们观察它们是伴随双方的。所以当我受到这种独特味道的影响，视觉受到红色的影响，触摸到圆润和柔软，我以这各种各样的方式看见、感觉和品尝到，我很确定樱桃的存在或者它的真实，在我看来，从那些感觉中抽象出来的它的真实什么也不是。如果樱桃这个词，你指的是不同于所有那些可见特质的一种未知本质，而存在这个词指的是与它的被感知不同的事物，那么，实际上，既不是你，也不是我，或者其他任何人，能够确定它的存在。

海：但是，菲伦诺，如果我用相同的理由来反驳意识中可见事物的存在性，而你已经提出来反对它们在物质基层的存在，你会说些什么呢？

菲：当我看见你的理由，你会听到对于它们我必须说的。

海：意识是延展的还是非延展的呢？

菲：毫无疑问，是非延展的。

海：你说你感知到的事物是存在于意识中吗？

菲：是的。

海：难道我没有听到你提可见印象吗？

菲：我相信你会的。

海：噢，菲伦诺，现在就向我解释吧。怎么可能会有空间使得所有那些树木和房屋存在于你的意识里。可延展的事物能够包含在不能延展的事物里吗？或者，我们能想象印象可以留在没有任何硬度的事物上面吗？如书本在学习中那样，你不能说物体在你的意识里，或者说如蜡烛上图形标志一样，事物是印在它上面的。所以，我们以何种意义去理解那些表示呢？如果能的话，请你向我解释这点，那么，我也会回答你之前向我提出的关于物质基层的所有疑问。

菲：海拉，看着你，当我说到如存在意识里或印在感官上的物体时，对于所有的字面意义我并不理解。正如说物体存在于某个地方，或者印章在蜡烛上留下的印记一样。我指的仅仅是意识包含或感知它们，并且受到与其自身不同的存在物的影响。这就是我对你难点的解释。并且，我乐于知道它如何使得你的无感知力物质基层可理解。

海：如果，那就是全部的话，我承认我并没有发现它有什么作用。而你对在这点上关于语言的一些滥用，不感到愧疚吗？

菲：一点也不。它不过是一般风俗，你知道的是语言的规则，已经权威化了。没有什么比哲学家说理解力的直接物体，是存在于意识里的事物更加平常了。这里面除了与语言的一般类比相适合以外，没有其他任何事物了。智力操作的大部分都是由从可见事物中借来的言语来表示的。如同包含、反射、话语这些术语一样地明显，这被运用到意识中，就不会从总共的字面意义去理解。

海：我承认，在这点上你使我感到非常满意。但是，这仍然存在一个巨大的难点，我不知道你如何渡过这个难关，如果你不能对这么重要的一点找到一个解决方案，即使解决了所有其他的，你也永远别期望我改变信仰追从你的原则。

菲：我想知道这个强大的困难。

海：《圣经》解释的创造物对我而言和你的观点是完全矛盾的。摩西告诉我们一种创造物，关于什么的创造物呢，概念的吗？当然不是，而是关于事物，真实事物，坚固的有形物质的。将你的原则与这点相统一，我可能也会同意你的。

菲：摩西提到了太阳、月亮、星星、地球、大海以及动植物。所有这些都是真实存在的，而一开始是由上帝创造的，对于这我毫无疑问。如果概念是你指的意识的虚构和幻想，那么，就不存在概念。如果概念是你指的理解力的直接物体，或者不被感知及在意识外便不存在的可见事物，那么，这些事物就是概念。但是，你是否称它们为概念，这并没有关系，差别仅仅在于一个名称而已。并且，无论哪个名称被保留还是拒绝，事物的意义、真实和现实性仍是一样的。通俗地说，我们感官的物体并不是概念，而是事物。它们能如此地静止不动吗？假如你不给它归于任何绝对的外部存在，我也不会与你有一个字的争论。所以，我承认创造物是真实事物的一种创造物，这点也不是与我的原则最不矛盾的，如同我现在所说，如果你还没有忘记之前说得如此频繁的话，没有这点，对你也是非常明显的。

但是，对于坚固的有形物质，我希望你能给我指出摩西在何处有对它们的任何提及。如果它们应该由他或者任何有灵感的作家来提及，你仍然有义务展示那些话语不是从通俗的接受意义上得来的，不是为了事物在我们的感觉下降落，而是从哲学接受意义上，为了绝对存在的物质。当你证明了这些时（等不到是那时），希望你将摩西的权威用到我们的争论中来。

海：将一个观点争论得如此清楚是白费工夫。我很乐意将它称为你自己的道德。在摩西解释的创造物和你的观点间存在一些独特的矛盾，难道你不满意吗？

菲：如果能够放在《创世记》第一章节的所有可能意义，能够被认为像任何其他一样，和我的原则相一致，那么，它和它们就没有独特的矛盾。但是，并没有你不会有像我那样设想的那样去相信的意义。因为，除了精神外，所有你感知的都是概念，并且，我并不否认这些的存在，你也不会假装它们独立于意识外而存在。

海：让我看看你从中理解的任何意义。

菲：为何我想象如果我在创造的现场，应该已经看见实物变成存在物，已变得可查觉——按照神圣历史学家规定的顺序。以前，我从不相信摩西解释的创造物，而现在以我的方式也没有发现相信他的任何变化。当听说事物要开始或结束它们的存在时，我们并不是指关于它的这个，而是它的创造物。所有的事物都永恒地为上帝所知，而它是同样的事物，在他的意识里是永久存在的。但是，在对生物不可察觉前，当事物被上帝的法令变得对它们可察觉时，可以说对于创造的意识，他们开始了相对的存在。所以，通过阅读摩西解释的创造物，我理解了世界的一些部分，对天生具有恰当能力的有限精神来讲，逐渐变得可感知了。因此，无论谁在现场，事实上都是由他们感知的。这便是通过神圣《圣经》的语言给我展示的明显的字面意义。无论是次层、器具及场合，还是绝对的存在在这里面，都没有提及或思考。通过探讨，我并不怀疑会有相信创造物的多数普通城市的人，比我更不会思考那些事物。从中你能理解什么是形而上学的意义，你可以说。

海：但是，菲伦诺，你似乎没有意识到你承认创造的事物一开始仅仅是一种相对的，而最后是假设的存在物。也就是说，通过假设去感知它们的人，没有它，就不会有绝对存在的现状，在那里创造物可能终止。所以，根据你的意思，任何无生命的创造应该先于人类，这不是非常明显不可能的吗？难道这点不是和摩西所解释的直接相反吗？

菲：在那些的回答中，首先，被创造的存在物可能一开始就存在于除人类外的其他被创造的智力意识中。除非你一开始就证明在人类前，没有其他有限被造物精神的秩序，所以，你不能够证明在摩西和我的观点之间存在任何矛盾。更远的，万一我们认为像现在我们应该的那样认为创造物，一些各种各样的植物或蔬菜，它们是由隐性的力量在无人在现场的沙漠里产生的——这种解释或设想的方式和我的原则是一致的，因为，无论是可见的还是想象的，它们都没有从你身上带走任何东西。它完全和人类平常自然以及未颓废的观念是相适合的。它表明了所有事物都是依赖上帝的，最后，拥有所有好的结果或影响，而我们信念的重要文章是可能使得人类变得谦卑、感激并听从于其 [伟大的[①]] 造物者的。并且，在没有任何言语的事物的纯粹概念里，将不会发现绝对存在的真实性的任何观点。事实上，你可能对那些术语产生一些尘埃，并且毫无目的地延长我们之间的辩论。但是，我真实地请求你查看一下你的思想，然后，告诉我是否它们不是无用、不可理解的行话。

海：我承认我并没有任何清晰的概念与它们相连。但是你对此有什么说法呢？难道你没有使可见事物的存在性在于一个意识里的存在吗？所有的事物难道不是在上帝的意识里吗？所以，根据你的意思，它们难道不是永恒的存在吗？那永恒的事物是如何被及时地创造的呢？有比这更加清楚或者更好地连接的吗？

菲：你不也是这个观点，即，上帝从永恒中知道所有的事物吗？

海：是的。

---

① 仅仅在第一、二版本中出现。

菲：所以，它们总是存在于神圣的智者里。

海：我承认这点。

菲：所以，根据你得坦白，没有什么事物是新的，或者也不是开始变得新的，考虑到上帝的意识。所以，我们在那点上是一致的了。

海：那么，对于创造物我们能够做些什么呢？

菲：希望我们并不理解它，这已经完全地考虑到有限精神了吗？以至于那些事物关于我们，可以说合理地开始了它们的存在，或者被创造。当上帝命令它们对智能生物变得可察觉，它规定了以那样的方式和顺序，我们称为自然法则。只要你乐意，你可以称之为一种相对的或假设的存在。但是，只要它们给我们提供摩西历史创造的最自然、最明显的字面意义，只要它回答了那个伟大篇章的所有终端，总之，只要你在它的用处上说不出其他的感觉或意义，我们为何要拒绝这点呢？难道是为了迎合一个使每一事物都变得无意义和不可理解的荒谬的怀疑幽默吗？我确定，你不会说是为了上帝的荣耀，因为，加入他是一种可能并可感知的事物，有形物质应该在上帝意识以及所有被造物意识外有绝对的存在。但是，这要如何陈列出上帝的广大或全知，以及所有事物对他必要和直接的依赖呢？难道不更是像从那些属性中贬损的吗？

海：但是，为了使事物可感知上帝的法令，菲伦诺，你对此有什么说的呢？难道不是非常明显的吗？即，上帝永恒地执行那个法令，或者在某个特定的时间开始希望以前他没有真正抑制过的，仅仅是设计来抑制的。在前者里，有限事物中没有创造物或者开始的存在。在后者里，我们必须承认一些新的东西使神降临，二者暗含一种改变。

菲：想想你在做些什么吧。难道不明显，这个异议同样包括了反对任何意义上的创造物，反驳了通过自然的光亮可观察的神的每一种其他行为吗？其中任何一个我们都不能设想，除了及时地完成并有一个开端。上帝是一位卓越并无限完美的存在物，所以，他的本质，对有限精神而言是不可思议的，所以，并不期望任何人，无论是唯物主义者还是非唯物主义者，对神的属性以及操作方法都有一个精确而公正的概念。如果接下来，你会猜测任何事物来反对我，你并不能从我们对神圣自然的概念的不足中得出你的难点，这在任何计划上都是不可避免的；而是要从物质的否定里，但没有一个词直接或间接地在你现在否认的观点里面。

海：我必须承认，你想要澄清的难点仅仅是从这物质的非存在性里得出的，并且对那个概念是很独特的，到目前为止，你是正确的。但是，我怎么也不能使自己想到创造物和你的观点间没有这样独特的矛盾存在。尽管事实上，我并不很清楚地知道它存在于哪里。

菲：你会有些什么呢？难道我没有承认事物的双重状态吗？——一种是副本或者自然的，另外一种是原形或永恒的。前者是及时被创造的，而后者永恒地存在于上帝的意识中。这点难道不是和神学家的一般观点相一致的吗？或者，为了设想创造物，还有什么比这个更为必要的吗？但是，你怀疑一些独特的矛盾存在，尽管你不知道它在何处。抛开在这个事例中所有可能的顾虑，只思考这一点。要么，你不能够在无论什么假说上猜测创造物，如果能的话，没有理由讨厌或者以抱怨来反驳在那点上的任何独特观点。或者，你能够设想它，如果能的话，为何不赞成我的原则呢？因为那样的话，可想到的任何事物都不会带走。你一直都承认感官、想象和理智的全部视野。所以，无论你之前通过感官或者从感官能感知、想象或者理解到什么，你仍然保留。因此，如果你持有的创造物的观念由其他原则而可理解了，你仍然是通过我的观念而拥有的。如果变得不可理解了，我认为它根本就不是观念，并且对于它也没有任何缺失的。实际上，对我而言，非常明显的是对物质的猜测，即一种完全不为人所知和不可理解的事物，并不能使我们感知任何事物。并且，我并不希望向你证明，如果物质的存在并不能使得创造物可感知，没有它的不可感知的创造物的存在，并不能成为它非存在的异议。

海：我承认，菲伦诺，在创造物这点上，你差不多使我满意了。

菲：我想知道为何你不是感到完全满意呢？的确，你跟我说过摩西历史和唯心主义之间的一种矛盾，但是你却并不知道矛盾在何处，这点合理吗？

海：你能期望我在难点究竟是什么都不知道的情况下，解决它吗？但是，抛开所有那些不说，一个人难道不会认为你已经确信，在唯物主义的接受观点和有灵感的作品里，没有矛盾存在吗？

海：的确如此。

菲：《圣经》的史学部分应该在很清楚的意义上理解，还是在形而上学或者不合常理的意义上呢？

海：毫无疑问，肯定是平白明显的意义上理解。

菲：上帝提到药草、大地和水，就如已经由上帝创造。难道你不认为由那些词语通常来表达的可见事物，是在向每一位非哲学的读者提及吗？

海：我会不由自主地这样认为。

菲：难道不是所有概念或者由感官感知到的事物，都被唯物主义的学说否认了真实存在吗？

海：这点我已经承认了。

菲：所以，根据它们，创造物并不是可感知事物的创造物吗？可见事物只有相对的存在，但是有某种未知的本质，这种本质是绝对存在的，创造物在那里可能终止。

海：是的。

菲：所以，物质的维护者摧毁了摩西非常明显的意义，这不是很显而易见的吗？有了它，他们的观点就完全不一致了；而不是强加在我不知道的，一些对他们自己和我都同样不可理解的事物。

海：我不能反驳你。

菲：摩西告诉了我们一种创造物。一种什么样的创造物呢？是带有未知本质、场景或基层的创造物吗？当然不是，而是对感官而言非常明显的事物。如果你希望我顺从于它们，你首先就必须使这点和你的观点之间达成一致。

海：我发现你可以用我自己的武器来攻击我。

菲：接下来，对于绝对的存在，还有比那个更加幼稚的观点的吗？一些如此抽象而不可理解的事物，你很坦白地承认你不能想象通过它解释任何事。但是，假如物质存在，绝对的存在如光亮一般明澈，这个又可以使得创造物更加可信吗？难道它没有装备所有年龄段的无神论者和异教徒，带有最貌似可信的论点来反驳创造物吗？那些无精神意识的绝对存在的有形物质，应该依神灵的意志什么也不产生，已经被认为是与所有理智都如此相反的事物是如此地不可能和荒诞，不仅仅是古人里最有名望的，而且各种各样的现代人和基督哲学家已经认为物质和神共同永恒。将这些事物放在一起，然后，你判断是否唯物主义使得人去相信事物的创造。

海：我承认，菲伦诺，我认为它不会的。这个创造物是我能想到的最后一个异议，我不得不承认它与其余的已经被很充分地回答了。现在，除了我在自身发现的对你观点的一些不可理解的反对外，没有其他需要克服的了。

菲：当一个人被摆动了，他不知道为何，问题的一方面，你认为除了偏见的影响，还有其他任何事物吗？这偏见从不会失败，伴有古旧且根深蒂固的观念。实际上，在这点上，我不会否认物质的信念以及博学教育的人在战胜相反观点上有很大的优势。

海：我承认似乎就像你所说的。

菲：所以，作为对这偏见重量的一个平衡，让我们在这个规模里投进最强大的优势，它是既关于宗教又关于人类学问的，是从非唯物主义的信念中产生的。上帝的存在、灵魂的清廉，以及那些宗教的伟大篇章，难道它们不是被最清楚、最直接的证据证明了的吗？当我说上帝的存在，我并不是指事物一般的模糊的起因（对此我们没有概念），而是指世界最严格、最合理意义上的上帝。一个存在物的灵性、普遍性、天意和无限性，无限力量和美德正如可见事物的存在一样是显而易见的，而这除了我们自己的存在，没有其他是可以怀疑的——接下来，关于人类科学。在自然哲学里，物质的信念将人们引进了何种的复杂、何种的晦涩以及何种的矛盾里！关于无数争论的范围、渠道、同质、引力和多样性什么也不说——根据运动的规则，难道他们不是假装通过物体作用于物体，来解释所有事物的吗？他们能够理解一个物体是如何移动另外一个的吗？假如在调解一个迟钝存在物的概念和起因，或者想象一个偶然事件如何从一个物体移到另外一个，但是，通过所有他们牵强附会的想法和放纵的猜测，他们就能够达到任何动物或蔬菜物体的产生吗？通过运动的规则，他们能够解释声音、口味、味道或颜色，或者食物有规律的过程吗？通过物理原则，他们解释过宇宙最不可想象部分的天赋、能力和发明吗？但是，抛开物质和有形起因，假使只有完美意识的效能，自然的所有结果不是简单并可了解的吗？上帝是种精神，而物质是一种不可理解、没有感知力的存在物，如果在他们的起因里来证明一种无限的力量，上帝是活跃并且无所不能的，而物质只是迟钝的一片。如果他们的顺序、规律性和有效性永远不能充分地得到赞美，上帝是极其明智且有先见之明的，而物质缺乏所有的计谋和设计。这些在物理学上肯定是很大的优势。不用提遥远神灵的理解自然而然地使人们在他们的道德行为里的一种忽视。他们将会更加小心，万一他们认为他可以立刻显现，并且无物质或思考力第二起因的参与，而作用于他们的意识——接着在形而上学上，在抽象实质性的形式，物质决定原则，塑造自然，物质以及场合，个性的原则，物质思考力的可能性，概念的起源里面关于实体有什么样的困难，精神和物质这两种完全不同、相独立的东西，是以怎样的方式相互作用于对方的呢？我们通过仅仅假设精神和概念，逃避了关于这些以及不计其数相似观点的怎样的困难和无数的探讨呢？如果我们不提延展事物的绝对存在，即使是数学家他们自己，也会变得更加清楚和容易，在那些科学里，最令人震惊的驳论以及最错综复杂的讨论，都依靠于有限延展的无限分离，而这依靠于那个猜测——但是，需要什么来坚持那个独特的科学呢？难道那不是和所有的科学相反吗？古代和现代怀疑论者的狂怒不是建立在同样的基础上吗？或者你能够将如此多地为一个论点，来反驳有形事物的现实吗？或者代表对它们本质的完全公然的忽视，而这并不假设它们的现实在于外部的绝对存在中。通过这个假设，实际上，从一只鸽子脖子颜色的变化中得出的异议，或者从水中破旧桨的外表，必须承认它们是有重量的。如果我们不坚持绝对外部原物的存在，而是将事物的现实放进概念里，这些或者相似的异议会变化，实际上是转瞬的或多变的，然而那并不是随意的变化，而是根据自然的规则。因为这里包含了确保生活所有顾虑的事物恒定和事实，并且将事实从幻想不规律的视野中区别开来。

海：你现在说的我都同意，并且我必须承认，没有什么更能比我在你观点所伴有的优势，更加令我接受你的观点了。我天生就很懒，并且这在知识上是一个强大的限制，什么样的疑问，什么样的假说，什么样愉悦的迷宫，什么样争论的领土以及一片错误学问的海洋，都可能由非唯物主义的单一概念避免。

菲：最后，还有什么更深层次需要做的吗？你或许记得你承诺过接受那个观点，通过验证，这个观点可能与常识最一致，同怀疑论者相违反。根据你自己的承认，这就是否认物质或者有形事物的绝对存在，但也并不是全部。同样的概念已经由几种方式加以证明，由不同的角度观察，紧随他的结果，并且所有反对他的异议都已经澄清。还有比他的事实更为强大的证据吗？但是，万一他虽拥有一个正确观点的所有标记，然而却是错误的呢？

海：我承认，就现在的各个方面，我都感觉完全满意，但是，我有什么可以保证自己该继续完全相信你的观点，并且在这之后不会有无思考的异议和困难发生的依据呢？

菲：海拉，当某个观点曾经被很有依据地加以证明，你在其他事例里，可能会保留对它可能倾向的异议或者难点的赞成吗？伴随无可测量数量、接触角度、弯曲的渐近线，或者其他相似事物的信条的困难，足以使你坚持反对数学的证实吗？或者你会怀疑上帝的旨意吗？因为有许多你不知道如何与他达成一致的事物。如果非唯物主义有任何困难的话，同时也一定有直接和明显的证据。但是，对于物质的存在，没有一个证据，并且存在无数和无法克服的异议来反对他。但是，你执意坚持的那些强大的困难在哪里呢？啊，你并不知道它们在哪里，也不知道它们究竟是什么。如果这个是充分的借口来保留你完全的赞同，你不会屈服它于任何议题。

海：菲伦诺，你让我感到满意。

菲：但是为了使你反对以后的异议、思考，那在两个相反观点上承受同样坚硬的可以成为两个都不能反驳的证据。所以，无论何时，有任何困难发生，尽你可能在唯物主义的假说上找出一个解决方案。不要被言语所欺骗，而是要探测你自己的想法。如果你借助于唯物主义论，不能够更加容易地设想它，很明显，没有异议可反对非唯物主义。如果你一直通过这个规则前行，你一定已经使自己在反对上分离了大量的异议。因为所有你的困难，我希望你给我展示一个用物质加以解释的，与没有那个假设相比，这不是更加不可理解吗？而最后使得自己宁愿反对也不会赞成，在每一独特事物里，你应该思考困难是否来源于物质的非存在性，如果不是的话，你应该正如从这样一个困难中来反对非唯物主义论一样，从延展的无限多样性来反对神的预知。但是，通过回想，我相信你如果不是经常的话，时常也会发现这个一直是如此。同样的，你也应该注意不要争论预期理由。一个很容易说——未知的物质应该注定是真实的事物，而不是我们意识里的概念。但是，除了没有思考力的外在物质作为起因或者工具，可能发生于我们概念的结果里，谁又能说明呢？但是，这不是在有这样的外在物质的假设上进行的吗？猜想这点，难道不是在寻求问题吗？总的来说，你应该注意由被称作诡辩论的一般诡辩强加给你自己的。你经常谈到，似乎你认为我执意可见实物的非存在性。但是，实际上，没有人比我更加完全地确定它们的存在。而正是你在怀疑，我应该已经说过，我非常地否定它。每一种被看到、感觉到和听到，或者由感官通过任何方式感知到的，在我接受的原则里，是真实的存在物。但是，却不是在你的原则里。记住，你所争论的物质是一种未知的什么东西（事实上，如果它可以被称为某物的话），而这完全没有所有的可见特质，既不能由感官来感知，也不能由意识来理解。记住，我说的它并不是任何硬的、软的、热的、冷的、蓝色的、白色的、圆形的或者方形的物体。因为，所有这些东西我肯定都是的确存在的。尽管事实上，我否认它们有与被感知不同的存在，或者它们独立于所有什么的意识而存在。思考这些观点，将它们认真地考虑周全，并且仍然保持在意见中。否则，你就不会理解问题的实质，没有这点，你的异议将一直偏离观点，并且，不是我的，很可能用来（正如不止一次地这样了）反驳你自己的观点。

海：我必须承认菲伦诺，似乎没有什么比这个相同的错误问题更加让我不同意你的观点了。在否认物质上，一开始我被诱惑来想象你否认我们看到或感觉到的事物，但是，通过反思，我发现它没有任何依据。所以，你是如何看待保持物质这个名称，并将之运用到可见事物里的呢？你的这个观点不需要任何概念就可以解决。并且，相信我，它将是使得一些人与它达成一致的方式。

菲：假如你将它们归于不同于它们的被感知的任何存在，我真心地：保留物质，如果你乐意，将它们应用到有感官的物体里。我永远不会为了一个表述而与你争论。物质或者实质性物质是由哲学家介绍的术语，并且如被他们运用一样，暗含一种独立或者不同于由意识感知的存在，但是从未被平常人使用过，或者，曾经有的话，它是用来象征感官的直接物体的。所以，人可能会想只要所有独特物质的名字，以及“可见的”“物质”“物体”“材料”等相似的术语保存了下来，物质这个词就永远不会在普通谈话里消失。并且在哲学的交谈里，将之完全去除似乎是最好的方法，因为，或许没有任何一件事物，比那个一般的令人困惑的术语的运用对无神论，有更加喜爱和强化的意识的腐化倾向。

海：但是菲伦诺，既然我乐意放弃意识外没有思考力物质的概念，我认为你不应该否定我随自己乐意的运用物质这个词的特权，并且将之附属于仅仅存在于意识里的可见特质的集合里。从严格的意义上说，我承认除神灵外，没有其他物质了。但是我一直以来是如此地习惯这个属于物质，以至于我不知道如何与之分离：说世界上没有物质，对我而言仍然是很震惊的。然而说——没有物质，如果那个术语指的是存在于意识外的没有思考的物质，但是如果物质指的是存在于被感知的一些可见事物，那么，就有物质的存在——区别给出了另外一个变化，如果人们被提议了那种方式，就会有一些小小的困难接受你的观点。因为，毕竟对物质的争论在严格的接受意义上说，全部在于你和哲学家之间。我承认哲学家的原则并不像你的一样，并不是如此地自然，或者和人类的常识和神圣经文如此地相一致。没有任何我们想要得到或者回避的事物，除了像它制作的或者被理解的来制作我们快乐或者悲惨的一部分。但是幸福或痛苦、喜悦或悲痛、愉悦或苦痛，与绝对存在或者同我们没有任何联系的未知实体有什么关系呢？很明显，事物看待我们仅仅如它们是愉快的或者令人不快的。并且它们能够愉快或令人不快，仅仅如它们被感知一样。但是，在这个学说里，仍然有一些新的东西。很明显，现在我既不同哲学家，也不同一般人思考的一样。我会知道这个实例如何处于那一方面，精确地说，在我之前的概念里你增加了什么或者改变了什么。

菲：我并不假装是新的观点的启始人，我努力仅仅在于将其集合或者放置在一个更加明澈的地方，在平常人和哲学家之前就得以分享的事实——前者是观点，那些他们直接感知到的事物是真实的事物，而后者，立即感知到的事物是只存在于意识里的概念。两个观点放在一起，最后组成了我所说的物质。

海：如此之久，我都不相信自己的感官，我认为自己是通过暗淡的光亮和透过伪造的眼镜来观看事物的。现在，眼镜被移除了，而新的光亮通过我的理解力参与进来。我很清楚地相信，我看到事物的天然形式，并且对于它们未知的本质或者绝对存在，我再也不会处于痛苦中了。这便是我发现的自己目前的状态，尽管事实上，我还不是完全地理解我是如何产生这种感觉的。你通过像专业学者、笛卡尔主义者或者相似学派通常做的那样，在同样的原则上建立这个。很长一段时间里，他看上去似乎与你在发展哲学的怀疑主义一样，但是，最后，你的结论与他们的完全相反。

菲：海拉，你看远处喷泉的水，是如何以圆形的水柱向上，到达一定的高度，然后变破，再回落到它起初上升的水池里的。它的上升或者下落，都是根据同样一致的法则或者引力的原则而进行的。就是如此，同样的原则一开始导致了怀疑主义，继续追随到一定的程度后，就会将人们带回到常识中来。

人类理解研究

An Enquiry Concerning Human Understanding

〔英〕 大卫·休谟

主编序言

大卫·休谟最详尽的哲学著作，就是他的《人性论》，这本书在1739–1740年间分三卷出版。这本书是在他21–25岁时写的，他的著作《人性论摘要》是为了宣传自己的著作而写的，这本书是在他死后一年出版的，是他轻视地把论述当做是幼稚行为的著作，在理智和表达上被忽视所伤害。他渴望只有《人性论》和《道德原则研究》被当做是包含他哲学的理智和原则的。然而《人性论》的不受重视是有可能的，它包含了许多哲学的、没有出现在《人类理解研究》上的重要性，而后者有更多成熟的思考，和更好的风格的优势，并且也有更精确、更容易理解的表达。为了更充分地理解休谟在欧洲历史哲学论上的地位，学习《人性论》仍然是有必要的；但是从《人类理解研究》上能更多地收集到他对思考的通常态度和方法；然而有一些部分是在《论神迹》中，对他在正统人士中唤起的更加尖刻的憎恶的辩解。

查尔斯·艾略特

第一章 论不同派别的哲学

可以用两种不同的方式来研究道德哲学或者人类本性的科学，每一种方式都有它特殊的优点，都可能为人类的革新、建设和娱乐做出贡献。其中一种方式主要是把人类看成生来就行动的，他的行为准则是被他自己的品味和感情所影响的。人们会去追求一个对象，然后逃避另一个，是因为依照这些对象看上去所具有的价值，并依照他们自己本身呈现的样子。由于在所有的对象中，美德是被认为是最有价值的，所以这一派的哲学家会用最温和可亲的色彩描绘它，所有都是借助诗歌和雄辩，以一种轻松、明白的方式论述他们的题目，这样就最适于取悦想象和引起感情。他们从日常生活中选取最突出的言论和例证，把相反的特性当做适当的对比，以对光荣和幸福的期望而把我们诱入德行之路，并在这些道路上用最健全的戒律和最著名的事例来指导我们的步伐。他们使我们感受到恶与善之间的区别，激发并规范我们的情感，从而让我们完全倾心于对正直和真正荣誉的爱。他们认为，这样一来，他们所有辛劳的目的就完全达到了。

另一派哲学家考察人时，宁可着眼于人是一个有理性的存在物，而不是着眼于人是一个活动的存在物，他们致力于形成人的理智，而不是致力于培养人的举止。他们把人性看成一种思辨的题目，为了找到一些原则来规范我们的理智，就对人性进行精密细致的考察，这些原理激发我们的情感，并让我们赞成或谴责任何特定的对象、行动或行为。他们认为，因为哲学到目前为止，没有毫无争议地将道德、推理和批判的基础确定下来；它总是在谈论真和假、善和恶、美和丑的差别，却不能确定这些差别的来源，这就使对于所有学问都成为耻辱的事情。当他们试图去完成这项艰巨的任务时，任何困难都无法阻止他们；他们是从特殊的事例开始，再到普遍的原则，又继续研究，以达到更普遍的原则，而且在达到那些原始的原则以后，他们才会满意。在所有科学中，人类的全部好奇心也都是以那些原始的原则为界限的。虽然他们的思辨似乎是抽象的，一般的读者甚至是不能理解的，但是，他们的目的是可以得到有学问、有智慧的人的赞同。如果他们能够发现某些隐秘的真理，并且这些真理能够对后人有教益，这样他们就觉得自己一生的辛劳得到了充分的补偿。

可以肯定的是，轻松明白的哲学比起精确深奥的哲学，将会一直被大多数人所偏爱，许多人会推崇轻松明白的哲学，不仅因为它比精确深奥的哲学更让人惬意，而且因为它更有用。它能更多地深入日常生活之中，更能陶冶人的心境和情感。而且，因为触及了激励人们的原则，它改进了人们的行为，让他们更接近于这类哲学所描绘的完美的典范。相反的是，由于深奥的哲学所根据心的性情，导致它是无法进入事务和行动之中的，因此当这类哲学家离开幽暗的地方，进入光天化日之下，这类深奥的哲学就会烟消云散；它的原则也不容易对我们的行为和行动带来任何影响。我们心里的感受，激动的情绪、强烈的感情，驱散了它的所有结论，把这种深奥的哲学家变为十足的俗人。

我们还必须承认，最持久、最恰当的赞誉，已经被轻松的哲学所获得了；并且，抽象的推理家，到目前为止，因为他们同代人的任性和无知，也只享受到了短暂的荣誉，仍不能让他们的声望在更公正的后人面前得到支持。对一位深奥的哲学家来说，在他精细的推理中还是比较容易犯错的；而且他不断地推动推论进行，一个结论不被接受，其实不是因为它看上去有不太寻常的样子，或者和流行的观点相互矛盾，这种情况下，一种错误就必定会产生另一种错误。但是，一个唯一的目的是用更美丽和迷人的色彩，来描绘人类的普通常识的哲学家，即使他偶然地陷入错误，也会错得更远；但是如果他重新向普通常识和心灵的自然情趣求助，就能返回到正确的道路，保护自己以免受任何危险幻想的侵害。西塞罗[①]的名望到现在仍然显赫，但亚里士多德[②]的名望则完全衰落了。拉布吕耶尔[③]的名望四海之内都知道，并且现在仍保持着他的名望，但马勒布朗士[④]的荣誉则仅限于他自己的国家和他的那个时代。艾迪生[⑤]的著作可能还会被人们愉悦地诵读，但洛克[⑥]的著作则将会被人们完全忘掉。

纯粹的哲学家一般是很难被世人所接受的角色，因为大家认为他对社会的利益或快乐都没有做出什么贡献。当他的生活远离与人类的交往的时候，他埋头于同样远远不被大家所理解的原则和概念当中。另一方面，完全无知的人是更可鄙的，因为在一个科学发达的时代和国家中，一个人才智粗鄙的最确切的标志，莫过于他对那些高雅的娱乐没有任何情趣。最完美的品格是在这两个极端之间的：对于书籍、交友和事务，保持同样的能力和情趣；在谈话中保持从优雅的文章中产生的洞察力和雅致；在事务中，保持从正当哲学所产生的自然结果的正直和精确。为了推广和培植这样一种有教养的品格，没有什么东西比一种轻松的文体和风格的著作更加有用的了。这些著作没有离开生活很远，也不需要深入钻研或苦思冥想地去理解。然后它们让研究它们的学生回到人们中间，并带来高尚的情感和明智的纪律，有了这些情感和纪律，就可以应对人生的任何事变。因为有了这样的著作，德行变得可亲了，科学变得惬意了，交往变得有教益了，隐居

---

① 西塞罗（前 106–前 43），罗马政治家、哲学家、演说家。

② 亚里士多德（前 384–前 322），古希腊哲学家。

③ 拉布吕耶尔（1645–1696），法国作家，主要作品有散文集《品格论》。

④ 马勒布朗士（1638–1715），法国哲学家。

⑤ 艾迪生（1637–1719），英国文学家和文学评论家。

⑥ 洛克（1632–1704），英国经验论哲学家。

让生活变得有情趣了。

人是有理性的存在物，并需要从科学那里接受适宜的食物和养料。但是，人类理解的范围是非常狭窄的，以至于他所得到的不论从安全的范围，还是从可靠性上，都无法满足他们的希望。人不只是有理性的存在物，而且也是社会的存在物。但是他既不能一直享受到令人愉快而有趣的交际，也不能一直保持住对那些交际的适当的情趣。人还是一种行动的存在物，由于这种行动和人生的各种各样的需要，让人不得不从事商务和职业。但是心灵还是需要轻松一点儿，它不能总是让自己有辛苦操劳的倾向。所以自然好像已经给我们指出，一种混合的生活就是最适宜于人类的生活，而且它还秘密地告诫人们不要放太多偏见在其中，以至于让他们不能适于其他的工作和消遣。它（自然）说：放纵你的激情于科学吧！但是，要让你的科学成为人的科学，这样一来会让它成为能够与行动和社会有直接关系的科学。我是完全反对深奥的思想和深刻的研究的，这些研究会把你带入沉思中的忧郁，让你陷入无止境的不确定性和让你所自称的发明会受到冷遇，并对你做出严厉的惩罚。作为一个哲学家，在你的全部哲学中，你仍然要做一个人。

大部分人都满足于偏好轻松的哲学，而不偏好抽象、深奥的哲学，也不会对后一种哲学有任何的责备或蔑视。那如果我们赞同这种大部分人的意见，同意每一个人，并且不反对他们去享受他们自己的趣味和情感，也许并不是不恰当的。可是，这件事情往往被做得太过分，甚至于完全地排斥所有深奥的推理，或者通常所谓的形而上学，现在我们将开始考察，看我们有什么合理的理由能拿来为形而上学进行辩护。

首先我们可以观察到，有一个重大益处从精确和抽象的哲学中产生，这种哲学对轻松的又有人道的哲学有益处；如果没有前一种哲学，后一种哲学也绝不能在其感情、戒律或推理中达到足够精确的程度。所有文雅的文章只是各种态度、各种情况下的人类生活的图画，依照对象放在我们面前的性质，激起我们的赞扬、谴责和嘲笑的不同情感。如果一个艺术家除了有细致的感受和敏捷的理解，而且对人类的内在结构，对人类的理解作用，对情感的作用和辨别善恶的各种情感有精确的知识，那么，他必定有较大的资格在上面提到的事业上取得成功。不论这种在内部的探索与研究看来怎么费力，但对于要成功地描述生活与风俗的明显的、表面现象的人来说，在某种程度上却是必不可少的。解剖学家通过我们的眼睛把最可怕、最让人不愉快的对象呈现出来，可是，其科学就算对于画家在描绘维纳斯[①]或者海伦[②]的画像时也是有用的。当画家运用其艺术的一切最丰富的色彩，赋予他笔下的形象以最优美、最动人的神态时，他仍然必须注意到人体的内部构造、肌肉所处的位置、骨骼的结构、还有身体每个部分或器官的功用和形象。在任何情况下，精确对于美丽都是有益处的，正确的推理都对细腻的情感有益处的。我们如果想用贬低一个来抬高另一个，那将是徒劳的。

此外，我们可能观察出，在每一门技艺或职业中，即使是在与人生和行动最有关系的技艺或职业中，精确的精神（不管这个精神是怎样获得的）都会让它们更趋于完美，更加对社会利益有所帮助。虽然一个哲学家的生活可能远离实际事务，可是，如果哲学的精神被很多人小心地培养，必定会逐渐蔓延到整个社会，并让每一种技艺和职业都同样地得到修正。政治家将会在细分和平衡权力上，带有较大的预见和机敏；法学家将在他的推理中获得更多的条理和更精细的原则；军官将会在他的训练中有更多的原则，并将会在他的计划和实战中更加谨慎。现代政府比古代政府具有更大的稳定性，现代哲学也比古代哲学有了更多的精确性，这种稳定性和精确性都已经得到了提高，它们都将有可能一直以相似的程度得到提高。

即使从这些研究里不能受到任何益处，只可以满足天真的好奇心，也不应该对这种研究进行藐视，因为这些研究在人类那些少数的、安全无害的快乐上，又增加了一种。人生中最甜蜜、最无害的小路是经由科学和学问的途径来贯通的；不论任何人，只要他能清除掉这条路上的任何障碍，

---

① 罗马神话中的爱神和美神，相当于希腊神话中的阿佛洛狄忒。

② 希腊神话中以美貌著称的女子。

或开辟任何新的境界，就这个范围来说，他都应该被尊称为人类的恩人。虽然这些研究可能会使人劳累，但就像某些人的心灵和某些人的身体一样，身体健康强壮，他就会需要做一些剧烈的运动，并且在大部分人看来好像是繁重和辛苦的事情，但他们却能从中得到快乐。的确，阴暗既对心是痛苦的，也对眼睛是痛苦的，但是我们如果能通过种种努力，让阴暗处得到光明，那必定是让人愉快、欣喜的。

但是，我们反对这种深奥抽象的哲学中的阴暗，不只是因为它是让人痛苦和劳累的，而且也因为它是不确定性和错误的必然的来源，在这里确实存在着对于形而上学重要部分的最公正、最近乎情理的反驳，也就是说，形而上学不是科学。它们的出现，不是由于人类虚荣心的没有结果的努力，这些努力超出了我们理解范围内的题目；又或者是由于流行迷信所出的伎俩，这些迷信因为不能用明白清楚的理由来为自己辩护，就用那些缠绕的荆棘去掩护它们本身的弱点。这些强盗从旷野中被赶了出来，于是他们就逃进树林里，埋伏起来在那里等待，一有机会就中断人心灵中每一条不设防的路径，并用宗教的恐怖和偏见去把它压垮。就算是最强大的人，只要他稍有不注意，就会受到压抑。许多人因为怯懦和愚昧，给敌人把大门敞开，还恭恭敬敬地欣然接受他们的敌人，把他们当做自己合法的统治者。

可是，这就是哲学家应该停止这类研究，依然让迷信占领他们的避难所的充足理由吗？如果我们因此得出一个相反的结论，并观察到我们有必要对敌人发起攻击，直至最隐秘的地方，这有什么不恰当的？如果我们希望人们因为屡次受到挫折，最终就会放弃这种缥缈的研究，并发现人类理性的适当领域，那是注定徒劳的。因为很多人认为常常回想起这些题目，是很有兴趣的。除此之外，我要说，导致盲目失望的动因在科学中并无合理的地位。因为，不论怎样，前人的尝试已经可能被证明了是失败的，但是期望还是可以有的。我们可以期望后人的勤奋、幸运和更高的才智，有可能达到上一代所不知道的发现。每一个喜好冒险的天才都会马上想尝试这个艰难的目标，并且发现前人的失败，不但不会让他沮丧，反而让他受到鼓舞。此刻他希望那完成如此艰难事业的光荣，仅仅是留给他的。要让学问立即从这些深奥的问题中释放出来的唯一方法就是仔细地研究人类理智的本性，并从理解能力的准确分析中，表明它无法适应哪些深奥的问题。为了今后安逸的生活，我们必须接受这些疲劳，为了消灭虚假的形而上学，我们还必须小心培育真正的形而上学。懒惰对于某些人来说，是提供了一种对付这种骗人哲学的盾牌，然而对于另外一些人，懒惰却被他们的好奇心所打压；绝望在某时可能会取得胜利，但最终会被乐观的希望和期待所取代。只有准确而正当的推理才是普遍而有效的方法，他对于一切人和一切性格的人都适应，只有它才能颠覆深奥的哲学和形而上学那晦涩难懂的语言。这种形而上学的晦涩难懂的语言，因为混杂着通俗的迷信，让粗心大意的推理者有了难以看穿的态势，并披上了智慧和科学的外衣。

另外，在经过慎重的研究考虑过后，可以排除学术中最不确定以及最令人不快的部分，除了这种积极的优势之外，还能从对人性的能力和技能的准确考究中得到许多积极的益处。心灵发挥的作用是卓越的，它直接地呈现在我们面前，但是，一旦它成为反省的对象，便似乎会陷入暧昧的局面中，我们的眼睛也不能轻易地找出区分它们的分界线。这种对象很精妙，以至于不能在同一方面和状况下长久保持下去，它必须在一刹那借助于卓越的洞察力来理解，这种洞察力是天生就有，并且可以通过习惯和反省加以改进的。因此，科学中至关重要的东西是了解人心的不同作用，并把它们彼此分离开来，并在合适的类目下进行分类，纠正所有那些表面上的混乱，这些混乱是在当它涉及反省和研讨的对象时出现的。这种分门别类的话题，当它在外界的物体或感官的对象之外时，其实并没有什么优势，但在作用于人心的时候，它的价值就会因我们在研究中遇到的艰辛的程度，而得到相应的提高。如果我们仅仅局限于提供有关心理的地理学图形，勾画出人心每个部分和能力的轮廓，而不能再进一步，至少在此范围内也是让人满意的。这种科学越是明确——但这又是没法让它明确的，则所有号称有学问和懂得哲学的人，却仍然对此种受人尊重的科学无知——也就越显得可鄙。

没有人能对此科学抱有猜疑的态度，因为它是不确定的、不真实的，除非我们应该怀有这样一种怀疑态度，以至于整个地推翻所有思考，甚至所有行动。毋庸置疑，人心天生带有各种能力和感官，而这些能力之间是互不相同的；但凡确实被直接的感官区别开来的事物，也可以被反省所区别。因此，关于这个主题的所有命题都是真假不一的，但它们并没有超出人类理解的范围。有许多这类明显的区别，例如意志和理解、想象和情感的区别，这些是任何人都能理解的。至于更为精妙和更为哲学的区分，并非不确定的和不真实的，但却比较难于理解。有一些实例，比如最近那些成功探索的实例，可以给我们提供一种比较正确的观念，让我们认识到这门学问的确定性和坚实性。我们需要尊重那些给我们提供一个真实的行星运动系统、调准这些遥远天体的位置和秩序的哲学家的辛劳，那么当有些人如此成功地描绘了与我们直接相关的人心的各个部分，我们又怎么能假装视而不见呢？

我们不是还可以对哲学有所希望（如果它被细心地培育起来还被公众的关心所鼓励），可以让其研究更加深入，以求发现出（至少在某种程度上）人心的各种作用的秘密动因和原则吗？天文学家们长时间以来满足于根据现象来证明各种天体的真实的运动、秩序和体积；直到有一天，能依据最巧妙的推理，确定了制约和规定各个行星运行法则和力量的哲学家们出现了。有关于自然的其他部分已经有了相关的考察。也没有任何理由去对不能获得同等的成功而绝望，对于心理的能力和组织方面的探索，如果我们拥有同样的能力和谨慎，人心的作用和原则相互依赖是有可能的，而其可能会归结于一个更为普通、更为通俗的原则。至于这些研究能达到什么程度，对我们来说是非常困难的，以我们过去（甚至以后）的仔细尝试，是很难精确作出决定的。可以确定的是，这种尝试甚至连那些对哲理有所疏忽的人都可以天天进行。而且没有任何事情，能比以充分的细心和注意来从事这项事业更为重要的了。如果它是在人类理解的范围之内，那它最终会被幸运地接受，如果不是，它可能被人类自信而又安全地排除掉。这是最后的结论，当然，这个结论并不令人满意，也并不被草率地接受。如果做出这个假设，我们必须摒除哲学多余的外在和价值。当道德家们在考究那些让我们认可或不认可的具有多样性的大量行为时，他们到目前为止还是习惯于探寻各种观点所依赖的共同原则。尽管他们有时会因为在共同原则上的热情而被指责太过极端，然而，众所周知的是，他们期望找到一些能正确地分辨所有善与恶的一般原则，这是言之有理的。批评家、逻辑家，甚至政治家都尽力在尝试，他们的尝试并不是全部失败，尽管可能会需要更长的时间、更大的精准度、更强烈的努力才能让这些科学更加完善。要立即抛弃这所有要求，可以被正当地认之为较为草率、仓促和独断，即使总是企图以粗鲁的命令和原则强加于人的最大胆、最武断的哲学，也没有如此轻率、仓促和独断。

虽然关于人性的推理似乎抽象并且很难理解，那又有什么关系？我们不能推测它是虚假的。相反，许多聪明又有深厚知识的哲学家们至今还没有把握的东西，看起来不可能是非常简单和容易的。但不论这些研究怎么耗费我们的心血，如果能通过这种手段，并在这样非常重要的主题方面增长我们的见识，那我们就会觉得自己在利益和乐趣方面都得到了足够的回报。

毕竟，这些推断的抽象性不但没有什么可取之处，反而对它没有什么好处，也因为这种困难可能被细心和艺术克服掉，并且避免所有不必要的细节，通过我们在下面的探究，我们尝试着清楚地阐述那些至今因为它的不确定性而阻止智者、因为暧昧性而掩盖无知者的问题。如果我们能把深奥的探究的清楚性，和真理的新奇性协调在一起，并且通过这些把各个流派的哲学的分界统一起来，那就算幸运了。如果我们能用简单易懂的推理，破坏掉似乎至今都还被庇护的迷信[①]所掩盖的对深奥的哲学的谬论的基础，那就更加幸运了。

---

① 这里所说的迷信主要是指基督教。

第二章 关于观念的起源

任何人都会乐于同意，当人们感觉到灼热的痛苦或者是温和的温度带来的愉悦时，当他们在事后回忆起这种感觉或在想象中预感到这种感觉时，对于心灵来说，这两种知觉是有非常大的差别的。回忆和想象可能可以模仿或复制这些感觉中的知觉，但永远不能完全达到最初所感觉的力量和生命力。即使当它们以最大的活力发生作用时，我们也只能最大限度地说，它们是那么生动地代表着它们的对象，所以我们差不多可以说我们感受到或看到这个对象了。但是，除了我们心灵被疾病或疯癫所错乱，它们永远不能达到如此生动活泼的程度，导致我们不能完全把这两种知觉区分开来。不论诗歌有多么华丽出彩，也不能把自然事物描绘得和真实环境一样。最生动活泼的思想还是比不上最迟钝的感觉。

在人心的其他所有知觉中，我们也可以观察到相同的区别。一个正在气头上的人与一个仅仅想象到那种气愤情绪的人所感受到的激动，在程度上是不相同的。如果你告诉我说有人正在恋爱中，我会很容易地理解你的意思，并且还会对这个人的处境有正确的概念，但却永远不会错误地把这种概念和这个人在恋爱中真实的激动情绪等同起来。当我们反省我们以前的情绪和感情的时候，我们的想法就成了一面可靠的镜子，它能真实地反射出它的对象，但是它所运用的色彩，与我们以前的知觉所带有的色彩比较起来，却总是模糊的、暗淡的。

因此，想要区分出这两种知觉之间的差别，根据魄力和活力的程度来区分，我们可以把心灵的所有知觉分为两种类别或种类：把那些无力而且不怎么生动的一类称作思想或观念。另外一类要在我们的和大多数其他语言中获得一个名称，我猜想，因为除了哲学上的目的，任何人都不必把它们归类在一个一般的术语或名目下。因此，让我们随意点儿，把它们称作印象；而我会用不同于平时的用法运用这个词，这种所谓的印象，我是指所有比较生动的知觉，说的就是当我们听到、看到、感觉到，爱、恨、有所希望，或者有欲望时的知觉。而印象和观念却是有所区别的，它是较知觉来说不那么生动的知觉，当我们意识到的时候，其实已经在反省那些感觉和运动了。

初看起来，没有什么事物能像人的思想那样更不受限制，它不仅仅逃离出了人类所有的权力和权威，而且甚至不受自然和现实的限制。我们的想象要构成的怪物的观念，还有把各种奇特的现象和形象联系起来时，所花费的力气并不比设想最为自然而常见的对象更多。我们的身体被限制在一个星球上，而且还在这个星球上痛苦而艰难地爬行；然而，我们的思想却能在一瞬间让我们畅游到宇宙最遥远的区域，甚至超出宇宙范围之外，进入到无界限的混沌之中；在那里，我们假定自然界是完全混乱的，却仍然可以设想我们从未看到或者听到的事物。但没有任何事物可以超出我们的思想的能力之外，除非其自身意味着绝对的矛盾。

尽管我们的思想拥有无限的自由，但我们还是需要去做实际的探寻。我们会发现它还是被局限在很狭窄的范围之内，心灵的所有创造力不过是将感觉和经验提供给我们的材料加以组合、更换、增加或减少的能力而已。当我们想象有一座黄金山，我们只会把这两个以前经常提到的“黄金”和“山”相一致的观念结合在一起。我们能通过设想去想象有一匹有美德的马，是因为我们可以根据自己的感知去想到美德，还可以把它和我们现实生活中所熟知的马的形象结合起来。简单地说就是，所有的我们想象出来的材料，不是来自我们内部的感觉，就是来自我们外部的感觉。心灵和意志所起到的作用就是把这些材料混合和组合在一起而已；或者用哲学的语言来表达，我们所有的思想或微弱的知觉，都是通过我们的印象或比较生动的知觉模拟出来的。

如果要证明这一点，以下两个论证就足以说明了。首先，当我们分析我们自己的思想和观念时，无论它们是多么复杂或庄严，我们总是会发现，它们会把自己分解成简单的观念，并且这些观念是临摹先前的感觉或情感而来的。即使这些观念初看起来和这个来源相差很远，但是通过较详细的审查，我们依旧发现是源自那个而来的。上帝的观念，意思是指一个拥有无限的智能和善良的神，就是源自于反省我们自己心灵的作用，并且无限地放大善良和聪慧的品质。我们可能从事这项研究到我们喜欢的程度，但总有一个地方会让我们看到，我们所考察的任何一个观念都是和它相似的印象的摹本。若有人断言这个论点既不是普遍正确，也不是一律都正确的，那他们有唯一一个简单的方法去反驳它，就是以他们的观点，说出它不来自这个始源观念的理由来。如果我们想要坚持我们的学说，就有责任拿出和它相符合的印象或生动的知觉来。

其次，如果一个人因为感官的不足而不能感受到任何的感觉这种情况发生的话，那么我们总是会发现，他也不能感觉到相应的观念。一个瞎子是不会对颜色有观念的，一个聋子也不能对声音有所观念。如果你治好他们其中一个感官上的缺陷，打开了他们感官上的新的入口，就同样为他们打开了感觉上的新的入口，那他观念上的入口也就被你打开了。同样，如果一个对象本可以引起感觉，但从未与我们的感官有所接触，那我们也不会有这种感觉，就好比一个拉普兰人或黑人对于酒的味道是没有什么概念一样。虽然在心灵上面很少甚至没有对某些精神现象缺乏感觉的实例，正如我们从未感受或根本不能感受到人们所共有的一些情感和情趣，可我们也能在较轻程度下看到类似的现象。如一个温和又有礼貌的人是不会轻易产生深仇大恨的感情，一个自私自利的人，也不能轻易设想其有高度的友谊和慷慨。我们乐意接受，其他的生物可能带有我们不可知的很多感官，因为它们的观念从不是依照我们的观念那样，通过进入心灵的唯一方式而引起的，换句话说，它们的观念不是经过真实的感官和感觉而引起的。

但是，还有一种相反的现象，这种现象可以证明，当观念独立于相应的现象时，它也是有可能产生的。我相信人们都愿意承认，当不同的颜色进入我们的眼睛，不同的声音通过耳朵传入我们大脑，所得到的观念是有差异的，但同时，它们又有类似的地方。如果对于不同颜色所得到的观念是不同的，那么，对于同一种颜色而有不同的色调的观念也一定是正确的；每一种色调都会让人产生独特的观念。如果这种观念被否定了，那么我们有可能通过不断改变颜色的色调，在不知不觉中把这种颜色退到离原来很远的地方。如果你不承认这种颜色中的每个浓淡度是不同的，那么你就不能否认这颜色两个极端的浓淡度是相同的，这样会让你产生谬论。假如一个人三十年来一直对他的视觉很满意，而且还熟知各种各样的颜色，除了蓝色的某种特殊的色调，比如他一直没有机会碰到的一种蓝色；让我们把那种蓝色中不同的色调，除了那一种没见过的色调，放在他面前，将它们由深到浅排列起来，当排到他没有遇到的那种色调时，在那个位置，使相邻的两个色调之间的距离大于其他色调间的距离。现在我要问，此人能否通过他自己的想象力去弥补这个不足，在他的感官从未给他输入此种特殊色调的观念的情况下，自己产生出关于那种特殊色调的观念来呢？我想很多人的观点都会认为他能做到，这就可以说明，在所有情况下简单的观念不总是产生相对应的印象，虽然这种例子非常少，所以我们可能不会去关注，但我们也不能仅仅因为例子少就改变我们自己的一般准则。

因此，这个命题自身不仅是简单明了的，而且如果适当使用，还能使每一个争论都变得同样地明了，还能消除所有的呓语——那种长期混淆、形而上学，并且让他丢脸的所有呓语。所有观念，特别是抽象的，本身就是暗淡的、不清楚的，只是为稍微地把握，它们极易于和其他类似的观念混淆起来。无论什么名词，当我们常常使用它的时候，就算没有确切的意义，我们也会极易把它附带上一个确切的观念。相反的是，所有印象，即所有的感觉，不论是外部的还是内部的，都是强烈的、生动的，它们间的界限是被较精确地限制了的，所以对它们是很难陷入任何误解和错误的。因此，当我们对任何一个没有任何意思或观念的哲学名词进行使用，并发生疑问时（这是会频繁出现的），我们需要询问：我们所假定的那个观念是从哪种印象得来的？如果我们找不到与之相对应的印象，那就更加证实我们的怀疑了。清楚明确地考察过这些观念后，我们就有理由消除所有关于观念的自身性质和实在性的争论①。但是我们必须承认，他们没有谨慎地对他们使用的名词进行选择，也没有精确地规定，这就使大家对其学说有所误解。到底什么是天赋？如果自然等同于天赋，那么，所有有关心灵的一切知觉和观念都必须被认为是天赋的或自然的。无论我们是否选择后一词“自然的”，还是把它与“不寻常的”、“人为的”、“不可思议的”这些词对立，情况依旧是这样。如果天赋就是指与生俱来的，那么可能将引起不少的争论，我们没有必要去思考思想是从什么时候开始的，不论它是在出生之前、出生时或出生后。再说，洛克和其他的哲学家们在用观念这个词时，在一般情况下，它的意义好像也比较模糊不清，我们用观念来代表我们所有的知觉、感觉、情感和思想，在这种情况下，我渴望知道，如果他们所谓的对自己的爱、因侮辱所受的伤害，或两性间的爱情不是天赋，这还有什么意义呢？

当我们理解印象和观念这些名词时，依照以上说的意义，并且把这天赋理解为原始的，或不是先前知觉的摹本，那么，我们就能断言，我们的所有印象都是靠天赋，然而我们的所有观念却不是靠天赋。

坦白地说，我必须说这是我自己的观点，洛克就是被一些学者引诱到这个问题上来的，然而那些学者却使用了没有经过定义的名词，还把争论弄得使人沉闷，但又触及不到问题的重点。在这个问题和其他的很多的问题上，那个哲学家的推理好像同样有许多含糊不清的和婉转曲折的说法。

---

① 一些否定人天生就有观念，他们认为所有观念都是来自我们印象的摹本。

第三章 关于观念的联系

显然，对于心灵的不同思想或观念之间存在着一种有联系的原则，当不同思想和观念在记忆或想象中出现时，它们也以相关的方法和规律相互引导。在我们比较严谨的思考或谈话中，我们会察觉到，如果有特别的思想打断了观念有规律的渠道或链条，就会马上被察觉并排斥。即使是在我们最疯狂和最漫无边际的幻想中，甚至在真正的梦境中，我们通过回想，会察觉想象不是没有目的地乱跑，而是在有所关联的不同观念之间依然保持着联系。若把最闲散和最随便的对话记录下来，我们会马上察觉当中的某一个线索能将所有的转折点贯穿起来；或者在某个地方有个线索断了，那么从打断对话的人那里，也可以知道他默默地在心里想着并渐渐让他偏离了对话主题的线索。在不同的语言中，甚至在我们不能猜想到其中有任何关联或交流的地方，我们依旧可以发觉那些最深奥的有关观念的名词，互相之间还是类似的。这点足以证明一般原则结合起来，就成了包含在复杂观念中的简单观念，这个原则给全人类带来的影响是一样的。

即使不同观念之间的联系是很明显的，但我却从未见到任何一位哲学家想尝试把这些联系原则列举出来或把它们分类，这似乎是个值得好奇的问题。在我看来，对于观念的联系来说只有三条原则，也就是：“相似性”、时间或空间上的“连接性”，以及“原因”和“结果”。

我相信这三条用来联系观念的原则是不会引起过多怀疑的。比如有一张图片，当你看到时就会自然地想到图片上的原物（注一：相似）；当说到一座楼里的某一个房间，就会自然地问到或说到楼里的其他的房间（注二：接近）；还有当我们想起一个伤口时，会自然地回想起当初这个伤口所带来的伤痛（注三：原因和结果）。但是这种列举如果是完整的，也就是说如果只有这样三种联系的原则，而没有其他的联系的原则，这是不足以证明，并且很难让读者满意，甚至连自己都不会满意的。在这种情况下，我们所能做的只是将这些例子进行复查，不停地仔细检查，并结合各种不同思想的原则，直到让这个原则尽可能成为一般的原则为止（注四：例如对比和矛盾也是观念之间的一种联系，但是我们可能把它看做因果性和相似性的结合。如果有两个矛盾的对象，一方消灭另一方，也就是说，一方是另一方被消灭的原因，一个对象的消灭观念包含着它的原先存在的观念）。检验的例子越多，检验得越仔细，我们就越能相信自己从所有例子中做出的列举是完整的。

第四章　关于理智活动的怀疑性的疑问

第一节

我们可以把人类理性或推理的全部对象自然地分为两类，即：观念间的关系和真实的事情。第一类当中有几何学、代数学和算术。简而言之，任何一个直观的或者确切的推理，就归为第一类，“直角三角形斜边的平方等于其余两边的平方和”这个推论，表达的就是这些图形之间的一种关系。又比如：“三乘五等于三十除以二”这个推论，表达的就是数目之间的一种关系。这类推论，单凭思想的作用就能发现出来，不依赖存在于宇宙中的任何事物。尽管在自然界中从未有圆形或者三角形，欧几里得所证明的真理依旧保持着它的正确性和自明性。

实际的事情是人类理性的第二种对象，所以不能用相同的方式来确定它；不论它们的真理性有多大，我们总认为不如前一类的真理性明确。各种实际事情的反面仍然是可能的，因为它从未隐含任何矛盾，而且还可以被心灵轻易明晰地设想，就如同那和实际情况是一致的。如“太阳明天将不会升起”和“太阳明天会升起”这两个没有矛盾的命题都是容易理解的。要想证明前一个命题的错误，将是徒劳的。如果要论证它是错误的，就一定要证明它包含着矛盾，并且绝不能明确地被心灵所设想。

因此，如果一个问题值得我们的好奇心去研究，这就是在我们感官的当下证据或我们记忆的记录以外，保证让我们确信任何真实的存在和事实的明确性的本质究竟是什么。我们都知道，哲学的一部分，不论是古人还是现代人都从未去开拓过。所以，在做这么重要的一种研究时，我们更可以原谅我们的疑问和错误，因为我们在如此艰难的路上没有任何指导。这种研究会引起人们的好奇心，推翻那种毒害所有推理和自由研究的盲目的自信心和安全感，这就证明了这种研究是有用的。我认为，我们在一般哲学中发现出缺点（如果有的话）不但不会让人沮丧，在一般情况下，反而会激励人们尝试去提供一种比过去提供给大家的理论更为充分、更完善的理论。

所有关于实际的事情的推理，好像都基于原因和结果。根据这种关系，我们能超越记忆和感官的证据。如果你曾经问过别人，为什么他会相信任何存在的实际的事情，比如，他的朋友正在乡下或者在法国；他会给你个理由，而这个理由将会是另外一些事实。如果有一个人在荒岛发现了一块手表或者其他什么机械，那么他就会推断那岛上有人生存。我们所有的有关事实的推理都有相同的这种性质。在这里，通常总是假设出现在眼前的事实，和由此推断出来的事实之间存在着一种联系；没有什么把它们联系在一起，这种推理完全是不确定的。如果我们在黑暗中听到有规律的声音和合理的谈话，我们就会确信那儿有人。为什么？因为那儿有人类弄出的声音造成的影响，并且有密切的联系。如果我们分析所有带有这种性质的推论，就可能会发现，它们是在原因和结果的关系上建立起来的，而且这种关系不是近的就是远的，不是直接的就是同时的。热和光是火的同时的结果，一种结果是可以正确地从另一种结果中推论出来的。

如果我们想要让自己对那些实际事情的确实性满意并确信，就必须去研究，研究我们是如何得到有关原因和结果的知识的。

我要大胆地提出一个没有例外的一般命题：我们关于这种关系的认识，并不是通过先天的推理得来的，而是全部来自经验，即，当我们发现任何特殊的事物不断地与其他事物相结合的一种经验。让一个全新的事物出现在一个人面前，就算他有很强的自然理性和才能，就算他对它进行了非常精确的考究，他也不能发现这个事物任何的因果。最初的时候，就算我们假定亚当的理性感官是非常完美的，他还是不能通过水的流动性和透明度来推断水会让他窒息，或者通过光能使人感到温暖的推论，就说火会把他烧成灰烬。任何事物都不能凭借它所呈现于感官的性质，显露出它产生的原因或它造成的结果。如果我们的理性没有了经验的帮助，就不能做出有关真实的存在和事实的任何推论。

有个命题："对于原因和结果的发现，不是通过理性，而是通过经验"，我们很容易接受我们所记得的、曾经有一个时候完全不为我们所知的那些对象；因为我们必须意识到，那个时候我们完全没有能力预知从这些对象中将会产生出什么样的事物。把两块平滑的大理石放在一个没有接受过自然哲学[①]熏陶的人面前，他绝不会发现，它们是以这样一种方式粘合在一起，导致很难把它们从纵的方向分开，但它们对横向压力的抗力就很小。像这种事件，与自然界中常常发生的事件没有什么类似的地方。因此很容易承认，只要通过经验就可认识它们，没有人可以想象，火药的爆炸或磁石的吸引可以从以前的推论来发现。同样地，当我们假定一个结果是依据于复杂的机械或很多部分的秘密结构，我们将不会觉得有什么复杂的，因为我们有关于经验的知识。谁将会断言他可以给出最终的结论，为什么牛奶或面包对于人来说是合理的营养品，而不是狮子或老虎的营养品呢？但是，初看起来，同样的真理对于我们从出生到现在就熟悉的那些事件，也许没有同样的明确性，那些事件和全部自然过程很相似，而且人们假定它们是依据那些没有任何部分间的秘密结构的事物的简单性质。很容易想象，我们可以只需要理性的活动，不依靠经验，就能发现这些结果。我们自己幻想，如果我们突然来到这个世界，马上就能推断出，一颗弹子和另一颗弹子相撞，就会把运动传递给那颗弹子，我们没有必要等到事件发生，就能确定地宣布这件事必定会发生。这是习惯的影响，当它到了最深的程度，

① 指自然科学，主要指物理学。

不仅会掩盖我们先天的无知，甚至会把自己隐蔽在习惯中，似乎这回事没有发生一样，仅仅是因为习惯已经达到了最高的程度。

但是要让我们相信自然的所有规律和所有物体的活动，都毫无例外只被经验所认识，以下的这些思考可能大概就足够了。任何一件事物呈现在我们面前，如果我们必须断定这件事将要产生的结果，却又不用去参照以前的观察，那么，我要试着问你，心灵应该用什么方式来进行这类活动呢？它必须虚构或想象出某些事件，这就是那个事物的结果；很明显，这类构想一定是完全随意的。心灵就算用最精密的探究，也绝不能在其假定的原因里面找到结果。因为结果和原因是完全不同的东西，所以我们绝不可能在原因里面找到结果。第二颗弹子运动的事件和第一颗弹子的完全不同，一颗弹子中没有任何东西可以暗示另一颗弹子的丝毫线索。一块石头或一块金属抛到空中，如果没有任何外力，它们立刻会落下来，但是，如果按照上面验证的，在这种情况下，我们能不能发现一种东西会让我们产生石头或金属掉落的观念，而不是上升或做其他运动的观念呢？

在所有自然事物的活动中，如果我们不参照经验，则对于一种特殊结果去做的最初的想象或构想就是任意的，那么，我们就必须尊重原因和结果之间所假定的那种纽带或联系，也就是将原因和结果结合起来，让那个作为原因的活动不可能产生出其他结果的那种联系，也都是任意的。例如，当我看见一颗弹子沿直线向另一颗弹子移动过去，即使假定第二颗弹子的运动让我偶然想到这是它们相互接触或碰撞的结果，难道我就不能想象从这个原因能产生出上百种事件来吗？这两颗弹子可能不会完全静止吗？第一颗弹子就不会沿着直线向后退，或者从第二颗弹子就不能跳到其他任何路线和方向吗？所有的这些假定都是一致的和可以想象的。为什么我们会偏爱那一个并不比其他的假定更不矛盾、更可以想象的一种假定呢？我们的所有先验的论证是永远不能指出这种偏爱有任何基础的。

简而言之，每一个结果和它的原因都是不同的事件。因此，从原因中是不能发现结果的，我们对于最初有关结果的先验的构想或概念，一定是完全任意的。即使之后出现了结果，结果和原因的联系同样还是任意的；

因为还有其他很多的结果，理性地看，同样是不矛盾的、自然的。因此，如果我们没有观察和经验的帮助，想要决定任何单个事件或推断出任何结果和原因，都是无法做到的。

因此，我们可能发现一个理由，正是这个理由让有理智的，谦逊的哲学家都从未妄想给任何自然作用指派其终极的原因，或明确地指示出在宇宙中产生出某种单一结果的那种力量的活动。大家都承认，人类理性的最后的目的是通过类比、经验和观察进行推理，把产生出自然现象的种种原则总结为一种更加简单的原则，把好多特殊的结果还原成少数概括的原因。对于这些概括原因的原因，我们就很难将它们发现出来。就算我们对这些原因做任何特殊的解释，也不能让自己满意。这些最后的根源和原则，对人类的好奇心和探究完全是关了门的。弹力、引力、分子间的凝聚力、运动后的传递，这些很可能是我们未在自然界中发现，但将来可能会发现的终极原因和原则；我们可能会非常满足，如果我们能通过精确的探究和推理，把特殊的现象归原于（或接近于）这些一般的原则。最完善的自然哲学仅仅能在短时间内掩饰我们的无知，而最完善的道德哲学和形而上学，可能仅仅是在暴露它更大的愚昧而已。因此，所有有关哲学的结果都仅仅让我们看到人类的无知性和弱点。不论我们多么努力地想避免和逃脱这一点，但在每个环节我们都会看到这种无知性和他的弱点。

就算我们利用几何学来帮助自然哲学，也不能弥补这一缺陷。就算是有如此正当赞美的几何学的所有精确推理，也不能让我们导入有关终极原因的知识。混合数学①的不同部分都假定自然在它的活动过程中建立了一定的法则，抽象的推理是被用来帮助经验去发现这些法则，或者用来决定这些法则在各种特殊情况下的影响的，在这里，这种影响取决于有关距离和数量的精确程度。有一些根据经验发现的运动规律，任何物体在运动时的运动量，和它的固体容积还有速度成反比例，所以，就算是一种微小的力量，只要我们通过发明和机械来增加其速度，让它能超过固体的抗力，就

① 指与自然科学其他学科相结合的数学，与纯数学相区别，尤其指数理物理学。

可以除去最大的障碍或举起最大的重量。几何学帮助我们使用这个法则，给我们提供不同机械的组成部分和外形的正确面积。但是只能依靠经验去发现法则本身，而且世界上一切抽象的推理都不能让我们前进一步就认识这个法则。当任何对象或者原因呈现在我们的心灵前面，我们如果只用先验的推理来考究，而不依靠所有观察，它就绝不可能为我们提供任何其他对象（比如它的结果）的观念，更加不能向我们指出它们间不可分割、不可侵犯的联系。如果一个人只借助于推理就能发现热的结果是结晶，冷的结果是冰，事先并不熟悉这些性质的作用，那恐怕也太精明了。

第二节

有关于我们第一次提出的问题，我们到现在还未得到任何能勉强让人满意的答案。每一个解决的方法都依旧会产生一个和以前的问题相同困难的新问题，引导我们做更进一步的研究。当有人问：我们有关于实际事情的所有推论的本性是什么？合适的答复好像是：这些推论是建立在因果关系之上的。如果有人再问：我们有关于原因和结果的关系的所有推论和结论的基础是什么？我们就可以用一个词来回答——“经验”。但是如果我们非要追根究底地问：从经验得来的所有结论的基础是什么？这意味着有一个新问题，而这个问题可能会更加难以解决和解释。那些有超凡智慧的能力超群的哲学家们有一项艰难的任务，就是当他们碰到喜欢刨根问底的人们的时候，这种人会将他们推出他们藏身的每一个角落，而且会在最后把他们带到某种危险的困境中去。防止这种混乱情况出现的最好方法就是不要太过自负，并当别人向我们提出这类难题之前，就要把这难题中的困难揭示出来。有了这种方法的帮助，我们就可以把自己真正的无知变成一种优点。

在这一节里，我可能会让自己满足于一项简单的任务，并只打算会对这里提到的问题做出一个否定的答复。我觉得即使在对因果作用有了经验之后，我们从这种经验中得出的结论，也不是建立在推理或任何理解的过程之上的。我们必须对这个答案尽全力去说明和辩护。

这当然必须被承认，自然让它的所有秘密和我们保持着很大的距离，只让我们认识到事物表面少数的性质；它把有关于影响事物的依据的力量和原则隐藏起来。我们的感官只能告诉我们面包的颜色、重量和软硬度，至于面包自身带有的那些营养是否适合人类食用，和对人的身体有益处的性质，不论我们的感官还是理性，都是不能告知我们的。视觉和触觉传达有关事物的真实运动的观念，至于那种让事物在空间中不断变化，并且在传递给另一事物从前绝不丧失的神奇力量，我们则不能对它形成最缥缈的概念。但是，尽管不知道这种自然的能力和原则，我们却仍假定，当我们看到相同质感的物体时，它们也拥有相同的秘密力量，并期望会有类似于我们曾见过的那种结果。如果把一个物体放在我们面前，它的颜色和硬度和我们之前吃过的面包一样，我们会毫不犹豫地重复先前的实验，并且提前断定，它会给我们带来和之前吃过的面包一样的营养和益处。现在这种心理或思想的过程，我非常愿意去认识它的基础。大家承认，在所有方面看来，在可感知的性质和秘密能力之间却并没有已知的联系，因此，心灵并不能通过对于它们本性的任何认识而形成这样一种结论，认为它们之间有恒定的和有规则的联系。至于以前的经验，我们可以承认，它提供给我们的直接的和确定的报告，只限于我们经验所认识的那些对象，并且只限于我们的经验认识它时的那段时间。但是，为什么这个经验能扩张到将来，扩张到我们觉得只在表面上类似的其他事物上呢？这就是我要坚持的主要问题，在以前我吃过的那片曾给了我营养的面包，也就是说，一个物体要是有那种可感性质，在那个时间内，是带有那种秘密能力的。但是我们能否就推断说，另外的面包在其他的时间里也一定会给我带来营养，同样的可感性质一定也伴随同样的秘密能力呢？这个结论绝不是必然的。至少，我们必须承认，在这有一种结论是通过心灵推出的，它有一定的步骤，有一种思考过程和推论过程，是需要我们加以解释的。如下面两个命题绝不是相同的：我以前发现一个事物总是有这样一个结果跟随着；我预先看见其他的表面上类似的事物也会有类似的结果跟随着。如果你高兴的话，我乐意承认，我们可以从另一个命题正确地推论出一个命题；事实上，我知道命题常常是这样推论出来的。但是如果你坚持以一堆推理推出来了这个推论，我就希望你把那堆推理展示出来。这两个命题间的联系不是直接的，它必须要有一个中名词，如果它确实是从推理和论证推出来的，因为一定要有中名词才能让心灵做出这样的推论。那这个中名词是什么呢？我必须承认，这是非我所能理解的。如果非有人要说这个中名词是真实存在的，并且还是我们有关实际事物的所有结论的源泉的话，那他就一定要负责地提示出来。

如果很多有知识、有能力的哲学家们把他们的研究转向这个方面，但是没有一个人可以揭示出有任何联系的命题或中间步骤，并因此帮助我们理解这个结论的话，那么，随着时间的推移，这个否定的结论一定会渐渐让人信服。但是因为这依旧是一个新的问题，每一个读者都还不能如此信赖自己的观察力，以至于可以就此断言说：因为他没有探究出某个论证，这个论证因而在实际上就不存在。因为这个原因，我们必须得冒险去进行一项更加困难的工作，然后把人类知识的所有部分列举出来，用来努力指出，无论什么部分都不可能得出这样的结论。

所有的推理都可以分为两个种类：一种是证明的推理，也就是有关观念间的关系的推理；另一种是道德推理，也就是有关事实和实际存在的推理。在这种情况下，好像明显不存在证明的论证。因为这意味着自然过程可以有变化，而且就算一个事物和我们经验过的事物表面上类似，也有可能产生出不一样的或相反的结果，这些都并不是包括矛盾的事。我能清楚无疑地设想一个物体，它从天上掉下来了，它从所有其他方面看来和雪相似，但是它尝起来的味道和盐类似、靠近它的感觉和火类似吗？还会有更容易理解的命题吗？比如所有的树将会在十二月和一月生长茂盛而在五月和六月枯萎凋谢，现在无论什么是能够理解并可以清晰地设想的东西都不包括矛盾，绝不能通过有说明的论证或抽象的推理，而先验地证明它是错误的。

因此，如果我们因一些论证对以前的经验有信任并被吸引，并让它作为评判未来的标准，根据上面的分类，这些论证必然只是有可能的，或者是有关事实和实际存在的。但是，这类论证必定不会存在，如果我们对于这类推理的期望是一致的和满意的。我们已经说过所有的有关存在的论证都是在因果关系中发现的；我们对于那种关系的知识完全来自经验；所有我们的实验性的结论是在假定的基础上得来的，这种假定是“未来将和过去相一致”。因此，我们努力尝试通过可信的论证或有关实际存在的论证去证明那最后的假定，这种尝试必定是在做无用功，并把这个问题的重点看做当然的事情。

实际上，所有来自经验的论证，都是我们在自然物体中发现的相似性中发现的。因为相似性，我们期望将要产生的结果是被引诱出来的，它会和我们以前曾经看到的由相同事物所产生的结果有所相似。没有人会自称对经验的权利有所争议，或拒绝它带给人类极好的指导，除了愚人或者疯子。我们会肯定地承认一个哲学家对此的极大好奇心，至少是会去考察人类本性的原则，并让我们从有关自然从各种不同物体中得到的相似性中得到益处的人性原则。从这些出现的相似性中我们期望得到相似的影响。这是所有我们有关经验的结论的总结。现在我们很明显地看出如果这个结论是由原因形成的，根据这个例子，它最初就会和经历长时间经验积累的过程的结论一样完善。但是情况远非如此，种类不同的蛋类是非常相似的，但至少没有一个人因为这种出现了的相似性，期望能从所有的鸡蛋中尝到相同的味道。只有长时间经历了在任何种类的统一的经验过程之后，我们才会获得对有关特殊事件的坚定的信赖和安全感。现在的结论是从一个例子中得出的，由上百的例证得来的结论和单个例证得来的结论没有什么不同，那由上百的例证得出结论的推理过程，和从单一例证得出结论的推理过程又有什么不同呢？这个问题我提出来。一是想要给人们一些启示，还有就是想要指出其中的一些困难。因为我无法发现和想象任何这一类推论。但是如果有人愿意屈尊来给我解答，我会敞开心扉，虚心接受。

应该可以这样说，从许多统一的经验中，我们能推断出可感性质和秘密能力间的联系。对于这一点，我必须承认，它在不同方面会有相同的困难存在。这个问题仍旧会重现：推断是建立在什么类型论证的过程上的？那个如此广泛地把一些无关联的命题连接在一起的中名词（观念的媒介）在哪儿？我们都承认面包的颜色和硬度，跟其他可感性质，如它所能提供的营养和秘密能力间没有什么联系。否则我们可能推断，那些初次出现在可感性质的秘密能力，没有得到经验的帮助；但这和所有哲学家们的意见是相反的，这是很明显的事实。所以，在这里，是我们对有关能力和对其他物体的影响的自然无知的状态。怎样才能通过经验补救这个呢？经验仅仅给我们提示了许多事物的统一的影响，产生于一定的事物，还教会我们说一些特殊的物体在特殊时候是具有如此能力和力量的。当一个新的事物被创造时，被赋予类似的可感性质，我们期望它带有相类似的能力和力量，并指望有类似的影响。如果一个物体和面包带有相似的颜色和硬度，我们期望它有和面包相似的营养价值。但是这肯定是需要思想的一个步骤或过程，这需要有所解释。若有人说："我在以前所有的例证里，曾经发现这种可感性质是和一种秘密能力相结合的。"他还说："相似的可感性质将一直和相似的秘密能力相结合。"他这样重复说是没有错的，因为这两个命题在任何方面都是不同的。如果你认为一个命题是由另一个命题推论而来的，那你必须承认这个推论不是凭直觉，也不是有所证明的。那么它的本性到底是什么？如果说它的本性是经验的，那就是把没有证明的问题当做论据。因为从经验得来的推断，都是把未来和过去会有所相似和相似的能力，将总会和相似的可感性质连接在一起，并把这样的假定当做它们的基础。如果有任何对自然过程的怀疑，如果过去对未来没有规则，所有的经验都是无用的，它也不能引起任何推理或结论。因此，就算从经验得来的任何论证都不能证明以前和现在有相似性；所有这些论证都是建立在那些相似性的假定上。让我们承认事物的过程至今都是有规律的，但是只有这一点的话，并不能证明什么，更不能证明未来也将会继续这样下去。你防止自己去学习从过去经验得到的物体的本性是徒劳的。它们秘密的本性和它们所有结果和影响的结果依旧可能会改变，但并不会对它们任何可感性质有改变。这些发生在某些时候，有关于一些物体；为什么它不会随时都会发生并对所有物体都会发生呢？你可以使用什么逻辑、什么论证的过程来对抗这个假定呢？你说，我的实践反驳了我的疑问。但是你误解了我问题的主旨。作为一个实践的人，我对这个论点没有任何异议，但是作为一个哲学家，就会有一些好奇心，我不会对此抱有怀疑，就是想把这个推论的基础搞清楚。阅读和研究都还不能解除我的困难，或者在如此重要的事情上给我满意的解答。我只能把这个困难推向大众，除了这样做，我已经没有其他更好的办法了。即使这样做了，可能我也只能对得到一个解决方法抱很少的希望。这种手段如果不能增加我们的知识，至少能让我们意识到自己的无知。

我必须承认，如果一个人因为某个论证没有能研究出来，就因此断言那种论证事实上不存在，那他就是犯了无法原谅的傲慢自大的罪行。我还必须承认，虽然所有年龄阶段的学习者对于一些问题的研究一直没有结果，却也不能轻率地断言，这个问题已超出所有人的理解。即使我们考察了我们所有知识的来源，推断它们不适合考察这个问题，这可能还是会存在一个疑问——列举是不完整的或考察是不精确的。但是有关目前的问题，有许多注意事项，它们看起来解除了对所有傲慢自大或怀疑我们犯了错误的责备。

毫无疑问的是，最无知和最愚蠢的农民，甚至婴幼儿和残忍的野兽，都能在经验中得以提高，并通过观察由他们造成的影响，来认识产生这些结果的自然事物的性质。当一个小孩能通过触摸蜡烛的火焰感受到痛，他就会小心翼翼地不把他的手再靠近蜡烛；但是将会期望有来自相似可感性质和现象的原因的相似结果。因此如果你就断言，小孩的认知能力是通过某种论证或推理的过程而得到的结论，那么我可以正当地要求你拿出这种论证，你没有任何借口去拒绝如此公正的要求。既然你承认这仅仅是婴幼儿一个明显的能力，那你不可能说这个论证是深奥的，从而逃避我的这个要求。因此，如果你犹豫了，或者在某个时候或在沉思之后才提出深奥的论证，在某种意义上说，你就是放弃了这个问题，然后承认我们假定过去和未来相似，并且从外观上相似的一些原因来期待相似的结果，但这不是因为推理。这就是我想要在这一节中努力希望能说明的命题。如果我说明的是对的，也不会妄想有人说我提供了伟大的发现。但如果我说明的是错的，我自己必须承认我确实是一个很愚笨的学生，因为到现在我都没有发现，我还在摇篮里的时候就早已完全熟知了那个论证。

第五章 关于这些疑问的怀疑性的解决

第一节

就像对宗教的激情一样，对哲学的激情好像容易陷入这样一种不利的境地，就是：这种激情的目的在修正我们的礼貌和消除我们的恶习，可是因为轻率地处理让它只对培育一种有优势的倾向服务，并且因为对自然的气质的偏爱，进而把心灵越加坚决地推向已经太过有优势的那一方。可以肯定的是我们对哲学圣人巨大坚定性的渴望，努力把我们愉悦的事情限制在自己的内心，最后，我们可能把哲学家弄得和埃皮克提图①还有其他斯多亚学派学者的哲学一样，只是有一种更加精确的以自我为中心的系统——既排除了我们的美德、又排除了我们的社会享受。当我们用心地去研究人类生活中所带有的虚荣心，把我们所有的思考都转向财富和荣誉带来的虚无的性质，我们可能只是在迎合我们天生的懒惰，就是这种懒惰让我们对世界的喧嚣和事事艰辛的厌恶找寻一种合理的借口，让我们可以不受约束并纵情放纵。但是，哲学上有一派好像没有这种缺陷。因为它不会打动人们心中纷乱的激情，也不会让它混杂在任何自然的偏爱和嗜好中。那就是

① 埃皮克提图（55–135），古希腊斯多亚派哲学家。

学院派或哲学怀疑派[1]。学院派哲学总是谈论怀疑和决断的悬念，谈论轻率决断的危险，谈论把有关理智的研究限制在狭小的范围内，谈论要放弃与平常生活和实践无关的所有思索。因此，在所有的哲学中，没有什么比这种哲学，和人们心灵中的懒惰、鲁莽的傲慢、高傲的自负、迷惘的轻信更加敌对的了。每一种激情都因此被限制，除了真爱以外，并且那种激情从未而且也不能被抬到过高的程度。因此，几乎在所有情况下都是无害和无罪的哲学，却受到如此无理由的责备和毁谤，这种说法是惊奇的。但是，可能这种无害的状况是让它受到大众厌恶和愤恨的主要原因。因为它不会去对反常的激情进行奉承，所以它只获得少数人的认同；因为它反对很多的罪恶和愚昧，这让它树立了许多的敌人；这些敌人污蔑它是放荡的、世俗的和无宗教的。

我们没有必要去担心这种哲学，当它试图去限制我们有关普通生活的研究，如果它过分怀疑，它会尽可能地破坏所有的行动，就像它摧毁思索一样。自然将会一直保持它的权力，最后会打败任何抽象的推理。虽然我们断言（像我们在上一章中讲的）：在所有源自经验的推理中，都有一步是来自心灵，这种心灵不被任何推理或理解过程所支持。这些有大部分知识支持的推理都是没有危险的，虽然它们将会被一些发现所影响。如果心灵不去论证这个步骤，它必定会被其他一些同等重要和有权力的原则诱导。那个原则将会长时间地保护它带来的影响，只要人类本性一直没有变化。那究竟是什么样的原则，可能就很值得我们苦心去研究。

假设有一个人，天生就被赋予强大的推理和反思的能力，他突然有一天来到这个世上，将一定会立刻察觉事物不停地连续出现，一个事件接着另一个事件发生，但是他就不能发现任何更多的事情。最开始，他不会通过任何推理就能得到因果的观念。因为通过所有自然所依据的特殊能力，从来不在他的感官前面表现出来，并且在只有仅仅一个例证的情况下，我们也不能因为一个事件比另一个事件早发生，就随意断言前者是原因，后

① 指以柏拉图建立的“学园”为中心的温和怀疑主义。

者是结果。它们之间的联系可以说是任意的和偶然的。可能没有理由去推断一个事件的存在，是因为另一个事件的出现。总而言之，如此一个没有更多经验的人，从未能运用他有关实际情况的猜想或推理，或者是确信直接呈现超越了他的记忆和感官之外的任何事物。

再一次假设，他已经有了更多的经验，而且他在这个世界上已居住得足够久，以至于他已经观察到相似的物体或事件会不断地结合在一起。这种经验会给他带来什么结论呢？他直接地通过一个物体的外观，去马上推断另一个物体的存在。但是，他还没有这样做，就算他通过所有自己的经验，也不能去获得一个物体创造了另一个物体的任何思想，或有关秘密能力的知识。他没有借助任何推理的过程，但他得出了这个推论。只是他仍旧发现自己必须得出这样的推论，虽然他应该相信他的理智没有起这种推理的作用，但是他依然会继续这样的思想过程。因为这有一些其他的原则，决定让他去形成这样一种结论。

这个原则就是“习惯”或“习性”。因为无论在什么情况下，任何特殊的行为或活动重复了多次之后，就会产生一种倾向，让我们借由任何推理或理解的过程，就重新做相同的行为或活动。我们常常说，这种倾向就是习惯的结果。但是我们虽然使用了这个词语，却妄想将这种倾向的最终原因揭示出来；我们仅仅是提出一种人性原则，这种原则是我们都普遍承认的，因为它的结果是大家熟知的。可能我们不能再推进我们的研究，或者妄想去揭示这个原因，但是我们必须对这个人性原则满足，然后认定它所有从经验得来的结论的最终原则，如果我们能做到这一步就应该很满足了，不能因为我们的各个感官不可以让我们更进一步，就对它们的狭小性而有所抱怨。当我们看到两种事物常常联系在一起之后（比如：热和火，重量和体积），至少在这儿，一个非常明了的命题被我们提出了，这是可以肯定的，如果它不是真的，只是因为习惯就去认定，另一个事物的出现是因为一个事物的被期待出现。在这儿，我们确实是提出了一个就算不是真理性的命题，至少也是可以理解的命题。并且这个假设好像是唯一能够说明以下困难的假设。我们怎么能从上千个例子中得出一个推论，又不会从各方面都和那些例子没有什么不同的单一例子中得出这个结论？这就是困难之处。理智是不能有任何这样的偏差的。这个结论是从观察一个圆圈得出的，和观察过的来自宇宙的所有圆圈得出的结论是一样的。但是不会有人说只因看见物体的运动是由于另一个的推动，就可以推断每一个物体的运动都是在同样的冲击之后。因此，所有来自经验的推断，都是习惯的结果，而不是运用理性的结果。

然而，习惯是人类生活中的伟大指南。就是这个原则才能让经验对我们有用，让我们对未来有期望，对已经在过去出现过的事件的训练有相似性。若没有习惯的影响，我们应该除了直接呈现给记忆和感觉东西外，对于其他每一个事实完全是无知的。我们应该从未知道怎么样去使用手段适应目的，或者去运用我们本性的能力来产生任何效果。在所有行动中立刻会有一个终止，这种思索的主要部分也会终止了。

但是在这儿我们应该适当注意，虽然我们来自经验的结论，已经让我们超越了我们的记忆和感观，并让我们相信实际情况是发生在最遥远的地方和最遥远的年代，然而许多事实必须总是呈现在感官或记忆的前面，我们才可能第一次开始着手得出这些结论。一个人如果在一座荒废的城市发现了其有繁华壮丽的建筑遗址，那他会得出这个城市在古老的时代，是经过有文明习惯的居民发展起来的；但是要不是由于本性，他绝不能推出这样一个结论。我们从历史中可以知道前代的事情，但是我们必须详细阅读包含这种知识的书卷，然后从一个证据追溯到另一个证据，直到有这些遥远事件的见证者和观众出现。总而言之，如果我们不是依据呈现在记忆或感官以前的一些事实，我们所做的推理就会完全是假设的，虽然个别的环节可能会连接彼此，但是并没有什么东西可以支撑整个推论的链条，并且我们也不能借助它获取任何有关真实存在的知识。如果我问你为什么相信任何特殊的事实，你必定会告诉我一些理由，并且这个理由将会是其他的事实和与此联系的事实。但是，你不能照这样永远继续进行下去，最终你必须将其总结为摆在你的记忆和感官中的一些事实，或必须承认你的信念完全是没有基础的。

那么，整个问题的结论是什么呢？只有一个简单的结论，尽管，它必须被承认和普通哲学理论有一定差距。所有有关实际的事物或真实存在的信念，都是由呈现给记忆或感官以前的一些事物，和其他一些事物的习惯性的结合得来的。换句话来说，从许多的例子里，我们已经发现任何两个不同种类的事物，如火和热，雪和冷，总是一直被联系在一起；如果火或者雪再次出现在感官之前，那么心灵会被习惯控制，让我们去期待热或者冷的出现，去相信这样一种性质是存在的，而且如果我们再靠近一些，就会感受到这种性质。这种信念把心灵放进这样的环境中是有必然的。当我们处于这种从中得到好处的情况，就不可避免地会感受到爱带来的激情，但当我们看见伤痛，就会感受到怨恨。这些都是灵魂在那种境遇时的一种活动，所有这些活动都是自然本能的一类，它不是推理或者是思考和理解的过程就能产生或阻止的。

话说到这里，如果我们停止了对哲学的研究，这样是能够被人们真正接受的。在大多数的问题上我们也从未能前进一步，最终我们必须在我们最让人心烦和好奇的研究后让所有的问题终止。但是，我们的好奇心将会敦促我们去做更进一步的研究。那么，我们还是可以原谅这种好奇心的，有可能它还是值得被赞赏的。在这种情况下，我们可能会发现一些解释和类比，它们将会让我们满意，至少是让那些喜爱抽象科学，并且能容忍有些精确、但依旧会一直保持怀疑和不确定的思考的人感到满意。至于对于不同趣味的读者来说，这一节剩下的部分不是为他们所写的，假如删除这一部分，以后的研究可能会比较好理解一些。

对于作家来说，他们讨论道德、政治或物理问题，但最有用的东西就是把理性和经验区分开来，然后假设这些种类的论证与其他完全不同。理性的论证被他们视为纯属智能的结果，这是通过先验考虑事物的本性并考察由事物活动而必定产生的结果，智能得以建立起科学和哲学的特殊原则，经验的论证则被假定为完全来自感觉和观察。我们通过感觉和观察而得知由个别事物的活动而产生出来的实际结果，并因此而能够推断未来将会由之而生的结果。以公民政府所应受的限制以及合法的宪法为例，我们就可以或从理性方面或从经验方面对之进行辩护：理性在反省了人类本性的巨大弱点和堕落之后就教导我们：任何人都不能放心地被信赖而拥有不受限制的权威；而经验和历史则告诉我们：在各个时代和国家，人们都曾看到，这样轻率的一种信赖被人类的野心大大地滥用了。

理性和经验之间的区分，也同样存在于我们关于日常生活行事的考虑之中。有经验的政治家、将军、医生，是为人们所信赖和拥护的。至于没有实际经验的新手，无论他具有何等的天赋才能，也是被忽略和藐视的。人们虽然也承认，对于某种特殊情况下的某种特殊行为的结果，理性是不完善的，只有经验才能够赋予由研究和反省得来的原理以可靠性和确定性。

尽管这种区别因此而在生活中的实际情况和思辨方面都得到普遍的认可，但是，我仍将毫不迟疑地宣称，这种区别归根结底是错误的。

上述各门学科中的这些论证，虽然被假定为纯粹是推理和反省的结果，但如果考察一下，就会发现，这些论证最终要归结为某种概括的原则或结论，对于这些原则或结论，我们不能归因于理性，而应归因于观察和经验。这些论证与通常被认为是纯经验的结果的那些原理之间的唯一区别在于：前一种论证如果没有某种思维过程和对我们所观察的东西的某种反思，以便去区分它的各种情况并探寻它的结果，则这种论证就不能建立起来。至于后一种原理则不同，我们经验过的事件与我们由任何特殊情况所推论出的结果是正确地、完全相似的。提伯罗或尼禄的历史，使我们对由于君主摆脱法律和元老院的限制而产生的同样的暴政感到恐惧；但是，如果充分观察一切私人生活中的欺诈和残忍，并且稍加思索，也可以使我们得到同样的恐惧感。这个例证说明了人性的普遍堕落，并向我们揭示出如果我们完全信赖人类而定会蒙受的危险。在上述两种情况中，我们的推论和结论的最后基础都是经验。

任何人都不会由于年轻和没有经验，就不能根据观察对人类事务和生活行为，形成若干概括而恰当的准则。但是必须承认，当一个人把这些准则付诸实践时，在时间和进一步的经验扩大这些准则并教会他适当地应用方法以前，他极其容易陷于错误。在各种情形或事件中，都有许多特殊的、细微的情节，即使一个拥有最大才能的人，在开始时也容易把它们忽略过去。可是其结论的正确性，以及行为的慎重性，却又完全依赖于这些细节。而对于一个年轻新手的概括的观察和准则，既不能总是在适当的时机随意而生，也不能稳妥明晰地立即应用，这一层更不待言了。实在说来，一个没有经验的推理者，如果他绝对没有经验的话，就根本不能算是一个推理者。当我们说到任何个人没有经验的时候，我的意思不过是就比较而言，只是假定他具有的经验比较少，比较不完全罢了！

第二节

人的想象比任何事物都更加自由，虽然它不能超过原始的观念。这些思想是由内外部的感官提供的，但是它有无限的能力和不同种类的虚构和幻想来混合、组合、分离和区分这些思想观念。它能虚构出一连串的带有所有现实的事情的外表，给它们提供一个特殊的时间和地点，并设想它们是存在的，然后替它们涂抹上那种深信不疑的历史事实，这种事实带有所有的情节。因此，这种虚构和信念之间到底有什么差别呢？它们不仅在任何特殊的观念上有差异，但是我们却不能说，还有任何一种特殊的观念是附加于强迫让我们赞同的那种构想上的，是不同已知的虚构所缺乏的。因为心灵有权力去支配它所有的观念，它能自动地给任何构想附加上这个特殊的观念，最后它就能够相信它所喜欢的任何事情。这是和我们日常生活经验中发现的相反的。在我们的设想里，我们能把一个人的头加在一匹马的身体上，但是在我们的能力范围内，我们不能相信这样一个动物曾经真实存在过。

因此，如上面所说的，在感情或情绪上，构想和信念是不同的，这种感情或情绪是附加于信念而不是构想上的，它不依赖意志，也不能任意被控制。它和其他所有的感情相同，一定是自然唤起了它，就像所有其他感情在任何特殊的时刻必定因特殊的情况而产生。无论什么时候，任何事物都会通过习惯的力量，在呈现于记忆或感觉的前面，它立刻会让想象力去设想那个常常和它相结合的事物。这个设想是和感情或情绪一同产生的，但是和松散的幻想是不同的。这种信念的所有本性就在这。因为我们所如此坚定相信的事实总能去设想它的相反面，所以，如果没有一些感情去区分它们，那么我们所赞同的构想和我们所拒绝的构想就没有什么差别的说法了。如果我在一个光滑的桌面上看见一颗弹子朝另一颗弹子移动过去，我能容易地构想当它们互相接触后就会停止。这个设想不包含任何矛盾，但是如果我构想一颗弹子被另一颗弹子冲击并且传递运动，那么这就是两个完全不同的构想了。

我们尝试给这种感情一个定义，可能发现会很困难，并且发现是一个不可能的任务。这个困难是：对于一个从未对冷的感觉或愤怒的情感，有任何这些感情的经验的人，要尽力为这些情感下定义一样。信念是真正的和适合情感的名称，没有人会不知道这个词的意义，因为每一个人每时每刻都意识到这个名词所表达的那种感情。然而，我们不如尝试去形容这种感觉，我希望可以借助不同的方法得到一些类比，可以提供更完善的解释。我觉得信念是比只由想象所获得的构想，更生动、更真实、更有说服力、更坚定、更稳定的有关事物的构想。这种各种各样的名词可能看起来是如此的非哲学的，但它只打算用来表达心灵的真实活动，就算让真实的，或者被当做真实的比构想的更加生动、真实、有说服力、坚定、稳定地呈现在我们面前，让它有更多的分量用在思想上，对情感和想象有更优越的影响。假如我们同意这件事，没有必要去讨论这个词。想象控制了所有的观念，并可以用不同的可能的方式连合、混合或者改变它们。它可能在所有的地点和时间构想出虚构的事物。它可能借助某种方式让虚构的事物具有真实的色彩，出现在我们的眼前，并用它们真实的颜色告诉我们它们可能存在过一样。但是，想象的官能要凭借自己的力量到达信念是不可能的，很明显的是信念不是由特殊的本性或观念的秩序组成的，只是由人心构成了它们的方式和感觉。我承认，想要完善地去解释构想的感觉或方法是不可能的，我们可以使用一些更能表达它的词语。但是它真正的合适的名称，正如我们之前所注意到的，就是“信念”，这个词对于每个在日常生活中的人都是能充分理解的。在哲学中，我们只能声称，信念是心灵的一些感受，它能区分判断出观念和想象的虚构。这个会给它们带来更多的分量和影响，让它们表现出更大的重要性，给它们更强有力的心灵，让它们成为我们行动的控制原则。例如：目前我听到一个我所熟悉的人的声音，这个声音好像是从隔壁房间传出来的。我的这种感官的印象立刻向我传达我的思想，并转移给别人和他周围的事物上去。我描绘它们就像目前它们存在我面前一样，并且还带有我以前就知道的它们所带有的相同的性质和关系。这些观念比美好的观念更能坚固地拴住我的心。感觉起来它们是完全不同的一种感情，它自己带来的快乐或痛苦、愉悦或伤感等种种感觉，比它自己本身都有大得多的影响。

然后，让我们接受有关这个学说的所有内容，然后承认信念的感觉，只是比“想象的完全是虚构的”更加强烈和稳定的一种构想，而且这种构想的方式来自事物与出现在记忆和感觉中的一种事物的习惯性连接。在这些假设的基础上，我们能容易地发现和它相类似的其他的心理作用，并通过这些现象去追溯更普通的原则。

我们已经观察到，自然在不同种类的特殊观念间已经建立了连接。只要一个观念出现在了思想中，它就会用温和而又不让人觉察的运动，随后把和它有关的观念放进来，让我们对它有所注意。我们已经把这些连接或者联系的原则总结分为三种，就是：相似性、连接性和因果性。只有这三种性质才能把我们的思想连接起来，并在人类中产生不同程度的一连串有规则的反省或讨论。现在出现了一个问题，那就是，现在这个问题的解决方法是什么？问题就是：当事物出现在感官或记忆中时，心灵不仅仅是构想到有所关联的事物，而且这种构想与在其他方式下的构想相比，已经比较稳定和强烈了吗？这看起来是由于因果关系得来的信念，好像就是这类情况。如果其他关系或者联系原则的情况还是这样，那么我们可以把它当做普通法则来建立，它支配了我们心灵所有的活动。

因此，我们可以把以下的例子看做我们现在的假设的第一个实验。把一个不在眼前的朋友的照片放在我们面前，我们有关他的观念就会很明显地有相似性原则，并且还会活跃起来，那个观念所带动的每一种情绪，不论是快乐还是悲伤，都得到了新的力量和活力。出现这种效果的原因是那个关系和目前的印象一同发生的结果。若照片和他本人没有什么相似性，至少不是来为他本人照的，那么，它就无法把我们的思想在如此大的程度上转移到他的身上。如果照片和本人都不在现场，虽然我们的心灵也可以由照片想到其他人，那么这种转移让心灵所感到的观念至少会让它被削弱，而不是让它活跃起来。当我们看到一个朋友的照片摆在我们面前时会觉得愉快，但是当它被移走之后，我们是去直接回忆他本人，而不是去选择回忆一个同样远离且模糊的影像。

罗马天主教的宗教仪式也许和上述有关例证有相同的性质。这些迷信的信徒，当他们因为所行的虚礼而受到责备时，常常会找借口辩护说他们从外在的动作、姿态和行为感受到了好的影响，这些影响带来的效果就是鼓舞了他们的信仰，加大了他们的热情；否则，如果直接地完全转向遥远的和无形的对象，他们的信仰和热情将会衰落下去。他们说："我们把所信仰的对象与可感的象征和想象放在一起，通过这些象征的立即呈现，这样会让这些象征比只有理智的意向和冥想，对我们显得更加亲切。"可感的对象总是比任何其他的对象在我们想象中有更大的影响，而且这种影响很容易传递这些观念到与它有关和相似的那些观念上去。只从这些实际情况还有这个推理来看，我可以推断让观念活跃起来的相似关系方面的效果是很常见的，而且因为在不同情况下，相似关系和一些当前的印象一定是协同发生的，我们得到了丰富的实验，并用它们来证实上面提过的原则的真实性。

我们可以通过其他不同种类的实验，就如考察相似性得到的效果一样，拿来考察连接性的效果，用来加大这些实验的分量。毫无疑问的是，距离的减少可以减弱每个人观念的力量。每当我们接近任何一个事物时，就算它本身没有被我们的感官所发现，但是它在我们心灵所产生的影响，也和当前的一种印象相似。我们对任何一个事物的想法，我们的心都会容易地想到与它相接近的东西上去。但是只针对真实存在的事物，这类转移才具有高度的活泼性。当我还有几里就能到家的时候，那些和家有关联的所有东西，和我在六百英里以外时相比，让我觉得更加亲切，虽然在六百英里那么远的距离，当我回想到我附近的朋友或家人的任何事物时，我也会自然而然地产生有关他们的观念。但是在后一种情况下，心灵的两种对象都是观念，尽管它们的知觉容易相互转移，但是因为缺乏当前的某种印象，仅仅靠这种转移并不能把高度的活泼性给任何的观念①。

没有人能够怀疑因果性带有和相似性、接近性相同的影响。对此有迷信的人们因为同样的原因，对圣人的遗迹非常珍爱。他们追求象征和偶像，用来活跃他们的信仰，让他们对想要去模仿的典范的生活有一种更亲密、更强烈的概念。现在，很明显的是，一个信徒能够得到的最好的遗迹就是圣人著作的手迹。如果他的衣物和用具曾经被认为是和手迹一样，那是因为它们曾经被他使用过、移动过和对他有过影响。在这些方面，它们被当做不完善的结果，但是这些东西是和圣人有更接近的联系的——比起我们用来了解圣人真实存在的任何其他东西来说。

假设我一个朋友的儿子，他去世了很长时间，或者说消失了一段时间，但他出现在了我们面前，很明显的是这个对象会让和他相关的观念立刻出现，让我们回想起所有过去的亲昵行为和熟悉感。这种回想相比在其他的情况下出现的回想，带有更加鲜明的色彩，这是另一种好像证明了之前我们提过的原则的现象。

---

① “当一个人看到据传说过去年代的名人喜欢常去的地方以后，就会比听人说起他们的行为或读到他们的作品有更强烈的情绪。我不能确定这是一种自然的本能，还是只是一种幻觉。此时，我自己的感受正是这样的。人们提醒我，他们所说的第一个哲学家柏拉图就在这里进行过各种讨论。的确，那边近处的那个花园不但让我想到他，而且仿佛实际上那个人被带到了我的面前。这是斯彪系波、塞洛克洛特以及塞洛克洛特的门生波莱谟常到的地方。他们就常常坐在我们向那边望去所见的那个位置上。对我而言，甚至看到我们本国的那个元老院（我指的是 Hostilia 元老院，而不是现在的那个新建筑，自从那个元老院扩建后，在我看来显得更小了），也常常让我想起西皮奥、加图、李利乌，尤其是我的祖父。地点确实有这么大的暗示力。无怪乎科学的记忆训练法是在地点方位上建立的。（西塞罗：《论主要的善和恶》）。

我们在这些现象中会发现，常常是预先假定用有关对象的信念作为必要条件的。如果没有这预先假定的条件，这种关系是不能产生结果的，照片所带来的影响的预定条件，是让我们相信我们的朋友曾经存在过。我们只有相信家真正存在过，才能在到了接近家的地方时，就能让我们产生出有关家的观念。现在，我断言这个信念已到达了记忆或感官之外的对象的地方，和我们在这一章里所解释的思想的转移作用和构想的活跃力，都是属于相同性质的，也是由相同的原因产生的。当我把一块干的木块丢进火里时，我的思想会立刻出现一个构想，就是它会让火势增大，而不会让火熄灭。这种思想从原因转移到结果的转移，并不是从理性得来的。它完全源自于习惯和经验，呈现给感官以前的事物。它被作用于最开始它提出的思想或者有关火焰的观念或构想，比起任何想象中的任意漂浮的空想来，要更加强烈和生动。这个观念是立刻出现的，思想立刻会趋向它，并把由感官印象带来的所有构想的力量传递给那个观念。当一把剑对准我胸膛时，我会出现有关受伤和疼痛的观念，但更加强烈地打击我的是一只酒杯放在我面前吗？虽然在酒杯出现的情况，会偶尔在这种受伤和疼痛的观念产生出来之后发生。但是在这里的所有事情中，除了当前出现的唯一对象和习惯地转移到另一个对象的观念，我们总是习惯地把它和上一对象接连在一起以外，还能有什么东西引起那样强烈的一种构想呢？我们心灵的全部作用，就是在有关实际事物和存在的所有结论中。从当前的对象产生的这种转移，在所有情况之下，都能让与它有关的观念强烈和稳定。

在这里，因此，在自然的过程和我们观念的联系之间，有一种预定的和谐，虽然支配前者的就是自然的力量，这种力量我们丝毫不知情，但是我们的思想和构想，加上自然的其他作用，依旧是在相同的程序中进行的。习惯是一个原则，就是这种符合能够成立的原则。它对于我们人类的生存和规范我们的行为是必要的。一个当前的对象不能马上刺激起常常和它有关的那些对象的观念，我们的所有知识就必定局限在我们的记忆和感官的狭小范围内。并且我们从未用手段去达到目的，也不能使用我们的自然能力只生产好的东西，避免坏的东西。对于那些喜欢发现和沉思终极原因的人，这里有着丰富的题材让他们惊叹和赞叹。

为了更进一步确认前面有关的理论，我必须要补充的就是我们通过相似的原因推断相似的结果，从相似的结果推断相似的原因，这种心灵活动对维系所有人类的生存是必不可少的，那它就不可能会信托我们理性的不合理的演绎。理性推演活动是迟缓的，在婴儿早期的几年，都没有表现出来理推演绎活动，在人生的其他各个年纪和时期，就算是在最好的情况下，理想推演活动也很容易出错。对于保护心灵的活动，如果我们用一些本能或机械倾向去保护心灵，那是更符合平常的自然的常识。它们可能在活动时是绝无错误的，这种本能和机械倾向，可能在我们的生活和思想中一开始就表现出来，还独立于所有费力的理智推演。自然教我们运用我们的四肢，但并没有告诉我们有关肌肉和神经的知识，同样并不在我们内部也植入一种本能，让我们的思想进行的过程，与自然在外界中确立的过程相对应，尽管我们并不知道对事物的这种规则的过程和联系，所完全依赖的那些能力和力量。

第六章 论或然性

虽然在世界上并没有像机会那样的东西，但是我们对任何事情的真实原因的无知，却和机会一样，对理智产生了相同的影响，并产生与机会相似的信念或意见。

我们可以确定是有或然性的，它是由于在任一方面的机会所占优势而产生的。根据这个优势的增强，超越与它相反的机会，或然性按照比例就会加大，我们会发现在机会有优势的那一方，就会产生出更高程度的信念或赞成。如果一颗骰子的四面标有数字或点子，剩下的两面标有另一种数字或点子，那么，前一个数字或点子朝上的或然性要比后一个大。如果一个骰子的一千面标有同样的数字或点子，只有一面标的不同，那么或然性就会更高，我们对于这件事的信念或期待就会更加稳定和可靠。这种思想和推理的过程好像是不重要而又明显的，但是对于那些更仔细考察它的人来说，它也许为他们好奇的推测提供了材料。

很明显的是，当心灵在期待掷骰子可能出现的结果时，它把骰子的每一面朝上的或然性都看成一样的。这就是机会的本性，它让其中所包含的各种特殊的情况都完全一样。但是，一个事件中的一些方面发生的概率，比其他的方面发生的概率大，心灵就会更加频繁地想到发生的概率大的这个事件，当它反复思考最后结果所依赖的各种各样的可能性或机会时，它也就更加常常地想到那个情形。因为多次看到的同一个特殊事件，就会在这些看法的共同作用下，因为一种不能解释的自然的思想活动，然后马上产生出信念的情感，并让这种特殊事件得到较多的观点的支持。如果我们承认，信念除了是对一个对象的构想，还比想象的完全虚构的构想更坚固、更强烈，那么，我们可以在某种程度上对这个活动做出说明。我们多次看到或瞥见那种特殊的情形，在所看得见的共同作用下，给了它活力和力量，让它对感情的影响更加敏感。简而言之，就产生了构成信念和意见的本性的那种可信性和可靠性。

原因的或然性与机会的或然性的情况是相同的。有些原因是完全相同的，并且永久地产生特别的结果；在那些事例中，我们从未发现它们的作用是失败的或不规则的。火总是能烧伤人，水总是能让人窒息。这种因为冲击和引力而产生的运动，是一条到目前为止毫无例外地被大家所承认的普遍法则。但是，还有另外一些原因，我们已经发现它们是比较不规则和比较不确定的。服用了大黄泻肚子，服用了鸦片安眠，但不能证明大黄总是泻药，不能证明鸦片就是安眠药。的确是，当任何原因不能产生出它通常的结果时，哲学家们没有把这当成自然物的不规则所造成，而是假设在各部分的特殊结构中有某些秘密的原因阻碍了那些作用。但是，我们对于这件事情的推理或结论仍然是一样的，好像这个结论根本不存在。在我们的所有的推断中，我们为习惯所决定，由过去推断到未来，因此，当发生在过去的事件完全是规则和一致的，我们就会以最大的确信来期待那件事情的发生，而不让任何相反的假设存在。但是，如果我们过去就发现，在表面上精确相似的某些原因造成了一些不同的结果，那么，当我们的过去将向未来转移时，必定会想到一些各种各样的结果。而且当我们确定这个事件的或然性时，也一定会考虑到所有的结果。虽然我们偏向于最常见的那个结果，并且相信这个结果将会存在，然而我们也不能忽略其他的结果，而会根据它们出现次数的多少，按照正比分给它们特殊的分量和权威。在欧洲，几乎每一个国家，一月份出现霜冻的或然性，要比整个月中出现晴天的或然性更大；尽管这个或然性因为地带的不同而不同，在比较靠北的国家，这种或然性会更加真实。在这里，好像很明显的是，我们就用过去推断未来，就是为了确定从一个原因引出的结果时，我们把所有不同的事件，按照跟以前出现的次数同样的比例来进行转移。比如说，我们假想这种情形出现过一百次，另一种情形出现了十次，而还有一种情形出现了一次。因为一个情形我们已经大量见过了，这些见过的让这个情形在想象中有所加强和肯定，产生出我们叫做信念的那种情感，让信念的对象超过对相反情形的偏好；因为相反的情形不能得到同样数量的经验的支持，在我们从过去转而推断未来时，也从未像那样常常地被想到。如果让任何人根据何种大家都接受的哲学体系来试着说明心灵的这个活动，他都会感到困难。但对我来说，如果我现在做出的提示能激起哲学家们的好奇心，让他们觉察到，所有的通常的理论在处理如此奇特又卓越的题目时是多大的缺陷，那我就觉得足够了。

第七章　论必然联系的观念

第一节

和精神上的科学比较，数学有一个很大的优势，这个优势就是，我们很容易察觉数学的观念，所以它们一直是清楚的和确定的，我们立刻察觉到它们就是它们之间最微小的区别，而且在没有任何歧义或变化的情况下，相同的词项总是表达相同的概念。椭圆形不会被错误地认为是圆形，双曲线不会被错误地认为是椭圆形。等边三角形和不等边三角形通过比较善和恶、正确和错误的更精确的界线来区分。如果在几何学中对任何术语下了定义，那么，不论在什么情况下，心灵本身都非常容易自动用那个定义替代被定义的词。或者当没有定义被我们所采用时，对象自己本身仍然可以在感官面前呈现自己，这样一来我们仍然能够清楚又可靠地理解它们。但是心灵里比较细致的情感，理智中的种种活动，各种各样的情感冲动，虽然实际上它们自己本身是清晰的，但是当我们通过反省来考察它们时，仍不容易注意到它们。每当我们需要回想到原始的对象时，也无能力让我们把它回想起来。从这种情况看来，在推理上我们渐渐有歧义出现，相似的对象非常容易被认作相同的对象，而最终让我们的结论和前提远离开来。

然而，有人依旧可以有把握地断言，如果我们考虑这些科学时用恰当的观点来看，它们的优点和缺点相互之间几乎能对彼此之间补偿，让它们所处的状态是平等的。虽然心灵更加容易保持几何学，并把其中的观念弄得清楚和明确，但是，心灵一定要持续做一系列更长、更复杂的推理，还会将有更大差异的观念拿来比较，为的就是找到这门科学的较深奥的真理。如果非常不细心地对待精神科学中的观念，就极易陷入朦胧和混乱之中，但是精神科学研究中的推断和研究数和量的科学相比，总是显得很简短，到达结论前的中间步骤也少了许多。实际上，欧几里得几何学的命题就算非常简单，它所含有的成分仍多于我们在没有陷入妄想和空想的有关精神科学的推理中所发现的。若我们向前迈进了几步，在有关探索人类心灵的原则时，可能会对于我们所取得的进步非常满意，因为考虑到自然很快会阻止我们对有关原因的一切探讨，并让我们知道自己的无知。因此，在精神或形而上学的科学方面上，让我们不能进步的主要障碍，是观念的含混和词语的歧义。在数学方面的主要困难，是在形成任何结论之前，必须进行长时间的推理和大范围的思考。还有就是我们在自然哲学所取得的进步，主要是来自对适当的实验和现象的需求，它们通常是在偶然的情况下被我们发现的，就算我们进行最刻苦、最谨慎的研究，也不能总是被我们发现。到目前为止，精神哲学好像比几何学或物理学所取得的进步要小，因此，我们可以得出结论，如果在这些科学中有任何不同的话，那就是阻碍前者进步的困难更难被克服，这就需要我们有极强的细心和较高的能力。

在形而上学中的观念没有比在能力（power）、力量（force）、能量（energy）、必然联系（necessary connexion）的观念更含糊、更不确定的了，在所有我们的探讨里，我们必须每分每秒研究这些观念。因此，若有可能的话，在这章里我们应该努力给这些词以确切的意义，从而清除一些含糊的部分。在这部分中，人们已经对这类含糊有很多抱怨了。

这看起来是一个不被太多争论所承认的命题，因为我们所有的观念除了描摹我们的印象之外，什么也没有了。我已经努力去解释和证明了这个命题，并且已经表明了我的期望：这个命题被我们恰当地运用，人们在哲学推理中，可能会得到比目前为止我们已能得到的更大的清晰性和精确性。

复合的观念可能会因为定义而被人们所熟知。定义不是别的，这些定义只是列举了组成复合的观念。但是，当我们已经把定义推进到最简单的观念之后，我们还是会发现有更多的不明确或含糊，可是，我们又能有什么办法呢？我们能通过什么发明来明察这些观念，并让它们自己产生这些印象或原始的情感？这些印象都是强烈的、可以觉察的。它们不容许有任何含混。它们自己本身不只被完全显露出来，而且可能会让和它们所相对应的、处在含糊状态下的观念也显露出来。另外，通过这个方法，我们可能会拥有一台新的显微镜或一种新镜片，有了它们的帮助，我们就极易理解它们，并且能同等地认识这些最庞大、最易觉察的观念，这些观念正是被我们所研究的对象。

因此，为了对能力或必然联系的观念有完全的了解，并让我们对它的印象进行考察；为了更加确定地发现那个印象，让我们在所有它可能出现的各种来源里寻找它。

当我们对我们周围的外部对象进行观察时，我们会考察到其中原因的作用，我们不能在一个单一事例中去发现任何能力或必然联系，也不能发现将结果与原因相结合，使前者成为后者的无误后果的任何性质。事实上，我们只是能发现，原因的后面确实跟随着结果，如一颗弹子球因为另一颗弹子球的运动而发生碰撞。这些就是我们的外部的感官所得到的并呈现给我们的所有情节。心灵没有从这些对象的接续中得到任何情感或内部的印象。总之，无论在什么单一事例、特殊的因果事例中，没有任何东西能暗示出能力或必然联系的观念。

从对一个对象的第一印象中看，我们从未能推测它将造成什么结果。但是无论什么原因的能力或能量，都能被心灵所发现，就算没有什么经验，我们也应有可能预见结果，并且只依靠思想和推理，我们在一开始就有确凿的断定在结果上。

实际上，在这儿，物质没有任何部分通过感官，显示出曾经的任何能力或能量，也没有给我们以广泛的想象，让我们觉得这个物质可以产生任何东西，或者想象另一个我们可能称之为结果的对象跟随着它。固体性、广延、运动，这些性质对它们本身来说都是完整的，并且从未指出由它们引起的其他任何事件。宇宙的景象是不停在变化的，一个对象在不间断地跟随另一个对象。但是，这种推动全部机器运转的能力或力量，对我们来说却是完全隐藏着的，并且从未在任何身体的可感性质中显示出它自己本身来。我们知道，实际上，火焰是热恒常伴随着的，但是，是什么把它们联系起来的呢？关于这个我们没有太多的余地去做任何猜测或想象。因此，在物体活动的单一事例中，能力的观念要想从对物体的思考得来是不可能的，因为没有任何物体能显示可能作为那个观念之来源的任何能力①。

因此，自从外部对象呈现给感官时，它们并没有通过它们在特殊事例中的作用，给我们有关能力或必然联系的观念，让我们看见这个观念是否是来自反省我们自己的心灵活动，是否来自对无论什么内部印象的摹本。大家可能会说，我们的内部力量会让我们时时刻刻地意识到是因为有了感觉，还有我们意志的命令，我们就可以移动我们身体的器官，并且，让我们的心灵的官能受到指导。此时，我们四肢的运动是由意志的活动造成的，或者一个新的观念由我们的想象所引出。我们是通过意识了解意志的这个作用。因此，我们获得了能力的观念，并且我们自己也确信，其他凡是有理智的生物，都具有能力。因此，这种能力的观念是反省上的一种观念，因为它是由作用在我们自己心灵的活动的反省来的，是由控制力控制，同时作用于我们反省身体的器官和心灵官能上来的。我们应当继续去考察上面的主张，首先就是要对身体器官的影响进行意志上的考察；然后根据我们的观察，这种影响是一个事实，如同其他所有自然事件一样，它只能通过经验被人们所了解，并且从不会被表面上的结果的能力或力量被我们所预见，这种能力将原因和结果联系起来，让后者成为前者的确切后果。我

① 洛克先生在他的《论能力》中的一章中说过，由于从经验中我们发现，在物质中的许多新产生的事物，有结论说必定有一个地方能够产生出它们的能力，我们在最后才通过推理得到能力的观念。但是，正如这位哲学家自己所承认的一样，没有推理能给我们提供新的、原始的、简单的观念。因此，这种推理也就不能成为那个观念的来源。

们会每时每刻意识到我们身体的动作是跟随着我们意志的命令。但是，对于实现那种情况所用的方法，对于意志发挥如此非凡作用所依靠的能力，我们完全没有直接意识到，以致我们所进行得非常勤奋的研究，肯定永远不能用于其上。

这里的理由是：

第一，因为肉体和灵魂的联合，一种可以想象的精神实体对物质实体来说，具有重大的影响，并让一种最精练的思想可以驱动最庞大的物质。在整个自然中，没有什么原则比肉体和灵魂的联合更神秘吧？与它相比较，就算我们会用一个秘密的愿望去移动山脉，或者控制行星在它们的轨道上运转，这个广泛的力量带来的不是更多的特殊性，也不会更多地超过我们的理解力。但是，如果我们通过意识，可以察觉在意志中的任何能力或力量，我们就必定知道这种能力，我们必定知道它与结果之间的联系，必定知道灵魂和肉体之间联结的秘密，也必定知道肉体本性的这些性质。正是由于它们的联合和那个性质，在许多例子或其他情况下，灵魂才能对肉体发生作用。

第二，我们没有用同样的力量让身体的所有器官都运动，虽然除了经验以外，我们不能指出一个器官和另一个器官有那么明显区别的任何理由来。为什么意志会对舌头和手指有作用，而对心脏或者肝脏没有作用呢？这个问题本来不会使我们烦恼，如果我们确实会在前者中意识到一种能力，而在后者没有意识到能力。我们应该在没有经验帮助的情况下而觉察到，为什么意志对身体器官有绝对的控制力，却会对其他力量有如此特殊的局限性呢？在那个情况下，因为我们完全获得了意志运作时所依靠的能力或力量，于是我们本来可以知道，为什么意志的影响刚好只可以达到那样的范围，而不是更远的范围。

一个人，如果他的脚或手臂突然麻痹了，或者一个人刚刚失去了脚或手臂，那么，最初在他的日常生活中，他常常努力去活动他的脚或手臂，并且想要使它们发挥它们应有的功能。在这里，他意识到支配脚或手臂的能力，就好像一个四肢健全的人，可以任意驱动自然状态下任何肢体的能力一样。但是，意识从不会欺骗我们。总之，不论是在这种情况下，还是在其他情况下，我们都没有意识到任何能力。有关于意志的影响，我们完全是从经验中了解的。但是，经验只教我们一个事件怎么样恒常跟随另一个事件发生，并没有告诉我们它们联结在一起，且不让它们分离的秘密联系。

第三，我们从解剖学中学到，在随意动作中，能力的直接对象，肢体本身并不想动，而是某些肌肉、神经和元气，还有也可能是一些更精细、更不为我们所知的东西，通过它们相继传递着运动，然后才到达肢体本身，意志的直接对象乃是这个肢体本身的动作。可能有更确凿的证据可以说明，使上述整个活动运行的那个能力，是非常神秘而不可理解的，因为到目前为止它不能被我们的内部知觉或意识直观地、充分地认识到的吗？在这儿，心灵希望去做某一件事情，可是立刻，另一个我们所不知道的事件发生了，并且这个事件和前一个我们打算的事件是完全不同的。并且这个事件又产生了另一个事件，它同样不被我们所知道。直到最后，经过一长串这样的接续之后，我们想到的事件才随之产生了。但是如果原始的力量被我们发觉，它必定是我们知道的，如果我们知道它，它们的结果也必定被我们所知道，因为所有能力的结果都与它相关。反过来也是一样，如果结果不被我们所知道，那能力也不能被我们所知道或者感知。当我们已经没有这种推动肢体的能力时，我们要怎样才能用意识的力量去移动我们的四肢，以达到这种能力呢？我们只意识到那些推动某些元气的能力，尽管最终这些元气产生了肢体的运动，但是它们的活动方式完完全全超过了我们的理解。

因此，我们可以从上述总结得出我希望没有任何轻率但又有保证的结论，那就是，当我们教会我们自己的身体做出动作，或者正确地使用我们的四肢时，我们有关能力的观念，并非对我们之内的能力有任何知觉或意识，然后对这种感受或意识的摹本中得到能力的概念。和自然界其他的事情一样，肢体的动作跟随着意志的命令，这是日常经验的事情。但是，受过这种影响的力量和能力，就如同自然界其他事情中的能力一样，是我们所不知道的，也是不可思议的①。

当通过我们意志的活动或命令后，我们有了一个新的概念，让我们的心灵去对它有所思考，从各个方面都对它有所研究，而当我们想着用十分的精确去考察它之后，最终还是因为考虑别的观念而放弃了它。这个时候，我们能不能断言，我们在自己的心中意识到一种能力呢？我相信，同样的论证会证明，就算是意志的这种命令，也不能给我们有关力量或能力的真实观念。

第一，它必须让人们同意，当我们知道了一种能力，我们就知道了那种情节是由原因中让原因能产生出结果而得来的，因为它们被期望有同样的含义。因此，我们能妄称知道人类灵魂的本性和观念的本性，或者妄称知道前者产生后者的能力（aptitude）吗？这是一个真正的创造，一种没有从任何东西创造出来的产物。它代表着一种如此伟大的能力，第一眼看起来，这个能力好像超越了所有的生物无法达到的能力。至少我们都应当承认，这种没有被心灵察觉的，也不知道，甚至不能构想那样的能力。我们只是能感觉到那样一个事件，即观念的出现是随着意志的一个命令的结果。但是，无论什么动作被实施，通过它产生的能力完全在我们的理解之上。

第二，心灵控制它自己本身是有限的，就如它对身体的控制是有限的一样。在其他所有自然事件中，和外部对象的作用方面的情况一样，有关

---

① 人们可能会主张说，由于在物体中我们遇到了抵抗，让我们不得不把我们的力量施加上去，让我们的全部力量被唤起，这种情形让力量和能力的观念被我们所得到。就是这种奋力或强烈的努力，使我们所意识到成为力量和能力观念所模拟的原始的力量。可是首先，对于我们认为具有能力的很多对象，它们有那种抵抗力或行使力量是我们所不能假设的。至上的存在者有能力是我们所认为的，可是任何抵抗他都从未遇到过，在日常的思维和活动中，我们认为心灵具有支配它的观念和肢体的能力，可是这里是直接跟随意志而来的，并没有任何力量被行使或唤起的结果；我们认为没有生命的物质也有能力，但是它不可能会有能力的知觉。其次，我们努力克服抵抗，但是这种努力的知觉和任何事情都没有可知的联系。有什么是跟随那种知觉而来的，根据经验我们可以得知，但是不能根据先验来得知。但是，我们必须承认，我们身体的努力，虽然这是个不能提供确切的能力观念的努力，但是，它在我们形成的通俗的、不精确的能力观念中，却占有很大的分量。

这些限制，我们没有根据理性，或者是根据对有关原因或结果的性质的任何了解而知道的，但是，完全是根据经验和观察而得知的。我们在我们的感官和感情的支配力上比我们的其他观念更微弱，甚至对观念的支配力，也是被限制在非常狭窄的范围内的。怎么会有任何人自称想要指出这些界限的最终理由，或者展示为什么能力在这种情况下是会缺乏的，而在其他情况下则相反呢？

第三，这种自我控制在不同的时候是有很大不同的。一个健康的人的自我控制力，比一个病弱的人大很多。我们在早晨比在晚上更能把握自己的思想，在禁食后比在饱餐后更能把握自己的思想。对于这种情况，除了经验之外，我们还能给出别的任何理由来说明这种差异吗？那么，哪里有我们自称意识到的那个能力呢？不管是在精神实体中，还是在物质实体中，或者在两者中都有，一些秘密机制或结构被依赖的、各部分之间的不是存在着结果吗？这些机制或结构并不被我们完全知道，因此，有关意志的能力或力量我们也同样不知道或不能理解。

意志肯定是我们心灵活动的一种，并且这种活动是我们非常熟悉的。我们对它进行反省，对它的各个方面进行考察。在意志中，你能不能发现有类似于那种创造性能力的任何其他东西呢？这是一种可以使意志从虚无中产生一个新观念的创造力，它可以让意志通过一种法令去模仿它的那位造物主的无限威力，这位造物主让自然万象得以存在——如果允许我这样说的话。在意志中，我们没有意识到这种能力，因此，它要求我们需要所具有的同样确实的经验，才可以让我们相信这个从意志的一个简单活动中产生的突出结果。

大部分人从来没有在说明自然中比较常见、比较熟悉的活动中认为有什么困难，比如：重物的下落、植物的生长、动物的繁殖、食用食物让人获得营养。但是，假设如果在所有情况下，他们都感知了原因的力量，原因和结果的联结也是因为这种力量，并在作用的过程中绝对可靠（因为是他们长时间才形成的习惯，他们获得了这么一种有关心灵的倾向），一旦出现了这个原因，他们就会立刻期待出现和这个事件常常伴随的事件，很难去设想其他的事件会被它引出。只能是在发现了一些反常的现象，比如地震、瘟疫、各种各样的奇事时，人们才会觉得自己完全迷失，找不出其中合理的原因，也无法解释产生那个结果的原因。在这么困难的情况下，人们通常会诉诸某个无形的、理解力强的原则，那个事件可能会是让我们惊异的原因，他们认为，普通的自然力是无法理解这个原因的。但是，对那些稍微做了进一步研究的哲学家来说，他们会立刻觉察到，就算是在最熟悉的事件里，这种原因的能力也是同最反常事件中的能力一样不可理解的，而且，我们通过经验只能知道对象的常常会合，却不能对对象之间的联系那类事情有所理解。然而，在这儿许多哲学家认为，他们因为理性的驱动，无论在什么情况下，都把同样的原则诉诸只在普通人看起来神秘而超自然的事情中。他们承认，心灵和理智不仅是所有事物的最终和最原始的原因，而且是出现在自然界中的每个事件直接而唯一的原因。他们声称，那些通常被说是原因的对象，实际上只是偶然的原因，并且，每一个结果真实而直接的原则，在自然界中既不是能力也不是力量，而是最高存在者的意志——最高存在者下定决心，要让这样如此特定的对象应该一直互相合在一起。他们并不是说一颗弹子球，用它从自然的创造者那里得来的力量推动另一颗弹子球，他们说，正是按照特定的意志的神，用意志来推动第二颗球；神因为要管理整个宇宙，为自己制定了一些普遍的法则，因为有了这些法则，就确定了第一颗球碰撞第二颗球而发生的那个运动这件事。但是，哲学家们一直在他们的研究中继续前进，并且发现，就如同我们完完全全对所有物体相互作用所依赖的能力有所忽视，我们也对心灵对肉体的作用，或者肉体对心灵的作用所依赖的能力有所忽视；在这两种情况下，我们既不能从我们的感官，也不能从我们的意识去确定最终的原则。因此，同样的无知导致他们得到同样的结论。他们断言，神是联合灵魂和肉体的直接原因，它们不是感觉的器官，这种感官没有受到外界对象的扰动，直接出于我们的心中。他们宣传，就是因为我们全能的造物主的一种特殊意志，这种意志激发了一种感觉，一种运动的感觉。和这种方式相似的就是，在意志中，没有任何能力让我们的肢体去产生如此一种局部的运动，而是上帝自己乐意去支持我们的意志，这种意志本身是无能的，并指挥我们错误地对待我们自己的能力的这种运动。哲学家们并没有停止对这个结论的研究，他们有时会把这个推论推广到心灵本身的内在作用上。我们的心象或者是对观念的构想，除了是造物主给我们做出的启示之外，什么也不是。当我们自愿把我们的思想转向其他任何对象时，在幻想中就会出现它的影像，这并不是意志创造了那个观念，而是宇宙的创造者显示那个观念给心灵，并把它呈现在我们的面前①。

根据这些哲学家们的观点来看，每一种事物都充满了上帝。他们不满足于任何没有通过意志而存在的东西，只有通过上帝特许的东西才有这样的原则，他们剥夺了将自然以及一切被造物的各种能力，好让他们对神有更明显、更直接的依靠。他们并没有去考虑，根据这个理论，他们其实是减少了他们非常乐于赞美的那些属性的庄严，并不是在赞扬它。这个理论确实证明了神会把某种程度的能力交给低等的被造物，要比他按照自己的直接意志制造每件东西具有更大的能力。它提供了这个理论来证明，如果伟大的造物主在每时每刻，根据非常完美的预见设计出世界的结构，服务所有的天意时，使它可以自动并且能通过恰当的方式运行，和他不得不时时对世界的各个部分进行调整相比要更有智慧的是，用他的气息让那个巨大机器的全部机件驱动起来。

但是，如果我们有更多的哲学方面的反驳，可能以下两点思考就足够了。

第一，对我来说这个有关宇宙能力的理论和至高存在者的普遍能力太大胆了，以至于很少有人会相信它，因为有关“人类的理性是脆弱的”已经被充分告知，在一个狭小的范围内我们还限制了它的所有活动。虽然这个理论的论证线索是被很合逻辑地引出来的，可是，这儿必定会有很大的猜想，如果没有绝对确凿的、不是绝对的猜想，因为这个论证线索导致了如此奇特、如此远离日常生活和经验的结论，我们会猜想，这个论证线索

① 这里所说的是笛卡尔和后期笛卡尔派哲学家的观点，尤其是马勒伯朗士。

已经使我们完全超出了我们的官能的范围。我们就早已进入仙境了，在我们尚未到达我们理论的最后几步之前，在那儿我们没有任何理由去信赖我们常用的论证方法，或者去思考我们通常的类比和或然推断有任何的权威。我们对理论的测探太短了，以至于我们无法测量如此巨大的深渊。然而，我们可能会以为自己是被在一种似真性和经验的指导下采取每个步骤的，可是，无论对此有何看法，我们都可以肯定，当我们把这种幻想出的经验应用于完全在我们经验范围之外的题目时，这种就是没有任何权威的经验。有关这个我们后面还有机会提到。

第二，我不能预见有关这个理论所依据的论证有任何力量。说真的，我们对物体相互作用的方式是不了解的，它们的力量或能力完全超出了我们的理解力，可是，我们对心灵一样是无知的，就算是至高无上的心灵，又是用什么方式或力量对它自己或对身体发生作用的？我请问你，我们是从什么观念里去获得能力的呢？我们对自身的这种能力没有感觉到或意识到。我们除了从我们自己的能力中学会反省之外，对于最高存在者没有任何的观念。因此，如果我们的无知对拒绝任何事情来说都是一个良好的理由，我们应该就会被引至否认最高存在者的一切境地，就如否认最硕大的物质中的能力那样的一个原则。我们就很难对最硕大物质的作用有所理解，就像我们同样不理解至上存在者的作用一样。由意志引起的构想运动不是与构想运动由碰撞引起一样困难吗？我们所知道的一切，就是我们在这两种情况下的深深无知。

我没有必要去详细考察这个新近哲学，在这个哲学中我们大量地谈及新的，我们认为它是物质所带有的惰性力（vis inerliae）。我们通过经验发现，一个静止的或者是运动的物体，持续保持着它当前的状态，除非有了某个新的原因，才能让它们的状态有所改变。并且，一个物体从推动它的物体那里得到的运动，和它本身获得的运动一样多。这就是事实。当我们把它称作惰性力时，仅仅是给这些事实做了标记，却没有自称有任何观念具有这种惰性力。同样，当我们在谈论地心引力时，我们的意思是指那些没有了解那个主动能力的结果。艾萨克·牛顿爵士的意思并不是要剥夺有关一切力量或能力的第二等原因，尽管他的许多追随者竭尽全力，要在他的权威之上建立那个理论。相反的是，这位伟大的哲学家在以前说明他的万有引力时，用的是他的活动流体，尽管他用非常谨慎而谦虚的态度赞同地说那只是一个假设，但假如没有更多的实验，就没有必要再坚持。我必须承认，不同的意见注定都有一些奇特之处。笛卡尔暗示了、却并不支持跟宇宙的普遍和神的唯一效能有关的学说。马勒伯朗士和其他笛卡尔主义者们的全部哲学的基础原则就是这个学说。可是在英国，这个学说没有任何权威。洛克、克拉克、库德渥滋甚至都没有关注到它，他们却假定，物质具有真实的能力，尽管这是个从属的、派生的能力。这个学说凭借的是什么方法，在我们的现代形而上学家中变得这么流行的呢?

第二节

我们应该赶紧对这个争论做个总结，因为我们已经拖了有一段时间了，这个结论就是：我们去寻找这个有关能力的观念是徒劳的，或者从我们所能设想的来源中得来的必然联系的观念，都是没有什么作用的。这些让我们感觉到，在有关物体作用的单一事例中，就算我们以前通过了最详细的检查想发现什么事情，但也只能发现一个事件跟随着另一个事件，却不能通过原因发生作用，或使原因与其所谓的结果发生联系，去了解任何力量或能力。出现在我们心灵的沉思同样困难，使原因对身体产生作用——在那里，我们观察到后者的运动是跟随着前者的意志，但是，却不能观察到或构想出联结身体的运动和心灵的意志的纽带，或者是不能观察到或构想出凭借这种能力，心灵产生的这种结果。意志的控制力作用在它自己本身的官能和观念，我们也完全不能很轻松地对它有所了解。所以，就所有的这些事来说，在整个自然界，自始至终没有表明整个自然事物之间的任何单一事例的联系，我们对此都是不能构想的。所有的事件看起来都是完全松散和分离的。尽管一件事情跟随另一件事情，但是我们从未能观察到它们之间的任何联系。它们看起来是会合在一起的，但是，它们从未联系在一起。由于我们没有对从未出现在我们的外部感官或内部知觉的事物的任何观念，所以，必要的结论看起来是我们根本没有关于联系或能力的任何观念，并且，当没有把词使用在哲学推理或用于日常生活，它们就完全没有任何意义。

但是，仍然一直有一种避免出现这个结论的方法，并且，有一个我们还没有考察过有能力观念的另一个来源。当任何自然的对象或事件呈现在我们的面前时，在没有任何经验的情况下，我们不能通过任何聪敏或洞察力，去发现甚至去推测它将引起什么事件，或者我们的预见立刻能呈现在我们的记忆和感官的那个对象之外。甚至当我们在一个例子或一次经验过后，已经能观察到一个特定事件跟随另一个事件，我们对形成一个普遍的规则是没有权力的，对预言在相似情况下什么事情将发生也是没有权力的。然而，我们可以正当地认为，若判断整个自然的进程只是通过单一的经验，而不管是有非常精确或确实的经验，如果这样做，那都是无法让人原谅的鲁莽举动。但是，在所有的例证中，当一个特定种类的事件总是和另一类事件相会合，我们在预言另一类事件后会随着一类事件的出现而出现，也会毫不顾忌地运用那种唯一能让我们确信任何事实或存在的推理。所以，我们把一个对象称作为原因，把另一个对象称作为结果。我们假设在它们之间有某种联系，假设在原因中有让原因无误地产生出结果的某种能力，它让原因的作用拥有最大的确实性和最牢固的必然性。

然后我们看到，从这些事件恒常会合的许多相似例证中，产生了各事件之中的这个必然联系的观念；就算我们从各种可能的看法和观点，全面考察这些例证中的任何一个，那个观念也不能被这个单一例证提示出来。但是，在这很多的例证中，假定精确相似的单一例证是没有什么不同的，但除外的仅有一点，就是在反复出现相似对象之后，由习惯所带领着心灵，当一个事件出现，常常和它相伴随的事件就会被我们期待，并相信那个事件将出现。因此，这种联系是我们在心中感觉到的，想象因为一个对象到和它常常相伴的对象的这种习惯性转移，就是所谓的知觉或印象，能力或必然联系的观念是由我们从这个知觉或印象形成的，再没有进一层的东西会出现在这件事中。从所有的方面上对这个题目进行思考，你将永远不能发现任何其他来源的那个观念。这就是一个例证和许多相似例证之间的唯一区别，我们不能从一个例证得到有关联系的观念，但是这个观念被很多相似的论证所提示出。一个人第一次看到因为推动引起的运动传递，比如两个弹子球相互碰撞是由运动的传递引起的，他却不能宣布称一个事件联系着另一个事件，而只能宣布称一个事件会合另一个事件。当他许多次看到这类例证之后，于是就宣布称那两类是联系的事件。在这里到底发生了什么而产生出联系这个新观念的变化呢？不是其他的，只是他在想象中联系起了现在感觉到的这些事件，他可以非常容易地从一个事件的出现，把另一个事件的存在预言出来。因此，当我们说把一个对象与另一个对象联系在一起的时候，我们的意思是说，它们是从我们的思想中得到联系，并产生了它们用来各自证明对方存在的那个推断。这是个有点不同寻常的结论，但它看起来是在充分的证据上建立起来的。人们对理智普遍缺乏信心的情况并不会削弱它的证据，也不会因为人们对每一新的、不同寻常的结论抱以怀疑主义的猜疑而削弱。最符合怀疑主义的，就是由发现人类理性，或者发现官能的弱点和狭隘局限而得出的结论。

没有能比现在的例证更有力地表明人类理智的惊人愚昧和脆弱的了。显然，能让我们完全了解对象之间的重要的关系，那就是因果关系。它是建立在我们所有的有关事实或存在的所有推理的基础上的。只是依靠这个关系，我们不能确信从当前我们的记忆或感官证据的对象。所有科学唯一直接的功效，就是教导我们怎样去通过它们的原因来控制和规范将来的事件。因此，我们的思想探索每时每刻都要用在这个关系上。但是，这是个由我们用这个关系形成的很不完善的观念，想把任何恰当的定义给这个原因都是不可能的，除了从原因之外，从和原因无关的东西中引出对原因的定义，我们就不能对原因做出任何恰当的定义。相似的对象总是同相似的对象会合在一起的。我们有对此的经验与之相适应，因此，适当地和这种经验相对应的我们可以定义的经验就是：一个对象被另一个对象跟随着，与第二个对象相似的对象，都跟随着所有和第一个对象相似的一切对象。

或者换句话来说，如果第一个对象没有存在过，那么，第二个对象也未存在过。一个原因的出现总是通过习惯性转移，由心灵传递到结果的观念上。对此，我们也有经验。有适当的与这个经验相适应，因而原因的另一个定义我们也可以形成，我们把原因称作为：另一个对象跟随着一个对象，它出现时总是会把思想带到那另一个对象上去。虽然从原因之外的情节得来了这两个定义，但是，我们没有办法弥补这一缺陷，或者达到任何比较完善的定义，以指出那个原因中使原因和它的结果联系起来的情节。我们的任何观念都没有这种联系，当我们努力构想这种联系时，这个概念是：我们甚至对我们想要知道的到底是什么也没有弄清楚。例如，我们说，这个弦的振动是造成这个特殊声音的原因。但是，这是个有什么意思的断定呢？我们的意思要么是：这个声音跟随着这个振动，并且，类似的声音跟随着所有类似的振动。要么就是：这个声音跟随着这个振动，而且，一出现前者，心灵就在感官起作用之前，立刻形成了后者的观念。我们可以通过这两种观点中的任何一种来思考原因和结果的关系，除此以外，我们没有它们之间的观念。

根据这些说明和定义，原因的观念和能力的观念一样，是相对的，它们都是和结果有关的，或者都是关于和同原因或能力恒常会合的别的某个事件。确定和决定了这个对象的结果的程度或数量的，是一个对象，并有一未知的情节，当这个情节被我们考虑时，我们称它是这个对象的能力，与此相应，一切哲学家都同意，结果是能力的量度。但如果他们有任何观念在针对实际的能力本身，他们为什么不能对能力本身进行测量呢？人们争论，运动着的物体的力量是与它的速度相应呢，还是与它的速度的平方相应呢？（这里指莱布尼茨同克拉克等牛顿主义者的争论）我要说，（假如他们真有任何能力的观念）要决定这个争论就不需要通过比较这个力量在相等或不相等时间内的运动结果，只要对这个力量进行直接测量和比较就可以决定了。

我们经常使用力量、能力、能量等词语，会出现在哲学以及在日常谈论中，但这并不证明，在任何事例中我们都熟知原因和结果之间的联系原则，我们能力中说明一件事对另一件事的产生作用是并不能被证明的。在平常使用时给这些词附加上很不严格的意义，它们是非常不确定、非常含混的观念。在推动外界物体时，任何动物都会感到一种奋力或努力；在受到外界运动物体的打击时，一切动物都会有一种感受或感觉。这些感觉只有动物才具有，从这些感觉中我们不能先天地引出任何推断，但将这些感觉转嫁到无生命的对象上是很容易的，并假设，每次有运动被它们转移或接受时，它们也会有这样一些感觉。至于它们所发挥的能力，我们若不把对于传递着的运动的任何观念附加在那些能力上，就只有考察这些事件在经验上的恒常会合；当这些观念之间的习惯性联系被我们所感觉到时，我们就把那个感觉转移到那些对象上，因为最平常不过的事情，就是把外界物体引起的每个内在感觉用于这些物体上了。

因此，我们对本章的推理进行了概括：每个观念都是临摹先前的某个印象或知觉来的；如果任何印象不能被我们发现，我们就可以确定，这儿没有任何相对应的观念。在所有有关肉体或心灵活动的单一事例中，能力或必然联系的任何印象没有被任何东西产生出来，那么能力或必然联系的任何观念也不能被提出。但是，当有很多相同的事例出现，同样的事件总是跟随着同样的对象，然后我们就开始接受原因和联系的概念。此时，我们感到一种新的知觉或印象，那就是一个对象和它的通常伴随的对象，在思想或想象中的习惯性联系；我们所寻找的那个观念的来源就是这个知觉。既然从许多相似的事例中产生出来了这个观念，而不是从任何单个事例中产生出来了这个观念，那么，它必定是从许多事例与每一单个事例不同的那个情节产生的。想象的那种习惯性联系或转移，就是它们之间不同的唯一情节。在每个特殊的情况下它们都是一样的。第一个事例，就是我们所看到的两个弹子球相撞引起运动传递（我们又回到这个明显的例证上来了），除了我们最初并不能从一个事件推断另一个事件之外，和现在我们所能看到的任何事例都精确地相似；而当我们经历了很长一段相同的经验过程之后，那样的推断我们现在也可以做出。我不知道读者是否容易理解这个推理。我担心的是，如果我再用更多的词语去叙述这个推理，或者论述它时使用更多种多样的观点，只会得到一个变得更模糊、更复杂的推理。在有关所有抽象的推理中，有一个题目和它相关，有一个观点，如果我们能幸运地找到它，阐明那个题目时我们就会用比世界上的一切雄辩和长篇大论更好的方法去阐明。我们应当努力找到那个观点。

第八章　论自由和必然

第一节

自从原始的科学和哲学第一次出现后，大家就以极大的热情去争论和讨论一些问题，我们可以对这个现象合理地期望：在这些问题中，至少争论者们都同意了所有术语的意义，在这两千年的过程之中，我们已经由对词语的研究，转变成了对真正的、实际的有关主题的研究。对于怎么样才能让它看起来可能给推理中所用的有精确的定义术语，并不给那些词的纯粹声音，而是让这些定义成为研究和考察的对象，这样不是很轻松吗？但是，如果我们把这件事考察得更加仔细，我们应当很容易得出一个和它完全相反的结论。单独从这个情况来看，这项争论是人们长时间进行着的，而且仍然一直是没有结论的，我们可以推测在表达上存在某种歧义，在争论上所用的术语，被争论者们把不同的观念附加在其上。我们假设每个人心灵的官能天生都是相似的，否则推理和争论在人们看来就几乎不会有什么结果。因此，如果人们在他们的术语上，将同样的观念附加在其上面，那么，在那样长的时间里，他们不可能对同样的题目形成不同的意见；特别是当有人传达个人的观点时，每个人从不同的方面去寻找论证，这种论证是能让他们战胜对方的论证，也就是如此。的确，完全超出人类官能范围之外的问题如果被人们尝试去讨论，那么，可能长时间内他们都不会得到结果，对这种结果的争论花费力气都是徒劳的，从来不会得到任何结论是确定的。可是，如果那是一个跟日常生活和经验的任何题目有关的问题，那么，人们就会认为，除了某些有含糊意义的表述之外，在那么长时间里，不会有任何事情得不到结论，让对立者互相远离并阻碍了他们之间的互相争论的是这些表述。

有一种情况就是，人们长时间争论的自由和必然问题。如果我没有犯大的错误，我们应该可以发现，所有的人类，不管是有学识的人还是无知的人，在对待这种题目时一直持有相同的观点，还有就是只要用一些明了的定义，就可以立刻结束所有的争论。我承认，这个争论已经被人们在各个方面进行了详细的讨论，这个争论还让哲学家们陷入了如此难解的诡辩的迷津，毫无疑问，如果一位聪明的读者追求安逸，就会对这个问题的提出不闻不问，因为在这个问题中，我们既不能指望得到教益，也不能得到乐趣。但是，在这里，这个论证情形也许对重新唤起他的乐趣有所帮助。因为它更加新奇，并至少保证了给那个争论以某种决断，严重打扰他安逸的不是任何复杂或晦涩的推理。

因此，我希望能够表明，所有人的意见对于在必然和自由这两个学说上，根据能够加在这两个词上的任何合理的含义都是一致的，而且，到目前为止，这些仅仅是词语上的所有争论。必然学说是我们将会优先考察的。

大家都普遍同意那个事实，物质的所有活动，都是被必然的力量所驱动的，而且每一个原因的力量决定了它的结果，以至于在那个特定情况下，那个原因不可能产生出来其他结果。依据自然的法则，我们非常精确地规定了每个运动的程度和方向。一个恰当而精确的必然观念的形成，需要我们考察当我们将它用于物体的作用上时，它是从什么地方产生的。

这看起来很明显，如果在这种情况下自然的所有景象是一直变化的，以至于没有彼此相像的两个对象，但是，每个对象完全是新的，与以前见过的任何东西没有什么相似。因此，在那种情况下，这些对象中的必然观念或联系观念，是我们从来不会得到的。在有这样一个设想的情况下，我们可以说，一个对象或事件跟随另一个对象或事件，但是却不能说，它们不是由另一个对象或事件产生的。因果关系必定是人类完全不知道的。从这时起，就终止了有关自然的作用的任何推断和推理，任何实际存在的知识，能够进入心灵的唯一通道，就是保留下了记忆和感觉，因此，完全从我们在自然的作用中所见到的一律性中产生的，就是我们的必然观念和因果关系观念。在自然的作用中，恒常会合在一起的就是相似的对象，习惯决定了心灵，从一个对象的出现推断出另一个对象。我们认为物质所具有的那个必然性，全部是由这两个情节构成的。除了相似对象的恒常会合和随之而来的从一个对象的推断，我们没有任何必然概念或联系概念。

因此，如果看起来所有人类都没有任何疑问或没有任何犹豫地同意，有两个情节都出现在人的自主行为和心灵活动中，那么就一定会得出，这个关于必然性的学说是所有人类都同意的，而且完全是因为他们之间互相不了解，导致他们迄今为止还在进行的争论。

至于这第一个情节，就是相似事件的会合是恒常、规则的，我们可能会做让自己满意的以下思考。大家都普遍承认，在所有国家和所有年代，有很大的一律性在人们的行为上，而且人性的原则和作用仍然是一致的，相同的动机总是产生相同的行为，相同的原因总是产生相同的事件。野心、贪婪、自爱、虚荣、友谊、慷慨、公益精神，这些是以不同的程度混合在一起的情感，并且全社会都有，在世界初开之时它们就存在，现在人类中所见到的一切行动和事业的源泉仍然是这些情感。你想要知道希腊人和罗马人的情感、倾向和生活历程吗？那你就得好好研究法国人和英国人的脾性和行为。不会出大错的是，如果你把后者中观察到的大部分情况转移到前者上去，在一切时代和一切地方的人都很相同，在这特殊的一点上，历史没有告诉我们任何新的或陌生的东西。它的主要用处仅仅是发现人类本性中恒常不变的普遍原则，它通过各种各样环境和情况下的人表现出来，就是为做到这一点。那样一些材料也是历史提供给我们的，从这些材料中，我们可以形成我们的观察，越来越熟悉人的活动和行为的有规则的动机。因为有关于战争、诡计、派争、革命的那些记载，它的科学的原则得到了政治家或道德哲学家的确定，这就和医学家或自然哲学家熟知植物、矿物和其他外界对象的性质，是通过对它们做了相关的实验一样。与我们现在所观察到的东西相像的是亚里士多德和希波克拉底[①]所考察的土、水和其他元素，与现在统治世界的那些人也同样相像的是波利比奥斯[②]和塔西佗[③]所描述的人。

如果从一个遥远的国度回来了一位旅行者，他向我们谈到那里的人，说他们是与我们所曾熟悉的人完全不同的人，那些人完全抛弃了贪婪、野心或报复，他们不知道任何快乐，只知道友谊、慷慨和公益精神，那么，我们马上就会从这些情形察觉到这是虚假的，并能肯定地证明他就是个说谎的人；我们同样可以肯定地证明他是个说谎者，是因为他大肆叙述半人半马的怪物、龙、神迹、奇闻等方面的故事。如果我们要戳穿历史中的任何伪说，证明那里所说的任何人的行为与自然的途径是直接相反的，是我们所能利用的最可信的论据，而且，在那样的环境下，使他做出那样的行为不会是任何人类动机。当昆图斯·库尔迪乌斯[④]描述亚历山大[⑤]因为有超自然的勇气能孤身冲击众敌时，我们对他的描述的真实性是有怀疑的，就像他描述亚历山大因为超自然的力量和敏捷能抗击众敌是可怀疑的一样。对我们来说，承认身体活动方面的一律性是非常容易和普遍的，承认人类的动机和行为方面的一律性，也同样是非常容易和普遍的。

为了向我们指示出人性的原则，为了既规范我们的思辨，也规范我们将来的行为，同样的益处来自我们在长期生活和各种事务、交际中获得的经验。有了这种指导的帮助，人的行为、表情乃至姿势，被我们上升到有关人的倾向和动机的知识，转而说明人的行为时，又需要我们从关于人的动机和倾向的知识出发。经过一段经验过程，我们保存起了这些普遍的观

① 希波克拉底（22 前 5 世纪），古希腊著名医生。
② 波利比奥斯（前 203–前 120），古希腊历史学家。
③ 塔西佗（55–120），罗马帝国时期著名的历史学家。
④ 昆图斯·库尔迪乌斯（公元一世纪），罗马历史学家。
⑤ 这里指古马其顿国王亚历山大大帝，他的军队占领了希腊和近中东的许多地方。

察，这些普遍的观察给我们提供了人性的线索，教我们解开人性的一切复杂情节，种种借口和现象都不再能欺骗我们。对于某项事业的华而不实的修饰，就是那些公开的宣言。虽然人们承认了有固有的影响和权威德行和荣誉，可是，那种人们常常自称的完全无私，从未被指望能存在于群众和党派中，也几乎没有存在他们的领袖中，甚至也难以在任何身份或地位的个人中见到。但是，要是一律性果真没有在人类活动中，要是我们所能形成的果真都是不规则的、异常的经验，那么，有关人类的任何普遍观察，我们就不可能收集到。我们的经验就算是被反省所精确领悟，也不能被用于达到任何目的。为什么一位年老的农夫比年轻的新手在生活方面更精通？那是因为有关阳光、雨水、土地方面，在提供作物生长的养料方面具有某种一律性，而这些供给作物生长、对年长的实践者进行控制和指导的那种规则，不就是经验吗？

但是，我们必定不能指望在人类活动中的这种一律性，会达到那样一种让所有的人在同样情况下，将永远精确地按照同样的方式行动的程度，不允许有任何变化在性格、偏见、意见上。与这种我们在自然的任何部分都未发现的一律性相反的是，我们通过观察多样性在不同人的行为上的反映，就能够形成比较多样的准则，假定了某种程度的一律性和规则性的仍然是这些准则。

在不同时代和不同国家，人们的生活方式是不同的吗？由这个问题我们知道了习惯和教育的巨大力量，它们从婴儿时起，就塑造了让心灵形成牢固而确定的品格的人类的心灵。男性的行为和行动与女性有很大不同吗？因为这个问题我们了解了两性的不同特点，自然把这些特点印在两性之上，并且它们被我们永久而一致地保存下来的。同一个人，从婴儿到老年的人生各个不同时期中，行为有很大变化吗？这个问题为我们提供了很多的空间，让我们能够大量、普遍地对我们的情感和倾向慢慢地变化，以及对于在人类的不同年龄所施行的不同准则进行观察。就算性格是每个人特有的，它们也是有一律性的影响，否则，虽然这些人是我们熟知的，并且他们的行为也被我们观察到，但他们的性情我们却没有获知，我们对他们的行为也不会因此来指导。

我承认，我们发现某些看起来和任何已知的动机没有规则的联系的行为是有可能的，对所有的很早就已确立的所有行动标准之内，也不会因此来指导，这就是一些例外。但是，如果我们非常愿意知道有关那种不规则、那种奇特的行为应该会形成什么样的判断，那么，我们可以考察一下平常所带有的感官，在我们对自然进程中出现的那些不规则事件和外界对象的作用。并不是原因的通常结果和所有的原因都同样一律地联结在一起。一位工匠处理的只是无生命的物质，很有可能他也无法达到他自己的目的，如同一位政治家在指导又理智又聪明的人的行动一样，很有可能也无法达到目的。

通常，一个人根据事物第一次出现的样子对待事物，原因的不确定导致了他们对事情的不确定，虽然并没有阻碍原因的活动，但这种不确定使原因通常的影响常常不能发挥。但是，哲学家们观察到，几乎在自然的各个部分中，都包含着大部分的多种多样的动机和原则，它们隐藏着是因为它的细微或遥远。相反的事件不是从原因中的偶然性而来的，而是从相反原因的秘密作用而来的，这种情况是可能的。通过精确的考察，他们注意到，原因的相反总是由结果的相反揭示出来的，总是由原因的互相对立导致了结果的相反，因此，再进一步观察，上述那种可能性就会转变为确定性。一个农人，当他给不出更好的理由时，他看到一只钟或一块表停止了运转，只能说它平时运转不正常。但是，一位工匠却能很容易地看出，钟表中的弹簧或摆的同样力量，对轮子也总是有同样的影响，但是现在它却没有通常的结果，让整个机件停止运转的原因很可能是一粒沙尘。从这些观察到的相似的事例，哲学家们就形成了一个准则：所有原因和结果之间的联系都同样是必然的。

例如，当人身体里的健康或疾病的症状和我们的预期不符合，当药物并没有发挥它通常的效力，当不规则的情况被任何特殊的原因引出来时，哲学家和医生对这种事不会感到惊异，也不会诱使他们一概否认使肉体组织运行所依据的那些原理的必然性和一律性。他们知道：人体是一个巨大的、复杂的机器，有许多的秘密能力潜伏在其中，那些秘密能力是超出了我们的理解力的；那对我们来说，在人体的活动中必定经常会显得很不确定；因此，人体外部表现出来的不规则情况，不能成为证明在人体内部的运作和管理中的证据，我们没有最规则的遵守自然的法则。

一位哲学家如果是始终一致的话，他就必定会运用同样的推理，在有理智的行为者的行为和意志上。对人们最不规则、最意外的决定，有些人常常可以做出解释，因为他们知道那些人的性格和处境的每一个特殊情节。如果只是因为牙痛，或者因为没吃饭，一个性情谦恭的人给你一个非常易怒的回答；如果因为遇见了意外的好运，一个冷漠的人的行动表现出罕见的轻快；或者就算如有时发生的那种情况，一个人的行为既不能由其本人，也不能由其他人详细解释，在某种程度上人的性格是不一致、不规则的，这我们也是一般都知道的。这是人性的大部分的永恒特征，尽管它更特定地适用于那样一些行为没有固定的规则、一贯反复无常地行事的人。虽然似乎是不规则的内部原则和动机，但是它们起作用时，可以按照一律的方式，正如被认为是受稳定的原则控制的风、雨、云以及其他的天气变化一样，尽管这些原则不容易被人的聪明和钻研发现出来。

那么，这样看来，不仅动机和自主行为之间的会合，还有在自然任何部分中原因和结果之间的会合一样都是有规则的、一律的，而且人类已经普遍承认了这种规则的会合，这种规则在哲学中和日常生活中从未成为争论的题目。现在，因为从过去的经验我们引出了关于未来的所有推断，而且因为我们断定，那种被过去我们发现、一直联结在一起的对象，未来也将永远联结在一起，所以，似乎多余的是我们要证明我们对这些活动的推断的来源，就是经过我们经验的人类活动的这种一律性。但是，为了考察这个论证，我们应当也需要多种多样的观点，坚持讨论。

在整个社会中，人们之间有非常大的互相依赖性，以至于任何人类活动都不是能完全独立完成的活动，或者说，任何与人类活动在进行时有某种关系的，都会是他人的活动，要使行事者的意向完全被符合，必不可少的就是他人的活动。即使是一位独自一人劳动的最穷的匠人，至少他也期望得到长官的保护，这样可以确保他能享有他的劳动所带来的成果，为自己提供生活必需品。他也期望当他运送他的货物到市场上，用合理的价格出售时，可以找到购买者，同样也能用赚得的钱和他人互相进行贸易。随着人们交易的扩大，以及和他人愈加复杂的交往，在人们的生活计划中，人们总是把他人更加多种多样的有意活动与他们自己的活动加入其中。他们从恰当的动机出发，期望他们自己的活动和那些活动相互配合。在所有这些结论中，他们的衡量尺度就是从过去的经验中得到的，同样的是他们对有关外界对象的推理。他们深信，所有的元素和人们发现它们时同样运行着，而且人也是如此。一位制造家进行任何一件工作，不管是他所用的工具，还是他的佣工的劳动，他都要对其进行估算，如果后者没有达到他的预期，他同样会感到诧异。简单地说，组成人类生活很大一部分的，是有关他人的行为的这种经验推断和推理，人只要醒着，就总会每时每刻地使用到它。因此，根据前面的叙述对必然的定义和解释，难道我们没有理由去断言全人类在必然学说上总是一致的吗？

在这一特殊点上，哲学家的意见与普通人是一致的。先不提起他们生活中的几乎都以那个意见为条件的每一个活动，甚至在学问的思辨方面，这个意见也几乎是必不可少的。历史会变成什么样子呢？如果我们不根据我们有关人类所具有的经验，并以此经验信赖历史学家说的是真实的，那么，如果政府的法律和形式对社会没有一律的影响，那么，政治学又怎么能成为一门科学呢？如果不具有产生特定情感的某种确定的力量是特定的性格，这些是对行为没有恒常影响的情感，那么，那么哪里又是道德的基础呢？对于诗人或文学家作品中的角色，如果我们不能断言他们的情感是不是符合那样的人物、那样的环境，那么，我们批评诗人或文学家时该用什么借口呢？因此，必然学说不被我们所承认，从动机到自主活动、从性格到行为的那种推断不被我们承认，任何种类的科学或活动我们就都几乎无法从事。

的确，当自然的证据和精神的证据被我们考虑到，并探究它们是怎样恰当地联系在一起时，论证的唯一线索也在这个时候形成。我们承认时，会毫不犹豫，因为它们带有相同的性质，是从相同的原则中来的。当一个没钱没势的囚犯想到因为有高墙坚栅围困他，又想到有顽固的看守时，他发现想要逃跑是不可能的。在为得到自由所做的所有尝试中，他宁愿选择从墙栅的砖石铁杆上突破，也不愿从无法改变的顽固看守上突破。当这同一个囚犯被带到断头台时，他确凿地预见到，自己的死亡是从卫兵的坚定和忠诚那里得来的，就如同他确凿地预见到自己的死亡是从断头台的刀斧和机关的动作上得来的。沿着一连串观念，他的心灵想象下去：士兵不允许他逃跑，刽子手的动作，他的身首分离，流血、痉挛和死亡都被他所想到。在这里，有一个联系的链条连接着自然的原因和自主的动作，但当心灵感受不到从一个环节过渡到另一个环节时，它们之间有什么差别？与此相比，我们更加确信这种未来发生的事件，如果是通过一串原因，与呈现于记忆或感觉的对象联系着形成了未来的事件，是被我们愿意称作物理的必然性的东西黏合在一起的，我们对将来事件的确信就没有什么不同。对心灵有同样影响的就是我们所经验到的同样结合，不论是动机、意志、行为还是形象和运动，都是被结合在一起的对象。我们可以改变事物的名称，但是，我们绝不会改变它们的性质以及它们对理智的作用。

假如我知道有一个正直而又富有的人，我和他之间的相处是亲密而友好的，当他要进入我的家，而这时围绕在我周围的是仆人，那么，我尽可以相信，他在离开我家之前刺杀我，不会是为了抢劫我那个银子做的墨水缸。我不会猜想这件事，更不会去猜想一幢新建的、有很牢固地基和建造的房屋会自己倒塌。但是，在考虑了前者的情况下，它可能会突然得了某种疯狂症，在后者的情况下，地震也可能会突发，我的耳朵会让我听到我的房屋在剧烈摇动并完全倒塌。因此，我将会改变我的猜想，我将会说，我确实知道他不会把手放到火里不收回来，直到他把自己的手烧伤。我觉得我可以有把握地预言这件事，同样我也可以有把握地预言，如果他从窗户里跳了出去，没有遇到任何阻碍，他在半空中是不会有片刻悬停的。我们无法猜想出任何一种尚未知道的疯狂症对于前一件事，绝对不可能让它成为可能，因为那是和所有已知的人性原则相反的一件事。在查令街十字路口[1]的人行道上，一个人在中午把满是金币的钱包遗落了，他既可以期待它像羽毛一样地飘走，也可以期待一个小时后原封不动地找到它。一大半的人类推理都包含相似的推断，或多或少、不同程度的确实性，都会与伴随在这些推断与我们对这种待定情况下，人类通常活动的经验相适应。

我一直重复考虑出现这种情况的最可能的理由。虽然关于全人类的全部实践和推理的必然学说都被他们毫不犹豫地承认了，但在口头上他们仍显出不愿意承认它，甚至在各个时代都表现出承认相反意见的倾向。我认为，可以按如下方式来解释这个问题。如果我们考察物体的作用，还有结果如何从原因产生出来，我们将会发现，我们除了仅仅看到恒常联结在一起的特定的对象，而由于习惯性，转移心灵从一个现象的出现达到对另一个对象的信念之外，我们的所有的官能都不能更进一步地认识这种关系。虽然是关于人类无知的结论，是对这个问题进行严格考察后的结论，但是人们仍然持有一种强烈的、对于自然的能力他们能深入洞察，并察觉到类似因果必然联系的东西的信念倾向。当他们再一次去反思他们自己心灵的活动，而且感觉不到动机和行为之间的这种联系时，他们就很容易猜想，由物质力量引起和由思想和理智引起的结果是不一样的。但是我们一旦确信，无论什么种类的因果关系我们都并不知道，我们只知道对象的恒常会合，还有后面的心灵从一个对象到另一个对象的推断，并且发现这两个情节存在于自主的行为中是人们普遍同意的，那就比较容易使我们承认，也有所有原因共有的这种同样的必然性在这些行为中。许多哲学家说必然是因为意志决定作用的那些体系可能和这个推理相互矛盾，但是，通过反省我们将发现，他们只是在口头上不同意这个推理，而不是他们的真实意见。根据这里所提出的意思，任何哲学家都从未否认过必然，我认为，他们也不可能否认必然。他们只可能是主张，在物质的作用中，心灵可以觉察到因果关系中的某种进一层的联系，这种联系在有理智的生物的自主活动中并未发生。只有经考察后才能知道，他们的主张是不是就是这样，而对于

① 地名，在伦敦市区。

这些哲学家的断言，他们是有责任去证明的，想要做到那一点，他们可以对必然下定义，或加以描述必然，并向我们指出物质原因的作用中的必然。

的确，人们看起来像是从错误的一端开始时，在研究自由和必然问题时，人们首先是对灵魂的官能、理智的影响和意志的作用进行考察。现在，让我们首先讨论一个比较简单的问题，就是物体的作用和非生物的、无理智的物质的作用问题，并且尝试去观察，除了对象的恒常会合的观念，和随后心灵从一个观念到另一个观念的推断之外，对于因果关系和必然性，他们是不是能形成什么观念。如果我们在物质中所构想的必然性的全部实际，是由这两个情节构成的，如果那两个情节发生在心灵的作用中且被人们普遍承认，那么，至少就结束了这里的争论，至少我们应该承认，此后只是词句上的争论。但是，只要我们轻率地假设，就会有进一层的观念，在对外界对象的作用中有必然性和因果关系。同样，假设在心灵的自主活动中，我们不能再发现进一层的东西，那么，当我们是依据一个如此错误的假设来进行讨论，我们不可能有达到任何确定的结果的问题。不让我们受蒙骗的唯一办法，就是上升到一个更高的层次，考察那门科学的狭窄范围，它是应用于物质原因上的，并让我们自己确信，我们对有关这些原因所知道的全部，就是上面提到的那种恒常会合和推断。我们可能会发现，困难的是要劝说我们为人类理智确定这样一个狭窄的界限，可是，我们后来可以发现，当我们开始把这个学说用于意志的活动时，是没有什么困难的。因为很明显，有规则地会合的是意志的活动与动机、环境、性格，我们总是从一个推断出另一个，所以，我们在口头上，必定承认我们在对自己生活的每一思考中，在我们的每一步行动和行为中，早已承认了的那个必然。我们还可以从另一个原因去解释自由学说的流行，就是在我们很多的行为中，对自由具有一种虚假的感觉或者是不确定的经验，都是随意的，或者是可能的。不论是什么行为的必然，不管是物质的必然还是心灵的必然，恰当地说，这种性质并不是行为者的，而是能考察这个行为的任何有思想或有理智的存在者的。它主要在于他是由从先前的某些对象推断出那个行为的存在的那种决定性的思想。然而，和必然相对立的自由只是那种决定性的有无，而不是其他的，是我们从一个对象的观念，过渡到或不过渡到任何接续对象的观念时，被我们所感觉到的某种无拘束或随意性。于是我们可以看到，虽然人类的行为在被我们反省时，这种无拘束或随意性是我们所感觉不到的，通常要相当精确地推断出来它们，只能从那些行为的动机、性情中来，然而，那些行为本身在被什么所从事时，类似那样的东西常常被我们所感觉到。而且，我们很容易错认一切相似的对象，所以，人们也把这种情形作为人类自由的演证的证据，甚至是直觉的证据。我们感到，在大多数情况下，我们的行为是服从于我们的意志的，并且通过想象我们可以感到，意志本身是不服从于任何东西的，原因就是如果这一点被人否认，从而促使我们去尝试的话，我们会感到，各种活动都可以被意志容易地做到。我们相信，本来在当时就可以把那个不曾决定的方面的事情本身实现出来的，就是这个意象或模糊的动向。因为如果你否认了这一点，那么，我们可以再试一次，并且可以发现，就可以实现出那件事情。我们并不认为这里为表明意志的自由而产生的古怪欲望是我们的行为的动机。好像确定的是，即使我们在自身内感到了一种自由是证明想象的，但一个旁观者推断我们的行为时，只能是从我们的动机和性格而来。就算是这一点他不能做到，他一般会断言，假如我们的处境和性情的每一个情节他都完全了解，对我们的脾性和气质最秘密的源泉也完全了解，我们的行为他就可以推断出来了。根据前面所叙述的学说，这就是必然的本质。

但是，在形而上学这门最富争议的学科中，最富争议的问题是自由和必然的问题。我们不需要许多话就可以证明，在这个问题上实行上面提到的调和计划，迄今为止，在这方面的全部口头上的争论不仅是在必然学说上，而且是在自由学说上，对于这一点全人类的意见都是一致的。当“自由”一词被我们用在自主行为上时，自由的意思又是什么呢？我们的意思肯定不是说和动机、倾向、环境没有联系的那些行为，以至于另一个不能引出一个以某种程度的一律性；我们绝对不是说，我们不能断定另一个的存在，是因为根据一个就能进行推断。因为这些事实都是明白而公认的。因此，通过自由这一个词语，我们的意思只能是指行动或不行动由意志的决定的一种能力。也就是说，如果我们选择保持静止，我们可以做到，如果我们选择动起来，我们也可以做到。现在，大家普遍同意，只要他不是犯人，只要他的身上没有镣铐，那么，这类假设的自由是每一个人都拥有的。所以，这里没有要争论的问题。

不论我们能给自由下什么样的定义，以下两个不能缺少的情节是我们都应小心注意的：第一，和它相一致的必须是明显的事实；第二，它自己本身也必须相一致。如果这两个情节被我们关注到了，便可以理解我们的定义，那么，我相信，我们将发现全人类的意见没有不同。

大家普遍承认，没有事物的存在和它存在的原因是无关的，而且当机会被严格考察时，机会只是一个否定的词语，任何真实能力都不是存在于自然界中任何地方的。不过，有人声称，有些是必然的原因，有些不是必然的原因。这是个有优势的定义。如果没有定义一个原因，没有把原因与其结果的必然联系组成在定义之中，假定用这个定义所表达的那个观念的起源又被他清楚地说明了出来，那么，我很愿意放弃这里所有的争论。但是，如果我们接受了前面对这个问题的解释，那么，这是个绝对行不通的做法。假如没有互相有规则的会合在对象之间，在概念上，我们就不会想到有原因和结果；这是造成了理智的那种推断的有规则的会合，它是我们所能理解的唯一的联系。原因的定义不管是谁想来下，如果他将排除这些情节，那么，一些无法让人理解的词语他就必须得使用，要不然他非常想要定义的有同样意义的词就会被使用①。如果承认了上述的定义，那么，如果和必然相对立的是自由，没有和约束相对立，自由的同样之事就是机会，而机会是不存在的，这是大家普遍承认的。

---

① 比如，如果把原因定义成产生任何东西的东西，那么，这里的产生和引起是相同意义的，是我们很容易发觉的。同样的是，如果把原因定义成把它作为凭借，然后让任何东西可以存在的东西，那么，同样的反驳也是我们很容易发觉的。凭借这几个字有什么意思呢？如果我们说，原因其实是它出现后就有某个东西恒常存在的东西，我们就可以理解这些词。因为这些是我们在这件事上实际上所知道的所有。必然的本质恰恰是这种恒常性构成的，此外，其他任何的必然观念我们都没有了。

第二节

在哲学问题上的争论，人们用对宗教和道德假设有危险的后果，竭力去辩驳上述的假设，没有比这更普遍、更受到谴责的推理方法了。如果有任何观点导致了荒谬，那肯定是个虚妄的观点；但是，不能因为一个观点有危险的后果，就肯定它是一个虚妄的观点。因此，应当完全禁止为说服人而采取那样的办法，因为它对于发现真理没有帮助，只能催生出一位人格变得可憎的反对者。这是我从一般情况来说的，在这里我并不奢求能得到任何好处。这方面的检查我可以真诚地接受，并且我敢断言，上述的必然学说和自由学说，绝对必要的是不仅是与道德一致，而且还有对于道德的维持。

原因定义中必不可少的部分是必然构成的，我们可以与原因的两个定义一致，必然可以从两个方面下定义。必然不是在对相似对象的恒常会合，不是就在理智上从一个对象到另一个对象的推断。现在，在这两个意义上(的确它们从头到尾都是相同的) 所说的必然，一些已经被大众默认为是属于人的意志的地方有：大学里、教会的讲坛上、日常生活中。我们可以对人类的行为做出判断，这件事从未有人会企图去否认，并且这些是建立在我们经验过的相似行为与相似动机、倾向、环境的联合上的推断。唯一不同的一点建议可能那就是，第一点，人们可能会拒绝给人类恰当的行为命名上必然的名字，但是只要人类能理解它的意思，我希望这是个不会对它造成伤害的词；另一点，人们会坚持声称，有可能在物质的作用中发现更深层次的东西。不过，我们应当承认，这是个不管对自然哲学或形而上学都会非常重要的看法，对道德和宗教的看法却不那么重要了。在这里，也许我们会错误地断言，没有任何其他必然或联系的观念存在于物体的活动中，但是，能确凿地说出的那些我们对心灵的活动有关的事情，却是每个人都会有的，这种事情是每个人都必定容易去承认的。有关意志的公认正统体系中的任何情节，我们并没有对它有所改变，而只是对有关物质对象和原因方面的情节改变了。因此，至少这个学说比任何其他学说都更加无害了。

所有的法律都是在奖励和惩罚的基础上建立的，于是，一个根本的原则就被人们所假定了：这些奖励和惩罚的动机，在心灵上会产生一种规则的、一律的影响，它们都会产生善的行为，并且防范了恶的行为。我们可以把我们所喜欢的名称加在这个影响上，但是，由于它常常与行为相结合，所以它必定被当做一个原因，必定被认为是一个我们这里所要确立的那个必然的事例。

憎恶或报复的唯一恰当的对象是一个人或生物，它们都是具有思想和意识的；当那样的情感被任何罪恶的行为或有伤害行为激起了，那只是因为那个人的关系或联系的行为。各种行为通过观察它们的本性看来是暂时的、消逝的，在发生时如果它们不是因为行为者的性格和气质方面的某个原因，那么，就算善行，也不能给他增光，就算是恶行，也不能给他抹黑。我们也许是可以来谴责这些行为本身的，可能它和一切道德规则和宗教规则是相反的，但是，这些行为却不被那个行为者所负责；而且因为行为者自身中持久永恒的东西并没有产生这些行为，之后那些行为也不是它留下来的，所以，他成为惩罚或报复的对象也不可能是那些行为的原因。因此，那个必然被否认了，从而原因的原则也被否认了，当犯下最可怕的罪行之后，那个人却会纯洁得像刚出生的一瞬间那样，而且他的品格与他的行为没有任何关系，因为他的品格不会产生出那些行为，行为的邪恶想要证明品格的堕落是不难的。

人们产生行为如果是在无知和偶然的情况下，不管是什么样的后果，行为者却不能因此而受到谴责。这是为什么呢？这就是因为这些行为是只有刹那的动因，只用这些行为当做限制。人们的行为是匆忙和在之前没有考虑而做出的，却要比经过较长时间考虑而做出的行为较少受到谴责。这是为什么呢？这不就是因为虽然心灵中的一个永恒的原因或动因是急躁的脾气，但是，它的活动只是间断的，人的整体品格并不受它影响。再有，如果人的生活方式的改进是被自己的忏悔带来的，那么，他所有的罪恶都被这个忏悔所扫除了，对这种情况该怎么样来解释呢？我们只能断言，能让行为者变成有罪的那些行为的原因，只是那个人心中的犯罪动因的证据就是那些行为；而当改变了这些动因，那些就不再是有适当的证据的行为，也不再是犯罪的行为了。但是，如果不是有了这个必然学说当做依据，那些就不会是有适当的证据的行为了，从而也不可能是犯罪的行为了。

同样地，根据相同的论证来证明，根据人们都同意的上述定义，我们也可以非常容易地证明，而且对于道德，自由也是不可缺少的，如果是缺少自由的任何人类活动，就是没有任何道德性质的人类活动，这种对象就不能称作为有喜好和厌恶的对象。我们的道德情感的对象是行为形成的原因，只是对它们是内在品格、激情和感情的指证来说的；如果不是这些动因造成了它们，而完全是由于外界的强迫而造成的，我们就既不能赞扬它们，也不能谴责它们。

我自己并不声称这个必然和自由理论的一切反驳都已经被清除了。但别的一些反驳我可以预见到，它们被引出是根据我们这里尚未探讨的题目而来的。例如，人们可能会说，如果服从于同样的必然法则的，有自主行为也有物质的作用，那么，这里就有一连串的必然原因的链条，它是从预先规定和确定了的所有生物的最初原因到每个人的每一个意志的。没有偶然，没有随意，没有自由在宇宙中的任何地方。我们在行动的同时也是被动的。我们的所有意志的最终创造者就是世界的造物主，首先让这个巨大的机器运动起来的就是造物主，造物主安排在那个特定的位置上是所有的存在的事物，之后由此产生出来了一切事件都必定依照不可避免的必然性。由此，人类的行为不是因为有这么善良的原因而根本没有任何道德堕落；要么，如果这些是堕落的行为，既然我们的造物主是这些行为的终极原因和创造者已经被人们所承认，让造物主也陷入同样罪过的必定也是这些行为。这就如同一个人点燃了地雷一样，不论他用的是长的导火索还是短的导火线，所带来的后果他都要负责；所以，只要确定下来了一连串的必然原因的链条，那么，对于是神造出第一因这个说法，不管他是有限的还是无限的，他都是其他所有原因的创造者，因而，那些受到谴责和赞扬的原因，他也必须承担下来。当任何人类行为的后果被我们考察时，我们把一些毫无疑问的理由当做依据，建立起这个原则时用的是十分清楚的道德观念；而当用于有无限智慧和能力的神的意志和意向上时，使用的就是那些理由，它们一定是有更大力量的理由。像人这样的有限生物，我们为他辩护时可以用无知和无能作为借口，但是，这些是在我们的造物主那里不存在的缺陷。对于那一切被我们轻率地称为罪行的人类行为，造物主已经预见到了，规定好了，并且这是他想要做的。因此一定会有结论被我们得出：要么，那是些不是罪行的行为；要么，要对这些行为负有责任的，是神而不是人。可是，这两种都是荒谬的、渎神的意见。由此可见，推出这两种意见的那个学说绝不可能是真实的学说，所有同样的反驳会容易发生在它那。如果一个荒谬的结论是必然得出的话，那就证明了它的来源是荒谬的学说。同样，如果它们之间有必然的、不可避免的联系，让引起这个行为的原因成为有罪的就是有罪的行为。

以上的事包括两个部分的反驳，我们将对它们分别进行考察。第一部分的意思是：人类行为如果可以把必然的链条当做依据并追溯到神，那么，它们就不可能是有罪的，因为是那个神创造了它们，而神是接近于完善的，他只能想要那些完善的、值得人赞美的事情。第二部分的意思是：如果这些是有罪的行为，对于认为神所具有的完善性，我们就不得不收回，对于他最终造成了一切被造物的罪过和道德堕落，我们也不得不去承认。

对第一部分的回答我们好像是明显而可信的。一切自然现象在被许多哲学家精确考察之后得出结论说，把自然现象的整体作为一个体系来考虑，它在它自己存在的每个时期，安排时都是把完美的善意当做依据而来的，而且，最可能的幸福最后会在所有被造物的身上发生，任何实际的或绝对的恶和痛苦都不会加入。他们说，这个慈善体系的必要组成部分就是每一物理的灾难，即使除掉这个灾难的是被当做有智慧的行为者的神本身，那也会给更大的灾难一个入口。从这个理论出发，有一些哲学家，包括古代的斯多亚派在内，一个论点的提出，是为了面对万难求得安慰的。他们教导他们的学生并说，那些灾难实际上对宇宙是有益的，但他们却因此而苦恼，而且从涵盖整个自然体系的广泛的观点看，每件都是会成为愉快和欢乐的对象的事情。虽然这是个堂皇而崇高的论点，可是一旦实行起来就会被发现是脆弱而且无效的。一个因患痛风症处于极大的痛苦中的人，如果你喋喋不休地对他说，在他身上产生出有毒的体液的是那些普通的法则，流至他的肌肉和神经是因为它们通过了适当的通道，所以在那里会引起非常剧烈的疼痛，而造成这一切的却是公正的法则，那么，他肯定会被你激怒，而不会被慰抚到。对于思辨时是处在安逸中的人来说，那些是可能会一时取悦于他的现象的广泛观点，但是，即使痛苦或疾病没有折磨他，在他的心中它们也不会久久存在；当如此有力的反对者攻击那些广泛的观点时，他的根据就更不能坚持了。人对其对象的感受是比较狭窄、比较自然的感情，他们把比较适合于心灵脆弱性的一种结构当做凭借，只对我们周围的事物进行关注，是那样一些事情激发了他们——那些在我们这个私人体系看来是善的或恶的事情。

和道德的恶情况一样的是物理的灾难。合理地假设是人们可以做到的，既然我们已经发现，那些遥远的思考对后者没有什么效果，那么，它们也不会有更大的影响在前者身上。那样一种构造是自然给人的心灵的，以至于一出现某些品格、气质和行为，赞扬或谴责的情感就立刻被心灵感受到，除此之外，没有任何其他心灵的状态和结构所不可或缺的情绪了。主要对人类社会的和平和安宁有益的品格是我们所赞扬的，而主要是有破坏和扰乱社会倾向的品格是我们所谴责的。由此，我们可以做出合理的假设：直接或间接地从反省这些相互对立的利益中产生了道德情感。然而，一个不同的意见或推测却是哲学的思考确立的，即从整体来说，所有的事情都是正确的，那些扰乱社会的品质基本上是有益的，对自然的原始意向有所符合，和它一样的有比较直接促进社会幸福和福利的那些品质。不过，这个由哲学思考所确立的意见或猜测又有什么大不了的呢？这种遥远而不定的思辨，能和我们从自然而直接地观察对象中产生的情感相抗衡吗？一个被抢走了很多的钱的人，难道他感受到的因蒙受损失而引起的懊恼，会因为那些崇高的思辨而减轻吗？那么，为什么我们料定他在道德上对那个罪行的怨恨与那些思辨不相容呢？或者说，我们既承认人体的美对丑来说有实在的区别，也承认恶对德来说有实在的区别，而为什么一切思辨的哲学体系和我们所承认的这些都不能相一致呢？这两种区别都是在人类心灵的自然情感上建立的。任何哲学理论或任何思辨都不会控制或改变这些情感。

反驳第二部分时，那么容易和满意地回答就是不容许的了，我们也不能明确地说明，所有人类行为的间接原因是怎么被神做到的，而罪恶和道德堕落的创造者又不是它。这是些神秘的事情，让我们用完全天生的、孤立无援的理性来把握是不适合的。不管理性会用什么样的体系，它必定会发现，在这些题目所使用的每个步骤上，它自己都陷入困难甚至矛盾中并且无法摆脱。如果人类行为的随意性和偶然性要用预见来调和，或者绝对的天命用它来捍卫，虽然罪恶的创造者不再是神，但是到今天为止，这样做是超出了哲学的全部能力的观点是人们一直所认为的。这些崇高的神秘之事让理性探索时，自己的鲁莽由此而被觉察到，于是，离开了那个充满晦涩和困惑的地方，谦虚地返回到它的真正而恰当的领域，即考察日常生活；在此，足够它进行研究的各种难题将会被它发现，而没有必要流入一个充满着疑虑、不确定和矛盾的汪洋大海。如果这一点理性能够做到，那真是太幸运了！

第九章 论动物的理性

我们有关实际事情的一切推理都是在一种类推上建立的，让我们看到一出现任何一个原因，就期待曾经观察到的同样的事件由类似原因所引起，就是这种类推。如果这些是完全相似的原因，那么，这就是一种完全的类推，我们就认为由它引出的是确实的、决定性的推断。如果任何人看到一个铁块，说它是有重量的他是绝不会怀疑的，它是有凝聚力的各部分，如同他以前所看到的其他所有事例中的情形一样。但是，如果这些是并不精确相似的对象，那么，如果和前者相比，这就是个不够安全的类推，由此引出的就是不具有决定性的推断，尽管从对象的相似和相像程度来看，它仍具有某些力量。根据这种推理，当解剖观察由一种动物形成时，可以推广到所有的动物。的确，比方说，当一种生物已经被我们清楚地证明，如有血液循环在青蛙或鱼中，那么，一个有力的假设就因此形成了，即血液循环的同样原理存在于所有的生物中。这是些甚至可以更深层次地延伸到我们现在正研究的这门科学上推广的类比的观察；对于我们用来说明理智的活动，或用来说明人的感情的起源和联系的任何理论，如果我们发现它在说明其他所有动物的同样的想象时也是必不可少的，那么，这就是个将获得额外的力量的理论。我们将在下面做如此的尝试，针对我们在前面的论述，我们将对所有的经验推理时所用的那个假设努力地进行说明，我们希望这个新的观点将对确证我们前面所说的所有的看法有帮助。

首先，似乎很明显，不仅是人，而且连动物学到的许多东西也是从一直被同样事件所跟随的经验中学来，并且那样推断的。它们熟悉了外界对象的比较明显的性质都是以这个原理为依据的，从它们出生那天开始，有关火、水、土、石头、高、深等的性质的知识就逐渐储存起来了，还有关于它们的作用所引起的结果的知识也储存了起来。在这方面，与无知的和无经验的年幼的动物相比，狡猾的和伶俐的老年动物是有明显区别的，年老的动物通过长时间的观察，已经学会了躲避对它们有害的东西，以及追逐让它们舒适或快乐的东西。一匹已经习惯了一片原野的马，它所能跃过的合适高度就已经被它自己熟悉了，超出它的力量和能力的事情，它是不会尝试去做的。在狩猎时，比较劳累的工作会被年长的猎狗交给年轻的猎狗去做，而它自己却在某处等待野兔，在其急转弯时冲上去。在这种情况下，它不是根据任何事情而形成了推测，而是根据它的观察和经验形成的。

这种情形，我们可以更明显地从我们对动物进行的训练和教育所产生的结果上看出，我们通过给动物适当的奖励和惩罚，与动物的自然本能和倾向最相反的任何一套动作，我们都可以教它做出。当你吓唬一条狗或举起鞭子要打它的时候，让这条狗对疼痛感到惧怕的不正是经验吗？让这条狗对叫它的名字做出反应的不也是经验吗？当某种方式被你使用，一个声音被用某种声调和口音发出，从这样一个任意的声音，这条狗可以推断出你呼唤的是它，而不是其他的狗，你要呼唤它这件事能被它推断出，不也是因为它的经验吗？

在所有这些情况中，我们可以看到，间接触动动物感官的某个事实被它们所推断；而且这个推断完全是在以前的经验基础上建立的，这时，从当前的对象，这个生物期待它在观测中，始终发现会出现由相似对象引起的同样后果。

其次，动物的这种推断不可能在任何论证或推理的过程中建立，那样的论证或推理过程，他不能当成根据并得出结论说，相似的事件必定被相似的对象所跟随，将会一直是规则的就是运行自然的过程。就算有任何这样的论证出现在实际中，它们也肯定是非常深奥的论证，当动物那种不完整的理智观察到这种论证，想要发现和观察到它们，要有一位科学天才的极大关心和注意才有可能做到。因此，在这些推断中动物不受推理的指导，而且如这样的还有我们的儿童，还有在平常的活动里的大多数人，还包括哲学家本身。在哲学家们所有能动的生活上，和普通人基本相同，并由相同的准则来支配。比较便利、比较通用的其他某个原则肯定已经由自然提供了出来；从原因推断结果这种在人生中有巨大影响的活动，交托给不确定的推理和论证过程，自然是不会这么做的。就算大家对这一点是有疑问的，但似乎对兽类没有任何疑问。而一旦在兽类方面牢固确立起来这个结论，那么从类推的全部规则出发，我们就可以有力地推测，应当普遍承认这个结论，没有任何例外或保留。能让动物从每个触动感官的对象推出与该对象通常伴随的对象只有习惯，使动物的想象从一个对象的出现，以我们称之为信念的方式构想另一个对象。对于我们注意和观察到的各种高等和低等有感觉生物的这种活动，除了这种解释之外，没有任何其他的解释。

既然有关事实或原因的所有推理完全是由习惯而来的，那么可能人们就会问，在推理这个方面，动物是比不上人类的，而一个人会远远比不上另一人，怎么会发生这种情况呢？难道相同的习惯在所有的生物上发生的影响是不一样的吗？

在这里，我们想要说明人类理智的巨大差异时，能够尽量简要，然后，我们就容易理解人类和动物之间的差异的缘由了。

1. 当我们已经生活了一段时间，对自然的一律性已经有所习惯了，我们就会由此获得一个普遍的习惯，由于这个习惯，我们总是从已知的东西转移到未知的东西上去，总是构想后者相像于前者。把这个普遍习惯的原理当做依靠，我们甚至把一次实验看做推理的基础，如果这是个做得非常精确的实验，把一切没有关系的情节都排除了，我们期待相似的事件时，就会在某种程度上确凿无疑地去期待。因此，我们认为观察事物的结果是一件非常重要的事情；由于一个人的注意力和记忆力远远不如另一个人，所以，在他们推理上的差异就是这么造成的。

2. 当复合的结果产生了任何的结果，此时，一个心灵和另一个心灵相比时，会显得更加广大，对对象的整个关系就能更好地理解，对它们的结果就能更好地进行恰当的推断。

3. 一个人与另一个人相比，可以进行更长的一段推论。

4.几乎没有人在长时间的思考后，还不会陷入对观念的混淆和互相错认的情况，在这个弱点上，不同的人有不同的程度。

5. 结果依赖的那个是常常包括在其他的一些没有关系的、外在的情节之内的情节。要想分离出这个情节，常常会需要很大的注意力，很高的精确性和敏锐性。

6. 普遍的规则由特殊的观察来形成，是一个很精细的活动，各个方面的事情不是心灵都能看到的，因为心灵的仓促或狭窄，它会常常在这方面犯错误。

7. 如果我们推理时是从相似的开始，那么，较优秀的推理者就是具有较多经验的，能较迅速想到相似情形的人。

8. 偏见是从成见、教育、爱好、党派等而来的，这种在一个心灵上的附着力和另一个心灵相比要更大。

9. 既然人类的证据我们已经相信了，于是，人的经验和思想的范围就可以被书籍和谈话所扩大，在这个方面，一个人和另一个人之间会有很大的差异。

让人的理智有所差异的其他的很多的情节，是我们很容易发现的。

虽然动物从观察中学来了许多知识，但是有许多是它们从自然的本原方面得来的知识。这些知识所带来的能力，和它们在通常情况下所具有的那份能力相比，是大大超出了的，而且，它们若想要增进这些知识，对最长期的实践和经验也很少乃至不能借它们的帮助。我们称这些知识为本能，很容易赞赏它们。我们把本能当做很奇特、用人类理智的所有探究都无法解释的东西。但是，如果考虑到我们和兽类所共同具有的、我们的一切生活活动所依赖的经验推理本身，只是一种在我们心里不为我们所知地活动着的本能或机械的能力，而且在它自己的主要活动中，我们理智官能的恰当对象的那种观念关系或观念比较，没有对它进行指导，那么，我们也许就会消失或减弱对本能的惊异。虽然这是种不同的本能，但它仍是一种本能，这是种教会人们避开火焰的本能，如同鸟的本能是准确地教会后代孵育技术，教给它筑巢的全部结构和样式是一样的。

第十章 论奇迹

第一节

在蒂落森[①]博士所写的作品中，有反对真在论的论证，那是一个用不着我们去认真反驳的学说，是个和我们尽可能去设想的任何简洁、优雅、有力论证一样的论证。这位有学识的主教说，一般情况下，人们都会承认，不管是《圣经》上的还是经外传说的权威，都只是在使徒们的证据上建立的。我们的救世主为了证明自己的神圣的使命而创造出来的那些奇迹，这些使徒们都曾经亲眼见到过。因此，有关我们感官真理的证据远远超过了基督教真理的论据，因为就算在最开始创建我们宗教的人那里，比前者的证据更重大的也并不是后者的证据。而且，很明显的是，前者的证据在被他们传给信徒的过程中，必定会有所削弱。任何人对待他们的证据时，更加确信的都是对待自己感官的直接对象。较强的证据是不会被较弱的证据摧毁的，因此，就算在《圣经》中真在论学说明确地被提出来，当我们根据正确的推理规则同意它时，使用的推理规则恰好相反。据认为这个学说是在《圣经》和经外传说上建立的说法，如果我们把外部的证据当做《圣

① 约翰·蒂洛森（1630–1694），英国新教传教士，后为坎特伯雷主教。

经》和经外传说，而且它们让每个人内心深切地感悟到，是没有借助圣灵直接作用的，那么，尽管感觉经验那样的证据它们都没有，这也是个和感觉经验相矛盾的学说。

这类决定性论证在所有的论证中是最合宜的了，因为至少它让最傲慢的偏执和迷信的人无话可说，它们无礼的蛊惑被我们摆脱了。我自以为一个相同性质的论证已经被我发现了，这如果是个公正的论证，在有智慧和学识的人那里，各种迷信的幻想都将会被它永远遏制住，只要世界还在，它就是有用的。因为我猜想，在所有的圣史和世俗史中，对奇迹和奇事的记述一直都会存在。

虽然我们对事实推理的唯一指导是经验，但是我们应当承认，这并不是个没有丝毫错误的指导，在某种情况之下，它想让我们陷入错误是很容易的。就像在我们这种的气候里，一个人生活在此种气候中，他会期待六月任何一周的天气都要好过十二月任何一周的天气，他的这个推理是和经验相一致的正确的推理。但是，偶尔在这件事上，他肯定会发现他错了。但是，我们会说，在这种情况下，他埋怨经验是没有理由的，因为这种不确定性是经验常常在之前，就让我们从不断的观察中知道的。并不是所有的结果都同样确实地从结果假定的原因得来的。我们发现在所有的国家和年代，有些事情都是恒常联结在一起的；而有些事情也比较容易变化，有时落空了我们的期待，使得我们在推理实际事情时，存在着各种不同的确信度，它们是可以通过想象得出的，最高的确实性不等同于最低的或然性的证据。

因此，让信念与证据的可信度成比例，是一个聪明人会做的事。在用完全没有根据错误的经验的结论中，期待未来的事件时，他会以最高程度的确实性来期待，认为那个事件将要存在的充分证明就是他过去的经验。在其他的情况之下，他则会比较谨慎地行事。他要对相反的经验进行掂量；他要考虑相反经验会比较支持哪个方面，他就会有怀疑和犹豫的倾向在这一方面；而当他的判断被最终确定了后，我们所恰当称之为的或然性是不会被他的证据所超过的。因此，所有或然性的条件都是经验和观察中的对立，此时，我们发现另一方面的经验和观察被一方面的经验和观察所压倒了，并有和其优势成比例的某种程度的证据产生。如果有关这方面的事例或经验有一百个，彼方面的事例或经验有五十个，那么，很有疑问的就是，它们所提供的对将来事件的预期。但是，如果一律的经验有一百个，而相反的经验只有一个，那么，它们的非常强烈的确信就会合理地产生出来。在任何情况下，如果有经验是相反的，那么这些相反的经验，我们就必须进行权衡，并从数量较多一方的经验和数量较少一方的经验相减，这样就便于知道优势证据的确切力量。

一个特殊事例要被这些原则所使用，我们可以观察到，从人的证据，从目击者和旁观者的报告中得到的那种推理，就是对人类最平常、最有用，甚至不能缺少的推理。这种建立在因果关系上的推理也许会被人们否认。但是，我将不会就一个词去争论。我满足的只是说我们相信任何这类论证，不是由任何其他原则得来的，而是因为人类证据的真实性被我们看到，事实和目击者报告的通常的一致性也被我们看到。没有可发现的联系会出现在任何对象之间，我们能由它做出的所有推断，纯粹是因为对象恒常而有规则的会合是我们经验到的。这是一个很常见的公理。很明显，我们不应当给这个公理一个例外，因为我们不能为了有利于人类证据而这样做，好像人类证据与任何事件的联系，和任何其他证据、其他事件的联系是相同的，在实质上，都不是必然的。假如人的记忆力没有任何的强度，假如人平常没有偏爱真理，本性不是正直，那么，当他们被发现在说谎时，他们本来是不会感到羞耻的。我要说，假如人性中固有的这些品质的性质没有被经验所发现，那本来我们也不会有丝毫信赖在人类证据上。一个神经不正常的人，或一个以满口谎言和充满邪恶而著称的人，在我们看来是没有任何权威的。

因为从目击者和人类证言得到的证据，是在过去的经验上建立的，所以，它的不同是随经验变化的，依据我们能看见的某种特殊报告和某种特殊对象之间是恒常的还是易变的会合，要么看成一个证明的证据，要么看成一个或然性的证据。在一切这类判断中，要考虑许多的情节，我们可能会对这些情节争论，而我们永远是由经验和观察，得到用来判断使用争论的最终标准。如果在任何一边这个经验不完全一律，那么我们判断中的不可避免的对立就会被带来，它的情形就会和其他各种证据中的一样，论证上的对立和互相破坏会随之带来。我们常常在别人的报告上犹豫不决，引起任何疑虑或不确定的相反情节我们都要去衡量。虽然当某一方面有优势被我们发现时，这个方面就是我们所倾向的方面，但是，根据相反方面力量的大小，我们仍然会减弱我们的确信。

在现在我们所讨论的事情上，若干不同的原因引起了证据的这种相反性：是由相反证据的对立引起的；是因目击者的品格或不同的人数引起的；是因他们使用不同方式来发表证据引起的；是因全部这些情节联合在一起引起的。当有矛盾在证人之间的时候，当有很少的人数或有可疑的人品时候，当有利害关系存在于他们和他们所断定的事的时候，当他们犹豫不决地发表他们的证据的时候，或者相反，当他们太过强烈断言地发表他们的证据的时候，我们会在他们所说的事情上抱有怀疑的态度。可以削弱或破坏由人类证据而来的任何论据的力量的，也有其他许多同类的情节。

比如说，我们假设人类证据想尽力去确立的，那是个奇特的和令人惊异的事实，那么，在这种情况下，一种由人类证据所引起的明证，就多多少少都可以有所减弱，那个事实的反常程度的大小和它的程度成比例。我们相信目击者和历史学家，原因并不是有任何联系从我们在证据和事实之间先天所觉察的，而是因为它们之间的一致性，我们习惯于去发现。但是，当那种我们很少见过的事实是我们要证明的事实，那么，两种相反经验的竞争就会在这里出现，另一个会被其中一个尽力去消灭，其中更有优势一个才能够以它剩余的力量对心灵发生影响。让我们对目击者的证据有某种程度的确信是因为经验的原则，在这里的这种情形下，使我们在另一种程度上对目击者力图确立的事实不相信的，则又是因为相同的经验原则。因为这个矛盾，一种抵消作用和彼此的破坏作用，必然会在信念和权威之间产生。

甚至一位哲学爱国者——加图[1]在世时，在罗马就有一个谚语这么说，就算这是加图告诉我的故事，我也不会相信。[2]这说明，人们在那时就已经承认，如果是一个不可信的事实，就算是再大的一个权威也不能让人们相信它。

一位印度王子在第一次听人说霜冻造成的影响时，他会拒绝去相信，这是个正确的推理；因为那些是由他不熟悉的自然状态产生的事实，而且这个自然状态不相似于他恒常而一律地经验过的那些事情，因此，那些事实要被他同意，当然是需要非常有力的证据才可以。虽然那些事实和他的经验不是相反的，但和他的经验也不一致。[3]

为了使目击者的证据相反的或然性得到提高，让我们来假设，他们断定的并非只是使人惊异的事实，而确实就是奇迹；我们还假设，若分别就其本身来考虑目击者的证据，和一个完全的证明相似，在这种情况下，证明和证明就冲突了，它们中的强者必定会有优势，但是，相对应于其反对者的力量仍然会被减弱。

一个奇迹就是对自然法则的一次破坏，而因为这些是已经被牢固不变的经验确立起来的法则，所以，就拿事实本性来说，对奇迹进行反驳的那

---

① 加图，指小加图，前95–前46，罗马政治家和道德学家，属于斯多亚派。

② 见普鲁塔克《小加图传》。

③ 很明显的是，所有的印度人都有在寒冷的天气下，水会结冰的经验。他完全不知道的就是这自然的一种情形会引起什么结果，这种事他是不可能先天就会说出的。在这里我们做的是一个新的实验，有的总是不确定的结果。有的时候，人们可以根据类推来猜测会发生什么事情，但这终究只是猜测。我们必须要承认，针对上述的水遇冷结冰的事来说，这是一件和类推规则相反的事情，因此，如果是一个有理智的印度人，那他是不会期待这种情况出现的。不是根据冷的程度让冷对水的作用渐进的，而是一旦到了冰点的温度，在一瞬间水就会从完全流动的状态变为完全坚硬的状态。因此，这件事可以用异常来形容，要让生活在温暖地方的人相信这件事，那就需要非常有力的证据。可是，它仍然不能被称作奇迹，在各种情节相同的情况下，和我们对自然过程的一律性经验并不相反。苏门答腊的居民在他们生活的地方所看到的都是流动的水，如果河水结冰的话，那应该会被他们称作为奇迹。因为他们未曾见过冬天莫斯科的水，所以，在那个季节他们不能合理地断定水在那种情况下是什么一种状态。

是个完全的证明，和与我们所能想象的一样完全的任何经验论证。全人类都会有死的那一天，铅块靠自己是不可能悬留在空中的，木头会被火烧毁，水会熄灭火，这些事情都超过了或然性，是因为这些被发现是与自然法则一致的事情，而且要阻止它们，就需要这些自然法则，这还会是因为什么呢？如果是一件在自然的通常进程中发生的事情，大家就不会把它称作奇迹。一个看起来身体很健康的人，突然间死了，这并不是奇迹，因为对比其他种类的死亡，这样的死亡虽然不是很常见，但还是可以看到这类死亡发生的。而如果是一个人死而复生了，这就是一个奇迹了，因为无论是什么年代、什么国家，都从未见过这种事发生。因此，必定有一律的经验与被称作奇迹的事相反，才会把它称作奇迹的事，否则这就是件不值得称为奇迹的事。既然一个一律的经验就是一个证明，所以，从事实的本来性质而言，这里就有了一个直接而充分的证明是反对任何奇迹存在的；如果这样的证明被破坏，或使人相信奇迹，能办到的必须是要有一个占优势的相反的证明。①

在这里，有一个推论是明显的（同样也是值得我们注意的普遍公理）："除了那样一种证据，就是它的虚假要比它尽力去确立的事实更奇异的证据，其他任何证据想要确立一个奇迹都是不可能的，而就算是在这种情况

---

① 有的时候，好像一件事自己本身不会和自然法则相反，可是，如果它是真实的，由于一些情况它却可以被证明是一个奇迹，那是因为事实上，它就是和那些自然法则相反的。于是，如果有人说他能让一个病人的病痊愈，是因为他有神圣的权力命令他这样做到，并且也可以命令一个健康的人倒地就死去，命令让云朵降雨，让风吹动起来，总而言之，在他安排命令之后，随之而来的就是许多的自然事件，那么，可以恰当地把这些事件称作为奇迹，因为在这种情况下，实际上它们和自然法则是相反的。如果我们对此还有怀疑，认为这是个偶然同时发生的事件和命令，那么，在这里就没有奇迹和违反自然法则的情况，如果消除了这个怀疑，那么显然就有一个奇迹和破坏了自然法则，因为一个人的声音或命令比任何事情都有巨大的影响且和自然法则是相反的。我们可以精确地定义一个奇迹，这个定义就是：它是因为神的特殊的意志，或因为某种不可见的力量的干涉，对一个自然法则的一次破坏。我们既可以发现，也可以不发现一个奇迹。但奇迹的本性和实质我们并不能因此而改变。把房子或者船只举在空中，那是一个可见的奇迹。如果风的力量小得不足以吹起一根羽毛，但是羽毛却飘了起来，这就是一个我们察觉不到的真正的奇迹。

下，双方仍会互相破坏对方的论证，有优势的论证给我们带来确信，只与优势论证和劣势论证相减后，剩余的力量的程度相适应。”有人如果告诉我，他看到一个死人复活了，那么，我马上就会自己思考：这个人若不是在骗人或被别人所骗，那他所说的事情可能真的发生过，在这两者中哪一个更有可能呢？我对照别的奇迹，把一个奇迹用来权衡，宣布我的决定是根据我所发现的优势而来的，而且较大的奇迹总是会被抛弃掉。如果他的证据的虚妄更奇异于他所说的事情，那么，也只有到此时，他才能自称我的信念或意见被他支配了。

第二节

在前面的推理中我们已经假设地说过，在证据中所发现的奇迹和一个完全的证明可以相等，然后一个真正的奇事就会是这个证据的虚妄造成的。但是，这很容易表明，在这让步中我们太过随便，而且，在如此充足的证据上，从来没有任何奇迹般的事情能建立。

第一，在全部历史中，我们是没有发现被足够多的可信赖的人证实的任何证据的。这是些拥有没有任何疑问的判断力、良好的教育和学识，能让我们安心地认为他们不会有各种误解的人；他们无疑是正直的人，没有任何有意去骗人的嫌疑；都是在我们眼中值得让我们去尊重和有声望的人，一旦被发现他们有任何虚假，巨大的损失是他们必定要承受的。同样地，他们在对事实进行证实时，用的是公开的方式，并且是世界上大家都知道的地方，必须不可避免地让检查来证实活动。要使我们充分相信人们的证据，所有这些都是必不可少的条件。

第二，有一个原则，是我们在人性中可以观察到的，如果严格考察这个原则，我们将会发现，它会极大地减弱我们的一种信任——因为人类证据获得的对任何一种奇事的确信。我们自己常常在推理中使用的公理是：我们没有经验过的对象与我们已经经验过的对象有相似处；我们发现最常见的事情总是最有可能的；当各种论证相对立时，我们应当选择建立在过去最多的观察基础上的论证。不过，在根据规则进行推理的过程中，虽然排斥不寻常的、一般不可信的事实是我们很轻易就会出现的情况，可是在继续进行下去的时候，同样的规则心灵就不会总是遵守了；当人们断言无论什么事情完全是荒谬的、奇异的时，恰恰让心灵更容易去承认的那个事实，本应是让那件事的权威全部摧毁的那个情节。令人愉快的情绪是由奇迹引出的惊讶和好奇的情感，它让人明显更相信这种情绪产生的那些事情。这是种会发展到很严重的地步的情况，甚至有没有直接享受到这个快乐的人，他们被告知的那些奇异的事情时也不会相信，但依旧喜欢间接地分享快乐，只要能引起别人的羡慕，他们就会自豪和高兴。

许多奇异的事情被旅行的人报道了出来，他们描述了大海和陆地中的妖怪，还讲述了惊人的探险、奇怪的人群和陌生的习俗，这些不是被人们非常贪婪地接受了吗？可是，如果宗教精神结合的是好奇，那么就完结了常识，在这些情况下，人类的证据就完全失去了它的权威。一个狂热者可能是一个宗教家，他看到了没有任何实在性的东西：也许他知道这是个假的叙述，但是为了抬高一个非常神圣的原因，他坚持了他的说法，并带着世上最美好的意愿而来。就算这种骗人的想法他从未有过，在强烈诱惑的刺激下，他的虚荣心也会对他发生作用，和任何其他情况下对其他人的作用相比，这种作用要更加强烈。而自利之心的力量则和虚荣心的力量相同。当要去检查他的证据时，他的听众不会有、通常也不可能有足够的判断力去检查。这些题目是崇高而神秘的，在这些题目上面，听众所具有的判断力被自己在原则上放弃了；就算他们运用自己的判断力时是非常愿意的，判断活动的规则性也会因为他们的激情和热烈而被打乱。让他更加厚颜无耻的是听众会轻信他的话，而听众更加轻信他的话，还是因为他的厚颜无耻。

当处在最高潮的雄辩，是不容许进行推理或反思的；唤起现象或情感是它完全倾注的对象，并让听众心甘情愿为之痴迷，压抑理智。但幸运的是，这种高潮的雄辩是很少达到的。但是，一个塔利[①]或一个德摩斯梯尼[②]说起来无效的事情，说给罗马听众或雅典听众时，方济各会的每一个僧侣，每一个巡游传教士或驻地传教士，却可以将它说得对大多数人都发生作用，而且那些粗俗的感情被他们触动后，发生的作用可以达到较高的程度。

对于伪造的奇迹、预言和超自然的事件，已经被人们在各个时代把它们中的许多事例用相反的证据揭穿，或者因它们自己的荒谬而不攻自破，这些事例充分证明，人类在非凡和奇异的事情上有强烈的癖好，对所有这类故事的怀疑应当被合理地引起。我们天生的思维方式就是这样，就算是对最平常、最可信的事情也是如此。例如，没有什么种类的传闻，能像与婚姻有关的传闻那样容易迅速传播，特别是在农村地区和乡下小镇更是如此，以至于哪怕是两个地位相同但还没有见过两次面的男女青年，也会马上被其他邻居联系在一起，然后讲出一条非常有趣的新闻，再到处宣扬它，这条新闻的第一个报告者就是他，所有的一切都让大家快乐，这条新闻得到传播就是因为这种快乐。这是种大家都知道的情况，而有理智的人注意到它们，通常是因为他发现了这些报告，已经得到某个较大证据的证实。大多数人倾向于最热烈、最肯定地相信和报告各种宗教的奇迹，不正是因为这种同样的感情以及其他更强烈的感情吗？

第三，根据观察，所有超自然的、奇异的传说，主要在愚昧且野蛮的民族中盛行，这样看来，反对这些传说的一个有力证据就构成了。任何这样的传说就算是被一个开化民族所承认，我们也将发现，那都是这个民族从愚昧野蛮的祖先那里接受而来的，这些传说能流传下来，是因为这些祖先利用了大家都认同的意见所带有的不可抗拒的强制力和权威。当各个民族的早期历史被我们阅读过后，我们自己就进入了某个新的世界，在那里，整个自然是支离破碎的结构，每个元素运行时都是以和现在不同的方式运行的。我们所经验的那些自然原因是无法引起战争、革命、瘟疫、饥荒、

---

① 西塞罗。

② 德摩斯梯尼（前384–前322），雅典的政治家、演说家。

死亡的。奇事、预兆、神谕、报应，这些事情完全遮蔽了少数和它们混杂在一起的自然事件。而当比较接近文明时代的历史被我们读到时，就相应地逐页减少了前者那样的事情，于是，在这里并没有奇异的或超自然的事情，我们很快便知道，全部那些只不过是从人类对奇异事件常有的癖好而来的事情；而且，理智和学问虽然会时常制止这种倾向，但却从未彻底消除掉人性中的这种倾向。

那些喜欢写奇闻异事的历史学家的著作被一位明智的读者阅读时，常常会经历这样的思考：为什么这么奇异的事情在我们的时代从来没有发生过？不过，我认为每个时代的人都会觉得说谎并不是奇怪的事。许多有关这个弱点的事例你一定见过。最初传出的许多这样的奇闻异事，所有聪明、有见识的人会蔑视它们，而最终普通人也会抛弃它们。可以肯定的是，那些被广泛传播并闹得很厉害的著名谎言，也是来自相同的起源，在合适的土壤里它们才会被撒播，它们最后生长的目标就是它们所述说的几乎同样的奇迹。

亚历山大[①]以前的名声很大，尽管现在人们已经忘记了他。他有一个把首次行骗的场所放在帕夫拉贡尼亚[②]的非常聪明的策略。琉善[③]告诉我们说，那是个有极端愚昧和麻木的人的地方，都乐于去接受哪怕是最粗陋的骗局。而虽然远方的人也很容易相信，但依旧觉得调查这件事完全是值得的，可是对于比较完整的信息来说，他们是没有机会得到的。他们得知的那些已经是被添加了上百的情节的故事——那个骗局被愚蠢的人们卖力地宣传。那个时候，能嘲讽它的荒谬就能让聪明博学的人满足了，而可以用来将那个骗局否定的特定事实，他们却并不了解。于是，前面提到的那个骗子，不仅能着手从愚昧的帕夫拉贡尼亚人那里可以招募到信徒，甚至还可以在希腊哲学家中，在罗马最优秀阶层的人士中找到信徒。不止如此，甚至圣

① 公元二世纪人，他曾经声称让医药神阿斯克勒庇俄斯以蛇的形象显灵。

② 小亚细亚北部一地。

③ 罗马帝国时代的讽刺作家。

明的君主马可·奥勒留[1]也注意到了他，以至于把一次军事远征的胜利都寄托在了这个虚幻的预言上。

一场骗局在一个愚昧民族中发动时，获得的利益是非常大的，就算那是个很粗陋的欺骗，不能让大多数人上当（尽管这种情况是少见的，但有时也会出现），它在偏远山村得到成功的机会，也会多过于城市。那个骗人的消息将会被这些野蛮人当中最愚昧、最野蛮的那部分人带到国外。他们的国人想去反驳和击破那种欺骗时，既没有很多的通信去往来，更没有充足的信心和权威。人在充分展示奇特偏好的时候就有了机会。于是，一个故事在它最开始传出的地方后，仍然在很远的地方被当做是确实的。如果这个亚历山大在雅典定居了，那么，立刻，来自这个著名学问中心的哲学家们，会把他们对这件事的看法在整个罗马帝国传播，因为支持他们看法的有非常巨大的权威，公布出来时，又用的是理性和雄辩的所有力量，人类的眼睛会因为这个原因完全睁开。诚然，琉善偶然路过帕夫拉贡尼亚时，是有机会做这件有益的事情的。虽然我们还是可以来希望，但是，准备去揭露其骗局的琉善这样的事，并不是总会发生的。

我可以再进一步说奇迹权威能被削弱的第四点理由：不论是什么样的奇迹，甚至那些奇迹还没有被专门调查过，都有数不清的见证相反对于它们的证据，这样一来，不仅那个证据的信任被奇迹摧毁了，而且也摧毁了那个证据本身。想要更加深入地理解这一点，我们就要考虑一下，在宗教的事情上，一旦是有差异的就是相反的，而且古罗马宗教、土耳其宗教、暹罗宗教和中国宗教，说它们全都是在某种牢固的基础上建立的，是不可能的。因此，让一个奇迹所从属的那个特定体系确立起来，就是它的直接目的。于是，同样的力量就出现在一个奇迹上，用来推翻别的所有的体系，尽管这是一种比较间接的推翻。在对立体系被消灭的时候，其所依据的那些奇迹的信用也就被这个奇迹消灭了。这样一来，相反的事实都可以被看做不同宗教的各种奇迹，这些奇迹不论有强的还是弱的证据，都可以被看

---

① 马可·奥勒留（121–180），罗马皇帝。

成互相反对的。根据这个推理方法，如果穆罕默德或其继承者的任何奇迹被我们所相信，那我们的根据就是一些野蛮的阿拉伯人的证据。而另外一个方面，提图斯·李维①、普卢塔克、塔西佗的权威，我们也还是要考虑的。总之，在各自宗教中讲过任何奇迹的希腊、中国、罗马天主教的一切作家和证人的权威，我们都是要考虑的。我是说，看待他们的证据时，我们需要用同样的观点，就好像穆罕默德的那个奇迹被他们说出来一样，而他们反驳它时用的是明白的词语，其确定性也和他们所讲的那个奇迹是一样的。这是个可能显得太过精细的论证了，但实际上它是等同于一个法官的推理。当某人犯下一桩罪行，被两个证人确信，而另两个证人却断定，认为发生罪行的时候，那个人还正在两百公里之外，这时候法官会假定，后两个证人的证据推翻了前两个证人的确信。

塔西佗报道的苇斯巴芗做出的奇迹，就是所有世俗史中得到最充分证实的奇迹，在亚历山大时，一个瞎子被他用唾液治好了，一个瘸子的脚仅仅因为他的触摸就被治好了。他这么做是遵从了塞拉皮斯②显圣的意旨，这个神要那些人到这位皇帝那里去接受神奇的治疗。人们在那位优秀历史学家的著作中看到这个故事，每一个情节在那里，证据的分量好像都增加了。对于这个盲目崇拜的迷信已经被戳穿的情况，如果现在真的有人愿意去把他的证据加强，他或许在详尽展示那些情节时，可以用论证和雄辩的所有的力量。他们可以说，这是位庄重、稳健、年迈、正直、伟大的皇帝，在他整个一生的当权中，与友人和朝臣谈话时一直都是无拘无束的，亚历山大大帝和德米特里·厄斯③所显示的那些非凡的神圣气势他从来没有做出过。那位历史学家是同时代的作家，他以公正诚实而闻名，所以所有古人中最伟大、最有洞察力的天才也许就是他，而且他不容易轻信别人，所以有人诬赖他是主张无神论和亵渎神明的人。他讲述那个奇迹是根据那样一些人

---

① 提图斯·李维（前59–后17），罗马历史学家。

② 是古埃及托勒密王朝时宗教中的一个神，其崇拜者主要在亚历山大。

③ 德米特里·厄斯（前336–前283），马其顿国王。

(我们完全可以设想具有进行判断和诚实求真的确定品格的那些人）的权威而来的；事实的目击者是他们，而且在弗洛维家族[1]被剥夺了皇权而不可能因为说谎而得到任何奖赏之后，他们的证据又进一步受到肯定了。以前曾经在场的那些人，到现在为止依旧会说到那两件事情，但现在他们是不会说谎的，因为那不会再有什么益处。对此，如果我们再补充，据说那些事实是大家都知道的，那么好像完全可以认为，对于那个如此粗陋、如此明显的谎言，这个证据对比其他证据来说是最有力的了。

雷茨[2]红衣主教还说了一个令人难忘的故事，那是值得我们考察的。他是位善于使用阴谋的政治家，但当他为避免敌人的迫害而逃到西班牙时，经过阿拉贡[3]的首府萨拉戈萨。在那里的一座教堂内，人们指给他看一个人，那是一个已经当了七年守门人的人，在城里只要是在这个教堂做过礼拜的人都知道他。在很久以前他们就看见他缺了一条腿，后来那条腿复原是因为他用圣油涂在了残肢上。这位主教看到那个人有两条腿，是他向我们保证时说的。断定了这个奇迹的是教堂的全体教士，为确证这件事，城里的全体居民也都被要求来。这位主教发现，由于强烈的虔诚，那些人完全相信了这个奇迹。在这里，述说者与那件假定的奇迹也是同时代的，他的性格是既有伟大的天资，又是不轻信、不拘谨的。这是个具有独一无二性质的奇迹，很难去伪造，而且证人很多，在一定程度上，那个事实的旁观者都是他们，为那个事实提供了证据的也是他们。而大大增加了这个证据的力量、讲述这个故事的主教本人好像也不相信这件事，这是让我们对此事倍感惊异的一点，以至于我们不会怀疑他参与了这个神圣的骗局。他正确地认为，没有必要去反驳那个证据；为了驳斥这类事实，来查明它的虚妄时，也没有必要通过造成这类事实的所有欺诈和轻信的情节。他知道，时间和地点比较远的话，一般这样做是完全不可能的，就算在现场就有一

---

① 包括苇斯巴芗、其子题图斯和多米迪安的三个罗马皇帝。

② 雷茨主教（1614–1679），巴黎大主教、政治家。

③ 在西班牙东北部。

个人，由于大部分是偏执、无知、狡诈和欺骗的人，会极端困难地做到那一点。因此，他得出结论时，像一位公正的推理者一样，从表面上看这样的证据就是虚妄的，而且，更恰当地说，任何人类证据所支持的奇迹，与其说是需要论证的题目，不如说是令人取笑的题目。

有奇迹发生在一个人身上，对比在法国巴黎神父的墓上发生的奇迹，没有比此奇迹更多的了。这是位著名的詹森派人物的神父，他用圣洁长期欺骗人们。人们到处在说，治愈疾病（比如像让耳聋的人复聪，让盲人复明）都是因为那座圣墓的普遍的功效。然而，更不寻常的是，在这个学问盛行的年代，在当今世界最著名的场所，在裁判者无疑是正直的情况面前，只因为这被证实是由有信誉、有名望的证人那得到的，在当场许多奇迹立刻就被证明了。而且这还不是全部，还引发出来了对这些奇迹的叙述，并在各地进行传播。尽管耶稣会是一个受官员支持的学术团体，尽管据说得到奇迹支持的那些意见被它坚决地反对，但是，那些奇迹它仍然不能明确去驳倒，或是将它们戳穿。和确定证实一个事实相一致的那么多情节，我们又到哪里去发现呢？对于那么多的证人，除了他们所说的事情的绝对不可能，或这些事情的神秘性质外，我们用什么来反对他们呢？而有理性的人却认为，毫无疑问，对那些证人的充分反驳就单单是这一点。在某些情况下，由于某个人类证据有极大的力量和权威，比如与菲利皮之战或法尔萨莉亚之战[①]有关的证据就是这样，那么，我们能恰当地推论说，在所有的情况下，同样的力量和权威必定存在于各种人类证据上吗？假如恺撒派和庞培派都各自声称他们取得了这些战斗的胜利，并且两方的历史学家都一致称自己那一方占有优势，那么，与那些事相隔久远的人在他们之间怎么能做出决定呢？希罗多德[②]或普卢塔克对奇迹的叙述，和马力安那[③]、比德[①]或

---

① 菲利皮是马其顿的一个城市，在公元前 42 年，屋大维和安东尼在这个地方打败了布鲁图斯和卡西乌；法尔萨莉亚是希腊色萨利地区的一个城市，公元前 48 年，恺撒在这附近打败庞培。

② 希罗多德（约前 484–前 424），小亚细亚人，希腊历史学家。

③ 马力安那（1536–1623），西班牙耶稣会士，历史学家。

任何僧侣历史学家对奇迹的叙述之间，同样是很强烈的对立。

一个聪明的会抱以学园式的怀疑，用来迎合报告者感情的任何报告，不管这是个赞美他的国家、他的家庭或他自己的报告，还是因为以任何其他方式发表出来的他的自然的倾向和嗜好。然而，还有比作为一个传教者、一个预言家、一个使节从天上出现更大的诱惑呢？如果因为人们虚荣和热烈的想象，先让自己的信仰改变了，然后陷入那个幻想中去时又非常深切，那么，当人们利用这些虔诚的欺骗来支持如此神圣而又有价值的事业时，谁还会犹豫不决呢？

在这里，微小的火星可以燃烧并造成熊熊大火，因为燃火的材料一直是准备好了的。那些喜欢听传闻的人，那些喜欢关注传闻的大众，不经任何考察，所有迎合迷信、引起惊异的事情就被他们贪婪地接受了。

在各个时代，一开始就发觉和戳穿了多少这类故事呢？又有多少这类颂扬一时的故事，后来又被忽视和忘却了的呢？因此，在这种报告流传的地方，这是个很明显的解决这个现象的方法；我们做判断时，是依据有规则的经验和观察而来的，这时这两个已知的、自然的原则，就是我们根据轻信和欺骗来说明那个现象的。难道我们不诉诸如此自然的解决办法，反要允许不可思议地破坏最确定的自然法则吗？

不用我来说，不管是任何个人史，还是国家史中的虚假的事，就算在据说这件事发生的地方，也是很难能察觉到的，而如果这是件与发生地离得稍远一点儿的事情，就更难察觉。就算能运用的各种权威、准确性和判断力都是法庭的法官所具有的，他们仍经常会很茫然，即使是最近发生的活动的真假情形，他们也不能将其区分开来。但是，如果我们对待这件事时，靠的是我们平常争吵辩论的办法和流言飞语，就不会得到任何结果，特别是当人们的感情偏向于某一方时，便更是如此。

在新宗教产生的初期，通常认为这件事微不足道、不值得注意或考虑的，是有智慧和博学的人。当后来想让受骗的大众醒悟过来，他们愿意把

---

① 比德（673–735），英国历史学家。

这个欺骗揭穿时，最好的时机已经过去了，也许已经失去了能弄清这件事的记载和证据，并且无法再次得到。

我们没有揭穿欺骗的任何办法，除了必定由报告者的证据本身得来的那些办法以外；尽管对于明智而有知识的人来说，这些办法永远够用，但是，对于普通人来说，这些办法则往往太过精细，超出了人们的理解力。

总之，看起来，不管是什么种类的奇迹，它的证据都达不到或然性，更达不到能证明的程度；而且，就算我们假定证明了它能达到，它也相反对于其他的证明，引出它的也是从它竭力要确立的那个事实的性质。只有人类证据被经验赋予了权威性，而使得我们确信于自然的法则，也就是这同一个经验。因此，当这是两种相反对的经验冲突时，从一个经验减去另一个经验，并连同相减剩下的经验所产生的确信接受双方中任何一方的意见，就是我们所能做的。但是，根据这里所说的原理，就所有的流行宗教来说，这种相减完全消灭相等。因此，我们可以确立一个公理，就是如果一个奇迹被证明是任何人类证据都没有力量做到的，就不能让它成为任何这类宗教体系的一个恰当的基础。

当我说，我们不能证明一个奇迹，让它成为一个宗教体系的基础时，请允许我对这里所做的限制说几句话。我承认，那样一类奇迹或违反通常自然进程的事情在其他方面也可能会存在，人类证据可以证明它们，尽管在所有的历史记载中，任何这样的事情我们也许找不到。那么，我们假定，使用各种语言的所有作家都一致说，从 1600 年 1 月 1 日起的八天里，整个地球是完全黑暗的；再假定，到现在人们还是有力而生动地在对这件奇事进行传说，从外国旅行回来的所有的人，都向我们讲述了同样的传说，没有任何差异或矛盾。那么很明显的是，这个事实不应被我们现在的哲学家所怀疑，而应确实地接受下来，应当寻找产生这件事的原因。因为有很多类似的情形，所以自然的衰败、毁坏和解体是很可能的事，如果这个证据是非常广泛和一律的话，那有这种灾难倾向的任何现象，都属于人类证据的范围。

但如果我们假定，所有英国的历史学家在论述时都说得很一致——

1600 年 1 月 1 日，伊丽莎白女王去世；她死亡前后的情形，像她那种地位的人常见的情形一样，都是她的医生和全部的朝臣见过的；议会承认和宣布了她的继承人；但是，她被埋葬一个月后又出现了，然后重新即位，又统治了英国三年。我必须承认，让我感到惊讶的是，我对那么多奇怪的事情会同时发生的情况，没有任何相信的倾向。她被宣称死了是我不怀疑的，由此而来的其他许多公开的情节我也不怀疑。我只是断定，她是假装死亡了的，她的死既不是、也不可能是真的。你会反驳我说，在这样一件重大事情上，是很难并且几乎不可能欺骗世人的；而且这是位有智慧、有可靠判断力的著名女王，她在这么拙劣的诡计中几乎不能得到任何好处。但是你这些是徒劳的反驳。也许你说的所有的这些事会让我惊讶，但我仍要回答说，人类间的欺诈和愚蠢是非常常见的现象，我宁可相信这些是由他们共同策划的最奇异的事情，也不会承认这种明显破坏自然法则的事情。

如果我们把这个奇迹归于任何新的宗教体系，那么，就有太多可以用来欺骗各时代人的这类可笑的故事，以至于证明其欺骗的充分证据就是这个情形本身，让所有的有理智的人否认这个事实就足够了，甚至否认它，都不需要经过任何进一步考察。这个奇迹被人们归于神的功劳，在这种情况下虽然神是万能的，但由于上述理由，这是个丝毫不会变得更可能的奇迹，如果没有在自然的通常进程中对神的作品的经验，我们不可能知道这个神的属性或活动。于是，我们还是回到过去的观察上，我们不得不把人类证据中违反真实的事例，相比较于奇迹违反自然法则的事例，用来判断在它们当中哪一个更可能、更具有或然性。因为违反真实的情形在关于宗教奇迹的证据方面，更常见于其他任何事实的证据方面，所以，那前一种证据的权威就被极大地削弱了，我们就形成了一个基本的决定，就是不再注意这种证据，不管它在掩饰时，可能用哪种似是而非的借口。

好像持有同样的推理原则的就有培根勋爵[①]。他说："有关所有的鬼怪，有关所有的异常出生或产生的事情，总之，我们都应当收集有关自然

① 弗兰西斯·培根（1561–1626），英国经验论哲学家。

中所有的新颖、罕见和异常的事情，或为它们编撰专史。但是，在做此事时，我们调查时必须要很严格，免得不符合真相。首要的是，对于任何程度依赖于宗教的所有叙述，像李维所记叙的那些奇事，都应当认为是可疑的。而且，在自然奇术或炼金术作家的著作中发现的每件事情，或喜欢欺骗和虚构的所有作家的著作中发现的我们无法抑制的每件事情，我们都同样应认为这是可疑的。”①

这里所说的推理方法是我比较喜欢的，因为我认为它对基督教的危险朋友或伪装的敌人的挫败有帮助，这些人捍卫基督教时是根据人类理性的原则而来的。可是，我们最神圣的宗教是在信仰上建立的，不是在理性上建立的；如果要揭示基督教，让它经受它实际不适于承受的检验就是一个可靠的办法。为了让这一点清楚起见，《圣经》上所说的那些奇迹需要我们进行考察；为了不涉及太宽的范围，不让我们失去这范围，让我们读到的那些奇迹只能从“摩西五经”中读取，我们在考察时，把那些自称基督徒的人的原则作为根据，那些记载并没有被当做上帝自己的话或证据，而只当做一个人类作家或历史学家的作品。那么，思考一部书是我们首先要做的，一个野蛮而愚昧的民族把这部书提供给了我们，那是在更野蛮的年代写的，而且写作的时间，很可能是在其中所说的事情发生很久以后，这些是未经一致证据证实的事情，而且相似于每一个民族述说自己的起源时所做的那些寓言式的说明。读了这部书之后，我们发现，它充满了奇闻异事。它所说的世界和人性的状态不同于现在。它说到了在那个状态我们延续下来的；说到了人可以活到将近一千岁；说到了世界被大洪水毁灭了；说到了任意把一个民族选为上天所宠爱的民族，而且正是作者的民族；说到了他们摆脱了困境是借助了惊人的奇迹。任何一个人都把手放在胸前，经过认真思考后，他是不是会认为一部书由这样一个证据所支持，会比它所说的所有奇迹更为离奇、更奇异的，就是它的虚假。不管怎么样，把前面已经确立的或然性的标准作为根据，它的虚假必须比它所说的奇迹更离

① 弗兰西斯·培根：《新工具》，第二卷，箴言 29。

奇、更奇异，才能让人们接受这本书。

我们可以不改变奇迹所说的话，并把它用在说明各种预言上。的确，所有都是有真正的奇迹的预言，而且之所以如此，只因为任何启示的证明都可以这么称它们。如果人性想要推断未来的事件的能力，预言却不能对此有所超出，那么，把对上天的神圣使命或权威的证明当做任何的预言，就是荒谬的。因此，最终我们可以得出结论说，基督教不仅在以前最初就伴随着奇迹，而且就算是在现在，如果没有奇迹，也不会有理性的人会相信它。要让我们相信它的真实，单独有理性是不够的。赞成基督教的人，只要是受到了信仰的推动，那他自己本身就会意识到一个持续的奇迹，他理智的所有原则会被这个奇迹破坏，让他决心对与自己经验极其相反的事情有所相信和习惯。

第十一章 论特殊的天意和来世的状况

我最近与一位热爱怀疑主义和奇谈怪论的朋友进行了交流。尽管在交流中他提出了许多我绝不同意的原则，但是，这些原则很稀奇古怪，似乎与贯穿着整个研究的那条推理链条有某种关系，所以我在此将尽可能准确地把它们从我的记忆中复述出来，以便将它们交由读者来评判。

在我们的谈话一开始，我就羡慕哲学非凡的好运。因为哲学需要的完全自由超过其他一切特权，它主要是因各种意见和议论可以自由对抗而繁荣起来，所以，哲学在一个自由、宽容的年代和国度里诞生，在那时，即使是主张最狂妄原则的哲学，也不会受任何教义、特权或刑事法令的限制。因为除了普罗塔哥拉[①]的流放和苏格拉底[②]的死（后一事件部分是由于其他动机造成的）之外，在古代历史上几乎不能找到这种执拗的妒忌的事例，而这种妒忌事件在现代相当泛滥。伊壁鸠鲁[③]在典雅和平而宁静地活到高

① 普罗塔哥拉（公元前5世纪），古希腊著名哲学家。

② 苏格拉底（前469–前399），古希腊著名哲学家。

③ 伊壁鸠鲁（前341–前327），古希腊著名哲学家。

龄；伊壁鸠鲁派信徒甚至被允许得到祭司的角色，允许在国教最神圣的祭礼中，在祭坛前行祭司之职。罗马皇帝中最有智慧的那位，则公平地把年金和薪金给各派哲学家，表示公开鼓励。在哲学的幼年时期，不难设想，给它这样的对待是非常必要的。如果我们仔细考虑，即使在当今，当哲学被认为比较坚固和健壮的时候，它仍然十分困难地忍受着四季的恶劣天气，和向它迎面吹来的强烈诽谤和迫害之风。

我的朋友说，你所羡慕的哲学的非凡的好运，似乎是由事物自然的过程引起的，在各个时代和各个国家都是不可避免的。你所抱怨的对哲学有致命伤害的那种顽固的偏执，实际上是哲学的子孙，它在同迷信结合之后，就完全把它自己与母亲的利益分隔开，成为了它母亲最顽固的敌人和迫害者。宗教的思辨教义在当今引起了激烈的争论，这些教义在世界早些年代，是根本不能想象或不被允许的。那时的人类完全没受教育，因此，他们形成的宗教观念更加适合于他们低下的理解力，构成他们的神圣信条的主要是那些传统信念的对象的故事，而不是论证和争论。因此，由哲学家的怪论和原则引起的第一次惊恐过去之后，古代的教师似乎一直与已经确立的迷信和谐相处，而且与迷信一起对人类进行了公平的分割，前者吸收的都是有学问、有智慧的人，后者则控制了所有粗俗、没有受过教育的人。

我说，至此你似乎完全脱离了政治问题，你没有假设一个明智的官吏会正当地提防某些哲学教义，例如伊壁鸠鲁派的那些教义。伊壁鸠鲁派的教义否认神的存在，当然也否认天意和来世，所以它似乎在很大程度上松懈了道德的约束，根据这个原因，我们可以假设它是有害于文明社会的安宁的。

他回答说，我知道，事实上在任何年代，这些迫害从不源于平静的理性，也不是从对哲学的有害后果的经验中来的，而是完全来源于情感和偏见。如果我进而断言，假如那时的谄媚者或告密者当众指控伊壁鸠鲁，他可能很容易为自己的事件辩护，并证明他的哲学原则与那些热衷于把他暴露在公众的憎恨和戒备之前的反对者的原则同样有益，那么，我作此断言又能如何呢？

我说，我希望你试着把你的雄辩之才用在这如此特别的题目上，为伊壁鸠鲁做一个辩护的演说，这篇演说可能不会使雅典的暴民满意——如果你认为在那个古代的文明城市也有暴民的话，但能使他听众中的那些更有哲学头脑的人满意，诸如那些估计能够理解伊壁鸠鲁的论证的听众。

他回答说，在这种条件下，这件事并不困难。如果你愿意的话，我暂时把自己当做伊壁鸠鲁，你就代表雅典人民，我将向你发表一篇长篇演说，从而使雅典人民用白豆填满茶壶而不会留下一粒黑豆，来让我的敌人对他的恶意沾沾自喜。

很好，那就请按照这样的设想来进行吧。

哦，雅典的人民哪，我来到你们的集会这里，是想为我在我学校中发表的学说进行辩护，而且，我发现我遭到暴怒的反对者的控告，而不是与镇静而客观的研究者进行推理。你们的慎重考虑应当指向公共福利和国家利益的问题上，可是现在却转移到思辨哲学的讨论上，这些壮丽庄严但可能毫无结果的研究，代替了你们更加熟悉而且更有用的职业。不过到目前为止，我将尽力阻止这种研究的滥用，我在这里将不争论各种世界的起源和管理，我将只研究这些问题影响的公众利益有多少。如果我能使你们信服，这些问题完全不会影响社会的安宁和政府的安全，我希望你们立刻就把我们送回到我们的学校，让我们在空闲的时候检验那个最崇高的、同时又是所有哲学中最具思辨性的问题。

有宗教信仰的哲学家不会满意你们祖先的传统和你们的神父的教义(对于这些我是主动默认的)，他们沉溺于鲁莽的好奇心中，尝试依靠理性的原则看能把宗教建立得有多好，因此他们并没有消除疑虑，反而引起了怀疑，而这种怀疑是由勤勉的、追根究底的研究所自然产生的。他们用最华丽的色彩描绘宇宙的秩序、美丽和明智的安排，然后问道，这样一种光荣的智慧展示，是否源于原子的偶然集合？或者，是否一个偶然能够产生出连最伟大的天才都十分赞赏的东西？我将不会评判这个争论的公平性。我将承认这个论证像我的反对者和控告者所能期望的一样可靠。假设我要证明的话，只要证明以下几点就足够了，从推理来说，这证明它完全是个思辨的问题，而且，当我在我的哲学研究中否认了天意和来世的状况，我并没有削弱社会的根基，而是提出了一些原则。如果他们的论证是一致的，他们一定会承认他们论题所依靠的这些原则是可靠和令人满意的。

你们这些控告我的人已经承认，对于神圣的存在（我从未怀疑这个）这个首要的、仅有的证明，是从自然的秩序中产生出的；在这里出现了智慧和设计的迹象，而且你们会觉得，要把机会或物质的盲目和无指导的力量归成它的原因，是很过分的。你们承认，这个论证是从因果关系中得出的。从作品的秩序中，你们能推断出作者必定有对作品的规划和预想。你们承认，如果你们不能证明这点的话，那么你们的结论就失败了；你们并不妄求在比正当的自然现象证明的更大范围内确立这个结论。这些都是你们同意的。我期望你们注意它们的后果。

当我们从一个结果中推断出任何一个原因时，必须使原因与结果的比例均衡，除了恰好足够产生那个结果的性质原因外，其他任何性质的原因都不能归之于原因。把一个十盎司的物体放在任何一个天平中再升起来，可以证明使天平平衡的重量超过十盎司，但不能由此说它超过一百盎司。如果我们为任何结果所指定的原因不足以产生那个结果的话，就必须要么否决那个原因，要么在原因上加一些性质，让它与结果比例均衡。但如果我们归于那个原因更多的性质，或者断言它能产生其他结果，那我们只能是任意猜测，武断地假设性质和能力的存在，毫无推理和权威性。

不管指定的原因是残忍的、无意识的物质，还是有理性、有智慧的生命，这个相同的规则都适用。如果这个原因只有根据结果才能被认识，那么除了产生这个结果所必需的性质以外，我们绝不应把其他性质归于这个原因，也不能根据任何公正推理的规则从原因退回来，除了我们知道的那些只依靠这个原因产生的结果外，不能再从这个原因推出任何其他的结果。没有人能仅凭佐克塞斯的某一幅画，就知道他还是一位雕刻家或建筑家，而且是在石头和大理石的雕刻与色彩的运用上都很出色的艺术家。他的天分和品位通过这特殊的作品呈现在我们面前；而且使我们可以准确地总结出这些是出品人具有的天分。原因必须与结果成比例；原因与结果的比例一定要协调，如果我们准确恰当地使二者协调了，就不会在原因中发现任何其他性质，这些性质会偏得更远，或者打扰我们，从而推出任何其他的设计和活动。这样的性质在某种程度上，一定会超越在我们考察的那些产生这个结果所必需的性质。

因此，承认诸神是宇宙的存在和秩序的创造者，从而，在他们作品中会表现出他们所拥有的一定程度的能力、智慧和仁慈，我们除了用夸张和谄媚来弥补论证和推理的不足，并不能进一步证明任何东西。任何属性的踪迹目前表现到何种程度，我们就在何种程度上断定这些属性的存在。对进一步的属性的猜测仅仅是一个假设而已。如果我们推测，在遥远的地区或时间，这些属性已经被或将要被更加壮观地展示出来，而且一个管理方案更适合于这样想象中的优点，那这个推测就更是一个假设了。我们从不被允许从作为结果的宇宙上爬到作为原因的丘比特，再降下来，然后从原因中推导出新的结果，就好像现在只是单单的结果不可能完全配得上那个神灵光荣的属性。对于原因的知识仅仅只能从结果得来，因此原因和结果必须互相恰当地调整使协调，任何一方不能推测出任何其他多余的东西，也不能作为任何新的推断和结论的基础。

你们在自然中发现了某个具体的现象；你们寻找它的原因或创造者；你们想象已经找到了他。你们后来就变得非常迷恋于你们头脑中的这个子孙，以致你们想象他一定能够创造出比现在这个充满如此多罪恶和混乱的事物景象更伟大、更完美的东西来，但是这是不可能的。你们忘了，这个最佳的智慧和仁慈完全是想象的，或者至少没有任何理性基础，除了你们看到的他在作品中确实运用或展示出的性质外，你们没有立场赋予他任何其他的性质。哦，哲学家们，因此让你们的神适合于现在的自然现象吧，不要通过武断的猜测擅自改变这些现象，从而使之适合于你们喜欢归属给神的那些属性。

哦，雅典的人民哪，当神父和诗人因为你们的权威被支持时，他们谈起先前的黄金和白银时代和当前罪恶而悲惨的状况时，我是专注认真、恭恭敬敬在听的。但是当那些自称藐视权威、要培养理性的哲学家们做同样的讲述时，我承认，我对他们没有付出同样的谄媚、屈从和虔诚的尊重。我问道：是谁将他们带到天国去的，是谁允许他们进入诸神的会议中去的，是谁给他们翻开了命运之书，让他们过早地断言，他们的诸神除了实际表现出的意图之外，已经或者将要执行任何其他意图？如果他们告诉我说，他们那样断言是爬上理性阶梯，或根据理性逐步上升，根据由结果推出原因来得到结论，那我仍然坚持说他们是通过想象的翅膀来帮助理性上升的，否则他们不可能这样改变他们的推论方式，通过原因来得出结果。就这样，他们假设一个比现在这个世界更完美的产物将更适合于诸神这种完善的存在，并且忘记，除了在现在这个世界上能找到的东西外，他们没有理由将任何完美性或属性归属于这些神圣的存在。

因此，为说明自然的恶劣的表象和为拯救诸神的名誉所做的一切努力都是没有结果的，并且我们必须承认一个现实：世界充满着罪恶和混乱。我们被告知，物质属性的顽固和难以驾驭，或者是对普遍法则的遵守，以及诸如此类的缘由就是控制丘比特的力量和仁慈的唯一原因，迫使他把人类和每个敏感的生物造就得那样不完美、不开心。于是，那些属性似乎事先就在最大程度上被认作理所当然了。依靠那样的假设，我自称这样的猜测也许能作为那些恶劣现象的似乎合理的解释。但是，我仍然要问：为什么认为这些属性是理所当然的？为什么除了实际出现在结果中的性质外，还要把任何其他性质归属于那个原因呢？为什么明知道这些可能完全是想象的，在探索自然的过程中也没有发现任何迹象，你们还要绞尽脑汁依靠这些猜想来为自然的进程做辩护呢？

因此，这些宗教的假设只能被认为是说明宇宙中可见现象的一个特殊方法，但是，正确推理的人将不会肆意从这个假设中来推断任何单个的事实，或者在任何单一特殊的事例中对那个现象改变或增加。如果你们认为事物的表象能证明这样的原因，那么你们也可以从关于那些原因的存在中做出一个推断。在如此复杂而崇高的题目上，每个人都应放纵地享受猜想和论证的自由。不过，在这里你们应当停止一下。如果你们退回来，从你们已经推出来的原因作论证，会总结出，在自然的过程中，任何一个事实已经存在、或将要存在，而这些会是特殊性质的充分展示。我必须警告你们：你们已经背离关于当前题目的推理方法，除了显示在结果中的属性外，你们确实在这个原因的属性上增加了一些东西，否则在尚明事理和懂得规矩的情况下，你们不可能为了使之与原因更配，而给结果增加一些东西。

那么，我在我的学校中教的那个学说，或者说，我在我的花园里所考察的那个学说，哪里是它的可憎之处呢？在这整个问题中，你们在哪里能发现一点与良好道德的安全、社会和平与秩序有丝毫关系的东西呢？

你们说我否认了天意和世界的最高统治者，他引导着事件的进程，在人类的全部事业中，他用恶名和失望来惩罚邪恶的人，用荣誉和成功来奖励品德高尚的人。但是我没有否认事件的进程本身，那些进程对每一个人的研究和考察都是开放的。我承认在事物现在的秩序中，美德更多地是被心灵的安宁伴随着的，而不是邪恶，美德更会受到世人喜爱与优待。通过人类过去的经验，我觉得友谊是人类生活中的首要乐趣，缓和是平静和幸福的唯一来源。我在有道德的生活和邪恶的生活进程中从来没有找到平衡。对于一个有美好心灵的人来说，我体会到一切利益都是在美德那一边的。既然承认了你们所有的猜想和推理，你们还能说些什么呢？的确，你们告诉我说，事物的这种倾向是从智慧和设计发展来的。但是不论这种倾向来自什么，我们的幸福和痛苦所依靠的，并且也是我们生活中的品行举止所依靠的这种倾向本身，仍然是一样的。我和你们一样，可以用我过去处理事情的经验来规范我的行为。如果你们断言，假如承认神圣的天意和宇宙中有崇高分配的正义，那我就应期望除了在事件的普通进程外，给好人更多特殊的奖赏，给坏人更多的惩罚。但是我在这里看到了同样的错误，这错误我在以前已经努力勘察过了。你们坚持想象，如果我们承认神圣的存在（你们一直狂热争论的），然后通过从你们归属于诸神的属性中论证，你们就可以顺利地从其中推出一些后果，并增加一些东西在已有经验的自然秩序上。你们似乎不记得，你们关于这个论题目的所有推理只能是从结果推到原因。而且每一个论证都是从原因推导结果的，这必然是完全的诡辩，因为除了先前你们在结果中充分发现、而不是推测出的东西外，你们不可能知道任何原因。

那些自负的推理者不把事物当前的景象当做他们思考的仅有的对象，而是在很大程度上颠倒了整个自然的进程，从而把这仅仅当做通往某个更远地方的通道；当做通向一幢更大、更宏伟的不同建筑的门廊；或者当做序幕，只是导引出这段戏，以使它更加优美适宜。一位哲学家应怎么看待他们这些人呢？你认为这样的哲学家能从什么地方得到诸神的观念呢？当然是从他们的自负和想象中得到的。因为他们如果是从目前的现象中得到那个观念的，那么这个观念一定恰恰与这些现象相适应，而不会指示出另外一些东西。那么神可能被赋予我们未见其运用的属性，神也可能被控制在一些我们未能见其实现的行动原则下，所有这些我们都欣然承认。但这仍然是一种可能和假设。除了我们知道神已经在多大程度上运用的属性和实现的活动原则外，我们没有任何理由在神的身上推断出其他任何属性或任何活动原则。

世界上有任何分配正义的迹象吗？如果你们的回答是肯定的，那么，我断定说，既然在此发挥了正义，那么它就是被实现了。如果你们的回答是否定的，那么我断定，你们就没有理由把我们所谓的正义归之于诸神。如果你们想说，现在诸神的正义只有部分行使了，并没有全部实现，从而在肯定和否定的回答之间保持中立，那么我会说，你们没有理由给出正义的一个特殊的范围，除了现在你们仅仅见到的正义行使的范围。

各位雅典人哪，我和我的反对者给这个简短的问题带来了争论。我可以对自然的进程进行思考，正如他们一样。对事件有经验的训练是我们都可以规范我们行为的巨大标准。除此之外，在野外或在参议院，没有任何其他的东西可以求助；在学校里或者在私室，我们不应听到其他的东西。就算我们有限的理解力打破这些阻碍我们喜爱的想象的狭窄界限，那对于我们来说也是白费力气。虽然我们从自然的进程中论证，并推断出一个特殊的有智慧的原因，这个原因最先赐赠了宇宙的秩序，然后又维持这个秩序，但是我们奉行了一个既不确定又无用处的原则。它不确定是因为这个题目完全超过了人类所及的经验范围。它无用是因为我们关于这个原因的知识完全来自于自然的进程，通过公证的推理规则，我们不可能从这个原因退回并带有任何新的推断，或者在通常的、经验过的自然进程上加上东西，从而建立任何新的举止行为的原则。

（当我发现他结束了他的长篇大论，我就说）我看你没有疏忽古代煽动政客的技巧；当你高兴地让我代表雅典人民，你却又接受那些原则来讨我开心，你知道我一直对那些原则有特殊的喜好和依恋。但是虽然你把经验当做（我确实认为你应当把它当做）我们对此事的唯一评断标准以及所有其他事实问题的标准，但从你恰恰所求助的同样经验出发，可以驳倒你借伊壁鸠鲁之口说出的这个推理。例如，如果你看到一幢修到一半的建筑，周围堆放着一堆堆砖、石头、灰浆还有泥瓦工人的工具，难道根据这些现象你不会推断出它是一件有规划、有设计的工作吗？难道你不能再次返回，从这个已经推断出来的原因上推出新的东西吗？难道不会总结说，这幢建筑将很快修完，它所用的技艺将进一步得到完善吗？如果你在海滩上看到人的一只足印，你将得出结论说，一个人已经走过这条路，而且他还留下了另一只脚印，虽然这些脚印已经被流沙或水的冲刷抹掉了。为什么你现在不承认应该用同样的推理方法来看待自然的秩序问题呢？把世界和今生仅当做一幢没有建成的建筑，你可以从这个建筑中推断出一个智慧，从这个卓越的智慧“不会让任何事物不完美”论证，为什么你不推断出一个更完美的、将会在某个遥远的地方或时间被完成的方案或计划呢？这些推理方法不是恰恰相同的吗？在什么样的伪装下，你能认同一种方法而拒绝另一种呢？

他回答说，这些题目无限的差异是我的结论中有那种差异的充分根据。在人类的艺术和设计作品中，从结果推到原因，再从原因返回到结果，然后在这个结果上形成新的推断，并且考察结果的变化——已经发生变化或可能要发生的变化，这些都是允许的。但是这个推理方法的根据是什么呢？这很明白：通过经验我们知道人是一种存在物，我们熟悉他们的动机和计划，根据自然为了管理人这种生物所建立的法则来看，他的计划和倾向有某种联系和连贯性。因此，当我们发现任何作品是人的技艺和劳动创造出的——我们在其他方面也熟悉这种动物的本性，我们可以做一百次的推论来知道从他那里可能期待到的事情，这些推论将都以经验和观察为依据。但是假设我们只从我们所考察的单个作品来了解人，我们就不能以这种方式来论证，因为我们归于人的所有性质知识，在那种情况下只从那个产品得知，而不能指示任何进一层的东西，或者也不能作为任何新的推论的根据。如果我们单独考察沙滩上的一只脚印，这只脚印只能证明那里有某个形象与那只脚印相适合，那只脚印是它印出的。但是根据我们的经验看，一只人的脚印也能证明这里可能还有另一只脚也留下了印迹，虽然由于时间或其他原因，这个印迹被抹掉了。在这里，我们从结果上推到原因，又从原因向下推导结果，然后推测结果中的变化，但是这不是相同推理链条的继续。在这个事例中，我们做了一百次其他的经验和观察，这些考察都关于通常动物物种的形象和肢体，如果没有这些经验和观察，这种推理方法一定被认为是荒谬的、诡辩的。

这种情况与我们从自然作品所做的推理不同。我们只通过神的作品了解它，而且它是宇宙中一个单一的存在，我们不能从任何物种已被体验到的属性或性质中理解它，也不能借助类比从它身上推断出任何属性和性质。因为宇宙向我们展示出智慧和善良，所以我们就推断出智慧和善良。因为宇宙显示出某种特殊程度的完美，我们就能推断出这种特殊程度的完美性，这种完美恰恰与我们考察出的结果相符合。但是进一步的属性，或者同样属性的更大程度，都不允许我们根据任何正确推理的原则推断或假设。既然没有一些像这样假设的允许，除了我们可以立即观察到的东西外，让我们从原因进行论证或从结果中推断出任何变化是不可能的。这个存在物造出伟大的善，一定也证明有更大程度上的善。一个关于奖赏和惩罚的更公正的分配，一定是对正义与公平有较大的关注。我们在自然作品上做的每一个无根据的论断也增加了自然创造者的属性。从而，不完全被理性或论证支持，除了只能把它当做猜测和假设[①]的那些性质不同，要么它们就是更高级的，或者它们的作用是更广泛的。因此，我们假设那些性质的存在是不需要任何理由的。如果只是由于我们从原先的结果已经知道的同样一个能力一直起作用，从而产生了新的结果，那么，这种说法也不能把这里的困难去除掉。因为即使这种情况被我们所承认（人们几乎不会这样来假设），一个相似的能力（因为不可能有一个能力是绝对相同的）仍然在发挥作用。我的意思是，在不同的空间和时间上，一个相似的能力在上面发挥作用，这依旧是一个非常任意的假设，而且有关那个原因的所有知识，在最开始时都是由一些结果得来的，而且没有任何迹象从这些结果而来，这些结果是不可能有那个能力让那些迹象继续发挥作用的。假定和我们所推断的原因精确成比例（实际上是这样的）的是我们所知道的结果，那么，这就是个不可能带有任何那种性质的原因，让我们能从中推断出新的或不同的结果出来），我们不能承认它。

在这个题目上我们犯的错误，以及无约束地纵情猜测，重大的根源就是我们默认自己处在至上存在物的地位上，并且说，在任何情况下，它都会奉行我们处在它的情况下，认为合理而适宜的同样行为。可是除了自然的普通进程可能使我们信服，几乎每件事情都被不同于我们的那些原则和公理控制着的；除此之外，我是要说从人的意向和计划推出大不相同、更优越的一个存在物的意向，和计划一定与所有类推规则明显相反。在人性中有种设计和倾向方面经验过的连贯性，所以从任何一个事实中，当我们发现了任何人的一个意向，那么从经验上来说，推断出他的另一个意向，并把这个人过去和将来的行为做一长串联系的结论，都是合理的。但这个推理方法在用于一个非常遥远而又不可理解的神，是没有它的一席之地的，比起太阳与蜡烛之间的相似，神与宇宙中的任何其他存在物更少相似，神

① 一般而言，在我看来，有一条公理可以确立下来，就是：如果我们所知道的只是由特定结果而来的任何原因，那么，任何新的结果一定不能从这个原因推断出来，因为那些必不可少的性质能同时产生原先的结果和新的结果，它们要么一定和只产生原先结果（根据假定，我们知道那个原因只是从这个结果而来的）的那些性质不同，要么就是更高级或作用更广泛的。

只通过一些微弱的迹象或轮廓被发现，除了这个，我们没有任何权力归之于他任何属性或完满性。我们想象的至上完满的东西可能真的是一个缺陷。或者它曾经果真是归之于至上存在者的完满性，而在他的作品中又没有真正充分地表现出来，比起公正的推理和健全哲学的意味，品尝到更多的是奉承谄媚的味道。因此，世界上所有的哲学和所有无非是哲学中一种类别的宗教，将永远不能带我们超越经验的普通进程，或者给我们一些不同于我们对日常生活的反省的行动和行为准则。除了通过实践和观察已经知道的事情外，没有新的事实能从宗教假设中推断出，没有任何事件能被预见或预言，没有任何奖赏或惩罚是被期待和畏惧的。所以我对伊壁鸠鲁的辩护仍然是可靠的、令人满意的；但与社会政治利益与形而上学和宗教方面的哲学争论绝没有联系。

我回答说，你似乎仍然忽略了一种情况。尽管我承认你的假设，但我必须否定你的结论。你总结说宗教里的学说和推理对生活可能没有影响，因为它们应该没有影响；但是你没有考虑到人们的推理方式不会和你一样。他们从对一个天神存在的信仰中做出很多推断，而且假设神将在除了自然的通常进程中出现的东西外，会惩罚邪恶，奖赏美德。不管他们的这个推理正确还是错误的都没关系，它在他们的生活和行为的影响上一定是一样的。要知道，那些试图让他们在这个偏见上醒悟的人，可能都是优秀的推理者，但我不能承认他们是好的公民和政治家，因为他们在情感的枷锁上是自由的，使人们能在某一方面更加容易、更加安全地违反社会的法律。

我也许可能会同意你拥护自由的这个话题的大体结论，尽管我所依据的前提与你努力建立的那些不同。我认为国家应当宽容哲学的所有原则，任何政府因为这种宽容而陷入政治利益上的危机中，还没有出现这样的事例。哲学家们没有热情，他们的学说对人们也不是十分有吸引力，他们的推理也是不能被约束的，除了那些在大多数人较为感兴趣和关注的地方，为迫害和压迫铺平道路的那些推理外，这些推理一定会对科学甚至国家带来有危险的后果。

（我继续说道）但是关于你的主要论题，我发现了一个问题，我将建议你不要在这个问题上继续纠缠了，以免把你带入一个更好、更细致的推理中去。一句话，我非常怀疑是否一个原因只能根据它的结果而被知道（你们一直都这样假设的），或者是具有十分单一而特殊的性质，以至于我们所观察到的任何其他原因或对象与它都不平衡、不相似。只有当两类对象的种类被发现不断地结合在一起的时候，我们才能从一个推断另一个。如果一个完全是单一的结果被呈现出来，它不能被理解为在任何已知的物种下，我也不知道我能根据关于它的所有原因做出任何猜想推论。如果经验、观察和类比确实是我们在本性推断中能合理遵守的唯一的指导，那么这里的原因和结果一定跟我们知道，并且在许多事例中已经发现的、互相集合在一起的其他原因和结果一样或相似。我把这留给你们自己来反省，来追寻这个原则的后果。我将只说伊壁鸠鲁的反对者总是假设宇宙（作为相当单一的独一无二的结果）是神存在的证明，而神又是单一的独一无二的原因，靠这个假设，你的推理看起来至少值得我们注意。我承认对于我们怎样能从原因返回到结果，从我们先前原因的观念推理，然后推出后来结果中的任何变化，或增加一些其他性质，确实存在一些困难。

第十二章 论学园派的或怀疑论的哲学

第一节

任何话题的哲学推理，都没有比那些证明神的存在和驳斥无神论者的荒谬推理多。然而大多数有宗教信仰的哲学家仍然在争论是否一个人能盲目到成为一个思辨的无神论者。我们将如何调和这些矛盾呢？漂泊的骑士到处巡游是为了要把世界上的恶龙和巨人清除干净，他从来没有对这些怪物的存在有丝毫怀疑。

怀疑论者是宗教的另一个敌人，他们总是自然而然地使所有神学家和比较威严的哲学家恼火，尽管确定任何人都没有遇见过如此荒谬的人，或者结交一个在任何关于行为和思维的题目上没有观点或原则的人。这就引起了一个很自然的问题：怀疑论者是指什么？这些怀疑和不确定的哲学原则可以推进到什么程度？

这里有一种先行与所有研究和哲学的怀疑主义类别，它是笛卡尔等人反复劝说的，把它当做防止错误和仓促评判的独立的防腐剂。它推荐一种普遍的怀疑，不是怀疑我们先前所有的观点和原则，而是怀疑我们各种官能；他们说我们必须从那些不可能是欺骗的起始性原则中，通过一连串推理来确保我们的那些观点、原则和官能的真实性。但是这里没有这样一个比其他自明的让人可信的原则更有特权的起始原则。但是如果这里有这样的起始原则，我们也只能用那些我们认为已经不可信的官能来超越它一步。因此，笛卡尔怀疑可能为任何人类生物所达到（显然是不可能的），是完全不可救药的，任何推理都不能把我们带到对任何题目达到确信的状态。

然而，必须承认这种怀疑主义在较为适中的时候，以一种非常合理的意义来理解是可行的，在我们的评判中保持合适的公正，使我们的思想与我们可能从教育或轻率之见中得到的一切偏见断绝，所以它也是对哲学研究的一个必要的准备。从一些清晰、自明的原则开始，用小心确定的步伐前进，频繁检查我们的结论，精确地考察它们所有的结果，尽管使用了这些方法，我们在体系中将取得又慢又小的进步，可只有这唯一的方法让我们有希望达到真理，并使我们的决定具有适当的稳固性和确定性。

还有一种因科学研究而引起的怀疑主义，当人们认为他们已经发现他们的精神官能是完全有欺骗性的，或者发现在那些所有他们经常遇到的思考的好奇话题中，他们都不适于达到任何确定的决定。我们的感官甚至引起了某类哲学家争论，日常生活的准则成为同样怀疑的话题，就像形而上学论和神学论中最高深的原则和结论受到怀疑那样。如果这些似是而非的信条（如果它们可能被称作信条的话）将在一些哲学家那里遇到，也有一些哲学家反驳它，那么这些信条就会很自然地激起我们的好奇心，让我们来研究它们可能依靠的那些论证。

我们不需要坚持研究各时代怀疑论者用来反对感觉的那些很陈腐的论点，比如，从在许多情况下我们器官的不完善和有欺骗性得出的论点；桨在水中是弯曲的表象；物体根据不同的距离显出的各种各样的样子；压住一只眼睛可以引起两个物像；还有很多其他类似的现象。确实，这些怀疑论的论点只足够证明我们不能单纯依靠我们的感官，我们要通过理性来纠正感官的证据，从媒介物的属性、物体的距离、器官的分配进行思考，让它们在自己的领域内成为真理和错误的恰当标准。这里还有其他更高深的反对感觉的争论，这就是我们不能轻易解决的了。

看起来很明显，人是由于他们自然的本能或偏见而依赖他们的感官的，这不需要任何推断，甚至在运用理性之前，我们一直假设有一个外在的、不依赖于我们知觉的宇宙，即使我们以及每一个有感觉的生物都不在或被消灭了，它也将存在。甚至动物也被类似的观点所控制，在它们的所有思想、设计和活动中都保持着对外在物的信念。

似乎也很明显，当人们遵守着这种盲目又力量强大的自然本能时，他们总是假设这个由感官呈现出的景象是外在物体，而且从不怀疑，只觉得这个东西什么也不是，只是另一个物体的反映。这张桌子，我们看到它是白的，感觉它是硬的，而且相信它是脱离我们的知觉而存在，它是在我们进行知觉的思想之外的东西。我们的在场不能赋予它的存在，我们的不在场也不能消灭它。它保持它存在的一致性和完整性，不依靠于有智慧生物知觉或思考它所处的状况。

不过，对于所有人这种普遍而原始的观点，不久就会被最轻微的哲学摧毁。哲学教导我们除了影像或知觉外，没有东西能呈现于心灵，而且感官只是运输这些影像的通道，不能在心灵和物象之间产生任何直接的交流。我们所见的桌子，当我们离开它更远时，它看起来就会变小了，但是，独立于我们而存在的那张真正的桌子，并没有发生变化。因此，它什么也不是，只是呈现于我们心灵的桌子的影像。这些是理性明显的要求。没有反思过的人怀疑当我们说这幢房子和那棵树时，我们认为存在物什么也不是，只是心中的知觉，也是那些保持一致而独立的其他存在物的短暂副本或表象。

到此，我们通过推理使否认或违反自然的原始本能成为必须，然后关于我们感官证据持有一个新的体系。但是在这里，哲学发现自己陷入了极大的窘迫不安，因为要证明这个新体系，就要消除怀疑论者的挑剔和反对。他不能再为必然而不可抗拒的自然本能喊口号了，因为那会把我们带到一个完全不同的体系，而这个体系被认为是有欺骗性的、甚至是错误的。为了证明这个虚伪的哲学体系，要通过一系列清晰的可信的论证，或甚至要用任何貌似论证的东西来证明，然而这些超出了所有人类的能力。

那么用什么论证来证明心中的知觉一定是由虽然与它们相像（假如那是可能的话），但是又完全不同的外界对象造成的呢？它们为什么不能是由心灵本身的能力引起，也不能由某个看不见、不被知道的精神启示引起，也不能由我们更不知道的别的某个原因引起的呢？实际上，我们知道很多这些知觉都不是由任何外界的东西引起的，例如在梦里、疯狂时，以及在其他生病时的知觉。假设物体和心灵是有很不相同甚至是相反的性质，物体应该如何对直觉来起作用，从而把物体的影像传递给心灵，没有什么比这种方式更难解释的了。

感官知觉是否被与它们相似的外界对象引起是一个事实的问题，那这个问题怎样确定呢？当然要通过经验，就像所有其他性质类似的问题一样。但是这里的经验是一定要保持完全沉默。除了知觉，从来没有别的呈现给心灵，因此它也不可能有知觉与对象联系的任何经验。因此，我们在推理上没有任何基础。

为了证明我们感官的真实性而依靠最高的神存在的真实性，那肯定是在兜一个难以预料的圈子。如果至上的神的真实性果真与这件事有关，那我们的感官就是完全可靠的，因为至上的神是不可能骗我们的。更不用说，如果外部世界曾经也是个难题，那么如果我们想找出证明神的存在或任何他的属性的论证，就将茫然不知所措了。

因此，这是个当更高深、更有哲学意味的怀疑论者，努力将普遍的怀疑带到人类知识和研究的所有题目上时，而总是获胜的论题。他们可能会说，你遵守自然的本能和倾向来同意感觉的真实性吗？但是这些会让你相信每一个知觉或可感的影像是外界的物体。你是不是为了接受一个更合理的观点和原则，就否认了这个原则，认为知觉只是一些外界事物的表象？这里你又违背了你的自然的倾向和更明显的情感①，并且不能满足你的理性，这种理性是不能从经验中找到任何信服的论证，来证明知觉与任何外界事物有关的。

这里还有另一个与从最深奥的哲学中引发的性质类似的怀疑论论题，为了发现几乎没有重大目的论证和推理，必须深入研究的话，这个论题可

---

① 指的是比较真实和自然会相信的事物。

能值得我们注意。现代研究者普遍承认物体所有可感的性质只是次要的，就像硬、软、热、冷、白、黑等，不是存在于物体本身中，而是心灵的知觉，不呈现任何外部的原形或模型。如果它作为次要的性质被承认了，那么，也必须承认对于假定的延伸和固体性等最初的性质的这种说法。而不能超过前者给后者更多资格冠以原始性质之名。延伸的观念完全是来自视觉和触觉，如果所有这些由感官觉察的性质都在心灵中，不在物体中，同样能达到延伸观念的结论，因为它是完全依靠可感观念和次要性质观念的。这个结论是我们无法避免的，除非我们断言，是从抽象作用中得到那些原始性质的观念的。如果我们精确地考察一个观念，我们将发现它是很难理解的，甚至是荒谬的。一个不可触摸、也不可见的延伸，是不能被想象的；一个可触摸、可见的延伸，既不硬亦不软，既不黑亦不白，同样超出了人类的想象。让任何人尝试设想一个普通的三角形既不是等边的，也不是不等边的，各边也没有任何一定的长度和比例，那么，他不久就会感觉到关于抽象和普遍观念的所有教学观念上的荒谬①。

因此，第一个哲学反驳关于感觉的证据或外界存在物的观念在于：这样一个观念如果依赖自然的本能，那么它就与理性相反；如果它牵涉理性，就与自然的本能相反，同时它也没有理性的证据使一位公正的研究者信服。第二个哲学反驳加深了一步，说明这个观念是与理性相反的：如果它是理性的原则，所有可以感触的性质都存在于心灵，而不存在于对象中。如果丧失物质所有可理解的性质，不管是原始性质还是次要性质，你就以某种方式将它消灭了，只留下某种不被知道、不可理解的东西，作为我们知觉的原因。这是一个很不完美的观念，以至于没有怀疑论者认为值得去反驳。

---

① 这是从巴克莱博士那里引来的论证。的确，包括培尔在内的古今哲学家中所能发现的最好的怀疑主义教材，都是由这位非常机敏的作者的大多数著作构成的。不过，他在著作的题页上（非常真实地）表白说，他的书既是对无神论者和自由思想者的反对，又是对怀疑论者的反对。然而，他的论证虽然有其他的想法，实际上依旧是怀疑主义的，我们可以从下面一点看出来：那些是不容许任何回答的论证，也不会有任何确信产生。能引起一时间的惊异、犹豫和混乱就是它们的唯一的作用，而这些就是怀疑主义带来的结果。

第二节

怀疑论者用论证和推理来破坏理性，看起来似乎是一个非常狂妄的企图，但是这也是他们所有研究和争论的总的领域。他们努力寻找反驳我们的抽象推理和那些关于实际事情存在的理由。

反对所有抽象推理的主要理由是来自空间的。从日常生活中和不经意发现观点中看，时空观念是非常清晰、容易理解的，可是，当经受深奥科学的周密考察时（它们是这些科学的主要对象），它们却提供了似乎充满荒谬和矛盾的原则。故意发明了一些为驯服和征服人类反驳理性的牧师式的教条，但是没有任何教条能比广泛的无限可分说及其推论更能震撼常识，因为它是被所有的几何学家和形而上学家浮夸地表现出来的。一个实在的量，都极大地少于任何有限的量，所包含着的量又极大地少于自身，照此推进以至无限。这是个如此醒目巨大的体系，以至于太沉重而不能使任何证明支持它，因为它震撼了人类理性最清晰、最自然的原则①。但是让这件事更加特别的是，这些看上去荒谬的观点是被一系列最清晰、最自然的推理支持的，对我们来说不可能承认了前提而不承认结果。没有什么能比关于圆形或三角形性质的结论更让人可信、满意的了。当一旦接受了这些结论，我们怎么能否认这个推论呢？那就是：一个圆和它切线关系之间的夹角极大地小于任何直线角，当你无限制增加圆圈的直径，这个夹角就变小，甚至无限的小。其他的曲线与其切线之间的夹角，也可以极大地小于那些任何圆与其切线之间的夹角，如此至无限。这些原则的证明似乎是极好的，

---

① 不管会有什么争论在数学点上，物理点是存在的，这一点我们都应该承认，物理点就是指广延的最小的组成部分，它们的分割和缩小是肉眼和想象不能做到的。因此，绝对不能分割的就是想象或感官的那些影像，所以，这些无限小于广延的任何实际组成部分的影像，是应该被数学家所承认的。然而，对于理性来说，好像最没有怀疑的就是无限数目的广延部分构成了一个无限的广延。那么，需要多少无限数目的关于的无限小的部分加在一个无限的广延才能构成呢？而且人们假定，广延的无限小的部分依旧是可以无限分割的）

就像证明一个三角形的三个角等于两个直角一样，尽管后者是自然的、容易的观点，前者有极大的矛盾和谬误。理性在这里似乎被丢进了一种诧异和不安之中，虽然没有任何怀疑论者的意见，理性也对它自己不自信，对它所踏之地失去了信心。它看见一束完整的光照亮了某个地方，但是那束光靠近最深的黑暗。但在这之间，它是如此迷惑糊涂，以至于不能肯定可靠地断言任何一个对象。

抽象科学中这些勇敢决意的荒谬性，如果可能的话，在时间方面似乎比空间方面更易察觉。如果无限数量的时间的实际组成部分连续穿过，一个接一个地精疲力竭，似乎是一个十分明显的矛盾，以至于人们会认为，如果一个人的判断没有被科学损害，而是被提高了，那么就没有人允许这个说法。

这些看起来荒谬和矛盾的理论，将理性驱赶到一种怀疑主义，然而对这种怀疑主义，理性一定仍要保持不安的和动荡的。那么任何一个清楚明显的观念怎样包含与自身相反或与其他任何清楚明显的观念相反的情节，是完全不能理解的，可能它与我们能建立的任何主张一样荒谬。因此，比起来自几何学或数量科学的一些荒谬的结论中的怀疑主义，没有什么能比它本身更值得怀疑、或者更充满怀疑和犹豫了①。

在精神证据或事情事实推理方面，怀疑异议要么是通俗的，要么是具

① 由我来看，我们是有可能避免这些荒谬和矛盾的，只要我们承认，严格地来说，抽象的观念或普遍的观念这种东西是没有的，然而实际上，所有的普遍的观念，只是在一个普通词语上的一个特殊观念的依附着而已，当有必要的时候，在某一些地方和呈现给心灵的那个观念相似的别的特殊观念会被这个普遍的词语唤起来。于是，当有人说出“马”这个词语时，我们立刻就会在头脑中形成一个有特定的大小或形象、有黑的或白的颜色的一个动物的形象。可是，我们也会把这个词语用在其他的颜色、形象和大小的马上面，所以，尽管我们没有实际想象到这些观念，也很容易地会去唤起这些观念，而这些观念好像被我们实际想象到一样，然后推理并得出结论。如果这点被我们所承认（这好像是合理的），那么，我们就会得出，数学家把所有的数量观念当做依据去进行推理时，提示出它们的是感官和想象，所以那种观念是不能被无限地分割的。现在，我们能做出这种暗示就足够了，不需要任何进一步的阐述。所有的科学爱好者都不要受无知的人对自己结论的嘲笑和蔑视的干扰，这才确实是和他们有关的事。而且，最方便的去解决这些困难的方法就是它了。

有哲学意义的。通俗的异议来自人类理解的本能的弱点；不同时代、不同国家的人所怀有的矛盾的观点；我们在疾病和健康、年轻和年老、繁荣和苦难时的各种的判断；每个特殊人的意见和情感的永恒矛盾；以及类似于那种许多其他的论点。我们不需要在这方面再多说了。不过，这些异议是很不结实的。因为我们在日常生活中，每个时刻都在推理事实和存在，假如不继续运用这种论证，我们就不可能生存下去，任何因此而来的通俗异议一定不足以破坏那个证据。皮浪主义[①]或过分的怀疑主义原则的巨大颠覆，就是日常生活中的行动、雇佣和消遣。这些原则可能在学校中繁荣和获胜，在那里确实很难（如果可能的话）反驳它。但是一旦它们离开那个庇护，并通过激起我们情感的真正对象的出现，会把它们带进与我们本性中更为有力的原则的对立中来，那么它们就会像烟一样散去，使最坚定的怀疑论者处在与其他人同样的状况下。

因此，怀疑论者最好保持在他的合适的范围内，来表现那些来源于更深奥的研究的哲学异议。这里他似乎有足够取胜的根据。他可以公正地坚持，除了感官和记忆证据，我们所有的事实证据都完全来源于因果关系；比起这种关系经常合在一起的两个对象的观念，我们没有对这种关系的别的观念；我们没有论证能使我们相信，在我们的经验中频繁结合的对象，会以同样的方式在其他的事例中结合在一起；除了习惯或我们本性中的特定本能，没有任何事情能引导我们得出这个推论；这种本能确实很难抗拒，但是它就像别的本能一样，是有欺骗性的。当怀疑论者坚持这些论题时，他展示出他的力量，或者确切地说，展现他自己和我们的弱点，至少在现在，看起来消灭了所有保证和信念。如果对社会有任何持久的好处和利益有望来自这些争论，那么我们可能应该充分地说明这些论证。

因为这里是对过分怀疑主义的一个主要的、最有打击性的反驳，当它保持它的充分力量和活力时，也没有持久的利益来自它。我们只需问这样一位怀疑论者：他是什么意思？通过所有这些奇怪的研究，他计划要做什

---

① 皮浪，（前 360–前 270），古希腊怀疑主义哲学家。

么？他会立刻感到茫然，不知道回答什么。一个主张哥白尼学说或托勒密学说的人，每一个都支持他的不同的天文学体系，他可能期望产生一个与他的听众保持不变的永恒的信念。一位斯多亚派或伊壁鸠鲁派的人展示他的原则，说它可能不是永恒的，但是对人的举止行为有影响。但一个庇罗主义者不能期望他的哲学对心灵有连续不断的影响。或者如果有那样的影响，他也不期望它会对社会有益。正相反，如果他还愿意承认什么事情的话，他一定要承认，如果他将承认某个事情的话，他的原则被普遍稳定地流传起来，所有人类生活一定毁灭。所有谈论和活动都将会立刻停止，人们会处于完全的昏睡状态，直到自然必需品不能满足，结束他们的悲惨存在。确实，我们不用害怕如此有毁灭性的大事情。自然对于原则来说强大得多。虽然一个庇罗主义者可能会通过他的深奥推理，把自己或别人丢进暂时的诧异和混乱之中，但是生活中首要的、最无足轻重的事情，就能驱散他的所有怀疑和顾虑，让他在行动和思辨的每一个方面，与每一个其他派别的哲学家，或者与从来没有从事任何哲学研究的人一样，处于相同的地位。当他从他的梦里醒来，他将第一个加入嘲笑自己的行列，并且坦白，所有他的异议仅仅是娱乐，除了展示人类的古怪状况，没有任何别的倾向。人类必须要行动、推理和信仰，虽然不能通过他们认真地研究来了解这些活动的根据，或消除那些可能反对这些活动的异议。

第三节

这里实际上有一种更温和的怀疑主义或学园派的哲学，可能既永恒又有用，可能部分来说，它是庇罗主义或过分怀疑主义的结果，是它未经区分的怀疑被常识和反省以某种方式纠正后而出现的结果。大部分人本能地易于独断他们的意见。他们仅从一方面看待事物，不考察任何相反的论证，就鲁莽地把自己扔进了他们所倾向的原则中，他们也丝毫不喜欢持相反意见的人；犹豫和平衡使他们的理解混乱，压制他们的感情，阻止他们的行动。因此他们没有耐心直到逃脱让他们感到不安的状态，他们认为，依靠他们对信念坚定和固执的那股暴力，远不足够让他们摆脱那个状态。但是，这些独断的推理者能感觉到，人类理智即在最完美的状态下，在它的决断最准确、最谨慎的时候，仍有奇怪的弱点，这种反思会自然而然地让他们更加谦虚和有所保留，减少他们对自己观点的喜爱和对敌人的偏见。未受教育的人可以深思一下博学者的倾向。博学者处在研究和反省所有的利益之中，通常对他们的决定仍然不自信；如果某个博学者根据自然的天性有骄傲和固执的倾向，那稍微有一点儿庇罗主义的气息，就可以减少他的傲慢。因为庇罗主义向他们说明，如果与人类本性中继承的普遍困惑和混乱相比较，他们对其伙伴所得到那点儿优势，是不重要的。总的来说，在做各种考察和决定时，某种程度的怀疑、谨慎和谦虚都应陪伴在一位公正的推理者旁。

另一种温和的怀疑主义可能对人类有益，也可能是庇罗主义怀疑和顾虑的自然结果。它将把我们的研究，限制在最适应人类理解的狭窄能力这样的题目上。人类的想象是天然地美妙绝伦，喜欢任何遥远又不寻常的东西，喜欢不受控制地飞到时空中最遥远的地方，来逃避因习惯而使它太过熟悉的对象。一个正确的判断要遵循相反的方法，避免所有遥远高深的研究，把自己限于日常生活范围之中，控制在日常实践和经验之下的这些题目，把更加美妙绝伦的论题留给诗人或演说家来润色，或留给教士或政治家来当做技巧。带领我们得到这样一个有益健康的结论，比起完全地相信庇罗主义的怀疑的力量，没有其他东西比这更耐用了，除了天性本能的强大力量之外，任何东西都不能使我们摆脱这种怀疑力量。那些有哲学倾向的人仍将继续他们的研究，因为他们考虑到，除了参加这项职业带来的直接快乐外，哲学的决断什么也不是，只不过是对日常生活条理化、正确化的反映。但是，只要他们想到，他们所运用的那些才能的不完美性，他们所抵范围的狭窄性，以及他们不精确的作用，那他们将不被诱惑而超越日常生活。既然我们不能给出一个满意的原因来解释，为什么在经过上千次的经验后，我们就相信石头会下落，或者火会燃烧，那对于世界的起源，无穷无尽的自然状况所能形成的任何决断，怎么会让人满意呢？

的确，我们研究中的这种狭窄的限制，在每一方面都是如此合理，为了把这种限制推荐给我们，我们只需最轻微地考察一下人类心灵天生的力量，并与它们的对象比较，就足够了。这时我们将发现科学和研究的适当题目是什么。

对我来说，抽象科学或证明的唯一对象是量和数，所有想超越这些限制、扩大这种比较完善的知识种类的打算，都仅仅是诡辩和幻想。量和数的组成部分完全是相似的，所以它们的关系就变得复杂。用各种媒介，通过它们的不同表象，探索出它们的相等或不相等，没有什么比这件事情更奇妙和有用的了。而因为所有其他观念都明显不同、彼此有差异，所以即使我们做了最周密的考察，除了经过明显的反省来观察这种多样性，并断言这个观念不是那个观念，就不能再进一步加深了。或者在这些决断中有任何困难，是完全源于词语意思的不确定，对这些不确定的词语意思要用更恰当的定义来纠正。对于“弦的平方等于另两边的平方之和”这个定理，如果它的术语不通过一系列推理与研究就已经被精确地定义了，这个定理也不会被知道。但是要我们相信“只要没有财产，就没有非正义”这个陈述，只需定义各个术语，并说明非正义是违反了财产权的就行了。的确，这个命题除了是一个比较不完善的定义外，其他什么也不是。除了量和数科学以外，我们可能在其他各学科上发现的所有那些自称的三段论推理，都与这种情况相同。我认为数量科学可以稳妥地断定为知识和演证的唯一合适对象。

所有其他人类研究都只关于实际的事实和存在，这些明显是不能证明的。任何存在物也能不存在。否定一个事实不会牵涉一个矛盾。任何存在物的不存在，不排除在外，都与它存在的观念一样清楚。宣称它不存在的命题，不论如何有错，与它宣称它存在的命题一样，都是可以设想和理解的。但这种情况与真正所谓的科学不同。每个不正确的命题在那里都是混乱难以可理解的。“六十四的立方根等于十的一半”就是一个错误的命题，不能被清晰地设想。但是恺撒，加百利天使，或任何存在，都没有证明过这个命题，它可能是错误的命题，但仍可以完全设想，没有暗示矛盾。

因而任何存在物的存在，只能从它的原因或它的结果得出的论证来证明，这些论证完全是依靠经验建立的。我们假如做先验地推理，任何事情似乎可能产生任何事情。掉下的一块卵石，以我之见，可能熄灭太阳；一个人的愿望就把行星控制在它们的轨道上。只有经验能教会我们原因和结果的本质和界限，让我们从一个事物的存在，推断出另一个事物的存在。[①]这就是道德上推理的根据，形成了人类知识的巨大部分，也是所有人类活动和行为的源泉。

道德推理要么关于特殊的事实，要么关于普遍的事实。所有生活中的思考都关于前者；同样，所有历史学、年代学、地理学、天文学中的研究也都是如此。

探究普遍事实的科学是政治家、自然哲学、医学、化学等，这类对象的性质、原因和结果都在我们研究之中。

神学证明神的存在和灵魂的不朽，它是由部分关于特殊事实和部分关于普遍事实的推理构成的。从它被经验支持来说，在理性方面它有根据。但信仰和神圣的启示是它最好的、最牢靠的根据。

说道德学和批评学是理智的对象，不如说是品位和情感的对象这个说法更适合。美，不管是道德上的还是自然的，对被察觉到的而言，更适合是被感受到的。假如对它进行推理，而且努力决定它的标准，我们所看到的是一个新的事实，即人类的普遍品位，或者是一些可能推理和研究的对象的这种事实。

假如我们相信了这些原则，当我们浏览图书馆时，我们会造成什么混乱呢？例如，如果我们在手里拿起任何一本神学或经院形而上学的书，我们就可以问：它包含了关于量和数的任何抽象推理吗？没有。它包含了关于事物事实和存在的任何经验推理吗？没有。那么就把它丢到火里去吧，因为它除了包含诡辩和幻想，什么也没有包含。

---

① 在古代哲学中，有一个公理是渎神的，那就是：无中不能生有。这个公理排除了物质的创造，如果把这个哲学当做根据，它就不是一个公理。创造物质不仅有上帝的意思，而且先验地说，可以把物质创造出来的还可能是任何别的存在物的意志，或者是由最稀奇古怪的想象出来的别的原因。